DOING DIGITAL

クリス・スキナー［著］
三菱総合研究所［訳］

伝統的銀行のリーダーから学ぶ組織変革

一般社団法人金融財政事情研究会

Doing digital : lessons from leaders

日本語訳にあたって

本書は、金融テクノロジー分野における、ベストセラー作家であるクリス・スキナー氏の最新刊『Doing Digital――Lessons from Leaders』の日本語訳である。スキナー氏は、欧州の金融ネットワーキング・フォーラムである「The Financial Services Club」や「Nordic Finance Innovation」を主宰するほか、ビーハイブ、ムーヴン、メニガなど複数企業の顧問委員会に名を連ねるなど、常に金融と技術分野における実務と実体験に基づいた評論を行っている。

過去10年間に、デジタルバンクやフィンテック、オープン・バンキングやＢａｎｋｉｎｇ－ａｓ－ａ－Ｓｅｒｖｉｃｅなどについて、さまざまな議論がなされてきた。また、ＧＡＦＡやＢＡＴに代表されるインターネットの巨人たちが世界を支配し、金融にもその触手を伸ばしつつある現在、悲観的な人々は「伝統的な銀行業は終焉を迎える」と口をそろえている。しかしこれらの変化は、銀行にとって、課題であると同時に大きなチャンスをつかみうる絶好の機会であり、実際に、いくつかの銀行は、変化に適応し、生き残るために、自らをデジタル変革する革新的な動きをみせている。

本書において、著者は、５つの伝統的な銀行（ＪＰモルガン・チェース、ＩＮＧ、ＢＢＶＡ、ＤＢＳ、招商銀行）を選び、詳細なインタビューと広範な解説を通じて、単に適応し生き残るだけでなく、いかにして、この大きな潮流の変化のなかで、さらなる発展を遂げるかを解説している。特に、「ＤＢＳ銀行ピユシュ・グプタＣＥＯへのインタビュー」と、続く「リーダーたちの教訓」の各銀行の経営層へのインタビューにおいて、著者は、変革を率いたリーダーたちが、伝統的な銀行を変革するために、何に悩み、どのように課題を解決したかに切り込んでいく。リーダーシップ、テクノロジー、顧客との関係、企業のカルチャー、従業員のモチベーション向上における課題と挑戦について、経営層から直に語られる言葉と物語は、本書のクライマックスとなっている。

ここで、賢明な読者はすでにお気づきかもしれない。本書の結論で明かされるように、デジタル変革に、これさえ行えばだれでもすぐにデジタル化が成し遂げられるといった特効薬は存在しない。デジタル変革の進め方は、各々の企業によってさまざまであり、休むことなく変化し続ける長い旅なのだ。その一方で、変革を進めるうえで重要な要素となる、取締役会からリーダーへの委任、企業全体（従業員だけでなく経営者を含む）における変わらないことに対する危機感の醸成、説得力のあるビジョン、リーダーシップのコミットメント、中間管理職の巻き込み、システムや体制の変革の重要性について、実例とあわせて丁寧に解説される。

本書で取り上げられているのは、欧米３行に加えてアジア・中国の銀行であり、本邦の銀行については語られていない。しかしながらビッグテック企業が世界市場を席巻しているように、いまやデジタルはグローバルなトレンドであり、本書で描かれている欧米の銀行の悩みは、世界共通と共感される日本の金融関係者も多いだろう。本邦ではデジタル・トランスフォーメーション（ＤＸ）の必要性を理解はしていても、何をどう始めたらよいかわからないという企業は多い。本書で示された観点は、デジタル変革を進めるすべての事業会社のみならず、中央官庁や地方自治体等においても教訓、道標となるであろう。変革が求められているのは銀行だけではなく、Ｓｏｃｉｅｔｙ５・０へ向かうすべての組織、伝統的企業である。

本書で意外だったのは、リアルな店舗は今後も必要だという著者の主張である。しかし、当然のことながら、将来に求められる店舗は、現在のように事務処理をメインに行うものではない。また相談する場所でもない。著者は、顧客が店舗にやってくるのは、「サービスやアドバイスを受けるためではなく、（中略）理解や共感、価値を感じるためである」としている。つまり、銀行には、デジタルとリアルを融合させ、個人顧客だけでなく、すべての顧客の生涯にわたる金融ニーズについて、徹底的な顧客志向をもとに、カスタマー・ジャーニーを設定し、顧客の営みをリアルタイムでよりよいものにしていくためのパートナーとしての役割が求められている。

先行き不透明なＶＵＣＡの時代に、新型コロナウイルスの影響が感染・経済の両面において全世界に広がったことを受け、本邦の銀行にとっては今後一段と厳しい経営が求められる。特に、新型コロナウイルスについては、仮にワクチン開発等によりいったん収束したとしても、将来新たな感染症が発生する可能性も含め、簡単な出口はなく、人々の生活や経済活動は元の様式に戻ることはないだろう。今回、銀行においては、従来の物理的な支店や人的な接点に依存したやり方だけでは、顧客ニーズに応えられず、従業員の安全も守れないということが明確になった。銀行もデジタル化を進めてきてはいたものの、個人顧客の一部に対する、一部業務を電子チャネルに移行した段階で、法人顧客を含む銀行業務の大宗はいまだレガシーのままではないだろうか。

また、今回の感染症は、飲食業やホテル・旅館業、運輸・航空業など、娯楽・レジャーなどで人的サービスを提供している企業およびそこで働く個人に甚大な被害をもたらしている。国や地方自治体による支援の手も届き始めているが、その規模やスピード感は必ずしも十分なものではない。いまこそ長期的な顧客の視点に立って、適切かつ迅速に企業・個人に資金を供給する銀行の役割が期待されている。本書のデジタル変革は、単なる効率性やコスト削減ではなく、徹底的な顧客本位の原則のもと「銀行業の構造と文化に根本的な変革を起こすもの」と位置づけられる。その意味では、本書で描かれている未来の姿は、ポストコロナ時代に向けた今後の銀行のあり方を示唆しているのかもしれない。

三菱総合研究所では、「豊かで持続可能な未来の共創を使命として、世界とともに、あるべき未来を問い続け、社会課題を解決し、社会の変革を先駆ける」ことを経営理念として掲げ、社会課題解決を通じた提供価値の向上と持続的成長を目指している。金融の分野においても、金融行政への提言、金融機関のデジタル変革、規制対応、リスク管理、マーケティング、ＩＴ活用のコンサルティングから、システム開発やＡＩ活用のソリューション提供に至る、広範なサービスを提供している。読者が本書を読了され、デジタル変革の長い旅に踏み出したい、あるいはさらに歩みを早めたいと思われた際に、ご一緒できれば幸いである。

株式会社三菱総合研究所
代表取締役社長
森崎　孝

「クリス・スキナーは今日のフィンテックの世界でおそらく最も鋭い観察者であり、世界最大のデジタル銀行の経営者に、彼らが直面している課題とチャンスについて率直かつ正直に話す機会をもてるのはクリスだけだろう。クリスほどに、銀行業の未来を理解し、フィンテックの将来について独自のビジョンをもっている人は、世の中にいない。クリスが10年前にこの本を書いてくれて、いまやっていることをいったんやめて、この本を読むように勧めてくれたらよかったのにと思う。きっと、あなたの思考を変え、あなたのビジネスを変えるのに役立つだろう」

アンソニー・トムソン
メトロバンクおよびアトムバンクの創設者で元会長
オーストラリアで初のモバイル銀行である86　４００の共同設立者兼会長

「クリス・スキナーは、デジタル・バンキングの将来を見通す第一人者だ。銀行業におけるテクノロジーに関する歴史的な知識と、デジタルを見通す力が、この本『Doing Digital：Lessons from Leaders』をつくった。従来の銀行の経営者や、スタートアップのフィンテック企業で働く人だけでなく、デジタル変革が商取引の未来をどのように変えていくかに興味がある人にとっても必読の書だ」

ラリー・タブ
ＴＡＢＢグループの創設者兼研究理事

「そろそろだれかがこんな本を書いてもいい頃じゃないか。忖度して書かれた公式白書やありがちなプレスリリース、美しくまとまった基調講演資料じゃなく、なぜ銀行が変革しつつあり、実際にどのように進めているのかを深く掘り下げる本が必要だ」

デビッド・Ｍ・ブレアー
11：ＦＳのグループＣＥＯ

「銀行は、農業革命や産業革命、2度の世界大戦を通じて、英国の金融の中心にあった。しかし引き続き生き残るために、あるいはさらに発展するためには、顧客のニーズの変化に焦点を当て、継続的に適応していく必要がある。この本は、厳しい現実において、銀行が根本的に転換し、デジタル化を成功させるために直面する課題を浮き彫りにする」

アショク・ヴァスワニ
コンシューマー・バンキングと決済部門のグローバルヘッド
バークレイズ銀行

「デジタル銀行は、この本のなかでクリスが論じているように、ビッグテックの仲間になることを目指すべきだ。柔軟性の高いＩＴインフラ、ビッグデータを活用した顧客起点の製品設計への注力、エンジニアリングおよび技術人材への集中的な投資はすべて、現代のデジタルビジネスの成功のための必須の材料だ。これらは、世界をリードするデジタル銀行になるための最も重要な指針となる。この本は、銀行のリーダー、特に自らのデジタル変革の旅に出ようとしている人たちにとって必読の書だ」

ヘンリー・マー
テンセントの一部門であるウィー・バンクの副社長兼ＣＩＯ

「クリス・スキナーは、テクノロジーと銀行業の交差（衝突、という人もいるかもしれないが）の分析の最前線にいる。毎日のブログ、講演、コンサルティングの実務および著書で、クリスはほかの人が見逃しているものをみて、その重要性を理解する手助けをしている。彼の最新の著書『Doing Digital』は、デジタル革命の広範にわたる影響をいち早く理解し、それに適応して銀行を変革するＣＥＯやそのほかの経営層から学んだ、具体的で戦術的な教訓を提供する。クリスのトレードマークであるウィットを含めて、この本は、本質的な変化を管理し、デジタル変革の旅に必要な先見性のあるリーダーシップを発揮するための物語である。強くお勧めする」

ティルマン・ブレット
ＤＡＩの金融サービスおよび投資に係るグローバル実務責任者
持続可能な開発目標のデジタル資金調達に関する
国連事務総長特別委員会の元委員長

「クリス・スキナーの仕事は、単にテクノロジーを美化したり、銀行員を恐竜のようにのろのろとタールの池に向かわせたりする、両方の誘惑に打ち勝つものだ。クリスには、われわれが繁栄するうえで銀行が果たすべき役割を理解する歴史的な素養がある。彼はまた、真のデジタル銀行とは何かを想像し、そこに到達するためには何が必要なのかを明確に理解している。本書は、銀行員だけでなく、チェンジマネジメントに興味のある人にとって、特にその変革のハードルが高い場合に、貴重な情報源である」

M.Mudassar Aqil
テレノール・バンク（パキスタン）のCEO

「洞察力に富み、われわれの業界が直面する課題と、さらに重要なことに、チャンスを浮き彫りにしている」

ニック・オグデン
シリアル・アントレプレナー
ワールドペイの創業者でクリアーバンクの会長

「銀行がデジタル化しなければならないと多くの専門家が意見するなかで、本書は、銀行がとるべき具体的な行動を示し、デジタル化をうまく行っている銀行が実際に何をしているのかを記述している点で際立っている。誇大広告が多いなかで、本当に役立つ本をみるのは新鮮だ」

ロン・シェブリン
『Smarter Bank』『The Fintech Snark Tank on Forbes』の著者

「過去10年間、シリコンバレー・バンクにおける私の役割から、クリス・スキナーが年代を追って示す、銀行業界の変革を最前列の席でみてきた。彼は、自身の経歴や好奇心を通した、ユニークな視点から意見を述べ予測する。彼はこの優位な視点とウィットから、銀行に自らを再認識させ、技術者を指導的な立場に導き、すべてが失われたわけではないことを理解させる。しかし、残された時間は本当に少なくなっている。私が働いている銀行は、クリスがフォローしているフィンテックの世界に投資し、競合もしている。私たちは、彼が説明する世界や、その中でストライプやアマゾン、ブレックス、ＪＰモルガン・チェースのような会社が競争環境を再構築するべく行っている変化を、日々、目の当たりにしている。このような情勢が、多くの銀行や当行を変化させているのだ」

「クリスの新しい本は、このような変化を起こそうとしている銀行に焦点を当てた素晴らしい書物で、「どのように」の部分について経営陣と一緒に順を追って紹介している。講釈を垂れるのではなく、ほかの銀行が何をしているのか、そして競争力を維持するために彼らの変革の裏側にある考えについて、リアルタイムで深く洞察している。もし彼のブログをフォローしていないのであれば、もしあなたが同業の銀行からもっと詳しい情報を得たいのであれば、彼の本を読むべきだ。まずは『Doing Digital』から始めることをお勧めする」

マーク・シーベルト
グローバル決済とマーチャント・サービス・ソリューション担当
マネージング・ディレクター
シリコンバレー銀行

「既存の金融機関の業務プロセスやシステムをデジタル時代の目的にあうように変革することは、決して小さな問題ではない。しかし、クリス・スキナーは、変革における真の挑戦は、究極的には文化的なものであると説得力をもって主張する。経営陣のなかに銀行員と同じく技術者を入れることから、フィンテック企業と効果的なパートナーシップを形成すること、従業員のマインドセットを広げること、そして何よりも銀行にとって「新しい油」である顧客データに対して信頼できる執事として奉仕することまで、デジタルバンクは過去の銀行からの大きな飛躍を象徴する。クリスの仕事が示すように、金融サービスの物語は、はるかに未来志向で戦略的であり、内向きではなく、協働や提携に関して寛容である。デジタル化は、その物語に不可欠な要素である」

マシュー・ブレイク
金融および通貨システム・イニシアチブ代表
世界経済フォーラム理事

「成功している金融機関は、デジタル化をプロジェクトとしてアプローチするのではなく、その中核に組み込んでいることをクリスは理解している。本書は、このことを理解しているだけでなく、この考え方に基づいて組織を再構築したリーダーにスポットライトを当てた書物である」

マイク・ヘフナー
アッピアンのグローバル産業リードの副社長

「フィンテックは、従来の金融セクターを置き換えるのではなく、改善するものである。クリス・スキナーは、フィンテックがいかに投資障壁を低くし、銀行業界の透明性を高め、金融包摂を促進しているかについて語る」

Ba Shusong 教授
中国銀行協会 チーフエコノミスト
香港証券取引所 チーフ中国エコノミスト

012

本書を私の家族に捧ぐ
――――私の美しい妻カミラ、
かわいい息子エディーとフレディ、
そして私の最愛の母グラディスに――――
彼らなしでは、私はなにものでもない

〝デジタルの世界に生まれなかった企業にとって、伝統的な考え方や仕事のやり方は、今日の世界で必要とされているものに常に反するものだ〟

クリス・スキナー

〝私たちは自らをフィンテックの銀行と位置づけている。フィンテックは単に銀行にテクノロジーを適用するだけでなく、その概念と手法を活用して、ビジネスモデルや組織、メカニズムや業務プロセスを総合的に改革するものだ。
つまり、われわれは新しいビジネスモデルにあわせて、考え方や組織構造自体を変えなければならない〟

ミン・フア
招商銀行、戦略担当ヘッド

〝もし変革しなければ、私たちは死んでしまうだろう〟

本書で研究したすべての銀行が共通して繰り返す言葉

謝辞

本書の構想を練るなかで、多くの銀行が変革し始めていることに気がついた。特に、私が設立を支援した挑戦的なコンサルティング会社である11：ＦＳにおける仕事を通して、そのことを強く実感した。彼らチームの仕事と急速な成長、そして彼らがデジタルバンキングのサービスを提供するために協働していた大銀行をみて、私は、デジタル変革している銀行から実践的なインプットを得たいと思った。こうして、私はデジタル変革にうまく対処していると思う大手銀行のリストを書き出した。ＢＢＶＡ（スペイン）、招商銀行（中国）、ＤＢＳ銀行（シンガポール）、ＩＮＧ（オランダ）、ＪＰモルガン・チェース（米国）が、光栄なことに、私のオファーを受け入れてくれた。本書の制作過程で会い、インタビューを受けていただいたすべての方々に、頂戴した時間と協力について謝辞を述べたい。

特に、本書を実現させるために、貢献いただいた方々について、謝して記したい。ＢＢＶＡのクリス・センプル、招商銀行のグウェン・ガオに。ＤＢＳ銀行で会ったすべての方々、特に諸々の調整をいただいたサンディ・タンとエドナ・コーに。ＩＮＧでは、マルク・スマルダースに。最後に、ＪＰモルガン・チェースにおいてさまざまな支援を賜った、パブロ・ロドリゲス、ポール・ルシエ、エミリー・シェーファーに感謝する。

CONTENTS

［本文設計／デザイン／DTP］ 桐畑恭子

巻頭言

デビッド・M・ブレアー氏
11：FSのグループCEO

そろそろだれかがこんな本を書いてもいい頃じゃないか。

忖度して書かれた公式白書やありがちなプレスリリース、美しくまとまった基調講演資料じゃなく、なぜ銀行が変革しつつあり、実際にどのように進めているのかを深く掘り下げる本が必要だ。

大手銀行は、新しいアプリやチャットボット、ＡＰＩといった「デジタル」プロジェクトに数十億ドルもつぎ込んでいる。技術や文化が大きくシフトし、消費者の期待、ビジネスモデル、業界全体を変化させているこの時代、彼らは「デジタル」で生き抜いていくと自信をもっている。

一方で彼らは、古い技術やリソース、不動産を抱えながら、増え続ける運用コストに苦労している。彼らのイノベーションのための支出は、日々の業務を継続していくための絡まりあったスパゲティを解きほぐすことなく、運用コストにさらなるコストを積み重ねるだけだ。

顧客基盤の規模だけが勝敗基準であり、金融業界の全員が同じペースで立ち泳ぎしていた時代にはなんとかやっていけた。脅威はなかなか出現しなかった。結果として、銀行サービスはますます孤立したものとなった。どの銀行も閉じた箱庭のような世界で、支店やウェブサイト、電話回線でサービスを提供していた。

世界は変わった。すべてをひっくり返すデジタルネイティブなインテリジェントサービスが新しい現実になり、いまや銀行はサービスの再構築に追われている。

最初から最後までスムーズで使いやすく強力なＡＰＩ、最高のサービスで製品を提供するわかりやすくデザインされたマーケットプレイス、製品とサービスが相互に関連しながら一連の問題を解決していく統合プラットフォーム。ここで提供されるサービスは、一般個人向けではなく、個々人の背景や志向に応じたほかならぬ「あなた」向けであるように感じられるはずだ。

この本は、クリスが厳選した銀行が、この根本的なシフトにどのように取り組んだかを明らかにしようとしている。彼らは「どのように変化するか」を変えつつあり、それが彼らの現実的かつ永続的する価値となったのだ。銀行が選んだ具体的なモデルは重要ではなく、その過程に価値ある教訓があるのだ。自分では絶対にできないことについて、貴重な知見が示されている。

これを過小評価してはいけない。変革を達成するため、必要な進歩を獲得するための失敗に費やした時間と労力を大きく評価すべきなのだ。既存の商品やサービスをデジタル化し真のデジタルサービス構築に失敗すると困るのは自分だ。

今日のマーケット・リーダーが、明日もその地位にあるとはいえない。ほんのすぐそこまで来ているサービスも多いようにみえる。銀行はすぐ動く必要がある。資本規模や野心的な戦略があっても、意味ある行動がなければ何にもならない。

新規参入者は5年間の事業計画書を書く必要がないし、「デジタル」戦略ももっていない。彼らはもともとデジタルなのだ。14回もの専門委員会の承認を得る必要はない。ここでビジネス方法論について語ることはないが、彼らは俊敏に動き、既存銀行の数分の1の時間でアイデアを安全に、また確実に実現していく。

彼らは、アイデアを1つのチームから他のチームに渡していくのではなく、アイデアを実行可能な、小さく自律的で学際的なチームをもっているのだ。高度なスキルをもつ少人数のチームに適切な権限を与え、顧客の実際の問題を一つひとつ解決することに集中することで、大きな成果をあげることができるのだ。

優れたサービスを顧客の手に届けることを繰り返し、絶えず新しいアイデアを追求する姿勢と能力をもつ企業は、追いすがる集団を突き放し、加速し続けるだろう。

ほかの業界ではすでに、本当のデジタルサービスではない従前のものをデジタル化するという罠に陥った企業が出てきている。新聞はアナログ製品だった。大規模な編集、広告、印刷、サプライチェーン・オペレーションにより、毎朝お客様の手元にニュースや意見を届けてきた。多くの新聞は「デジタル化」して、物理的に印刷された紙と同じ記事をタブレットやスマートフォンに載せているが、真のデジタルサービスは、新たなアプローチとビジネスモデルをもつ新たなプレーヤーがもたらす。ツイッターやユーチューブはその好例だ。

既存の大企業や金融サービス企業にとって、デジタル化はコスト削減や宣伝に効果があり、比較的満足度の高い顧客に適している。この業界に真のデジタルサービスが登場し始めるまでは、すべてが順調に進んでいるようにみえた――ドカン！

私たちがいまいるのはここだ。

デジタルであることの利点を理解することは、真に差別化されたデジタル・バンキング・サービスを提供するために必ず通らなければならない道なのだ。新しい技術は、リアルタイムに、賢く、そして状況に応じて柔軟に対応できる、人間に優しく拡張可能なサービスの構築をサポートするときの、その方法に特徴がある。

本書を読み進めていくうちにわかるように、選ばれた銀行のいずれもが、彼らの仕事が「完了」したとは考えていないことが素晴らしい。彼らはこれが進行中の継続的な作業であることを認めている。デジタル・バンキングはまだ1％しか終わっていないからだ。

さあ仕事に戻る時間だ。デジタルに取りかかろう。

はじめに

私は10年以上、毎日ブログを書いている。その間、テーマは世界的な金融危機の影響に対する規制改革への対応から、デジタル変革の台頭、金融包摂などへと移行した。私のこれまでの著書でこれらすべてのテーマについて論じてきたが、最も繰り返し取り上げてきたテーマは、銀行がどのようにして遅れを取り戻そうとしているかということだ。一部の評論家は、銀行は愚かで破壊されるだろうと極端なことをいうが、私の意見は異なる。銀行は馬鹿ではなく、ただ挑戦されているだけなのだ。

　銀行が直面している主な課題は、銀行が産業革命の時代につくられ、建物と人の局地的なネットワークを通じて紙を物理的に流通させるビジネスモデルを構築していることである。つまり、現金、小切手、通帳、元帳、信用状、船荷証券、契約書といった書類を利用した取引を基礎としたビジネスモデルなのだ。

　１９６０年代にコンピュータテクノロジーが登場した時、銀行は早くからこのようなテクノロジーを採用してビジネスに定着させようとしてきた。ＩＢＭメインフレームでＣＯＢＯＬやその他のプログラミング言語を用いたシステムを開発し、銀行の支店ネットワークの元帳を自動化した。一般的に午後３時30分～翌朝９時30分の支店が閉まっている時間に、現金を引き出すための外部アクセスポイントとしてATMが追加された。さらに支店元帳へのリモート・アクセスを開発し、時間外での残高や取引をコール・センターでチェックできるようにした。自宅のコンピュータから支店の元帳に自分でアクセスすることができるオンライン・バンキングは、いまやモバイルアプリでも同じことができるようになった。

しかし、口座上の取引の支店元帳の借方と貸方を記帳する基幹勘定系システムは、まだ昔のままだ。ソフトウェアとサーバーで構成され、グローバル化したネットワークでデータをデジタル配信することを中心とした現代のビジネスモデルへと再構築する必要がある。これが既存の大手銀行にとって根本的な課題なのだ。何十億もの資本、何百万もの顧客、何世紀もの歴史をもつ大銀行は、どのようにしてそのビジネスモデルを紙の加工業者からデータの管理者に再構築するのだろうか。

私はこれまでに3冊の本で、このことについて言及してきた。『Digital Bank』では、この課題に対処する方法について具体的な提言を行った。『Value Web』では、ブロックチェーンとモバイルネットワークがどのように料金を平坦化し、安価でリアルタイムの価値交換を提供しているかについて考察を行った。『Digital Human』では、新しいデジタルバンクのビジネスモデルと金融包摂について詳しく説明した。

一方で多くの論評では、銀行は愚かで、デジタル変革の実装方法を理解しておらず、デジタルをモバイルやコールセンターに追加するための単なるチャネルであるとしか考えておらず、それが変革の挑戦であることを認識していないと評価されているという事実について考えてみた。

私はこれまで長く銀行で働いてきたので、銀行員は馬鹿ではないと知っている。彼らは知的であり、多くの場合、デジタル変革を実行するための適切なリーダーシップを欠いているだけなのだ。私が出会った多くの銀行は、優れた中間管理職と優れた経営者ラインをもっているのだが、それがデジタル時代のために正しく構成されていない。彼らはあまりにも多くのサイロ（孤立した業務分野）があり、あまりにも多くのビジネスオーナーがいて、あまりにも多くの政治的駆け引きがあるなか、古い基幹システムを一新してデジタル銀行のビジネスモデルを構築する能力があまりにも足りていない。この状況を乗り越えるのは容易ではない。

このため、ほとんどの銀行はビジネスモデルを再構築することができずに、既存の仕組みにデジタル機能、デジタルプロジェクト、デジタルチャネルを追加するのにとどまっているのである。もはや銀行は呪われているといってよい。この本はそれを明確にする。無数に存在する新興企業や大規模テクノロジー企業は、規制の変更やテクノロジーの発展、大手銀行の予算の中身を研究している。そのような状況で銀行がビジネスモデルを再構築することなく、デジタル時代を生き抜くことはできない。

変革のプロセスとしてではなく進化のプロセスとしてデジタルを受け入れた銀行は、歴史のなかに埋もれていく。これがこれまで10年間私が書いてきたことすべてに共通するテーマである。銀行はデジタルを追加のパーツとして付け加えるのではなく、デジタル時代のために自らを改革する必要がある。付け加えるだけでは、表面的な見た目が飾られるだけなのだ。実は、私が会う銀行員はみな等しく、変革が必要だ、と口をそろえる。彼らは、何を変え、どのように変えるべきなのかを知らないだけなのだ。

これが本書の核心である。

私は、デジタル変革は強いリーダーシップを必要とすることに思い当たり、3年前から効果的にこの変革を起こしていると思った銀行のリストをつくり始めた。小規模な国内銀行は意図的にリストから除外し（多くの銀行がすでに効果的なデジタル変革を行っているため）、デジタル変革をうまく受け入れている大規模銀行をターゲットにした。

このリストにはたった9つしか名前がなかった。私がみたところ、デジタル変革を起こそうとしているのは、世界中でたった9つの大手銀行であった。これら9つの銀行は何をしていて、世界の他の銀行はそうではなかったのか。これはとてもよい質問だ。

私はこれら9つの銀行に働きかけ、そのうち5行が私の新しいプロジェクト「Doing Digital : Lessons from Leaders」に参加することに同意してくれた。この規模も多様な5行（ＢＢＶＡ、ＩＮＧ、ＪＰモルガン・チェース、ＤＢＳ、招商銀行（ＣＭＢ））の協力を得られて非常に感謝している。これらの銀行は何をしたのか。どのようにしてデジタル変革を起こしたのか。彼らから何を学ぶことができるのだろうか。

このプロジェクトで私はマドリードからアムステルダム、ニューヨーク、シンガポール、上海へと移動した。各銀行は私の好奇心に扉を開き、これまでのデジタル変革のプロセスを教えてくれた。このようなプロセスはまだ続いており、変革は完了しない。1ついえることは、彼らはみな、変革の実装段階にある、ということだ。

ＣＭＢはデジタルモデルからスタートし、ＢＢＶＡはほぼ20年間モデルを変更し続けてきた。残り3行は乗り遅れたが追いついてきている。私の調査に参加していない銀行をちょっとみてみよう。興味深いことに、バークレイズ銀行はここ数年で最も劇的な変革を遂げた。２０１６年、その従業員数は13万人、時価総額は３００億ドル（注）だったが、２０１８年には8万３５００人の従業員、評価額は４００億ドルだった。銀行はどのようにしてスタッフの3分の1を削減し、価値を3分の1増やしたのだろうか。

これが本書『Doing Digital』で答えようとした質問だ。その過程で、私は多くの経営役員（ＣｘＯ）とその直属の部下に会い、世界から選んだ大手銀行5行に共通する変革の教訓を約30個得ることができた。この30の教訓は、デジタル変革を実践しているリーダーから得たものであり、「変わらなければならないのはわかっている、でも何をどうすればいいんだ」という根本的な問題に対する答えになっている。

本書では、デジタル変革のプロセスのなかで何をどのように変えていくかを説明する。全銀行に有効かどうかはわからないが、少なくともこの5大銀行では有効であったし、外からみる限り、他の多くの銀行でも有効なようだ。

実は、本書『Doing Digital』を書き終わる頃に、これはテクノロジーの本でも銀行についての本でもないことに気づいてきた。本書は変化について、もっと正確には、劇的な変化を起こす方法についての本なのだ。古い組織を、デジタル時代のために機敏でリフレッシュされた組織に変える方法、巨象も踊らせる方法。

　ここで得られた教訓は、小売企業や航空会社など、デジタルが何を意味し、どのようにそれを受け入れるかに苦労しているあらゆる組織にも同様に当てはまるだろう。ビジネス変革プロジェクトを扱ってきた30年間の経験に基づいて得られた教訓は、デジタル変革を成功させるための具体的な方法を示している。


　たとえばこの過程で、これらの銀行のＣＥＯや会長が一息つくための空間が必要、との話が聞けたことには驚いた。四半期ごとの株主還元と投資家向け広報活動に重点が置かれ、ほとんどの経営者には純粋に数字を管理し、財務目標を確実に達成するよう過度な圧力がかかっている。3カ月では、デジタル変革プロセスはまだ途中であり、四半期ごとにきれいに切り分けることはできない。変革のプロセスでは、短期的な成果ではなく、変化に焦点を当てる必要がある。したがって、変革を起こす銀行には、投資家達との関係と収益率を管理する取締役会があり、その一方で、銀行の経営陣が財務状況を心配することなく、変革に集中する権限を与えられているということが、重要な教訓の1つである。基礎となる教訓である。

　この本から、さらに多くの洞察が得られるはずだ。あなたの役に立ち、フィードバックを貰えることを期待している。

（注）　特に明記されていない限り、本書で使用される通貨は米ドル（US$）

クリス・スキナー
2020年春

DOING DIGITAL

銀行がデジタル変革を迫られる理由

私は技術者であり、テクノロジーが金融や金融サービスの未来をどのように変えるかについて、これまでのキャリアを通じて考えてきた。未来を見通す際に、政治、経済、社会、技術の４つの変革の要素を考える。

技術は重要な変革の要素だが、その他の要素も等しく重要だ。４つの要素が同様に金融市場とビジネスに影響し、とりわけ過去10年間に大きな変化をもたらした。これらのなかには世界的な金融危機の影響もあるし、われわれが現在手にする技術により可能になったものもある。

クラウド・コンピューティング、人工知能（ＡＩ）、携帯電話ネットワーク、オープン・バンキング、プラグ&プレイ（機器に接続後、自動で必要な設定がなされる仕組み）のコードを通じて使いたいサービスにアクセスする技術であるアプリケーション・プログラム・インターフェース（ＡＰＩ）。これらの技術は、この10年で世界の様相を変革し、金融と技術が統合されるにつれて銀行業を大きく変えてきた。われわれはこれらの技術をフィンテックと呼び、ゼロから始まったスタートアップへの投資は、２０１８年に１１１８億ドルまで成長した。

私がフィンテックに初めて出会ったのは10年以上前のロンドンの会合で、「お金のためのイーベイ」と呼ぶビジネスを始めるというアイデアを話している人に出会った時だった。彼らのアイデアは、お金をもっている人と、お金を必要としている人たちとをプラットフォームとアルゴリズムを通じてつなげるというものだ。その会社こそがゾーパだった。

過去15年の間、ゾーパは、他の多くのピア・トゥー・ピアのレンディング会社やフィンテックのスタートアップと同様、英国で成功を収めている。たとえば、ブルームバーグによると、米国で２０１０年に実行された個人向け新規貸出のうち、フィンテック企業によるものはわずか1%にすぎなかったが、２０１７年には36%までシェアを拡大している。金融と技術の融合がホットな市場とされるゆえんである。

ＫＰＭＧによると、２０１８年に世界中のフィンテック企業に投資された金額は１１１８億ドルで、前年の2倍以上だった。これには、ピア・トゥー・ピアの支払や融資だけでなく、ロボアドバイザーやＡＩ、暗号通貨、ブロックチェーン分散台帳技術まで、あらゆるものが含まれる。それぞれの分野で数えきれない変化があり、これらに直面して、旧来の銀行業のビジネスモデルは完全に崩壊しつつある。

銀行業のビジネスモデルは、局地的なネットワークにおいて、建物と人を介して、紙を物理的に流通させるために構築され、技術は、その構造を前提に導入されてきた。現在、われわれはグローバルなネットワークにおいて、ソフトウェアやサーバーを通じて情報をデジタルに流通させているのであるから、旧来の構造を再構築する必要がある。構造の変化によって、あらゆるビジネスは根本的に異なるビジネスモデルを必要とするが、特に金融サービスにとってはオープン・バンキングの台頭など、喫緊の課題となっている。

エンターテインメントや消費、メディア、書籍その他の市場でみられた変化と比較すると、金融サービス業界は、それほど大きい影響を受けてこなかったが、これは単にわれわれがいる場所に届くまでに時間がかかったからにすぎない。実際、最も歴史のあるフィンテック企業の1つであるペイパルのようなスタートアップの企業評価や急速な拡大をみてもわかるように、このトレンドが本格的に軌道に乗り始めたのはここ10年間のことだ。私の前著である『Digital Human』の後半でケーススタディしたアント・フィナンシャルも同様だ。

もし、私が傑出したスタートアップを1つ選ぶとすれば、ストライプになるだろう。ストライプは私のお気に入りのフィンテックのスタートアップで、フィンテック最大のユニコーン（注1）である。ストライプが何をしているか知らない人のために説明すると、彼らは２０１１年に開業したスタートアップで、たった7行のコードを使って事業者がオンラインで簡単に支払を設定できるサービスを提供している。プラグ&プレイのコードであり、ＡＰＩだ。コードを貼り付けるだけで信じられないほど簡単に支払の設定ができるので、ウーバーやエアビーアンドビー、インディーゴーゴーなどがストライプを使っている。とてもシンプルなサービスで、開業5年後の２０１６年10月に、従業員はわずか４００人にもかかわらず、同社の評価額は92億ドルに達した。

お気に入りのフィンテックのスタートアップであるもう1つの理由は、それがアイルランド出身の2人の兄弟、パトリックとジョン・コリソンによって始められたからだ。２０１０年にこのビジネスを立ち上げた時、彼らはまだ19歳と21歳だった。ここに、デジタル化によって世界がどう変わったかについて重要なポイントがある。フィンテックは、どんな年齢のどんな人でも金融サービスの仕組みをつくりあげることができるというフラットな環境をつくりあげたのだ。

たとえば、イーサリアムの開発者であるヴィタリック・ブテリンは、19歳でこのアイデアを思い付いた。イーサリアムは、分散元帳サービスであり、いわゆる「ブロックチェーン上のスマート・コントラクト」を提供する。私は以前の著作である『Ｖａｌｕｅ Ｗｅｂ』で、イーサリアムの背後にあるビジョンについて詳しく説明し、企業や政府が次世代インフラを運用する際の主軸になる可能性を示した。言い換えれば、ブテリンが書いたコードは明日の世界の主軸となり、インターネットの創造と同じくらい革新的なものになるかもしれない。

これがいかに革新的なものか。プログラミングができる若者が金融市場を理解せずとも、それを劇的に変えていく。彼らは、銀行がなぜ現在のように規制され、銀行がどのようにして現在の立ち位置に至ったかを理解しない。私がフィンテックを親子関係に例える理由がここにある。フィン側は親として動き、テック側である子どもを指導し育てる必要がある。これがまさにいま起こっていることだ。多くの銀行が、ストライプのような企業を含め、フィンテックのスタートアップのコミュニティと協力し始めている。

ここで意味があるのは、大手銀行に関する数字とその変化だ。たとえば、ストライプの２０１６年10月の時価総額の92億ドルをみると、デジタルに接続するプラットフォームを提供する新しい企業が、物理的な接点を通じて金融サービスを提供する古い企業をどのように打ち破っているかがわかる。

ストライプとバークレイズを比較すると、ストライプの平均的な従業員は、バークレイズの従業員に比べて時価総額で１００倍の価値を生み出していることがわかる。

企業	設立年	従業員数	時価総額(億ドル)
JPモルガン・チェース	1799	235,000	2,450
ペイパル	1999	3,000	480
ドイツ銀行	1870	101,000	170
アント・フィナンシャル	2015	5,000	600
ストライプ	2011	400	92
バークレイズ	1692	130,000	300

図1.1　2016年10月以降の時価総額

この2年後、ストライプの時価総額は２００億ドルになった。2年間で倍になったわけだ。しかし、バークレイズのほうが興味深いのは、過去に13万人が1人当り24万ドルの価値を生み出していたが、2年後には８万３５００人が1人当り48万ドルの価値を生み出しているところだ。

数字を比較すると、ストライプは２０１６年月に1人当りでバークレイズの１００倍の価値を生み出していたが、2年後には20倍強になっている。ストライプは変わらず、バークレイズが変わったわけだ。バークレイズはこの間、従業員の3分の1を解雇し、わずか2年で時価総額を3分の1増やしたのだ。

この転換は、単なる変化ではなく、劇的な行動の結果である。興味深いことに、現代では、フィンテックの能力を使えば、銀行は、従来行ってきたことを、より安く、より速く、よりよい技術を使って実現できる。銀行がそのことを理解すれば、何千ものスタートアップと協力し、提携し、投資し、

企業	設立年	従業員数	時価総額(億ドル)
JPモルガン・チェース	1799	235,000	2,450
ペイパル	1999	18,700	1,050
ドイツ銀行	1870	97,500	210
アント・フィナンシャル	2015	7,000	1,500
ストライプ	2011	1,000	200
バークレイズ	1692	83,500	400

図1.2　2018年10月以降の時価総額

助言するだろう。スタートアップは、銀行から何十億ドルもの投資を受け、銀行のマーケットプレイスやコミュニティの一部になるだろう。その結果、銀行はこれらのスタートアップのもつ能力を顧客に提供できるようになる。これは現代のデジタル革命であり、単に銀行業を変えるだけではない。実際、新しい技術を使った金融サービスが、世の中のゲームを変える点は7つある。

新しい技術を使った金融が従来と異なる最初の点は、それがリアルタイムであるということだ。私たちは、金融機関によって提供される年次ベースの商品ではなく、私たちのニーズに即した区切られた時間枠で、資金調達、貯蓄、支出、投資、トレード、借入れなどを行うことができる。従来の商品が年次ベースである唯一の理由は、建物と人を使った物流モデルでは短いスパンでのサービス提供が困難だったからだ。物流がデジタル化されれば、ソフトウェア、サーバー、アルゴリズムすべてが即時に、必要な期間だけ提供することができる。年次ベースのサービスでなく、数時間だけ借りればよい。

2点目は、常にどこにでもあるということだ。ダウンタイムがあるという考えは受け入れられない。ほしいなら、いますぐほしいし、いまもってきてほしい。ヒマラヤ山脈にいようが、ティンブクトゥにいようが、いますぐほしい。アクセスに障壁があれば、別のプロバイダーに乗り換える理由になる。

3点目は、シームレスであることだ。お金や銀行のことは考えたくないが、ライフスタイルのなかに織り込まれ、生活を支援してくれるものにしたい。金融サービスは目にみえず、摩擦がなく、シームレスでなければならない。お金のことを考える必要があるとすれば、それは私のデバイスが大事なことがあると知らせてくれる場合だけでよくて、それ以外は考えたくない。

4点目は、パーソナライズされていることだ。もし私が知っておくべきことが私の口座で起きているなら、面と向かって、あるいは、私のデバイスを通じて知らせてほしい。預金口座の残高が空でない限り、そこから支払う住宅ローンの次回の支払を心配する必要はない。預金口座が空の場合にも「あなたの預金口座は空です」というのではなく、そのかわりに「クリスさん、来週に資金が入りますが、あなたの住宅ローンの支払は今日引き落とされますね。でも、気にしないで。12時間のローンが5ドルのコストで利用できます。利用したい場合はここをスワイプして」といってほしい。

5点目は、パーソナライズされているだけでなく、予測可能であることだ。すでに述べたポイントで触れられているが、さらに深く、先進的なものだ。私の金融に係るライフスタイルのデータを深く掘り下げることで、銀行は私の金融ライフスタイルのニーズを予測することができる。私のお気に入りは、毎日地下鉄に乗っているが、定期券を買わずに毎日お金を払って切符を買っているのを銀行が知っている事例だ。一括で定期券を買うお金がないのが理由なのだが、銀行からこんなメッセージが送られてきたらどうだろう。「クリスさん、定期券を２５００ポンドで買ったら四半期で１０００ポンド節約できますよ。よければここをスワイプして」。そう、銀行はパーソナライズされたローンを提案したのだが、これを実現するには、少なくとも私のデータを分析し、なぜ定期券を購入しないかの理由を解明し、予測と生活の文脈の理解に基づいて提案する必要がある。

6点目は、それがすべての人のためであるということだ。なぜ、友人や家族の間でお金を自由に動かすことができないのだろうか。なぜ銀行は一定以上のお金をもっている人だけを相手にするのか。だれもが自由に、安く、簡単に、他人に送金する権利がある。銀行口座をもたない人々や、銀行口座をもつものの金融サービスを十分に受けられない人たちに対して、技術を用いてさまざまなサービスが提供されている。実際、過去10年間の世界における最大の変化は、デジタルサービスが従来ならアプローチ不可能であった先までアプローチできるようになったことであり、これは生活における大きな変化だ。

7点目は、まさに、アプローチ不可能な先にまで到達することだ。新しい金融の世界では、これまで見過ごされてきたロングテールの顧客にアプローチし、彼らに新しい価値を提供し始めている。ロングテールには、金融について教育を受けてこなかったが、アプリを通じて金融リテラシーを身につけつつある若者が含まれる。また、経済的に脆弱であるために詐欺にあい、だまされやすい高齢者が含まれる（最近では、自分をケアしてくれる人とつながることで守られている）。ロングテールには、中毒者、抑うつ状態の者、ギャンブラー、精神障害者のように、自分が逃れようとしている行動のために資金を浪費しないよう、金融口座について助けを必要としている者が含まれる。これらの人々は従来、多くが見過ごされてきたが、最近は支援を受けやすくなってきている。

これらが、過去10年間に世界を劇的に変化させ、伝統的な金融とは異なる分野で大きな発展を遂げ、包括的な社会と新しい金融モデルを生み出している。変化については、5つの領域がある。

まず、金融包摂がある。携帯電話にアクセスできる人ならだれでも金融にアクセスできるようになったことで、多くの人々が金融取引をできるようになった。世界銀行によると、成人の69%（38億人）が銀行やモバイルマネー業者に口座をもっており、2011年の51%から大幅に増加しているが、そのほとんどが携帯電話とインターネットのおかげである。これが金融包摂だ。携帯電話を手に入れ、信用履歴を積み上げ、銀行口座を手に入れるだけではない。インターネットと携帯電話を含むデジタルの世界ではコストを安く抑えられるので、顧客が数セントあるいは数百万ドルをもっているかにかかわらず、口座の保有者をコストを抑えて支援することができる。

2番目は、金融リテラシーだ。人生において、経済が豊かさや快適さの重要な要素である割には、私たちの学生時代には金融教育が見過ごされてきた。いまでは多くの企業が、ゲーミフィケーションの技術を使って、子どもたちに、楽しく簡単に金融リテラシーを身につける手段を提供している。

3番目は、金銭に係る能力が衰えた人のための支援である。金融リテラシーにも関係するが、高齢者のための金融管理など、金銭に係る能力が衰えた人たちの支援に焦点を当てている。親が、認知症やアルツハイマー病、パーキンソン病などの病気にかかった場合、アプリを通じて、子どもたち（子どもがいる場合）が家計を管理したり、詐欺師や犯罪者にだまされたりするのを防ぐのに役立つ。

４番目は、経済的な健全性だ。心理学者によると、精神衛生上に問題を抱える人は、経済的に健全でないことが多く、複数の研究が、精神衛生上の問題を抱えている人は借金状態に陥りやすいと報告している。特にギャンブル依存症の人は問題になりやすい。英国のチャレンジャーバンクのモンゾとスターリングは、顧客の金融口座がギャンブルに関連したサービスにアクセスするのをブロックする機能を提供することで、顧客がギャンブル漬けにならないように支援している。英国ではギャンブルによって精神衛生上の問題を引き起こす危険性のある人が２００万人もいるので、よい施策だ。

最後に、持続可能性と責任ある銀行業がある。この分野では、国連の持続可能な開発目標（ＳＤＧｓ）が、２０１９年に責任ある銀行業の原則を公表し主導的な役割を果たしている。持続可能な金融については、アントフォレストがよい例である。アントフォレストは、８億人の中国のアリペイのユーザーに、仮想の木を成長させるゲームを提供している。木を育てるために、ユーザーは二酸化炭素の排出量を増やさないように行動しなければならない。たとえば、タクシーではなくバスで通勤すれば、仮想の木を植えるためのポイントが獲得でき、十分なポイントが獲得できると、現実世界で木が植えられる。環境に優しいライフスタイルをとるほどポイントが貯まるので、バスに乗るより、徒歩や自転車で通勤するほうが好ましい。

オンライン決済、オフィスでのペーパーレス化、プラスチック製のスプーンやフォークのかわりに使い捨てのボール紙製のものを使うこと、リサイクルなど、環境に優しいライフスタイルに変えるために

19の方法が用意されている。ユーザーは毎日の行動についてカーボンポイントを請求し、アリペイのアカウントに保存することができる。ポイントは、アントフォレストで仮想の木に水をやり成長させるために使用され、仮想の木が十分な高さに成長すると、アント・フィナンシャルは現実世界で実際に木を植える。支払をしながら楽しいアプリで遊ぶことで、中国のアリペイのユーザー5億人が内モンゴルと甘粛省の１０００平方キロメートル近くの土地に、1億本の木を植えることに成功した。これにより、中国の二酸化炭素排出量は２０２０年末までに5%削減されると推定されている。

これらは、歴史的なインフラがまったくあるいはほとんどない新しい経済圏から得られる教訓であり、インド、中国、アジア、アフリカ、南米で起きていることだ。これらの国々はインターネット時代になってからインフラに係るプロジェクトを開始し、経済を急成長させている。私は中国の杭州にあるアント・フィナンシャルを訪問して、この教訓を学んだ。同社は携帯電話を通じた金融包摂のミッションをもち、インドネシア、フィリピン、タイ、パキスタン、インドなどの現地パートナーにその技術を輸出してきた。銀行が歴史的に無視してきた市場に、シンプルで簡単な金融サービスをもたらしているのだ。

テクノロジーと金融包摂のよい例がインドにある。ペイティーエムはインド中で使われているモバイルウォレットの1つだ。現在のユーザー数は約4億人だが、２０１６年11月の高額紙幣の切り替え直前には約1億５０００万人だった。インド政府による高額紙幣の切り替えやその他の動きにより、インドにおける金融包摂の流れは劇的に進んでおり、その多くはモバイルウォレットのネットワークのおかげである。

ビジェイ・シェカー・シャルマ氏はペイティーエムの創設者で、ジャック・マー氏とアリババのファンでもあった。彼は、アリババとアリペイを真似てインドで展開したいと考え、ジャック・マー氏に会いに行き、彼の事業に投資するよう説得した。

アリババとアント・フィナンシャルがペイティーエムの重要な持分を所有している理由はここにある。ペイティーエムのコアとなる技術は、オープン・バンキング、オープン・ペイメント、オープン・フィナンシャル・サービスの仕組みを通じてアント・フィナンシャルによって提供されている。これらの技術を用いたクラウドベースのサービスのおかげで、ペイティーエムは急速に成長し、規模を拡大することができた。アント・フィナンシャルとアリペイはインドだけでなく、パキスタン、フィリピン、インドネシア、タイ、韓国など多くの国でパートナーと提携している。すでにグローバル企業なのだ。

シャルマは、今日インドで最も若い億万長者であるが、10年前はホームレスだった。彼はビジネスパートナーのために破産し、生き延びるために友人のソファで寝ていた。今日のデジタル・ネットワークはすべての人にチャンスを開いている。

私たちは技術によるデジタル化を通じて革命的な時代を生きている。私たちの考え方や、取引、処理、会話、関係性の構築の方法に根本的な変化が起きている。従来型の金融機関とはまったく異なるビジネスモデルが求められており、金融機関がこの変化についていくことは信じられないほどむずかしい。特に、金融機関のリーダーが変革の意味を理解していない場合はなおさらだ。

それでも銀行は違う

企業は変化しなければならないとだれもがいう。われわれはコダックを経験した。ノキアとブロックバスターの経験もあった。それでも銀行はテクノロジー企業や小売業者とは異なる。だれでもテクノロジー企業や小売業を開業できるが、銀行は認可が必要であり、だれでも開業できるわけではない。銀行業の登録とライセンス取得のプロセスは、困難で、時間のかかる作業だ。通常、銀行として登録するには、2000万ドルの立ち上げ資金が必要で、手続には2年かかる。テクノロジー企業や小売企業がオフィスを数日で立ち上げるのとは異なるのだ。

銀行業の登録のプロセスが困難であるのは、銀行が重要な産業であるからだ。病院、製薬会社、航空会社など、人々の生活に大きな影響を与え、生死にかかわる可能性のある産業と同様に、銀行も基盤産業と考えられている。経済、政府、国および国民が健全であるための基盤だ。銀行は何世紀も前から、各国で最も古い組織の1つであり、新しい企業から挑戦されることがなかった。ずっと経済の中心に位置し、規制に守られてだれからも異議を唱えられず、居心地のよい状況に置かれているとき、自分自身を変える必要を感じるだろうか。

もちろん銀行が変わるときもあるが、その多くは規制当局、競争環境、投資家の3つの要素が原因であった。規制当局の要請によって、あるいは競合他社が自社ビジネスに影響を与える行動を起こした際には、銀行は変わる。支店の閉鎖からオープン・バンキングに至るまで、銀行業務に多くの変化がみられた。銀行は株主に結果を還元しなければならないので、物理的な占有面積を削減している。セルフサービスを増やし、コストを削減するためにデジタル化に多額の投資をするが、それは競合他社も同じことをするからだ。コードを通じて第三者にデータを提供するが、その理由は規制当局が要請するからだ。

顧客の希望によって銀行は変わるだろうか。多くは実際そうならないし、その必要もない。顧客は、コスト削減や、技術への投資、規制の変更に影響を受けるが、ほとんどの場合、彼らは銀行口座を変えることはないので、変化の直接の理由にはならない。彼らはしばしば自分のパートナーよりも長い間銀行と付き合う。ほとんどの銀行は似たようなものなので、銀行を変えることは最後の選択肢だ。銀行は公的なサービスを提供し、金利のインセンティブがなければ、企業も個人もわざわざ取引する銀行を変えない。

ではなぜ、変化、変革するのか。なぜ、めんどうなプロセスに挑むのか。産業に影響を与える要素の1つは技術革新だ。ずいぶん前に始まり、ここ20年で急速に加速した。コダック、ノキア、ブロックバスターのような企業は、テクノロジーの変化に適応できずに消滅した。残念なことに、多くの銀行が同じ状態にあるようにみえる。規制上の参入障壁や、顧客が活発でないこと、競争の欠如、株主の興味などが理由で、変革から守られ続けてきた。実際、銀行はデジタル変革やテクノロジーの変化よりも、２００８年に起こった世界金融危機やリスク管理をはるかに重要視してきた。

しかし、リスクが重要な指標になってから10年が経ち、デジタルの鼓動はますます激しくなっている。大手銀行はどこもデジタル変革を口にし、どの銀行も今後数年間で技術に何十億ドルも投資することを検討している。デジタル変革の流れで、大規模な雇用削減について語る人もいれば、コスト削減について語る人もいる。だが、顧客やサービスについて語る人はまれだ。

これらは、銀行がデジタル変革をどのようにとらえているかの核心を突いている。多くの銀行は、顧客を戦略の中心に据えるのでなく、規制当局や、株主、競争環境に長らく焦点を当ててきた。いくつかの銀行では、デジタル戦略を見直す際に、顧客について言及されることは少なく、言及される場合はセルフサービスの拡大によるコスト削減の意味合いで触れられる場合が多かった。

しかし問題は、技術とデジタル変革は規制当局や株主、競争ではなく、顧客とサービスに関係するということだ。技術が顧客に関係することは、チャレンジャーバンクが躍進している最近、特に顕著である。

チャレンジャーバンクが増えているのは、競争を望む規制当局が彼らを後押ししているからである。投資家が彼らに投資するのは、市場が変化していることを知っているからである。チャレンジャーバンクは、顧客ニーズとカスタマージャーニーから始める。顧客ニーズとカスタマージャーニーを中心にゼロから設計する。技術開発も同じだ。チャレンジャーバンクには、過去の遺産も、背景も、混乱もない一方で、従来型の銀行は、多くのレガシーをもっている。レガシーなシステムや業者、レガシーな従業員や顧客、そして何よりもレガシーなリーダーシップだ。

銀行におけるリーダーシップの問題は、ほとんどの銀行が、技術やデジタルの経験がない、従来型の銀行員によって経営されているという点だ。彼らの世界観は、規制やコンプライアンス、リスク、金融に深く染まっていて、最大限の安定性と最小限の変化を中心に構築されている。最小限の安定性と最大限の変化を必要とするデジタル変革とは相性がよくない。それゆえ、銀行は、半世紀以上にわたって構築してきたものを、顧客ニーズとカスタマージャーニーに基づくチャレンジャーバンクとのデジタル時代の競争に適応するために再構築することを迫られている。それには新しいマインドセット、これまでと異なる考え方と、新しい組織およびシステムが必要だ。

私は、こうした変化のなかで30年働いてきたので、変革に必要な要素を特定することができる。まずはリーダーシップだ。経営層は、変革を実現するために必要な知識、コミットメント、情熱をもち、適切な構成になっているか。リーダーの立場にいる多くの人が、変える必要があることはわかっているが、何をどう変えるべきかわからないという。状況はイノベーションを担当するチームでも同じだ。素晴らしいアイデアをもつ人が多くとも、そのアイデアを実行できなければ、単なるアイデアにすぎず、何も変わらない。

適切なリーダーシップが発揮されれば、技術、顧客、従業員、組織構造などに変化が生まれる。これらの変化の要素について、本書を通して深く掘り下げていく。銀行はどのようにして適切なリーダーシップの体制を敷くべきか。テクノロジーを用いて何をすべきか。これらが顧客にどのような影響を与えるのか。従業員を巻き込むために社内で何を変えるべきか。サードパーティやパートナーとどのように協力すべきか。

これらは変化と変革のための要素だが、まず、従来の延長線上での進化でなく、根本的な変革が必要であることから始めなければならない。2020年代では、もはや従来型の銀行業務ではなく、従来の常識とは異なる新しい銀行業務を考えなければならない。

銀行にお勤めですか、それともテクノロジー企業にお勤めですか

銀行員や技術者と多くの会話をしてきて、最近、単純だが重要なことに気づいた。それは、テクノロジーを扱うこととお金を扱うことはまったく違うということ。さらには、技術から考えて金融に対応するのと、金融から考えて技術を適用することは大きく異なるということだ。奇妙に聞こえるかもしれないが、このことは、アマゾンやアリババのようなテクノロジー企業が銀行を開こうとすると苦戦する理由に関連している。

基本的なところから始めよう。われわれはみなテクノロジーに慣れ親しんでいる。多くの人はスマートフォンをもち、フェイスブックのアカウントをもつが、たとえば電話が切れたり、自分のフェイスブックの更新が数回しか「いいね！」されなかったりしても、あまり怒らない。しかし、送金が失敗したり、給与が支給日に届かなかったりすると、とても腹を立てる。違いは明らかだ。お金は私たちの生活を左右する重要な要素だが、テクノロジーはそうではない。

だから、私たちは数年ごとにスマートフォンを買い替えるが、銀行口座はめったに変えない。お金については、私たちは安全や安心を望むが、技術については、刺激と新しい体験を求める。それゆえ、私は技術者たちが、銀行がテクノロジーによって破壊され、廃業に追い込まれると主張するのを不思議に思う。銀行が、変化に適応しようとする限り、そんなことは起こらないだろう。

言い方を変えると、銀行業と技術が相いれず、衝突する部分がある。私たちは21世紀に銀行と技術が融合するのをみてきた。しかし、先に述べたように、技術から考えて金融に対応することは、金融から考えて技術を適用することとは違う。

金融から考えて技術を適用するときは、たいていの場合、単にお金を支払うだけだ。スクエア、ストライプ、ペイパル、ベンモ、アリペイ、ウィーチャットペイなどは、オンラインでの支払を可能にする。これは素晴らしいことだが、技術の立場から金融を考え直すのではなく、金融に対して技術を適用している。オンラインやモバイルで支払はできる。しかし、トレーディングや投資、企業の財務、預金口座、フルサービスの銀行業務などの複雑な業務になると意味合いが異なる。これらの業務はとても複雑で、規制とそれに対応するための長年にわたる開発が必要だ。銀行が現在のように規制されていて、銀行に係る規制がテクノロジー産業の5倍もあるのには理由があるのだ。

バンク・オブ・アメリカ・メリルリンチが２０１８年に行った規制に関する分析によると、平均的なテクノロジー企業が2万７０００件の規制に対応しているのに対して、銀行は平均で12万８０００件の規制に対応せねばならない。技術は使い捨てできるが、お金は使い捨てできない。お金は安全でセキュ

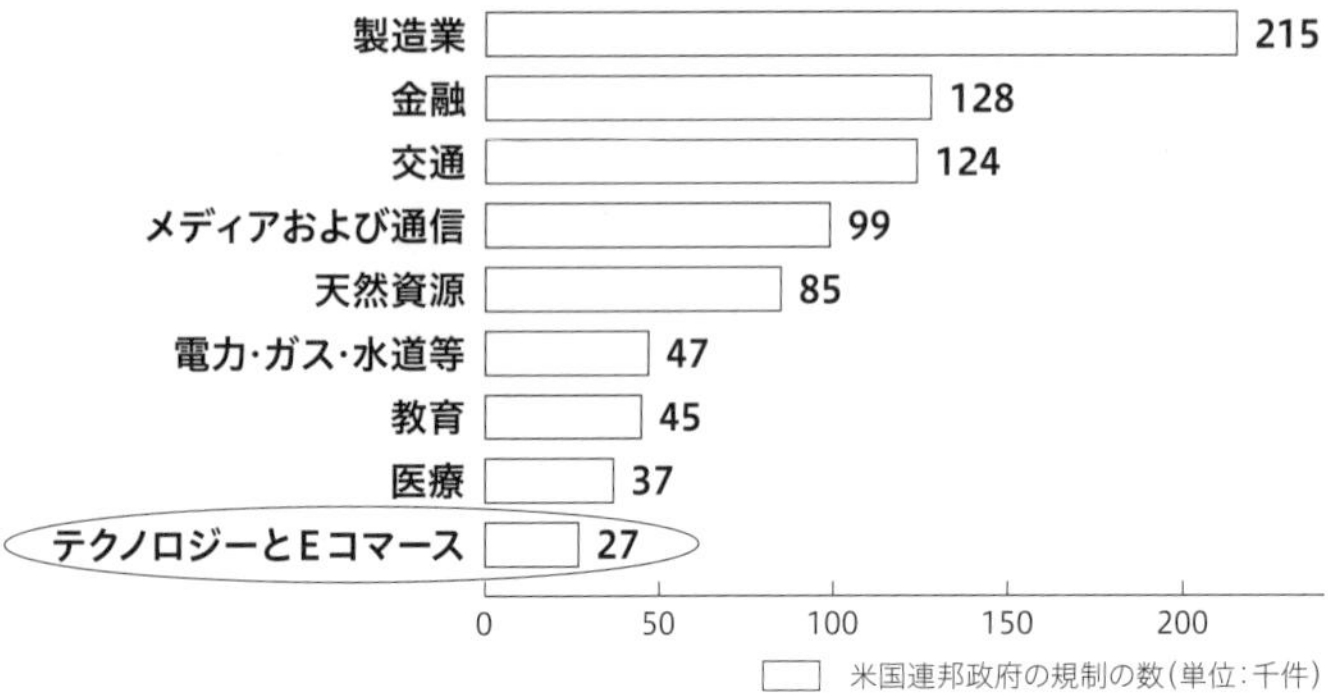

図1.3　各産業における企業が直面している平均的な規制の数
出所：BCGプロジェクト

アでなければならないが、技術は柔軟で適応しやすいものでなければならない。

　これらは将来も続く核心的な原則であり、だからこそ銀行と技術の融合はおもしろい。ファイナンスとテクノロジーを統合してフィンテックと呼ぶ者もいれば、テクノロジーとファイナンスを統合してテックフィンと呼ぶ者もいる。私はこれを変化、それも劇的な変化だと思う。

　金融から技術にアプローチする人々は、規則や規制、安全とセキュリティ、回復力や信頼性に根ざしている一方で、技術から金融にアプローチする人々は、イノベーションと変化、適応性と柔軟性、陳腐化とアップグレードに根ざす。両者のアプローチ方法は非常に異なっていて、たしかに融合しつつあるが、何が正しい融合の仕方かがわかっていないのがおもしろいところだ。複雑な規制を考慮しつつお金を扱うのか、シンプルで簡単な技術から扱うのか。この両極端をどうやって両立させるのだろうか。

私の答えは、お金を安全かつセキュアに保つことを目的に簡素化された規制のもとで、シンプルかつ簡単にお金を扱うということだ。金融や金融規制を簡素化して、お金をデータとしてシンプルかつ安全に扱うには課題もある。それは大変な仕事であり、私たちが金融側にいようが技術側にいようが、実現に全員がかかわっている。結局のところ、今日では両者の立場は近づいている。

銀行員である私を信じてください

金融関係の人は信頼についての話をよくする。「お客様は、私たちを信頼してお金を預けてくれる」……「銀行を信頼していただいている」……「私たちの助言は信頼されている」……「私たちのブランドを信頼いただいている」

会話の多くは単なる空言なので、特筆すべきことはない。もちろん、銀行に対する信頼は存在するが、それは銀行のブランドや銀行員、銀行サービスではなく、銀行免許、つまり、政府の規制と何か起きたときの保険による補償の枠組みに対してのものだ。エデルマンが行った信頼度調査をみると、銀行はたいていリストの最下位に近い。ブランドへの信頼をみると、私たちが信頼するのは、ナイキやアップル、ＢＭＷなどのクールなブランドであって、シティバンクやＨＳＢＣ、ドイツ銀行ではない。

信頼には2種類ある。あなたのために正しいことをしてくれる会社を信頼することと、あなたのお金を失うことはないと思える会社を信頼することだ。バークレイズ銀行のＬＩＢＯＲに係るスキャンダルや、亡くなった顧客から手数料を徴収していたオーストラリアの銀行、ウェルズ・ファーゴの口座開設に係る不正のような事件の後で、顧客は一斉に口座を解約しただろうか。銀行は信用できないかもしれないが、その銀行が私たちのお金を安全に管理するという機能は信頼している。だから、銀行を信用していなくても、信頼してお金を預けるのだ。私たちは、銀行が取引を実行し、価値を安全に保管し、24時間かつ３６５日、私たちの資金にアクセスする機能を提供することを信頼している。会社自体やブランド、経営陣や従業員を信頼しているわけではない。

これが、人々が銀行口座を容易に乗り変えない主な理由だ。銀行がお金を安全に管理していて、台無しにならないのなら、まったく同じ機能を提供する別の銀行に乗り換える必要はない。実際には、顧客が銀行を乗り換えるのは、銀行がお金を安全に保管するという基本的な約束を破った場合だけだ。顧客が怒るのは、銀行が口座へのアクセスを提供しなかったり、取引を実行しなかったり、残高の管理に失敗したり、小切手をキャンセルした場合であり、銀行が不正行為をしているところを摘発されたという報道ではない。銀行の不正行為はそこかしこで起きているが、顧客は、ＴＳＢ銀行のシステムが停止したときやロイヤルバンク・オブ・スコットランドのシステム障害など、自分に影響がある場合だけ気にする。

同様に、多くの人々が、銀行やその経営陣を信用していない一方で、支店のマネージャーを信用しているという。携帯電話やインターネット時代では、少なくなりつつあるものの、個人的にマネージャーと付き合いがある場合など、銀行の物理的な側面が信頼を生み出しているケースがある。

２００７年にノーザン・ロックが信用不安に陥った時、人々は最初に何をしたか。彼らはお金を引き出すために支店の外に並んだ。もし銀行がお金を安全に保管することについて顧客が疑問を感じたら、伝統的な銀行がいまでももっている最大の資産の1つは、顧客が「俺の金を見せろ！」と叫びに行く場所があることだ。ドアを叩き、銀行員に向かって叫んだ後で、現金があること、それが安全であることが確認できることが、銀行が支店を開設している核心的な理由の1つだ。サービスやアドバイスのためというより、信頼を構築するためのマーケティング投資の側面があるのだ。

ディス・イズ・レボリューション

デジタルは革命なのか単なる進化なのかという議論があるが、私は革命だと固く信じている。新しい技術やビジネスモデルを用いて、産業を一から再構築するなら、それは革命であるし、地球上のすべての人間が技術によってつながれている時代に生きているなら、それは革命だ。これに関する説明は前著『Digital Human』に書いたので、デジタルが単なる進化だと考えている人たちに読んでいただきたい。

人類にかかわるものを再発明すれば、それに伴うあらゆるものを再発明することになる。それは革命だ。第４次の産業革命ではなく、人間の関係性や、商取引や貿易に係るあらゆるものの革命だ。進化と

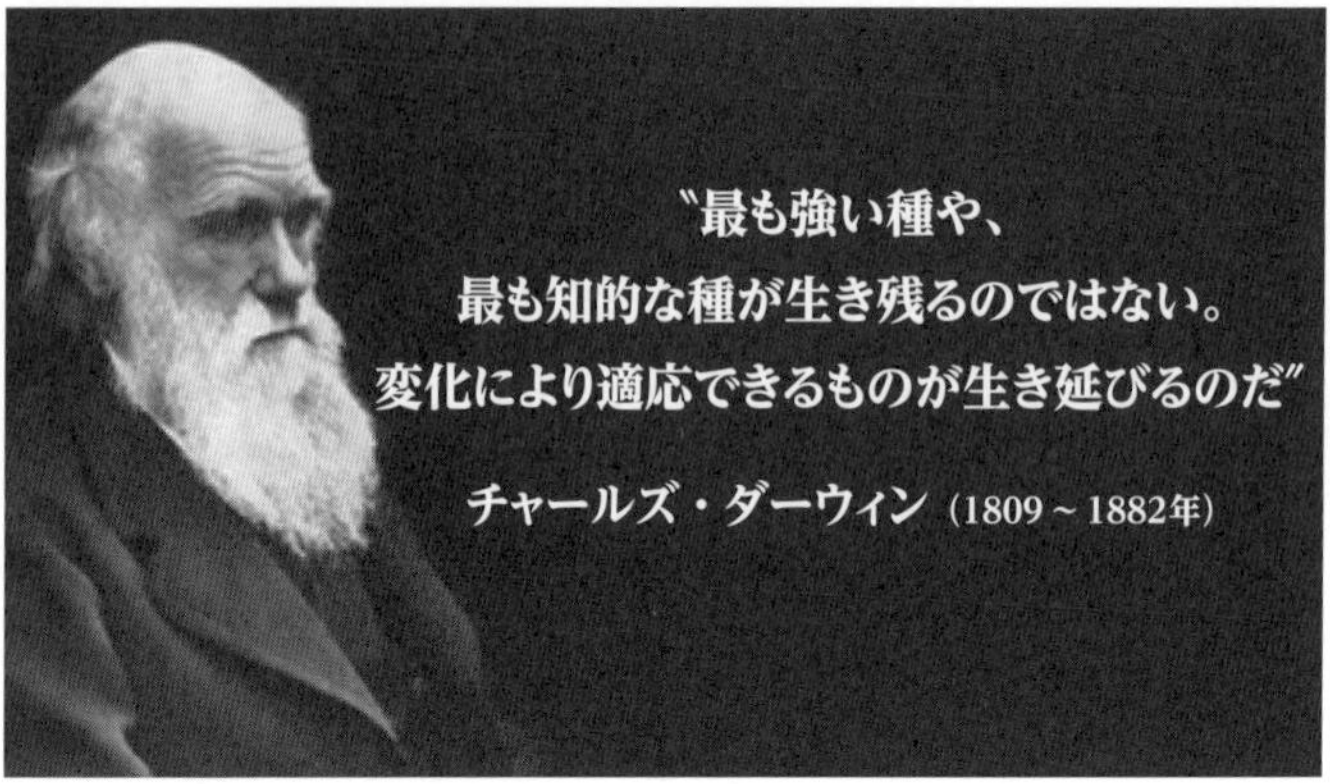

いうのは革命に対処し、生き残るために適応する方法だ。チャールズ・ダーウィンは『種の起源』で、最も適応力のあるものだけが生き残るという言い方で、革命へ対処するための進化について明らかにした。適応しなければ生き残ることはできない。

適応とは何を意味し、どのくらい速く適応する必要があるのか。もしすべてがゆっくりした進化であれば、単についていけばよい。銀行業を技術を用いて、より効率的に、より安く、よりよくすることだ。より速い銀行とは、より速い馬のようなものだ。ヘンリー・フォードが述べた有名な言葉に「もし私が人々に何がほしいのか聞いていたら、彼らはもっと速い馬がほしいといっただろう」がある。ビクトリア時代の人々が思う未来のイメージに蒸気機関でできたロボットの馬があったように、他の選択肢が思いつかないのだ。

ビクトリア時代の人々がロボットの馬をほしがったのは、道路に本物の馬が糞尿をまき散らしていたからだ。道路から悪臭を放つだけでなく、糞尿を除去しないとすぐに病気が蔓延したので、より速く、よりクリーンな馬は理にかなっていた。その後、人々が想像できなかった自動車が発明された。馬のかわりにエンジンを搭載した馬力をもつ車。素晴らしい、ロボットの馬だ。

最初は、だれもが自動車の仕組みを理解していなかったが、数十年の間に、自動車は馬に取って代わり、最終的にはだれもが買えるようになった。現在では世界中で10億台以上の車が走っている。これは60億頭以上の馬に相当し、糞尿もなくなった。10億台の自動車が走る世界を支えるために、私たちはまったく新しいインフラをつくらなければならなかった。一般道路、高速道路、州間高速道路、アウトバーン、サービスステーション、橋、トンネルなどが世界中に建設され、10億台のエンジンが動かせるようになった。

馬の動力からエンジンへの根本的な変化は、アナログからデジタルへの変化に似ている。銀行が、デジタルを単なるチャネルとしてとらえ、最高デジタ

図1.4　車輪のついた蒸気機関で動く馬を描いたビクトリア時代の風刺画

図1.5　多くの銀行がテクノロジーをどのようにとらえているか

ル責任者（CDO）を、企業全体でなく各ビジネスラインの長として任命するなら。また、デジタル化を経営層が主導するものでなく権限移譲するものとし、デジタル化の予算を個別のプロジェクトに移譲するなら、銀行は図1・5の写真のようになるだろう。

　銀行はエンジンをもち、車ももっているが、ビジョンとリーダーシップが欠如しているために、馬に車を引かせているようなものだ。これでは馬は速く走れない。それどころか後ろに重い車を引かなければならず遅くなる。インフラを見直し、道路や橋を建設し、システムを再構築しなければならない。古いものに新しいものを追加して、うまくいくことを期待しても意味がない。

　イノベーションとリーダーシップに関する多くの議論から、スタートアップが新しいビジネスモデル（自動車）をつくろうとする一方で、多くの銀行がより速い銀行（馬）を開発しようとしていることは明らかだ。銀行は、素晴らしい分散台帳の技術を既存の取引の仕組みやプロセスに組み込もうとしている。だから、分散元帳は、主にクリアリングや決済、貿易金融、銀行業務におけるサプライチェーンと支払の文脈で語られてきた。原則に立ち返っていちばんフィットするものを考えるのではなく、少し効率的で新しい取引の仕組みをつくろうとしているだけなのだ。

デジタルが革命であることを理解するなら、迅速に、思い切った行動をとらねばならない。単に事業を維持するだけでなく、再構築せねばならない。速い銀行をつくるのではなく、新しい世界に向けてゼロからビジネスモデルを再発明することだ。革命側の陣営は、まったく新しいやり方で物事を進めている。たとえば、Trovは、年単位でなく時間単位でリアルタイムの保険を提供している。アント・フィナンシャルは、タオバオの売り手に対して、年単位でなく、分単位で少額のローンを提供できる。アフリカのモバイルウォレットはその好例で、アフリカ大陸の多くの国でキャッシュレス化を実現し、ジンバブエをはじめ国全体がこのモバイルネットワークを利用して運営できるようになっている。

これらは、私たちが以前もっていたものの改良バージョンではない。技術を用いて金融を再発明している。それは、技術から考えるテックフィンであり、金融から考えるフィンテックではない。テックフィンは自動車であり、フィンテックは、より速い馬なのだ。

銀行のなかにはこれを、徐々にではなく根本的な変化ととらえているところがある。根本的な変化とは、革命に対応する劇的な行動であり、徐々の変化とは、進化に対応する小さな行動だ。本書では、根本的に変化している銀行をいくつかを紹介する。

数字によるプラットフォーマーと銀行の比較

２０１８年4月にロンドンで前著の『Digital Human』を出版した時、バークレイズＵＫのＣＥＯであるアショク・ヴァスワニ氏と、欧州、中東およびアフリカ（ＥＭＥＡ）におけるアリペイとアント・フィナンシャルの責任者であるリー・ワン氏を、本のテーマを討論するパネリストとして迎えた。ワン氏はアリババの従業員が1人当り1年間に、1億人民元（１６００万ドル以上）を稼いでいると語った。バークレイズの従業員の1人当りの年間売上高は40万ドルであるので、驚くべき違いだ。最も効率的といわれる銀行であっても、自動化によって30～40倍も効率的に運営される新しいデジタル企業との競争にさらされている。デジタル変革の必要性を示す重要な事例だ。

私は金融アナリストではなく技術者であり、単純に従業員1人当りの収入で比較して、アント・フィナンシャルはバークレイズより30～40倍も生産性が高いと主張をした際に、物知り顔の会計士からある指摘を受けた。たしかに、前述したプラットフォーム企業と銀行の従業員1人当りの時価総額を用いた比較について、アマゾンやアリババのようなプラットフォーム企業がビジネスモデルを変えていることは間違いないが、生産性の正確な比較ではないとの指摘を受けた。そこで、もっと数字を掘り下げ、デュポン分析を使って正確に企業を比較していきたい。

デュポン分析とは、デュポン株式会社が１９２０年代に開始した業績評価手法であり、企業の投資パフォーマンスを数学的に評価する手法として、自己資本利益率（ＲＯＥ）と総資産利益率（ＲＯＡ）に着目した分析手法である。デュポン分析によると、ＲＯＥは次の3つの要因に分解される。売上高純利益率で測定される営業効率、総資産回転率で測定される資産利用効率、資本乗数で測定される財務レバレッジである。したがって、デュポン分析は次の計算式によって表される。

ＲＯＥ＝売上高純利益率×総資産回転率×資本乗数

少し細かい話になるが、変革と変化について理解するためには、これらの数字を理解することが重要だ。

米国の大企業の平均ＲＯＥは約12％なので、まずは、これよりも高いＲＯＥを目指すことになる。また、ＲＯＡの数値が高いほど、企業の在庫を含む資産の管理が効率的である。ＲＯＡは、当期純利益を総資産の平均で割って算出されるので、ＲＯＡが高ければ高いほど、資産からより多くの収入を得られているという指標になる。

まず、米国の三大プラットフォーム企業である、フェイスブック、アマゾン、グーグル（アルファベット）を取り上げよう。デュポン分析を用いると、図1・6の結果が得られる。

ここから、フェイスブックとアルファベットが似た構造をしていることがわかる。それほど多く配当しないプラットフォーム企業は、財務レバレッジが低く、平均的なＲＯＥより少し高い。ただし、ＲＯＥ

	FB	amazon	Google	FB	amazon	Google	FB	amazon	Google
	ROE(%)			ROA (%)			財務レバレッジ		
2017	21.43	10.65	8.30	18.85	2.31	6.42	1.14	4.74	1.29
2016	17.26	12.29	14.01	15.73	2.84	11.63	1.10	4.32	1.20
2015	8.34	4.45	13.59	7.46	0.91	11.09	1.12	4.89	1.23
2014	8.14	-2.24	13.82	7.32	-0.44	11.10	1.11	5.07	1.25
2013	9.70	2.81	14.80	8.38	0.68	11.65	1.16	4.12	1.27
平均	12.974	5.592	12.904	11.548	1.26	10.36	1.126	4.628	1.248

FB=フェイスブック

図1.6　フェイスブック、アマゾン、グーグルのROEとROA以降の時価総額

	amazon	WMT	amazon	WMT	amazon	WMT
	ROE(%)		ROA (%)		財務レバレッジ	
2017	10.65	17.54	2.31	6.86	4.74	2.56
2016	12.29	18.24	2.84	7.36	4.32	2.48
2015	4.45	20.10	0.91	8.03	4.89	2.50
2014	-2.24	21.01	-0.44	7.83	5.07	2.69
2013	2.81	22.27	0.68	8.37	4.12	2.66
平均	5.592	19.832	1.26	7.69	4.628	2.578

WMT=ウォルマート

図1.7　アマゾンとウォルマートのROEとROA

とＲＯＡは経年で大きく変動している。一方、アマゾンは財務レバレッジを効かせた企業で、低いＲＯＥと、非常に低いＲＯＡに示されるように、低コストの流通業者の特徴をもつ。アマゾンは利益のほぼすべてを自社サービスの拡大に注ぎ込んできたため、利益率は総じて高くない。ＲＯＥが低く、財務レバレッジが高いのは、独占状態を生み出すための長期戦略だからだ。

実際、アマゾンを米国の最大のライバルであるウォルマートと比較すると、ウォルマートのほうが財務的にははるかに優れていることがわかる。

とはいえ、どの会社に投資すべきかは明確だ。

次に、米国の3大銀行、ＪＰモルガン・チェース、バンク・オブ・アメリカ、ウェルズ・ファーゴをみてみよう。２００８年の金融危機以前には平均ＲＯＥが20%を超えていたが、いったん落ち込んで数年間横ばいになった後、再び上昇に転じるなど、適切に分析することはなかなかむずかしい。モーニングスターの最新の統計は図1・8のとおりだ。

ウェルズ・ファーゴは米国で最も業績のよい大手銀行の1つである一方で、バンク・オブ・アメリカの業績が低迷していることがわかる。

全体的にみて、これから何の示唆が得られるだろうか。投資家やアナリストにとっては、どの企業やどのセクターに投資すべきかがわかるかもしれないが、私がいま興味あるセクター間の比較に示唆はあるだろうか。アマゾンがＪＰモルガン・チェースにどのように対抗しているかについて明確な視点を与

	JPM	BAC	WFC	JPM	BAC	WFC	JPM	BAC	WFC
	ROE(%)			ROA (%)			財務レバレッジ		
2017	9.86	6.83	11.53	0.90	0.74	1.06	11.03	9.32	10.75
2016	10.27	6.95	11.78	0.95	0.76	1.10	10.92	9.05	11.03
2015	10.34	6.29	12.78	0.91	0.68	1.24	10.62	9.17	10.47
2014	9.75	1.71	13.68	0.81	0.18	1.36	12.14	9.39	10.21
2013	8.40	4.61	13.99	0.70	0.47	1.42	12.08	9.58	9.92
平均	9.724	5.278	12.752	0.854	0.566	1.236	11.358	9.302	10.476

JPM＝JPモルガン・チェース／BAC＝バンク・オブ・アメリカ／WFC＝ウェルズ・ファーゴ

図1.8　米国上位3行のROEとROA

	amazon	JPM	amazon	JPM	amazon	JPM
	ROE(%)		ROA (%)		財務レバレッジ	
2017	10.65	9.86	2.31	0.90	4.74	11.03
2016	12.29	10.27	2.84	0.95	4.32	10.92
2015	4.45	10.34	0.91	0.91	4.89	10.62
2014	−2.24	9.75	−0.44	0.81	5.07	12.14
2013	2.81	8.4	0.68	0.70	4.12	12.08
平均	5.592	9.724	1.26	0.854	4.628	11.358

JPM＝JPモルガン・チェース

図1.9　アマゾンとJPモルガン・チェースの比較

えるだろうか。

財務的にはイエスだが、戦略的にはノーだ。

ストライプが、前回の資金調達ラウンドの評価に基づくと、ＪＰモルガン・チェースの22倍の企業価値を従業員1人当りで生み出していると示す、あるいは従業員1人当りの収益に基づいて、アント・フィナンシャルがバークレイズの35倍の生産性があることを示すことについて、好ましく思っていない人がいることはわかる。彼らは、アマゾンやアリババの財務レバレッジが高い一方で、ＪＰモルガン・チェースやウェルズ・ファーゴは健全で安定していることをデュポン分析でいいたいのだろう。しかし、次の世紀を支配するのはどの企業かということがポイントのときには、的外れな比較だ。

デジタル変革への道のり

世界中の多くのビジネスリーダーが、デジタルはビジネスの単なる付属物でなく、変革のプロジェクトであると認識している。そして、このようなリーダーがもっと必要だ。多くの人々の銀行におけるデジタル化の考えは、たとえば、最初にデジタル雑誌がつくられた時のメディア業界の考えに例えられる。オンライン上の各ページの右上と左上にページをめくるためのボタンが表示され、ユーザーが雑誌をまるで印刷物のようにめくることができるようにした。われわれは印刷物をそのままデジタルに載せてオンラインのメディアにしたが、それはデジタルコンテンツやデジタル化ではなく、単なる、より速い馬であった。銀行が行っていることの多くは、より速い馬をつくりだすことであり、これは本書で何度も触れるテーマだ。

ある大手コンサルティンググループが、大手銀行の幹部を対象とした世界規模の調査結果のなかで、対象者の76％がデジタル化を実現したと考えていると話したのはショックだった。回答のなかで、銀行の幹部のほとんどが、携帯アプリをつくったからデジタル化したと考えていた。「私たちはデジタル化している。なぜなら、最高デジタル責任者を任命し、年次報告書や投資家向け説明会のなかで、デジタル投資とその道のりについて大きく取り上げた。だから、われわれはデジタル化したのだ」と。

実際のところ、これらの銀行は何も変わっていない。製品とサービスについて考え直すことはなかったし、銀行を再構築することに関する新しいアイデアもなかった。核となるシステム構造の根本的な再設計もなく、銀行業務のフロントエンドにアプリを貼り付けた以外に、事実上何も変わっていないのだ。

これは致命的な間違いで、今後10年間でいくつかの大手銀行が没落することになるだろう。彼らは破綻しないが、うまく適応した他の銀行に買収され合併されるだろう。私が自信をもって大銀行、システム的に重要な大銀行の終焉を予言するのは、デジタル化についていけないために買収されたり分割されたりすると思うからだ。銀行がフロントエンドにアプリを貼り付けるだけなら、ディープラーニングプロジェクトを進める競合についていくことができるだろうか。銀行が内部で何も変わっていないとしたら、この時代にインターネット技術をどのように最大限に活用できるだろうか。経営陣がデジタル経験ゼロの場合、デジタル変革の道のりについて銀行をリードできるだろうか。インターネット時代のために金融サービスを再発明したいと考えている企業や、銀行に挑戦したいと考えているスタートアップたちの間で、前世紀の技術に根ざした銀行は、明らかに長期的に生き残ることはできない。

デジタル変革のためには、デジタルを中核に据えるように銀行が自らを改革する必要がある。デジタルの構造は、たしかに入口はフロントエンドのアプリケーションを基礎にしているが、オープンソースでつくられ協調的なミドルウェアのＡＰＩに支えられたマーケットプレイスと、バックエンドの分析に支えられている。フロントエンドのアプリだけを提供する銀行は、基本的に何も変わっていない。彼らは協働や共創の準備はできておらず、波を止めよと海に命令した浜辺のクヌート王のように古い指揮命令の組織にじっと座っている。最終的には、動かないと溺れてしまうのだ。

銀行員「デジタル化は完了した！」　私「やれやれ……」

デジタル化することと、単にデジタルっぽくなることには大きな違いがある。デジタル化とは、技術を利用して金融サービスを考え直すことであり、銀行のビジネスモデルと組織構造を完全に見直すことが必要だ（注2）。なぜなら、銀行のビジネスモデルがもともとは物理的なサービス提供を前提に構築されているのに対し、現代ではデジタルを通じた提供に移行しつつあるからだ。銀行はバックオフィスの商品を中心に構成されていて、チャネルを通じて顧客に商品を売り込むことを常に考えている。デジタルはリアルタイムのサービス提供を重視していて、顧客データを活用し、デバイスを通じて親近感をつくりだすことに焦点を当てる。銀行は商品に技術を付け加えて、チャネルとして利用する。デジタルは技術をベースに金融サービスを考え直し、顧客へのアクセスに焦点を絞る。

私は多くの大手銀行の経営幹部に会い、フィンテックの世界の変化について、またミレニアル世代が銀行業をどのように変えているのかについて話をする。ストライプは19歳と21歳の兄弟によって始められ、ベンモは20代の友人2人によって始められた。クラーナはスウェーデンの大手ブランドのハンバーガーチェーンで働いていた数人によってつくられた。私は大手銀行の経営幹部に、ブロックチェーンとして知られる分散型台帳技術が、ＡＩや機械学習と相まって、銀行のバックオフィスを再発明していることを話すが、彼らの顔はしばしば曇る。さらに、暗号通貨の世界からお金についての新しい発想が生まれていること、とりわけ携帯電話と分散型台帳技術を使って大量の少額取引を無料で資金移動させる変化がアフリカで起こっていることについて話す。ここまで話すと、彼らは当惑してしまう。

デジタル化は組織の構造と基盤の根本的な変革なのだ。

デジタル化が銀行のビジネスモデルの大規模かつ根本的な変化であることは明らかだ。銀行のビジネスモデルは、産業革命の時期に、国境を越えて信頼できる取引を実現するために発展した。これが、銀行が政府によって規制され認可され、銀行に信頼を与えている理由であり、多くの銀行がそれぞれの国

80%

の大手銀行の意思決定者がデジタル対応したと考えている

CGI

76%

がデジタル化にあたって
ビジネスモデルを変える必要がない
と考えている

ガートナー

94%

が技術に関する専門的な経験を
有しない

アクセンチュア

で最も古い組織である理由である。

このビジネスモデルは、建物と人に焦点を当てたローカルなネットワークにおいて、紙が物理的に流通することを前提としている。銀行がネットワークのバリューチェーン全体をコントロールし、すべてを自分で設計し構築したのだ。

続いて１９５０年代にはテクノロジーが登場し、１９６０～１９８０年代を通じて、バックオフィスのための巨大な箱ものを銀行に販売する、ＩＢＭのような巨大なコンピュータ企業が登場した。アイデアは単純だ。支店の紙の取引を廃止し、本社のシステムで貸借の元帳を自動化する。これにより、本社は支店網全体の元帳を即座に把握することができる。こうしてコストを削減し、安全性を高め、銀行を非常に効率化した。

他の技術が登場すると、それらはつど、この大きな中央システムに追加された。コールセンター、ＡＴＭ、インターネットバンキングが追加され、すべてが貸借に記録された。ここに、モバイル・バンキングや、クラウド・コンピューティング、ビッグデータ、暗号通貨、オープン・バンキングが同時に登場し、システム全体を粉々にしてしまった。

だからこそ、21歳で大学を中退した若者がルートという銀行を設立できるのであり、２人の友人がチャレンジャーバンクの1つであるスターリングからスピンアウトして、モンゾと呼ばれる銀行を立ち上げることができた。中国企業のアント・フィナンシャルがインドのペイティーエムと提携して5年足らずでインド最大の金融企業になれたのだ。

　ほかにも多くの例があるが、重要な点は、すべてを自前で行うわけではないことだ。彼らは、ＡＰＩを使って彼らのためにサービスを提供してくれるプロバイダとパートナーシップを組む。ルートはワイヤーカーの支援を受けているし、スターリング銀行はＡＰＩを通じて25のパートナーシップを結び、年金や貯蓄から、保険や住宅ローンまで、フルサービスの銀行業務を提供している。アント・フィナンシャルは世界中の企業にＡＰＩのマーケットプレイスを提供しており、大手銀行の一部は、クイックレスポンス（ＱＲ）コードを用いた支払など、彼らが自前ではできないことをするためにＡＰＩを利用している。

　これらは「プラットフォーム」から「マーケットプレイス」までさまざまな呼び方がされているが、私は「オープン・バンキング」と呼びたい。規制の観点でなく、ビジネスモデルの観点からの「オープン・バンキング」だ。従来は、すべてをコントロールしてきた銀行が、いまやみなに門戸を開いている。

　このビジネスモデルは、古い、物理的なものを前提にしたビジネスモデルに対して、新たなイメージを与えるものだ。物理的な交流ではなく、新しいデバイスを通じて、優れた顧客体験を提供することに重点を置いて、現代の技術を用いてゼロベースから構築されている。つまり、銀行の店舗を前提にした産業革命以降のビジネスモデルは、サーバーに基づくデジタル時代のビジネスモデルに取って代わられたのだ。これはまったく異なるビジネスモデルであり、グローバルなインターネット上で、ソフトウェアとサーバーを介したデータのデジタル配信に焦点を当てている。

では、デジタルがまったく新しいビジネスモデルに基づく、大規模な企業文化やビジネス、組織構造の変革であることが、技術をわかっている人には明らかなのに、なぜ、銀行の上級意思決定者はデジタル化を実施ずみと信じ、ビジネスモデルを変える必要はないと考えるのだろうか。キーワードは「技術がわかっている人」の部分だ。ほとんどの上級意思決定者は技術を知らず、銀行は技術者ではなく銀行員によって運営されている。新しいデジタル銀行も技術がわかる人が必要だ。さもなければ、デジタル銀行でなく、単なる銀行になってしまう。

大手銀行の最近の年次報告書の分析によると、経営陣の94％は、技術に関連する専門的な経験をもっていない。これは重大な欠陥であり、だから、多くの大手銀行がモバイルアプリを公開しただけでデジタル化したと考えているのだ。

従来と同じような銀行は選択肢にならない

従来の延長線上の銀行業務はもはや選択肢ではない。それは道路の真ん中に立っているのと同じで、そのままだと轢かれてしまう。変化を止めたら死んでしまうのだ。銀行は愚かではないし、十分現状を認識しているので、過去数十年の間に多くの変化を遂げてきた。私が銀行に関する仕事を始めてから、大量のＡＴＭの導入や、コールセンターのオフショア化、オンライン・バンキングの導入から、最近ではモバイル・バンキングへの展開、アルゴリズムによる高頻度取引の台頭、証券取引所の隣にサーバーを置くコロケーションへの採用、ブロックチェーン、クラウド、機械学習などの大きなトレンドをみてきた。

これが、今日の銀行が従来と変わらず強靭な理由であり、銀行が変化に対応せず破綻するという人は愚かだと思う。銀行は、変化への適応を止めない限り、破綻することはないし、これまでも、かなりうまくやってきた。

技術が理由で失敗した銀行を1つでもあげられるだろうか。思いつかないはずだ。リスク管理の不備、市場のルールの乱用、一般的な不正行為などで失敗した例はあっても、技術で失敗した例は聞かない。銀行が変化に抵抗し、時代の流れに抵抗するなら失敗することはある。レガシーシステム、特に基幹システムの変更に抵抗すれば、破滅するだろう。

基幹システムを更新するという話をすると、多くの人が「その必要はない」というメッセージを送ってくる。レガシーシステムからデータを取り出して、分析し、ＡＰＩやアプリケーションへデータを渡すような、隣接システムを構築することもできる。つまり、ミドルウェアを構築して、古いデータ処理システムの墓場にアクセスし、そこから情報を吸い上げるのだ。個人的には、これが未来に向けた望ましいアプローチだとは思わない。古いシステムが死んだことを認め、交換するのが、破綻を避ける唯一の方法だ。

現在、2つの種類の金融システムがある。銀行口座をもつ人のための銀行業務と、銀行口座をもたない人のための新しいモバイルウォレットだ。いま、われわれは、伝統的なリテール金融が終わり、現時点では古い金融システムを補完している状況にいるが、長期的には取って代わるであろう新しい金融システムが台頭するタイミングにいる。新しい消費者向けの金融システムであるモバイルウォレットは、従来型の銀行ではない企業により開発され、銀行口座をもたない人々や、銀行サービスを受けられない人々が多い地域で非常に成功している。イノベーションのジレンマが最も起こりやすい場所だ。

クレイトン・クリステンセン氏の『イノベーションのジレンマ』は、変化に直面したとき、たとえば大企業が基本に立ち返った実用本位の製品を目にしたとき、自分には無関係だと片付けてしまいがちだという。それは「既存企業のジレンマ」と呼ばれるべきもので、大規模な既存企業は、その既存の利益と機能のすべてを根絶するような製品に反応したくないのだ。このジレンマの核心は、クリステンセンによって以下のように述べられている。

> 「『偉大な企業が失敗した』理由は、優れたマネジメントそのものが根本の原因にある。マネージャーたちは本来のやり方でゲームをした。既存企業の成功の鍵となる意思決定と資源配分のプロセスそのものが、破壊的技術を拒絶するプロセスである。顧客の声に耳を傾けること。競合他

社の行動を注意深くフォローすること。収益性が高く、高機能・高品質な製品の設計と開発に経営資源を投入することなど。これらがすべて、大企業が破壊的な技術変化に直面したときにつまずいたり失敗したりする理由だ」

> 「成功している企業は、技術的に実現可能で、大きな市場で活動するのに役立ち、高い利益を約束し、顧客ニーズに応える活動にリソースを集中したいと考える。しかし、これらのプロセスが、同時に、顧客が見向きもせず、利益率が低く、既存の技術よりも性能が低く、小さな市場でしか販売できないようなものにリソースを集中させるといった、破壊的技術を育てるためにも有効だと考えることは、腕に翼を括り付けて飛ぼうとするようなものだ。このような期待をするには、成功した組織の働き方やパフォーマンスの評価方法に関する基本的な傾向と戦わなければならない」

現在、携帯電話事業者やアント・フィナンシャルのような企業は、国境を越えてグローバルに利用できるモバイルウォレットを開発している。これらのモバイルウォレットは、銀行口座を保有する人々を通り過ぎ、アフリカ、インド、インドネシア、中国、フィリピンなどの市場でシェアを伸ばしている。彼らは、少額のローンや、少額の貯蓄、簡単な支払、低コストのデジタルＩＤなど、安価な金融包摂を実現している。こうしたサービスを提供している彼らの拡大を防ぐには、どうすればよいだろうか。先日、アリペイについて同じようなコメントをした。いまのところ、アリペイは中国に住む人のためだけのものだが、もし彼らがよくできた多言語対応のフロントエンドをアプリに追加したらどうだろう。私は使ってみたいと思う。

法人融資、貿易金融、投資市場などの銀行業務は依然として必要かもしれないが、少なくとも、消費者向けのリテール・バンキングについては、革新者たちはすでに、私たちがよく知る銀行システムを代替する一歩手前まで来ている。したがって、本当の問題は、銀行が銀行システムの変化に対応するかどうかではなく、真に変化の必要性を認識しているかどうかだ。変化に適応することはできるが、間違った適応の仕方をすると深刻な事態になる。

もし、あなたが、この冒頭の章を通じて、銀行が根本的に変革しなければならないことをまだ納得できておらず、技術を使ってゆっくりと企業を変えていけばよいと考えているなら、変革を強く裏付ける5つの理由がある。フィンテックの台頭、チャレンジャーバンクの衝撃、ビッグテック企業の脅威、技術を通じて開かれた競争を促す規制主体の動き、経営陣の変革に対する明らかな準備不足など。これら5つについて詳述する。

フィンテックの台頭

私はキャリアを通じて金融とテクノロジーの業界で働いてきたが、20年前はフィンテックという言葉はなかった。単なる金融における技術にすぎなかったが、その突破口を開いたのは、クラウドとインターネットに焦点を当てて、最新技術を使って金融サービスを立ち上げたスタートアップが出てきた時だった。

フィンテックの5つのフェーズ

フィンテックに当初からかかわってきた経験からすると、その発展には明確に5つのフェーズがあった（年数はおおまかな指標）

フェーズ1：ディスラプション（2005～2014年）

フィンテックが始まった当初、スタートアップの多くは、銀行システムを破壊するといっていた。彼らは銀行に取って代わろうとしており、よい考えではあったものの、銀行の存在理由を考えると、いささかナイーブであった。銀行は、お金に関する信用を、規制に対応しつつ仲介するものであり、この規制の構造がなければ、金融システムは崩壊する。

フェーズ2：ディスカッション（2014〜2017年）

フィンテックブームの第2フェーズでは、銀行とフィンテック企業との間で議論が始まり、銀行はハッカソンやイノベーションシアターを開催した。フィンテック企業を買収するとか提携するとかの具体的な結びつきはみられず、まだ銀行は自前主義ではあったが、つながり始めた。

フェーズ3：パートナーシップ（2017〜2022年）

今日、フィンテック企業は、銀行と提携し、協業し始めている。

フェーズ4：インテグレーション（2022〜2027年）

これからの10年で、単なるパートナーシップから、オープン・バンキングやオープンＡＰＩの仕組みを通じて、銀行システムにフィンテック企業がもつ機能を完全に統合する流れになるだろう。決済サービス指令の改訂（ＰＳＤ2）（注3）は、銀行に対して、決済データをオープンＡＰＩを通じて第三者に公開することを義務づけているが、多くの銀行はオープン化に抵抗している。同様に、第三者自身もまだ変化の核心を把握しきれていない。

フェーズ５：リニューアル（２０２７＋）

銀行が、ＡＰＩやアプリ、分析についてのプラットフォームとマーケットプレイスを完全にオープン化すれば、銀行とフィンテック、ビッグテック企業が完全に統合することが可能になる。それが完成した際には、金融vs・フィンテックとか、銀行vs・フィンテック企業といった、対立の構図はなくなる。ネットワークを介した金融、つまり、インターネットによってグローバルかつリアルタイムで稼働する、シームレスで摩擦がなく、完全に統合された金融の仕組みがあるだけだ。

フィンテックの世界がこの10年でどのように発展してきたかは実に興味深い。私が、フィンテックに最初に接したのは、２００５年3月30日のことだ。その記念すべき夜、あるテクノロジー・スタートアップの創設者の1人が、プラットフォームを通じて、お金をもっている人々と、お金を必要としている人とを結びつけ、ソフトウェアによってリスクを管理するというビジョンを語っていた。それはお金のためのイーベイのようなもので、システムが行動を監視していることがわかっていれば、人々はお互いを信頼して取引できるといっていた。その人物は、ゾーパの共同創設者であるリチャード・デュバル氏だ。ゾーパは現在、英国で巨大ブランドに成長し、何千人もの人々がピア・トゥー・ピアのネットワークを介してお金を貸し借りできるようになっている。

しかし、２００５年の時点では、だれもデュバル氏が何をいっているのか理解していなかった。クラウド・コンピューティングらしきものの議論は始まっていたが、リスクが大きすぎるとしてほとんどの金融機関は拒否していた。結局のところ、第三者が中核のシステムやデータを管理するのなら、金融システムは必要なくなる。銀行は第三者を必要とせず、自分たちでやろうとした。

振り返ってみれば、２００８年の世界金融危機は、現実世界とは関係ない金融商品を介して、投資市場がリスクを計算できていると勘違いしてリスクテイクしたことによって引き起こされた。債務担保証券と不動産担保証券は、債務をうまくまとめあげたデリバティブに思えた。不幸なことに、市場はそれを、また別の債務のバケツに投げ入れただけで、結果として世界的な債務危機を引き起こした。

しかし、金融システムの崩壊のなかから、コードを書ける若いミレニアル世代が出てきて、新たなビジョンを提示し始めた。彼らは大手銀行のサービスを嫌って、ソフトウェアやサーバーを通じて金融を再定義したいと考えた。ゾーパが預金者と借り手の間を、プログラムを介してピア・トゥー・ピアで結びつけるアイデアをもっていたように、何千ものスマートな若者たちも同じような発想をした。

これがフィンテックの第一波となり、ピア・トゥー・ピアのお金（ビットコイン）からピア・トゥー・ピアの決済（ベンモ）、ピア・トゥー・ピアの保険（フレンドシュランス）、ピア・トゥー・ピアの投資（イートロ）まで、あらゆるものが爆発的に増加した。スタートアップがクラウドコンピュータ上で立ち上がってＡＰＩを公開するなど、オープンソースの仕組みを基礎に、金融とテクノロジーのまったく新しい世界であるフィンテックが生まれた。

当初、フィンテックの最初のブームでは、このようなピア・トゥー・ピアのモデルを使って既存の銀行システムを破壊しようとすることが大半の開発で目指されていた。その後、いくつかのスタートアップは、アフリカ諸国におけるモバイルウォレットを通じた金融包摂や、先進国におけるクラウドファンディングのプロジェクトに至る、新しい分野に進出した。これらは革新的な取組みで、たとえば、ケニアのエムペサは２００７年にモバイルウォレットを生み出し、これにより、アフリカのほぼすべての国で、だれでも瞬時に電子的に送金や受取りができるようになった。キックスターターとインディーゴーゴーは、スタートアップが資金を得ることができるビジネスモデルをつくったことで、スタートアップはもはや、銀行融資を必要としなくなり、そのかわり、市場側が彼らを投資対象としてみるようになった。特に中国では、アリババ、テンセント、バイドゥ、中国平安保険の各社が技術を用いて斬新なアイデアを生み出した。

　最初のフィンテックのブームでは、アプリやＡＰＩ、データ分析を活用して、コードを用いて金融業界に挑戦するスタートアップに対して、巨額の投資をもたらした。ビッグデータ、クラウド・コンピューティング、モバイルネットワーク、ソーシャルメディアは、あわさって新しい仕組みをつくり、銀行はこれらの発展に包摂されていった。多くの銀行がモバイル・バンキング用のアプリのアイデアは理解していたが、ビジネスに影響を与える技術を広範に理解してはおらず、コードが書ける若者たちが攻撃する余地が残されていた。

　そして、攻撃が始まった。ユニコーンが現れて、金融のネットワークから多くの摩擦が取り除かれた。ストライプ、スクエア、クラーナ、アディアン、トランスファーワイズ、レボリュート、ベンモなどがフィンテックの王冠を戴いて多額の資金調達に成功したが、伝統的な機関の多くはついていくのに必死だった。だが、彼らフィンテック企業がしていたことの多くは、銀行を破壊することではなく、銀行に役に立つことなのだと気がついた。コードを使って金融プロセスから摩擦を取り除くことは、結局はよいことなのだ。銀行はスタートアップと協力し、共同でサービスをつくりだし、投資し、提携し始めた。

銀行の大規模なアンバンドリングは、銀行によるフィンテックを通じた大規模なバンドリングに再び転じた。しかし、この過程で何かが起き始め、フィンテックというおおまかな括りから、レグテック、ウェルステック、インシュアテック、ブロックチェーン、分散台帳技術、ＡＩ、機械学習など、さまざまな細分化された市場の階層へ移動していった。もはや、単なる金融と技術の統合でなく、まったく新しいものに融合する過程だった。

この時期、中国のインターネット大手から誕生したものが、静かな発展を遂げ、金融業界に花開いた。アリババの決済子会社であるアント・フィナンシャルが突然、時価総額で世界第10位の金融機関として浮上し、だれもがアリペイとウィーチャットペイについて話し始めた。

アジアから従来とはまったく異なるフィンテックの世界が出現し、多くの人々が、これまで自分たちがまったくみていなかったことに気づき始めた。一例として、２０１８年にアリペイとウィーチャットペイはともに、1カ月でペイパルの1年分よりも多くのドルをアプリ経由で処理した。中国ではオンラインのモバイル決済が爆発的に増加しており、２０１６年の５兆ドルから２０１７年には15兆５０００億ドル、２０１８年には40兆ドルを超えた。米国と比較して、静かな革命が起きていることがわかる。アリババやテンセントだけでなく、アジア、アフリカ、南米でもフィンテックが台頭してきた。このフィンテックの動きは、大手銀行の思惑に触れることなく始まり、携帯アプリやスーパーアプリ上で、シームレスかつ完全に統合されたインターネット上の金融をつくりあげた。

アマゾンがペイパルとフェイスブックを買収したと考えれば、イメージできるだろう。インターネットの情勢は、アリババやテンセントだけでなく、バイドゥやJD.com、中国平安保険といった巨大企業を生み出した。これらの企業は、インターネットの世界で生まれ、銀行業務、決済、財務、フィンテックなど、あらゆる世界を変えることに注力している。これに、グーグル、アマゾン、フェイスブックを加えれば、莫大な可能性を秘めた巨大なテクノロジー・プラットフォームの坩堝（るつぼ）ができあがる。

だから、ビッグテックのプラットフォーム上には、エコシステムやマーケットプレイスを介して多くのプレイヤーが集まる。フィンテックのユニコーン企業は、このプラットフォーム上で、サービスを提供するために協力しあう。レボリュートはゼロやセージ、フレッシュブックス、クアデルノと連携している。モンゾはトランスファーワイズと提携している。メトロバンクはゾーパと。ワイヤーカードはアリペイ、インディーゴーゴーその他と。スターリング銀行はペンションビー、ウェルスシンプル、ハビト、キャスコと組んでいる。これらは、プラットフォーム上で、ある企業が多くの企業と提携し、アプリやＡＰＩ、データ解析を介して協業するマーケットプレイスの考え方が基盤になっている。

銀行は本来的に、自分で事業をコントロールしたいと考えているので、フィンテックのこうした動きに脅威を感じているはずだ。歴史的にみても、彼らは必要がない限りだれとも提携しない。大手銀行が方向転換してオープンマーケットで協業を始めたのは、大きな文化的な変化であるが、一方で、チャレンジャーバンクは、より積極的にエコシステムを構築している。

フィンテックのバブルはいつ崩壊するか

40社ほどの企業が、わずか数年で数十億ドルの評価を得ていると聞いて、フィンテックの業界はすべてがバラ色で甘い世界と思うだろうか。必ずしもそうではない。ウーバーには必ずカルフールがいる。リフトは収益を上回る損失を出しており、２０１９年の第一四半期の売上げ7億７６００万ドルに対して11億４０００万ドルの損失を出している。評価額が５００億ドルに近いウィーワークは、アプリを使ってリージャスを格好よくクールに再起動したにすぎない。モンゾは２０１９年の夏30億ドル近くの評価額を得たが、すぐに欧州最大のユニコーンであるトランスファーワイズの35億ドルに抜かれた。これらの評価額をみると、インターネットバブルと同じように思えるが、同様にはじけて、フィンテックバブルの血が大量に流れ出すのだろうか。

２０１５年に初めてこの質問を受けた時、私はフィンテックのバブルははじけないだろうと答えた。技術を用いた金融の再構築が終わるまでは、私たちはイノベーションと変化の波を進んでいくだろう。いまでも同じ考えだ。だからこそ、フィンテックの投資は２０１８年に倍増して記録的な金額に達し、急上昇を続け、ますます多くのユニコーンを生み出しているのだ。

フィンテックの投資が今後も続くと思われる証拠が2つある。1つ目は、退屈で古い銀行の業務改善に貢献すること、2つ目は、そのような銀行から相手にされてこなかった人々に利益をもたらすことである。

1つ目の分野では、顧客オンボーディング（顧客となってもらうための仕組み）やノウ・ユア・クライアント（KYC）のプロセスで明らかなように、銀行業務には多くの非効率が存在する。もし世界中のすべての銀行が、わずか8分でオンライン・オンボーディングできる、N26のような銀行のプロセスに移行すれば、銀行業は大きく変化するだろう。もちろん、やればできる。革新的なKYCソリューションを提供する企業は数多くあり、フィンテックの主要な成長分野の1つである。どれだけのフィンテック企業が、大規模な従来型の銀行から投資を受けたり、提携したりするかは興味深いところだ。その意味で、先はまだ長い。

2つ目の領域において、私たちは、スモールビジネス向けのサービスや金融的な健康度、金融リテラシー、金融包摂の表面をほんの少しかじっただけにすぎない。この分野に参入している企業はまだ少なく、長い道のりであるが、年々増え続けているのは確かだ。実際、大手銀行もこの可能性に気づいていて、たとえば、HSBCは最近、認知症を患う顧客の口座を監視するサービスを導入した。

これまで銀行が無視してきた顧客に向けたサービスは大きな成長分野だ。銀行は従来、物理的なネットワークを通じて顧客に接してきたため、さまざまな人たちに対応しようとすると天文学的なオーバーヘッドの費用が発生し、多くの人が除外されてきた。デジタルが貢献でき、高成長が期待できるのは、オーバーヘッドのコストを削減し、すべての人を包摂することができる分野である。

1つの素晴らしいものは1000の平均的なものより優れている

フィンテックが強力な成長を続ける理由の1つは、フィンテック企業の多くが、銀行が苦手なもののうち、1つのものに焦点を絞って、うまくできるように集中しているからだ。顧客のオンボーディングからオンライン決済に至るまで、多くのスタートアップは、銀行が現在行っている方法よりも、コードを使ってよりうまくやる方法を模索している。彼らはただ1つのことに集中し、それをうまく実現することに集中する。これが、フィンテックが台頭するにつれ、伝統的な銀行業務に多くの変化が起きている理由だ。

まず、銀行の組織構造は、固定的、独占的で、密結合であるものから、開かれていて、協業しやすく、疎結合なものへと移行しなければならない。これらはすべて、アプリやＡＰＩ、データ分析、プラグ&プレイとオープンソース技術に関係する。銀行は現在、自身のマーケットプレイスをもっていて、強いポジションにいるのだから、最高クラスのＡＰＩと接続できるプラットフォームを構築することで、顧客に素晴らしい体験を提供できるはずだ。

オープンＡＰＩの観点からみると、何千ものスタートアップが、事業者への支払（ストライプ）から、資金の借入れ（ソーファイ、プロスパー、ゾーパ）、投資（イートロ、ズールトレード、各種のロボアドバイザー）まで、1つのことをうまくやることに集中している。しかし、顧客からすると、これらの会社のうち、何を信用して選べばよいのか、わかりにくい。だから銀行は最も優れた企業と提携して、キュレーターとして顧客に提供するべきだ。

結局、何千もの新しく素晴らしいフィンテック企業がそれぞれ1つのことをうまくやっているとしたら、銀行が伝統に縛られて、何千ものことを平均的にやっているときに、どうやって競争していけるのだろうか。協働と提携を通じて銀行自身を再起動させ、うまく機能しない部分をパートナーの機能に置き換えることで、21世紀の銀行に段階的にかたちを変えていけばよいのだ。

これは、多くの銀行が何十年にもわたってレガシーをリプレースする課題を回避してきたように、簡単なことではない。彼らは自分では、流れに素早くついていけるし、技術の変化に免疫があると思っている。モバイルアプリをつくってデジタル化が実現できたと思っている。実際には、数少ない人たちは何をすべきか理解しているが、多くの人は何をすべきかわからない。銀行は現在、袋小路に入り込んでしまっているが、もし経営陣が何をすべきかを理解したら、開かれた未来へ続く道に移ろうとするだろう。

デジタル化を達成するには、2つの大きな山に登る必要がある。1つ目は従業員を巻き込むこと。2つ目は、レガシーを置き換えることだ。銀行がデジタル変革を進める際にまず取り組むべきことは、文化とリーダーシップの改革だ。リーダーはいま何が起きているのかについて、従業員に脅威を与えるこ

図1.10　フィンテックのマーケットプレイスの台頭

となく、明確に伝えなければならない。残念なことに、最近、ある銀行のＣＥＯが、何千人もの従業員がロボットに取って代わられると話していたが、とても鈍感な言い方だ。ＤＢＳの最高経営責任者（ＣＥＯ）であるピユシュ・グプタ氏がいうように、従業員には、銀行のデジタル変革に参加する大きなチャンスが与えられていて、その過程でいろいろな実験ができる。従業員はチャレンジすることが許されており、さらに重要なことに、失敗することも許される。次に、システムがレガシーなベンダーやアーキテクチャに基づいている場合は、基幹システムのリプレースが不可欠だ。

　銀行の経営陣は、銀行の文化をデジタルに変革し、基幹システムを置き換えることは、あまりにも大規模な取組みであるし、顧客が気づかない部分であるため、必要ではないというかもしれない。しかし、その考えは間違いだ。顧客は、多くのスタートアップが、従来とは違ったクールなやり方をすることを知っている。１つのことをうまくやるクールな企業が集まって、すべてのことを素晴らしくやり始めたら、銀行はどうやって競争するのだろうか。

もし、多くのことを平均的にこなす銀行が、過去に縛られて、柔軟に基幹システムを更新するようなアジャイル（注4）なやり方に変われなければ、それができる人たちに出し抜かれてしまうだろう。彼らは、銀行が多くのことを平均的にこなしていることに気づいて、自然と集まって、いくつものことを素晴らしくできるようにするだろう。

フィンテックのマーケットプレイスが成熟し、提携や共創のエコシステムが台頭するのをみてみよう。最終的にどれだけの銀行が残るかはわからない。多くはないかもしれない。しかし、今日この分野に身を置くものは、抵抗するだけの者を駆逐するだろう。

スーツかジーンズか？　カナッペかピザか？　フィンテックのシャッフルは続く……

ファイナンスとテクノロジーは、フィンテックと呼ばれるハイブリッドな市場をつくりだし、ここには両極端の種族が住んでいる。私は多くの金融の会議に出席し、銀行とテクノロジーのコミュニティが、文化的に行き詰まりを感じていることに気づいた。2つの種族はなかなかうまく混ざり合わない。一方は、スーツを着込んで、ミシュランの星つきレストランで高級ワインを飲み、ビジネスクラスで移

図1.11　2015年にペイパルによって買収された、モデストの創業者であるディラン・リチャーズ氏とハーパー・リード氏

図1.12　HSBCの元CEOのスチュアート・ガリバー

動する。もう一方は、ジーンズ姿で、ピザにビール、ライアンエアーで移動する。ここまで極端ではないかもしれないが、それほど外れてもいない。

ミレニアル世代の技術者とベビーブーム世代の銀行員を融合させることは、銀行にとって困難で大きな課題だ。銀行はリスクを最小限に抑えつつ最大のリターンを得られるよう、金融の専門家によって組織されており、テクノロジー企業は学習と失敗が早く、若い技術者によって最大限のイノベーションを起こせるよう組織されている。どうやって年寄りの銀行員と若い技術者を結びつけるか。

これは、ある銀行のイノベーションの上級責任者との打合せで出てきた問題だ。私が、彼の銀行はデジタル化に向けて正しいことをしているようだというと、彼は「私たちは正しい行動をとっているが、問題は私たちが本当にデジタルになれるかどうかだ」と答えた。なぜ銀行がデジタル化できないのかという質問に対して、彼は文化の問題だと答えた。文化を変えることは最も大変で、変革の情熱がなければデジタル銀行にはなれない、と。

これは興味深いコメントだが、逆の話もあった。私の友人がおもしろいブロックチェーンの会社をつくっていて、その会社の経営陣は金融の専門家で占められている。彼らは経験豊富なシティーの住人で、分散台帳の技術にほれ込んで銀行のために画期的なシステムをつくって、市場に売り込んでいるのだが、デューデリジェンスの際に、若いミレニアル世代のように扱われるのに、かなり腹を立てていた。普段は世界中のビジネスリーダーや尊敬される実業家を相手にしているから、ジーパンやトレーナーを着た新人のように扱われるのは、彼らの経験からして癪に障る。
これはもう1つの文化の溝である、信頼関係につながる話だ。古い人たちは、若い人が金融市場を理解していないと思っている。反対に、若者たちは年配者が技術を理解していないと思っている。だから、理想的な組合せは、ミレニアル世代とベビーブーム世代が融合した企業だ。年配は金融の知恵を共有し、若者はコンピューティングについての知識を共有する。金融と技術の融合、ベビーブーム世代とミレニアル世代の融合は簡単ではないが、鍵となるのは、ベビーブーム世代がミレニアム世代の精神を理解し、ミレニアム世代はベビーブーマーの経験を尊重することかもしれない。

フィンテックと親子関係

私にとってフィンテックは親子関係のようなものだ。親は安全で安心、安定した家庭を望んでいる一方で、子どもは走り回ったり、蹴ったり壊したり、すべてに挑戦したいと思っている。それは結構なことだが、スタートアップ企業が銀行は愚かだと非難しているときに、銀行がスタートアップと協力するのはむずかしい。子どものように、スタートアップはこの世界がどのように動いているのかを知らず、ただ変えたいと思っている。親はため息をついて、いつものように、子どもが転んだら手をとって助ければよい。

親と子ども（銀行とスタートアップ）の間の共生的な関係は、銀行が共創やコラボレーション、共同運用についていう、現在のフィンテックの発展の中心にある。銀行はフィンテックのスタートアップとどのように連携すべきか。親と子のアナロジーに戻ると、親は子のためにどのような役割を果たすかは明らかだ。メンター、教育者、育成者、投資するものとして活動し、子どもの学習と成長を助ける。子どもが転ぶこともあるが、必ず親が助けてくれる。孔子がいうように「われわれの最も偉大なる栄光は、転ばないことではなく、転んでも常に起きあがれる」ということだ。

パートナーシップ、共創、コラボレーション、共同運用という新しい世界では、銀行はしっかりとメンターになる必要がある。ダフトパンクのような子どもなら簡単ではないだろうが、一部の銀行は、自分たちの支配欲と傲慢さのために、恩着せがましい態度になりがちだ。子どもに上から目線で話しかけ、平手打ちをし、寝室に鍵をかけて食べ物を与えず、組み伏せる。こんな態度では、共創やコラボレーションは失敗するだろう。子どもは寝室の窓を開け、排水管を滑り降りて逃げるだけだ。

銀行が共創、コラボレーション、共同運用に真剣に取り組むのなら、スタートアップに対してオープンで寛容でなければならない。子どもたちは走り回ったり、物を壊したり、議論したり、挑戦したりするが、それは必要なことであり素晴らしいことだ。どうしてそんなやり方をするのか、あるいはしないのか。本当に一から十まで確認する必要があるのか。なぜ、聞きもしないのに、規制当局は承認しないと思うのか。

成長期の子どものように、フィンテックのスタートアップは発達段階から感性段階へと移行している。真のパートナーである銀行は、このプロセスに対して寛容で支援的であって、否定的で恩着せがましい態度ではいけない。銀行はメンターとしてフィンテックのスタートアップを育てるべきだ。

銀行におけるフィンテックの意味

フィンテックが銀行にとって何を意味するのかについては多くの議論がなされた。当初、みなが銀行業務の破壊と中抜きについて話していたが、やがて話題は、既存の銀行とスタートアップとの対比になり、提携と共創の議論に至った。

フィンテックのスタートアップの多くは、既存のビジネスをより効率的で効果的にするため銀行と提携することになった。よい例は、規制のサンドボックスが開発されたことで、フィンテックのスタートアップが市場に出るまでの時間を短縮できるよう支援した。サンドボックスの対象となるスタートアップのほとんどは、次の2つのうちの1つに焦点を当てている。

1　既存の銀行業務における、コストと非効率性の削減

2　顧客体験の向上と、顧客のための情報アクセスの改善

最初の例は、ＫＹＣやマネーロンダリング対策（ＡＭＬ）に特化した企業や、ピア・トゥー・ピアの接続によってコストを削減するトランスファーワイズやゾーパなどの企業だ。2つ目の例は、モンゾが金融アプリを運営したり、ルートがキャッシュフロー予測と個人の財務管理をミレニアル世代に提供し

たりする際に、データを有効活用している例だ。これらは、より速い馬だ。

しかしそれとは別に、これまで何もなかった市場から新しいビジネスモデルが生まれつつある。もともと何もなかったから彼らは馬が何かを知らず、より速い馬を開発しようとは考えもしない。彼らは新しい考え方でみなを一瞬に追い越した。中国はそのよい例だ。

従来から、中国には小切手帳やプラスチックカードがなく、中国人のほとんどは銀行口座をもっていなかった。そのため、インターネットが軌道に乗った時、テンセント、アリババ、中国平安保険、バイドゥといった偉大な革新者は、旧来の銀行商品を通り越して、モバイルウォレット、少額の貯蓄、小口のローンへと飛躍した。欧米の評論家の多くは、これらの中国企業を銀行というが、私はそうはみていない。まずはテクノロジー企業として、次に、技術を利用してお金と価値を交換する新しい方法を生み出した企業としてみる。

彼らのビジョンは、オンラインでのより簡単なショッピングと商取引の実現、そして技術を用いたよりよい金銭管理に基づいている。だから、中国は２０１８年にモバイルウォレットを通じて40兆ドルを超える取引を行い、これは古いやり方にとらわれている２０１６年の米国の8倍以上に当たる。米国人は２０１６年にプラスチックカードで6兆ドルを支払ったが、携帯電話での支払は、わずか１５００億ドルでしかない。金額の規模が根本的に違う。

しかし、世界を変えているのはアジアにあるインターネット大手だけではない。インドのペイティーエムからケニアのエムペサ、フィリピンのグローブ・テレコムからブラジルのバンコ・オリジナルまで、彼らはみな技術を用いて金融を再構築している。彼らは、まず技術から始めて、適切にお金にアクセスできない人々の課題の解決に取り組むという考え方だ。

これらは、馬を速くすることを考える必要がないために、フィンテックに革命をもたらしている市場だ。彼らは銀行の商品に目を向けず、どうすればより速く、より安くつくれるかを考える。彼らは技術に注目し、サービスを必要としている人々にアプローチするために技術をどのように利用するかを考える。フィンテックの革命は、米国や欧州のフィンテック企業からだけでなく、南米やアジア、アフリカのスタートアップからももたらされるのだ。

終盤：銀行はテクノロジー企業になるのか

20年前、私は銀行業の未来の戦略を検討していた。結論は、銀行はテクノロジー企業や情報通信企業と合併して、ハイブリッドな企業になるというものだった。20年後のいま、そうなってはいないが、将来はどうだろうか。

私が興味をもっていた理由は、当時、私自身が、情報通信企業がオーナーの、銀行業務に特化したテクノロジー企業で働いていたからだ。情報通信にとってはネットワークがすべてだ。私の会社は銀行業務に特化していたが、銀行はベーシスポイントの差を重要視するのに対して、情報通信企業はネットワークの利用時間を重視し、両者の関係はうまくいかなかった。両者の連携が進んでも、その考え方は変わらなかった。銀行はリスク管理がすべてで、情報通信企業は、通話量とデータ量がすべてだった。

しかし、銀行と情報通信企業が一緒になるというミームは消えない。私の銀行の知人の多くは、毎年スペインでGSMA（注5）の大会に参加しており、展示会では、情報通信企業で働く人たちが、私が行う銀行のパネル・ディスカッションに登壇する。私の銀行の友人の多くは、情報通信企業で働いた経験があり、情報通信企業の人たちは、銀行に出向いて、モバイル・バンキングを管理している。

だから、今日、銀行が自分自身を、銀行業の免許をもっているテクノロジー企業であるというのをおもしろく思う。まず、彼らはテクノロジー企業ではなく銀行であるし、もし彼らがほかの何かであるなら、テクノロジー企業ではなく情報通信企業だろう。これは、今日の銀行のバックボーンがネットワークだからだ。銀行と情報通信企業に共通していて、テクノロジー企業にないのは、顧客との頻繁な接触だ。情報通信企業は年中無休で私たちに接していて、多くの人は、銀行もそうあってほしいと思っている。情報通信企業はあなたが一日中どこにいるのかを知っていて、いろいろな手段を通じてあなたが何をしているのかを理解している。この顧客との接点の多さと、金融的なライフスタイルとリスクへの感受性の分析を組み合わせれば、予測可能でパーソナライズされた、顧客に寄り添ったサービスを提供する方法がわかるだろう。これは未来の銀行サービスの核心だ。高度なデータ分析によって、私たちの生活の経済面を広くカバーし、より賢く支払や貯蓄ができるような、素晴らしくパーソナライズされた金融サービスを提供できるようになるだろう。

ここで質問したいのは、銀行は規模を縮小できるのかということだ。モバイルマネー事業者になれるか。答えはイエスで、すでにそうなっている事例もある。モバイルサービスを提供している銀行や、独自の移動体通信事業者（ＭＮＯ）を所有している銀行もいくつかある。フランスのオレンジ銀行のように、ＭＮＯが銀行を開設した事例もある（注6）。

そこでは、顧客との接点が多く、位置情報をベースにしたサービス、詳細なデータ分析、金融ライフスタイルのサポートなどが相まって、魅力的なサービスが提供されている。20年前の予測に立ち返り、再度、銀行は時間をかけて情報通信企業と一緒になり、複合的なサービスを提供するだろう。私はこのサービスを「デジライフ」と呼んでいた。興味深いのは、その用語がある金融機関のプレゼンテーションで使われていたことだ。その会社は偶然アント・フィナンシャルだった……

要点

約1万２０００社のスタートアップが過去10年間に数十億ドルの投資を得て、技術を使って金融の構造を変えようとしている。各社は、銀行業と金融の景色を変えるために、特定の分野に焦点を絞っている。これは無視できない動きで、多くの銀行がこれらのスタートアップとどういった関係を築くかを積極的に探っている。提携したり、競争したり、買収したり、ほかの何かを考えたり。文化も組織構造もまったく異なる既存の金融機関とスタートアップにとって挑戦的な課題だ。最終的には両者は一体となり、21世紀のオンライン金融のデジタルな銀行業ができあがるだろう。銀行は生き残るために適応し変化しなければならない。さもなければ、主体的な役割を果たすことができず、吸収されてしまうだろう。

チャレンジャーバンクの台頭

ここ数年、チャレンジャーバンクに関する議論が盛んに行われてきた。名前が示すように、これらは古い金融業界の秩序に挑戦しようとする新しい銀行だ。彼らの目的は、伝統的な銀行に挑戦し、そこから大きな市場シェアを奪うことであり、だからこそ、この業界に関心をもっている。しかし、問題は単純ではない。多くの人が挑戦的な銀行と呼んでいるが、彼らは実際には銀行ではない。したがって、最初の質問は「チャレンジャーバンクとは何か」でなければならない。

一見すると、これは単純な質問に思える。オックスフォード英語辞典はチャレンジャーバンクを「大手の老舗の国内銀行とビジネス上で競争することを目的に設立された、比較的小規模なリテール銀行」と定義している。

しかし、すべてのチャレンジャーバンクがリテール銀行というわけではないので、この定義を崩すことは簡単だ。例としてクリアーバンクをみてみよう。２５０年以上ぶりにできた、英国のクリアリング専門の銀行であるクリアーバンクは、老舗の国内銀行に対するチャレンジャーバンクといえる。

マーケット・ビジネス・ニュースは、チャレンジャーバンクを「大手銀行の序列を脅かしている小さな銀行。この用語には、最近に銀行免許を取得した新規または将来の銀行が含まれる。国内の「４大銀行」や「5大銀行」に食らいついている小規模な銀行のこと」と定義している。

ウィキペディアには、「チャレンジャーバンクは、最近設立された英国の小規模なリテール銀行で、同国の伝統ある大手銀行と競合している。バークレイズやHSBC、ロイズ・バンキング・グループやロイヤル・バンク・オブ・スコットランド・グループなどの4大銀行が十分にサービスを提供していない分野に特化してサービスを提供する。市場への新規参入だけでなく、より大きな銀行グループからの分離（中略）や破綻した大手銀行の売却を受けて、いくつかのチャレンジャーバンクが誕生した」と書かれている。

これらの定義はすべて、チャレンジャーバンクを「銀行」と表現している。つまり、チャレンジャーバンクは、銀行代理の仕組みを通じて銀行機能を利用して電子マネーを発行するような主体ではない。規制当局から完全な銀行免許を取得する主体だ。単純にいうと、チャレンジャーバンクになるには銀行免許が必要だ。

しかし、これは事実ではないようだ。周りを見渡すと、「チャレンジャーバンク」と呼ばれたがっているノンバンクの企業がたくさんある。これは、投資家が「チャレンジャーバンク」というキャッチーなタイトルをもつビジネスに投資することを好むからだろうか。顧客が「チャレンジャーバンク」を使っているといいたいからなのだろうか。あるいは、銀行に似たサービスを提供しているが、すべてのサービスは提供していない企業を説明するのに便利な用語なのだろうか。結局のところ、多くの業界関係者が「バンクライト」ソリューションと呼ぶものの簡単な言い方だ。

　チャレンジャーバンクが銀行免許をもっている必要がないのであれば、何がチャレンジャーバンクのビジネスを定義するのだろうか。すでに述べたように、銀行に似たサービスの提供であり、いちばん基礎にあるのは、国際銀行口座番号（略してＩＢＡＮコード）という、カードや電子マネー口座（英国の国内市場では、ソートコードと口座番号）にリンクする番号だ。ここでの問題は、レボリュートのような企業を「チャレンジャーバンク」と呼んだ場合、私たち自身や消費者の両方を誤解させることになるのではないかということだ。

　ほかにも重要な違いを認識する必要がある。第一に、銀行は預金を受け入れ、利息を支払い、預金を他の銀行業務に使用できるが、電子マネー会社にはできない。資金は１００％保護されており、どこから来ているのかを銀行よりずっと簡単に知ることができる一方で、利息を支払うことはできない。第二に、電子マネーのライセンスは欧州中で非常に携帯性が高く、カードをすぐに欧州中で発行することができるが、銀行はできない。銀行は各地域で、組織を立ち上げて規制に対応しなければならない。電子マネーは欧州中で比較的早く、簡単にローンチできる。

　どの定義が正しいのだろうか。私は、ありのままに産業を定義する必要があると考える。つまり、銀行免許をもたない企業はチャレンジャーバンクではなく、われわれは彼らをチャレンジャーバンクとして報告書に書くのをやめるべきだ。このような誤解を長引かせるほど、銀行のようなサービスを提供する企業はチャレンジャーバンクでなければならないと一般の報道機関、ひいては消費者が考えるようになる。これは、現在市場に存在し、チャレンジャーバンクと呼ばれることを望んでいない偉大なバンクライトのソリューションを中傷することになる。

チャレンジャーバンクは挑戦しているのか

アマゾンが銀行を開設し、チャレンジャーバンクが既存の銀行から王座を奪おうとする。古い銀行が終焉を迎え、伝統的な金融の仕組みが崩壊するなど、さまざまなニュースが流れている。私は銀行が技術によって破壊されるとは信じない。挑戦はされるが、これまでも破壊されなかった。

適応しない伝統的な銀行は終わりを迎えるだろう。数年後には、もしかするとチャレンジャーバンクにさえ買収されるかもしれないが、大銀行の多くは消滅しない。理由の1つは、私がこの業界で働き始めて以来、多くの人が大手銀行の終焉を予測してきたにもかかわらず、反対に大手銀行は成長してきたからだ。１９９０年代に、マイクロソフトが銀行を開いて既存の銀行を破壊する、２０００年代にはグーグルが同じことをするといった予測が思い出されるが、いずれもそうならなかった。彼らの最大の顧客は銀行であり、だれが、餌をくれる手を噛みたいと思うだろうか。

欧州やオーストラリアを中心に新たな挑戦者が続々と登場しているが、だれか既存の銀行から大きな市場シェアを奪っただろうか。伝統的な銀行はこうした挑戦者に負けているのだろうか。まだそうはなってはおらず、われわれは注意深くようすをみなければならない。

いずれにせよ、私が感銘を受けるのは、新しい銀行が成長し、彼らが既存の銀行と違うことをしているという事実だ。たとえば、モンゾとスターリング銀行は、２０１９年の6月に、ギャンブル中毒者の口座をブロックできるサービスを発表して話題になった。顧客がオンラインあるいは店舗で、ギャンブルのブックメーカーに賭けを申し込もうとすると、取引はブロックされ、48時間のクーリングオフが適用される。このサービスに登録するかどうかは顧客次第だ。

興味深いのは、これらの機能をすべての銀行で利用したいという要望があることだ。問題は、大銀行が対応できるかということだ。これから10年間、チャレンジャーバンクがデータを分析して活用してクールな機能をどんどん追加していくとして、その時に大手の銀行がまだバッチのシステムを使っていたら、どう対応するのだろうか。

ここが本当の最前線だ。私は銀行が挑戦されると思う。挑戦する者も挑戦される者も、お互いに試練がある。チャレンジャーバンクは、資本が枯渇する前に、顧客にメイン口座を変更させ、利益をあげるようにしなければならない。従来の銀行は、特にバックオフィスのシステムが今世紀に入ってギシギシと音を立てるなか、どうやって顧客のメイン口座を維持するのかといった試練だ。

新銀行と伝統的銀行の違い

多くの新しい銀行のスタートアップが存在するが、特に欧州では、N26、bunq、フィドール、モンゾなどが際立っている。なかでも、英国を拠点とするチャレンジャーバンクであるモンゾは、さまざまな理由で注目に値する。新しい銀行のなかで最も早くクラウドファンディングを行ったこと、免許を取得する前に50万人以上の顧客を獲得したこと、銀行業界でのフェイスブックを目指していて、熱心なファンをもっていることなどである。実際、モンゾはユーザーからとても愛されていて、ピンクのモンゾカードをもっていると、ナイトクラブでデートの口説き文句になるといわれるほどだ。

　モンゾのような銀行は、どのようにして短期間でここまでのことを成し遂げたのだろうか。まず、伝統的な銀行は支出についてしか教えてくれず、しばしば不満を感じるが、モンゾのような新しい銀行はいろいろなことを教えてくれる。銀行は過去の入金と出金の取引情報を、アプリを通じて提供するが、未来についての情報はない。取引は入金か出金かを記載しているだけで、個々の取引について、どこで、何を、どのように発生したかについては教えてくれない。新しい銀行は、これとは大きく異なる。たとえば、モンゾはカードの使用場所について、グーグルマップで正確に教えてくれるので、あなたは使った店の場所を確認することができる。食料品、旅行、衣服など、その支出の分類を教えてくれるので、アプリを通じて簡単に友達と請求書を共有したり割り勘にしたりできる。さらに一歩進んで、モンゾのよい仕組みは、使われていない古い口座の異常な取引を見つけて顧客に報告し、銀行が顧客を詐欺（注7）から守るために迅速に動けるようにする。銀行は、意味のある重要な情報であれば、だれよりも先にその脆弱性について知るべきだが、ほとんどの銀行は、システムがリアルタイムでないため、一定の時間が経たないと重要な情報を検知できない。

２つ目の理由は、これらの銀行はあなたのライフスタイルを熟知しているということだ。彼らはあなたの支出をソフトウェアのアルゴリズムでみていて、支出を減らしたり、節約したりできる機会を探している。そのよい例が、定期的に特定の買い物にカードを使う場合だ。具体的な例として通勤を考えてみよう。毎日地下鉄で通勤しているとする。料金は1日15ドルで、年間の定期券を購入すれば、毎日12ドルで通勤でき、年間７００ドルの割引を受けられるが、定期券は３０００ドルで手が出ない。モンゾのようなデジタル銀行は、上手にこの習慣と課題を認識する。定期券をもっていれば年間７００ドル節約できると教えてくれ、購入できるようにしてくれる。実際には定期券のために３０００ドルのローンを組むのだが、サービスが顧客のライフスタイルに特化していて、情報に基づく提案としてパッケージ化されているため、一見するとローンにはみえない。このやり方によって、新しい銀行は、顧客にとって、従来の銀行と大きく異なる姿に映っている。

このことは、新しい銀行は本当に顧客を大切にしている、という第三の理由につながる。私はよく、伝統的な銀行が顧客に隠れた手数料を課していることについて話す。新しい銀行は、より透明性が高く、料金体系に注意を払い、顧客が課題や潜在的なリスクを認識できるようにしている。しかし、それ以上に、私は、モンゾが借金と精神衛生の関係についてブログで詳細に更新しているのをみて驚いた。実際、モンゾがブログをもっているという自体、多くの伝統的な銀行がブログをもっていないことに比べると、意味のある違いである。

２０１９年5月18日、モンゾは「銀行へのメンタルヘルスの開示」というタイトルの記事を投稿した。そのなかで、借金と精神衛生がいかに密接に関係しているかを率直に語った。以下は記事の抜粋である。

「他の貸し手と同じように、私たちも返済を怠ったり、融資の限度額を超えてしまったりした人たちに連絡をとり、話し続ける必要があります……私たちはこのプロセスを、共感と理解を得られる方法でアプローチします。当社の優先事項は、何が起きたかを把握し、どのように支援できるかを判断し、適切なアドバイスを示すことです。怒りにまかせた手紙を書いたり、お金を返せと電話をかけまくったりすることは決してありません……もし、あなたがモンゾにお金を借りていて、精神衛生上の問題を抱えているなら、私たちは知りたいと思っています。あなたが私たちに知らせてくれたら、連絡の頻度を変えたり、他のサポートやアドバイスについてお話ししたり、しばらく1人にしておいてあげたりするなど、あなたを支援することができます」

これらの正直で、オープンで透明な、お金と貸付、顧客に対するアプローチは、新しい銀行がもたらす、新鮮な空気なのだ。正直で開かれた、透明性のある銀行業務は、新しい銀行が市場にもたらす差別化であり、古い銀行は気をつけなければならない。顧客に手数料を課し、取引に関する情報をほとんど提供せず、金融ライフスタイルを考慮しない従来のアプローチでは、目の肥えた市場の顧客ニーズを満たすことはできない。

銀行はデータ戦争に負けつつある

さらに、モンゾはデータの取扱いに優れている。グーグルマップのＡＰＩやその他のサービスを使って、私が１０００ドルのシャンパンを買った際に、いつ、どこで、何をしていたのかがわかるように（当てられるかな！）、取引明細書を充実させている。こうして、私はより多くの活動をモンゾに移している。これは、いままで私の取引のすべてを把握してきたロイズ銀行のメイン口座の銀行取引明細書が、モンゾ口座のプリペイドカードの自動チャージに基づいて、いまではモンゾ２００ポンド、モンゾ２００ポンド、モンゾ２００ポンドとだけ表示されることを意味する。今日では、多くの顧客がモンゾをメイン口座として利用しており、その顧客数は２０１７～２０１８年に4倍以上の数に急増した。驚くべきことに、レボリュートやＮ26のような他の多くの企業も、同じようなスピードと規模で成長している。

この動きの大きな特徴の1つは、将来の戦いが顧客データをめぐるものであれば、大手銀行はすでに大きく後塵を拝しているということだ。レガシーなアーキテクチャをもつ大手銀行は、顧客が何に使ったかしか伝えることができない。彼らのバックオフィスのシステムは、過去の支払の純粋な取引台帳であって、データは複数の、伝統的な、商品ごとにサイロ化されたシステムに分断されているので、顧客の行動に関して、インテリジェンスをもって分析し、機械学習を使って予測することができない。これが大手銀行のアキレス腱であり、若いスタートアップが明確に焦点を絞っている、大手銀行の弱点である。

顧客は、新しい銀行から、取引やライフスタイルのデータが豊富に提供されると、ますますそれを利用するようになる。まもなく、彼らのライフスタイルに関する取引はすべてインテリジェントな新しい銀行に共有され、古い銀行が目にするのは、新しい銀行への定期的な支払だけになるだろう。ロイズ銀行は、私がモンゾのノンストップサービスを利用していることを知っているが、私が何にお金を使っているのかはまったくわからない。モンゾは私の金融的なライフスタイルについてすべてを知っているが、ロイズ銀行には何もいわない。

この考え方をさらに拡張して、ほかにも、データを賢く集約する企業が多くいるとどうだろうか。アップルは私の音楽や映画に関する好みを、ダウンロードを通じて知っている。アマゾンは私の日常生活の購入ニーズをすべて把握している。グーグルは、私が質問を入力し終えるより前に、私が何を考えているかを知っている、など。

遠くない将来に、大手銀行は以下のような取引明細だけをみるようになるだろう。

アマゾン（自動チャージ）500ポンド

モンゾ（自動チャージ）200ポンド
アップル（自動チャージ）300ポンド
ロンドン交通局（自動チャージ）40ポンド

銀行は、私がアマゾンで買い物をしたこと、モンゾで何かをしたこと、アップルで何かをダウンロードしたこと、ロンドンの地下鉄に乗ったことを知っているが、私がどこで、何を、なぜ買ったのか、ダウンロードしたのか、乗車したのかについて、まったくわからない。

言い換えれば、金融仲介業者である銀行は、自分たちが中抜きされるとは思ってもみなかったが、データ仲介者という新しい仲介業者によって中抜きされてしまったのだ。銀行の将来の生命線である顧客データが、賢く新しい仲介者によってさらわれてしまった。

もちろん、銀行はまったく問題ないということはできる。しかし、もし銀行が賢く新しい仲介者がもつデータの中身をみたら、彼らは顧客について何も知らないことに気づくだろう。何も知らない、ゼロだ。つまり、顧客とデジタルな関係を構築し、活用する可能性がゼロということだ。

もし彼らが十分に大きくなれば、われわれは彼らを買うだろう

数年前、あるスタートアップが既存の大企業に買収されたがっているという話を聞いた。創業者は成

功しようと苦闘するなかで、会社を売却しエグジットするのが最良だと考えるに至った。若いＣＥＯは、伝統的な大企業に行き「こんにちは。私の会社をみてくださいませんか。私たちは、あなたたちの次世代をデザインしました。私たちを買ってくれませんか」といった。

既存企業は「顧客は何人いるか」と尋ね、ＣＥＯは「2万５０００人」と答えた。

既存企業は「２００万になったらもう一度いらっしゃい」と大笑いした。

1年後、若く苦闘するＣＥＯは、伝統的な大企業のドアを再びノックし、今度は25万人の顧客がいるといった。２５００万人の顧客をもつ大企業は相変わらず笑って、２００万の顧客が必要だと答えた。

さらに1年が過ぎ、新しいＣＥＯが大企業を引き継いだ。新しいＣＥＯは、会社が古い伝統的なやり方に固執していることを問題と思い、市場を探し回って、次世代のサービスを提供し、うまくやっている新興の会社があることに気づき、そのＣＥＯに会いに行った。

彼女が「こんにちは。あなたたちは、私たちがやっていることの次世代のサービスを提供して、上手にやっている。あなたたちを買うことはできるでしょうか」といった時、若いＣＥＯは笑い続け、「ひとかけらだって渡せないね」と言い返した。

このスタートアップは、月に25万人以上の顧客を獲得していて、そのほとんどは大手の老舗の既存企業からの顧客で、すでに３００万人以上を獲得していた。成長し、もはや大きくて古い既存企業を必要としていなかった。その後すぐに、この巨大で古い大企業はわずかな金額で買収され、いまはもう存在しない。一方で、スタートアップは市場の多くを占めている。

私がこの話を繰り返すのは、多くの大手金融機関がフィンテックの世界を、この話で古い大企業がスタートアップをみたやり方でみているからだ。新しいチャレンジャーバンク、ピア・トゥー・ピアのレンディング企業、決済の革新者、ロボアドバイザーなどを目にしても、顧客も歴史も、新しい会社だと考える。ちょっとみてやろう。彼らがわれわれのビジネスに脅威を与えるとしても、買えばよいし、真似することだってできる、と。

この見方の問題は、もし若く賢い人たちが、半分でもまともなアイデアをもっていたら、彼らが注目される頃には、買収されたくないと考えることだ。特に、もし彼らが株式を公開しておらず、資金が潤沢で、成功への近道を見出せるなら、なぜ彼らは事業を手放そうと思うだろうか。

そこで、共創、協働、共同運営について興味がある既存銀行のCEOたちへアドバイスがあるとしたら、もし、あなたの会社を脅かす可能性のある賢い若者と一緒に仕事をしているなら、いますぐ手に入れるべきだということだ。手遅れになってからでは遅い。

要点

多くのスタートアップが伝統的な銀行に挑戦することに焦点を当てているという事実は真剣に受け止められるべきだが、スタートアップの多くはそう真剣には受け止められていない。彼らは次の理由で退けられる。（a）小さすぎて競争相手にならない。（b）メインの口座を取得するのではなく、サブ口座として機能しており、戦略に問題がある。（c）もし彼らが挑戦するほど大きくなったら、他の大手の既存銀行に買収されるだろう。これら3つの主張はすべて間違っており、10年後には、これらの挑戦者のうち1人か2人は壁を突破して、既存銀行に挑戦を仕掛ける可能性がある。

ビッグテックの脅威

テクノロジーが大手銀行に投げかける新たな影として、ビッグテックがある。ビッグテックは、グーグル、アマゾン、フェイスブック、アップルからＧＡＦＡと呼ばれることが多いが、アリババ、テンセント、中国平安保険、バイドゥといった中国のビッグテック企業も含めるほうがよいだろう。小著『Digital Human』を読んでいない人のために説明しておくと、この本の3分の1は、これまでに例をみない金融サービスを発展させたアント・フィナンシャルとアリペイに関するものである。現在、中国と米国のテック企業は金融サービス分野に大きく進出している。巨大プラットフォームが鍵となる決済取引から始まり、多くの企業は現在、ローンやクレジットカード、その他の補助的サービスをサービスメニューに加えながら拡大している。実際、中国ではテンセントとアリババがそれぞれウィー・バンクとマイバンクというフルサービスのリテールバンクを開設しており、両者ともうまくいっている。では、これらの企業は伝統的な銀行にどのような脅威を与えているのだろうか。

「ビッグテックは下流に向かっている。
私たちは上流に向かっており、どこかで出会うだろう」

デレク・ホワイト
ＢＢＶＡ、カスタマー・ソリューションの元グローバル・ヘッド

本当にＧＡＦＡは銀行になりたいのだろうか

グーグルとアマゾンが銀行を開業することはおそらくないだろう。フェイスブックとアップルについても同じことがいえる。これには2つの理由がある。第一に、これら米国巨大企業は収益と利益を金融業界に依存している。グーグルとフェイスブックは、オンライン広告に投資する銀行から巨額の収益をあげている。アマゾンのクラウドベースのアマゾン・ウェブ・サービス（ＡＷＳ）の主要な顧客は銀行だ。アップルのｉＰａｄとスマートフォンの主要な顧客は金融機関だ。なぜ餌をくれる手を噛む必要があるのか。

第二に、これらの企業はフルサービスの銀行業務を、めんどうなわりに収益性の低い分野と考えるはずだ。これらの企業はいずれも、決済やローンなどの、本業である商取引を支援する業務は始めるかもしれない。しかし、フルサービスの銀行業務は、めんどうなコンプライアンス対応を伴う割に報われない仕事だ。また規制のドグマは彼らのイノベーション精神を奪うだろう。

にもかかわらず、これらの企業は政府機関と積極的に意見交換を行っている。これは、グーグル、アップル、アマゾンやペイパルといったインターネット界の有力企業が、オンラインビジネスに関して

ホワイトハウスに働きかけるために、２０１６年にFinancial Innovation Now（ＦＩＮ）を設立したことと同じであり、驚くことではない。ＦＩＮは当時の次期大統領ドナルド・トランプ氏に、率直な内容の手紙を書いた。

書簡のなかでＦＩＮは次期大統領に対し、テクノロジーが米国の消費者と米国経済のために金融サービスを向上させる可能性を受け入れるよう求めている。これを達成するために、ＦＩＮは７つの提言をした。テクノロジーの可能性を評価できる人材を金融規制当局に任命する。カード決済のセキュリティに関するオープンで相互運用可能な基準策定を推進する。送金ライセンスを合理化する。金融口座やデータへの消費者アクセスを確保する。インターネットを通じた中小企業の資本へのアクセスを合理化する。消費者と企業がリアルタイム決済で資金を管理するのを支援する。モバイル技術を活用して金融包摂を促進する（注８）。

言い換えれば、米国のビッグテック企業は銀行がもたらすビジネス機会と問題の両方に気づいているということだ。彼らはまた、金融を通じて顧客との関係を活用するビジネス機会と方法について理解している。

たとえば、私が９９９ドルのアップルのマックか、アマゾンで１０００ドルのカメラを買いたいとしよう。本当に簡単だ。クリックするだけで、月額１００ドルの簡単な支払にまとめられる。ローンを受けたことさえ気がつかない。クリック１つで商品を買うことができ、その場でお金を払う必要はない。

ここで、インターネット企業の大きな強みである、シンプルで、簡単で、楽しい買い物をすることに

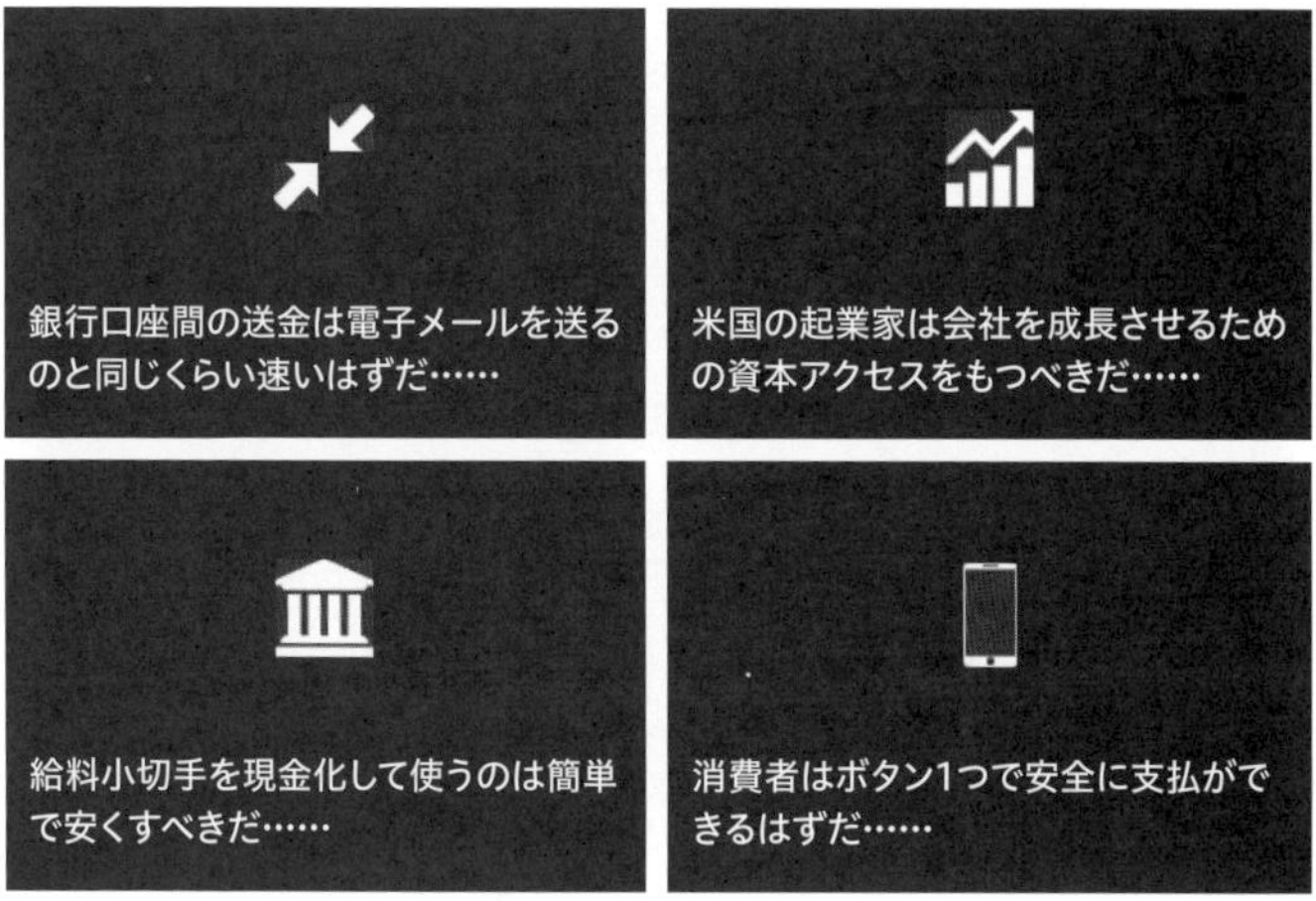

図1.13　オンラインでビジネスを行うためのFINの要求

目を向けてみよう。それは金融を売買に包み込んでしまい、必要のある支払をみえなくする。これは、小規模企業に対するペイパルのアプローチと非常によく似ている。ペイパルは、企業がペイパルを利用した活動を通してどのようなビジネスを行っているかを知ることができ、その結果、数年前から無利息のローン提供を始めた。ローンの設定手数料は少しかかるが、利息はかからない素晴らしい取組みだ。ペイパルが１００億ドル超を融資したのも不思議ではない（２０１９年５月に報告された数字（注9）によると、世界中22万５０００社以上の中小企業に最大12万５０００ドル。２０１７年８月（注10）の30億ドル11万５０００社から増加）。

　これは銀行にとって何を意味するのだろうか。それは、銀行の商品の大部分、特に決済や与信は、インターネット企業に食われてしまうということだ。ビッグテック企業が銀行になるとは思わないが、彼らは銀行の収益性の高い商品に食い込んできている。具体的には、隣接するサービスや、上記のペイパル・ワーキング・キャピタルの例のような補完的な分野に目を向けるだろう。

銀行にとってはコスト負担の重い商品、すなわち預金口座は残るが、その口座にひもづいて利用される、クレジットカード、ローン、手数料等とのクロスセルの機会がなくなることを意味する。すると、銀行は無料の銀行サービスを廃止し、口座を維持するための料金を上げ始めなければならなくなる。そうなると一部の人々はこの料金が手の届かないものとなり、銀行口座をもたない「無銀行」状態になる。これらの銀行口座をもたない人のために、ビッグテック企業はより簡単なサービスを提供して金融や支払のサポート手段を提供し、最終的にはフィンテック企業やビッグテック企業はプリペイド式のモバイルウォレットや簡単な少額ローン、少額預金口座を利用してそれらを引き取る。

徐々に、これらすべてが銀行の収益に影響を与えていき、銀行はグローバル・ファイナンスの大規模で複雑なインフラ提供（スマート・パイプという）へと退却していき、大規模で複雑な法人顧客サービス、資産運用サービス、ウェルス・マネジメント、投資銀行業務を提供するようになっていく。長期的には、ビッグテックとそのフィンテックの兄弟たちが消費者を支配するようになり、リテールバンキングは今日の姿から変化していくだろう。そうなれば、ビッグテックとフィンテック兄弟たちは、他のイノベーターと同じように、スケールアップを始めるだろう。

上記のとおり、銀行でなくても銀行業務ができるということを説明した。それがビッグテック企業は銀行にならないという理由だ。そのかわりに、インターネット時代のための銀行と金融を考え直し、今日の銀行感をまったく感じさせない摩擦のないデジタルサービスを提供することが期待されている。

銀行業のアマゾン化？

あらゆるビジネスで、泣く子も黙る企業の名前は？　１９８０年代にはＩＢＭであった。何であれとにかくＩＢＭを買っておけば間違いはなかった。１９９０年代はマイクロソフトだった。たしかに、賢い人たちはソフトウェアが若者をだましているだけだと批判したが、地球を乗っ取る勢いだった。２０００年代はグーグル。だれもが何かを探し、グローバルなオブジェクト指向言語を通じてつながりあうプラットフォームで検索していた。この10年はアマゾンだ。アマゾンはどこにでも触手が伸びていくプラットフォームで、みな驚く「Amazing Everyone」、略してＡｍａｚｏｎだ。

アマゾンはほぼ月に1度、銀行業に参入する野獣として登場し、隣接浸食のよい例としてしばしば引き合いに出される。隣接浸食とは、コアとなるビジネスの成長に役立つような、隣接する他の業界に入り込んでいくことである。アマゾンのコアビジネスは小売りだが、金融も小売りに隣接しており、フルサービスの銀行業務以外であれば、アマゾンはオンラインビジネスを成長させる分野はどんなところであっても入り込んでいく。すでに述べたように、フルサービスの銀行業は、コアビジネスの改善にほとんど役に立たないからである。決済とローンはありえる、それはたしかに商売に役立つのだが、過剰規制された預金口座のマーケットプレイスはどうだろうか。ありえないだろう。

それにもかかわらず、銀行業でアマゾンをタイトルにすると、よい呼び物になる。デジタルＩＤの専門家であるデビッド・バーチ氏によると、銀行業におけるアマゾン化は、アマゾンが銀行化するのとは大きく異なるという。その背景には、ウォールストリート・ジャーナルに掲載された、アマゾンがＪＰモルガン・チェース（注11）を含む大手銀行と「当座預金口座のような」商品の開発について交渉しているという記事がある。この記事は、アマゾンが銀行業に参入するのではないかという憶測を巻き起こしたが、そのような商品を提供するのに銀行になる必要はない、というのは明白な事実である。

憶測が拡大した主な理由の1つは、消費者がそのアイデアに好意的だったことがある。調査対象となった米国消費者のほぼ半数が、アマゾンを自分たちのメイン銀行口座（注12）とするアイデアに「あり」だと答えた。一見すると驚くような結果だが、実際のアマゾンの消費者体験を反映しているといえる。たとえば、炭酸水を数本と、コーラ数本をアマゾンで注文し翌朝配達されたとしよう。アマゾンで「購入」ボタンを押した時から、私はこの取引について一瞬たりとも考えていない。ただうまくいく。アマゾンのビジネス範囲と、使った金額を考えると、このようなポジティブな消費者体験から簡単に隣接浸食を進めることが可能だ。

「ベイン・アンド・カンパニーは、アマゾンの銀行サービスが5年以内に米国の顧客７０００万口座以上にまで拡大し、米国第3位の銀行ウェルズ・ファーゴに匹敵する規模になると予測す

る」（注13）

しかし、バーチ氏は私と同意見で、アマゾンが銀行になるとは信じていない。なぜならアマゾンはＪＰモルガン・チェースと同じような銀行にはなりたくないからだ。アマゾンは銀行と同じ方法で収益をあげているわけではない。アマゾンは、現在バンク・オブ・アメリカと提携して小売り業者への運転資金融資を行っているが、利息収入で多少の利益をあげることを目標にしているわけではなく、小売業者がアマゾン全体の売上げを伸ばしてくれることに気を使っているのだ。

もしアマゾンが銀行にならずに金融サービスを提供するとしたら、それは何になるだろうか。用語を再検討して、以下のように定義することにしよう。「ネオ・バンク」とは、銀行のようにみえるが、実際にはそうではないもの、「ニア・バンク」とは、伝統的に銀行で実行されてきた機能を果たすが、銀行ではなく、銀行のようにはみえないものとする。この定義では、アマゾンはネオ・バンクになるのだろう。

ところで、ネオ・バンクは新しいアイデアではない。１９９７年、バーチ氏は顧客のニーズに応じて銀行サービスを構築する新技術の可能性について書き、新しいインフラストラクチャによって顧客が自身の金融サービスを「幅広いサプライヤーからの優れた製品を基盤として」構築する方法を説明した（注14）。金融サービスのメーカー（銀行）は「コア・コンピタンスを基礎としながらも供給可能なごく限られた範囲の製品に縮小しながら、グローバル市場に専念していく」だろう。アマゾンはまさに、無担保の個人信用などの商品を持ち込むことができる組織であり、それが銀行経営者の不安を掻き立てる理由なのだ。チャレンジャーバンクや新興フィンテック企業ではなく。

「ウォール街のベテランたちは最近、小規模スタートアップに自分たちのビジネスが食われるとはあまり心配していないが、ビッグテックが縄張りに侵入してくる可能性は懸念している。Ｓｅｎｔｉｅｏが米国の上場企業を対象に集計したデータによると、昨年金融業界の電話会議ではアマゾンについて１６０回以上の言及があったが、これは２０１６年平均の12カ月換算の3倍近くに相当する」（注15）

欧州では、アマゾンがネオ・バンクになることを銀行が阻止することはできない。ＰＳＤ２は、銀行の顧客が自分の銀行口座にアクセスする許可をアマゾンに与えることを意味し、その時点でアマゾンは顧客と金融サービスのインターフェース（媒介者）になる。この道をたどれば、アマゾンの成功を疑う理由は何もない。

もしアマゾンが預金口座のようにみえるが、実際にはなんらかのプリペイド口座を提供するとしたら、人々はそれを利用するだろうか。確実にそうだろう。アマゾンがいつものように一連の割引やキャッシュバックを提供するのであればなおさらだ。データと引き換えにするための十分な利幅があるだろう。顧客に5％還元（たとえばホール・フーズ社で）する同社のクレジットカードの場合がそうだ。

たとえばスターバックスは、コーヒーを買う人たちからだけで10億ドル以上の取引ベースがあるが、アマゾンは購入者のすべての取引ベースがあることを想像してほしい。もし人々が、商品に対して２％の割引を提供してくれるアマゾンの疑似口座でお金をもち始めれば、０・２％の金利を提供していた銀行の当座預金口座からすぐに資金が流出し始めるだろう。

欧州ではいつこのような動きが起こるのだろうか。アマゾンがＰＳＤ２を使って顧客の銀行口座に直接アクセスし、アマゾンの口座に自動的に振り込まれるように指示する。これは、米国の「アマゾン・キャッシュ」サービスに似ているが、紙幣のかわりに、最新の電子即時決済技術を使用するものだ。本当に大きなビジネスになるかもしれない。

東洋のイノベーション

欧米でＧＡＦＡについて話すとき、1つ見逃していることがある。私はよく、より速い馬と、より安くて速い金融取引ができるデジタルについて、銀行がどう考えているかの話をする。つまり、効率性と有効性についての比喩である。ところが先日「車はどうなんですか」と聞かれた。結局のところ、従来どおりバンキングに取り組む銀行を注意するのは簡単だが、「車」（具体的な将来像）を理解してもらえなければ意味がない。

質問には感謝したい。たしかに車はある。次世代のリテール・バンキングを生み出しているのは金融包摂に基づくアフリカとアジアだ。実際、私は少し前に、今日の金融包摂は明日の金融だとツイートしたが、このことを心から信じている。もしアジアとアフリカが、ほぼ無料でリアルタイムにお金を移動させる画期的な新モデルをつくりだしたとしたら、私たちはみな、そのイノベーションを利用するに違いない。

アフリカのＭＮＯは当初は決済に焦点を当てていたが、その後、徐々に少額のローン、少額の貯蓄、少額の保険へと広がった。アリババとアリペイは決済から始め、徐々に投融資へと移行していった。決済は始まりにすぎないのだ。国連は携帯電話を使って低コストでデジタルＩＤを管理する方法を研究している。もしほぼ無料でＫＹＣをデジタル化できるのであれば、みなそのシステムを搭載するだろう。

私はこのことについて、多くの本を書いている。実際、私の前著である『Digital Human』は、このテーマにほぼ絞りこんでおり、アント・フィナンシャルとアリペイのアプローチに関する詳細なケーススタディを記載した。しかし、速い馬と車が出会った例が2つある。最初はルワンダで、3つの銀行とエムペサに関するパネル・ディスカッションに参加していた時、私は「では、銀行はエムペサとどのように競争しているのだろうか」と質問した。エムペサの男性は答えた。「していない。私たちが顧客にフォーカスしている間に、銀行は、私たちがやっていることをコピーしようとしているだけだ」。

世の中には、何かを実現させる人がいる、何が起こっているかをみている人もいるし、何が起こったのだろうと考える人もいる、ということだ。

2番目の例は、２０１７年の会議だった。会議のなかで、ｅＰａｓｓｉのＣＥＯであるリスト・

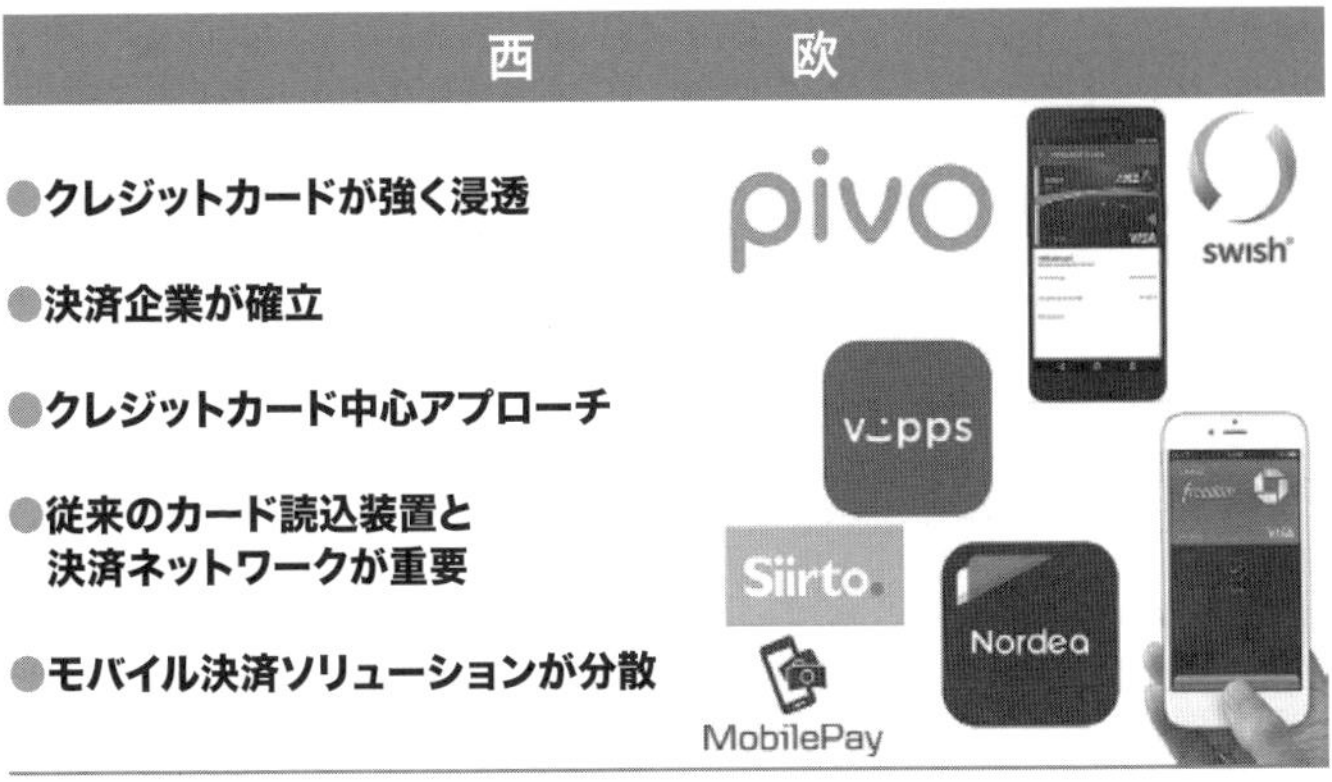

図1.14　西欧諸国のモバイルウォレットの認識

ヴァーッカラ氏はアリペイとの提携について話し、図1・14のスライドを投影した。

ヴァーッカラ氏は、「アップル・ペイ」が示すように、銀行や欧米企業がカード決済にこれほど力を入れていることに驚いたと述べた。アップル・ウォレットは、われわれがかつて支払っていた時代遅れの方法をアプリに取り入れている。革新的なアプリで支払を行うときに、支払うカードの画像がみえるようになっているのだ。無駄なことだ。意味のないカード画像を表示しているアップルは、欧米の銀行と同じで、古い馬を複製してデジタル時代の速い馬としようとしている。カードと決済にフォーカスして、顧客を忘れている。

中国のインターネット大手アリババがアリペイと提携し、カードや小切手をもったことのない顧客にサービスを提供し、カスタマージャーニーから始まるまったく違った方法で物事に取り組んでいるのはそのためだ。カ

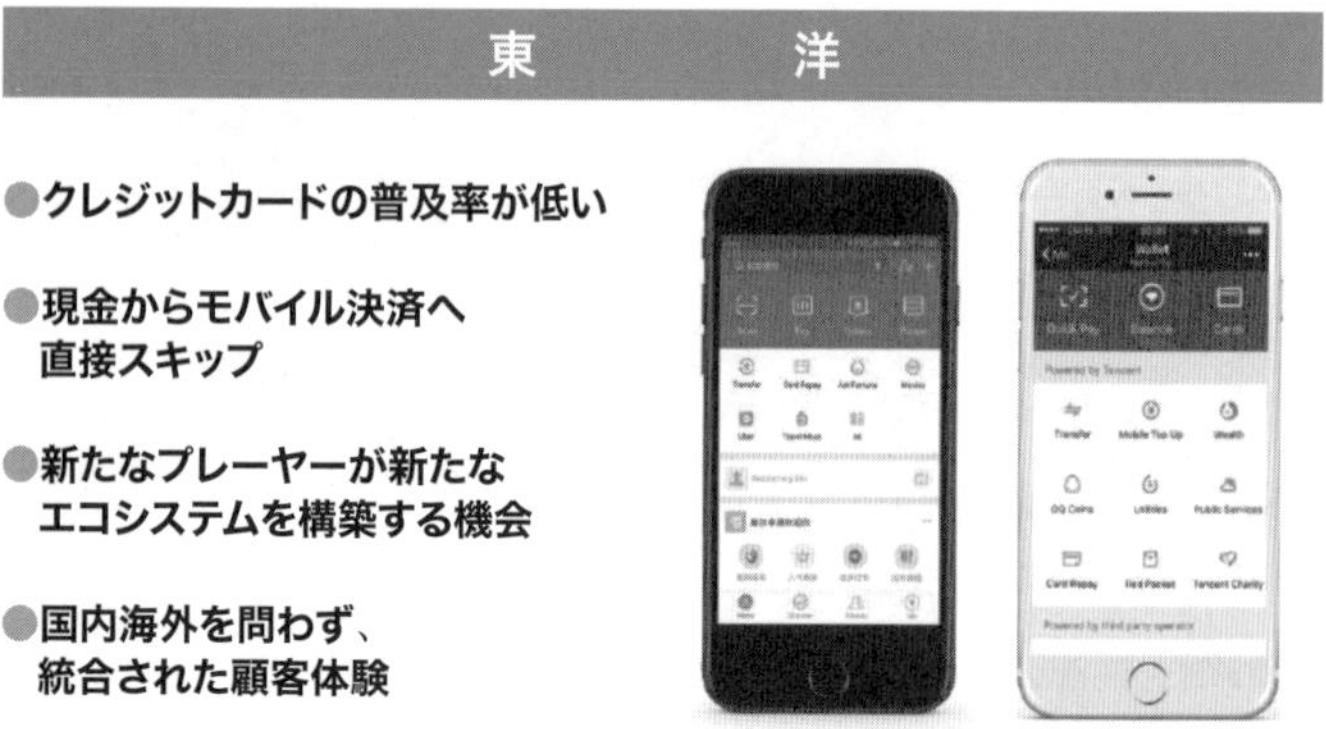

図1.15　東洋のモバイルウォレットの認識

スタマージャーニーと顧客体験が、アプリを通して輝く唯一の指標であり、決済機能はアプリの副産物にすぎない。

銀行界と西側世界は、自分たちの考えをひっくり返してみて、前世紀の遺物を今世紀に複製するのをやめる必要がある。私たちみながＧＡＦＡについて話し、西欧しかみていないが、それは間違った方向だ。車は東洋から来ているのだ。

中国のフィンテックシーンは驚異的

金融の未来をみたいのであれば、中国に注目しよう。特に、テンセントのウィーチャットとウィーチャットペイ、アリババのアント・フィナンシャルとアリペイ、中国平安保険のＬｕｆａｘとワンコネクトは必須だろう。明らかに、米国はテクノロジー中心だが、中国は違い、テクノロジーを使って実現する事物に焦点を当てている。中国フィンテックのハイライトをいくつか紹介しよう。

第一に、中国は急速にモバイル金融サービスに変貌している。２０１２年、同国ではモバイル決済がほぼゼロだった。これが２０１８年末までに携帯電話での支払は41兆ドルに達し、そのうちの54%がアリペイ経由、38%がウィーチャット・ペイ経由となっており、中国の2大決済システムが大きく伸びている。

第二に、中国のフィンテックの成長は驚くほど速い。アクセンチュア（注16）によると、２０１８年のフィンテックへの全投資の46%を中国が占めた。中国のフィンテック投資の半分以上は、世界最大のマネーマーケット・ファンドを運営するアント・フィナンシャルの記録的な資金調達ラウンドによるものである。

第三に、中国は２０１８年のフィンテックにおける最大の投資地域であっただけでなく、世界的なリストに名を連ねるフィンテック・ユニコーンの多くの本拠地でもあった。これらのユニコーン企業には、西洋ではほとんど聞かない、アント・フィナンシャル、ＪＤ Ｆｉｎａｎｃｅ、Ｄｕ Ｘｉａｏｍａｎ Ｆｉｎａｎｃｉａｌ（バイドゥ）、Ｌｕｆａｘ（平安）といった企業も含まれる。この４つだけで２０００億ドル近くの価値がある。しかし、これはなにも最近のことではない。図1・16のビジュアル・キャピタリスト（注17）のページは２０１６年9月のもので、当時すでに中国のフィンテック経済が世界市場を支配していたことを示している。

第四に、中国のユニコーン企業のなかで最大の企業はアント・フィナンシャルであり、２０１８年の

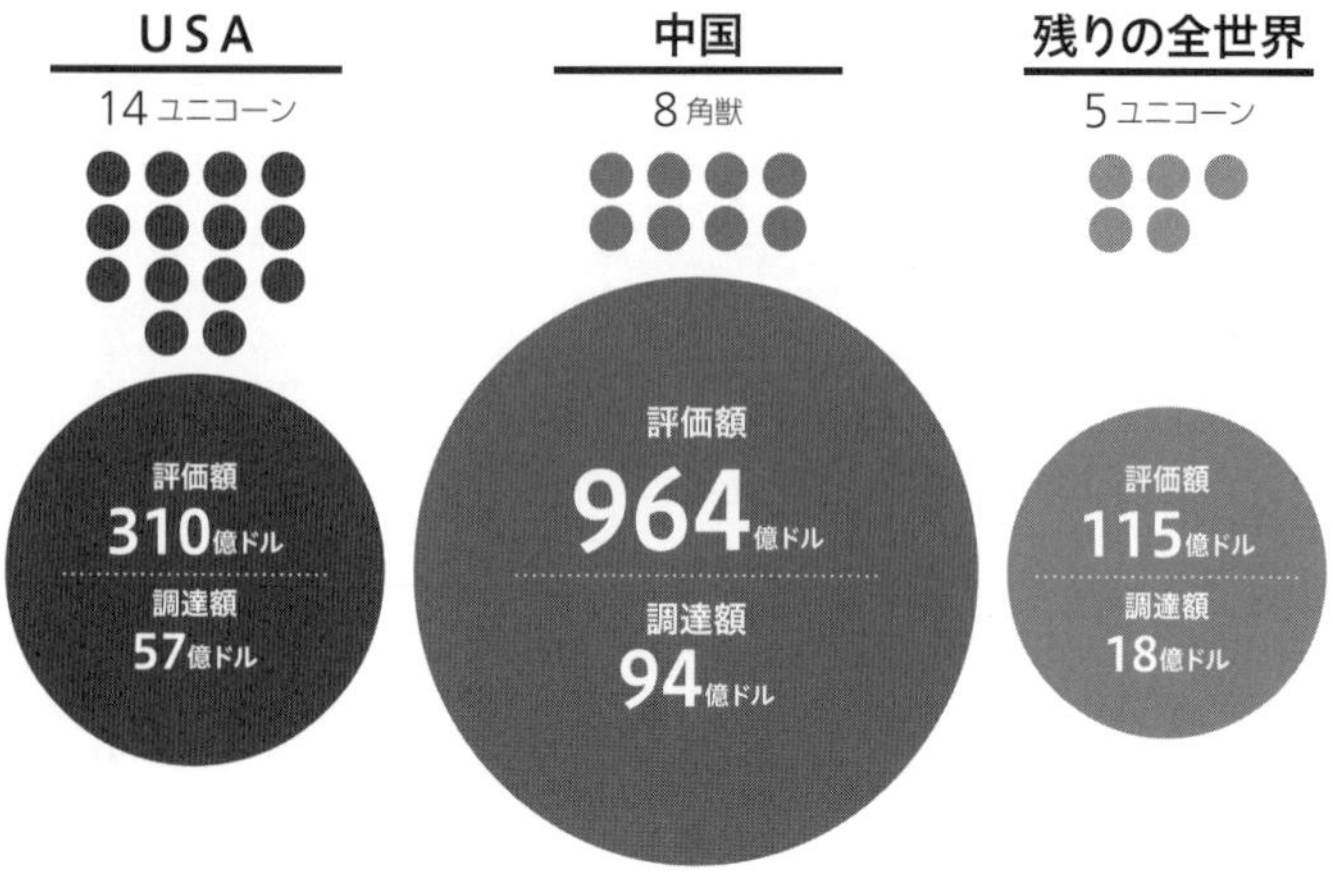

http://www.visualcapitalist.com/27-fintech-unicorns-where-born/

図1.16　フィンテックのユニコーン

時価総額は１５００億ドルであった。これは時価総額で世界第10位の金融機関ということになる。同社は２００３年にアリババの一部としてスタートし、プラットフォーム上で決済処理を可能にした。現在では、さらに多くの機能が提供されている。アント・フィナンシャルについて詳しく知りたいのなら、小著『Digital Human』を一読されたい。

第五に、アント・フィナンシャルは中国のフィンテックの新興企業であるだけでなく、アプリからＡＰＩ、アナリティクスまで、世界中に金融サービスのマーケットプレイスを提供するテクノロジー企業でもある。実際、アント・フィナンシャルはグローバルに考えており、アリペイを世界中の中国消費者、そして近いうちに世界中のすべての消費者の手に届けようとしている。さらに、単なる決済アプリやモバイルウォレットではなく、旅行から投資、ソーシャル化、ショッピングまで、あらゆるものがそろうモバイル「世界」をつくろうとしているのだ。アリペイの統計によると、アリペイが現在の中国では現金よりも多くの取引の決済手段となっている理由がそこにある。

第六に、中国は欧米とは異なる考え方をもっている。政府と規制がまったく異なるからだ。たとえば、若い女性の借り手が口座開設時に裸の自撮り写真を送ることを要求するピア・トゥー・ピア融資プラットフォームを許可している。なぜ？　借り手がローンを返済できなくなったら裸の自撮り写真はオンラインで公開されてしまう。こんなことは欧州でも米国でもありえない。

最後に、中国は20年前には金融インフラが整備されていなかったため、昔から維持されているレガシーがほとんどなく、今日あるものの多くは過去20年の間につくられたものなのだ。それが、この国が世界で最も多くのフィンテックを保有し、最も革新的な国である理由かもしれない。

特にアリババはアント・フィナンシャルやアリペイを有しており、グローバルで先見性があり、俊敏である注目すべき企業である。そのよい例が11月11日の独身の日だ。中国の独身者の日は、独身者がオンラインで購入したプレゼントを受け取る日だ。バレンタインデーや犬を職場に連れていく日のような遊び心の日なのだが、効果は絶大だ。アリババによって発明されたこの習慣は、たった1日で売上げを爆発的に増加させた。

アリババはアマゾンのブラックフライデーからアイデアを得たのだと思うが、アマゾンのブラックフライデーはアリババの独身の日に比べると公園の散歩のようなものだ。２０１８年の独身の日の数字は以下のとおり。

- アリババグループの総商品取扱高（ＧＭＶまたは売上げ）は、２１３５億人民元（３０８億ドル）。
- 総ＧＭＶは２０１７年より27％上昇。
- 69億人民元（10億ドル）のＧＭＶがアリペイを通じて最初の1分25秒で決済された。
- ６９３億人民元（１００億ドル）のＧＭＶがアリペイを通じて1時間48秒で決済された。
- 同社は1秒間に25万６０００件の取引を処理した。ちなみにＶｉｓａは世界中で1秒当り平均２０００件のトランザクションを処理しており、独身の日の処理規模の巨大さを把握できる。
- 18万以上のブランドがこの日参加し、アップル、ダイソン、キンドル、エスティローダー、ロレアル、ネスレ、ギャップ、ナイキ、アディダスなどの主要国際ブランドを含む２３７ブランドの販売額が1億人民元（１５００万ドル）を超えた。
- ツァイニャオはアリババのロジスティクスを担当し、最初のわずか2・6日間で1億個の荷物を処理した。２０１７年と比較すると、約5時間早くなった。同社は２０１３年に最初の1億個の小包を配達するのに9日かかっていた。
- 注文の約97％が4日以内に配達された。

公平な比較ではないが、米国アマゾンは２０１８年ブラックフライデーのオンライン売上げが50億ドル強だった。

ＣＢインサイツによると、２０１８年にアント・フィナンシャルがフィンテック企業への世界のベンチャーキャピタル投資の35％を占めていた（注18）。この中国企業は２００３年にアリババの決済サービスのアリペイとしてスタートした。同社は２０１３年に最大のモバイル決済企業となり、同年米国のペイパルよりも急速に成長し、いまでは投資、与信、銀行、保険を含むあらゆる金融サービスを提供している。

中国の規模は信じられないほど大きく、金融の未来やビッグテック企業の脅威、将来のフィンテックの戦いがどのように展開されるかに興味があるのなら、東洋は西欧よりもはるかにイノベーションのエンジンとなりうる。具体的には、アリババ、テンセント、バイドゥ、中国平安保険といった中国ビッグテックの大手企業が、決済から銀行業務、貯蓄から投資やローンまでをカバーする完全な金融サービスを開発している。正しい方向をみたいなら彼らに着目すべきだ。

要点

ビッグテック企業は、中核事業である商取引と密接な関係にある金融サービスの多くの分野に進出している。アマゾンは特に脅威とみられており、ほとんど手数料なしでローンを利用でき、支払も簡単にでき、貯蓄や投資の分野にも徐々に進出している。しかし、多くの人は、中国を拠点とするビッグテックであるテンセント、アリババ、バイドゥ、中国平安保険に比べると、アマゾンやその他の米国を拠点とするビッグテック（グーグル、フェイスブック、アップル）が銀行業に参入することについて、はるかに懸念が少ないと考えている。

規制構造の変更：オープン・バンキング

銀行がデジタル変革を必要としている理由をあげて、現在私たちがそのプロセスのどこにいるのかを述べてきたが、それでもまだ本当に必要だと確信できない人もいるだろう。しかし、ここ数年でデジタル否定派であっても対応しなければならない事態が出てきた。規制当局が推進派となってきているのだ。

世界中の多くの政府は、フィンテックの急速な台頭とその変化を目の当たりにしており、地域のフィンテックセンターになることを決意している。特に、活発なグローバル金融センターをもつ多くの国は、グローバルなフィンテックセンターとしても生き残る必要がある。この決定は非常に重要であり、ロンドン、ニューヨーク、サンフランシスコ、シンガポール、香港などは先端的金融イノベーションの中心としてのブランド構築に向けた投資を行っている。

コペンハーゲンのフィンテック・イノベーション・アンド・リサーチ（ＣＦＩＲ）は、この重要な動きに対応して、規制当局が活気あるフィンテック・センターを設立するためには何が重要かを見極めるため、オックスフォード・リサーチとレインメイキング・イノベーションに調査を委託した。その結果得られた調査報告書は、地域がフィンテックのハブになるためには６つの重要な要素が必要であると結論づけている（注19）。

1　活気に満ちたフィンテックのスタートアップ・コミュニティ：草の根レベルで多くのイベントや活動が必要であり、それがスタートアップの設立と成長に役立つ。

2　実績のある積極的な企業：実績のある大手フィンテック企業が、イノベーションに投資し、フィンテックの潜在力を活用していくことがきわめて重要である。スタートアップだけで世界レベルのフィンテックハブを構築することはできない。

3　リスク資本へのアクセス：リスク資本へのアクセスは、革新的な企業の設立と成長のために不可欠である。

4　政治的な支援と「友好的な」当局：中央省庁がフィンテック分野を支援し、それを公表すると同時に、規制当局は事後的な対応姿勢から、協力的で先取りする行動様式に変わる必要がある。

5　人材へのアクセス：フィンテックは知識集約的なセクターであり、高度に専門的で経験豊富な人材のアクセスに大きく依存する。

6　フィンテックハブとしてのブランド：国際的な人材、投資家、企業などを引き付けるためには、フィンテックハブを中心に強力なブランドを構築する必要がある。

旧来の金融センターは大規模な投資を行い、それぞれのフィンテックセンター内で管理プログラムを開発し、これらの6つの要素を確実に満たすように動いた。ベルリン、ドバイ、テルアビブ、メキシコシティ、サンパウロなど、他の多くの地域も続いている。

さらに、過去10年間における金融市場のガバナンスと規制の大きな変化の1つは、競争と革新を阻害する規制当局の姿勢や規制から、新規参入者を積極的に奨励する規制当局への転換である。これを達成するために規制当局が採用した方法には、参入資本障壁を低くし、市場へのアクセスを迅速にするスタートアップ企業のための軽い規制の導入から、自らの革新プログラムを積極的に作成し、規制当局の職員をこれらの分野に専念させるといった方法まで、さまざまである。

英国の金融行動監視機構（ＦＣＡ）は、このような変化を先取りし、規制のサンドボックスを創設した。サンドボックスは多くの場合、銀行を支援のパートナーとして、新規参入者を市場に送り出すための促成プロジェクトである。これは他国の規制当局によってコピーされ、ほとんどの主要経済国がなんらかの規制改革プログラムをサンドボックスで実施していることは注目に値する。これが「サンドボックス」と呼ばれる理由は、試行錯誤の場として本業から切り離されているからだ。子どもたちはサンドボックス（砂場）で遊び、巣立ち前のスタートアップが成長し本当のビジネスのメインストリームに乗る前に実験してみるのである。

貧困層支援協議グループ（ＣＧＡＰ）は、「規制サンドボックス」を「規制当局の監督のもと、（特別免除、斟酌、またはその他の限定的かつ時間的な例外適用などの）管理された環境のなかで、民間企業による小規模なイノベーションのライブテストを可能にするために、金融規制当局が設定した枠組み」と定義している（注20）。

しかし、多くの市場関係者、新興企業、銀行と話をしていると、規制サンドボックスが規制サンドキャッスル（砂の城）になってしまう可能性が指摘されている。理論的に素晴らしく、サンドボックスに入ることはできるのだが、サンドボックスから抜け出してメインストリームに入ることはむずかしい。実際には、聡明で若い新興企業がサンドボックスに飛び込むと、規制当局は一生懸命頑張って、彼らが決して外に出ないように、彼らの周りに壁をつくる。私はこのことを、ゆりかごから墓場までならぬ、「サンドボックスからサンドキャッスルまで」と例えている。

実際、ある国の規制サンドボックスの長が新設のスタートアップ委員に昇格したと聞いた時、会議室のだれかが「シャットダウン委員のようなものだ」とつぶやき、テーブルの周りで笑いが起きた。しかし、笑いごとではない。規制当局がイノベーションを抑制すれば、市場は停滞し、大企業はさらに大きく（怠惰になり自己満足する）、小企業はいっそう小さく（怒りや苛立ちを募らせることに）なりかねない。規制当局は、金融市場のガバナンスを確実に守らせる必要があり、すべての人に門戸を開く必要はなく、全員に許可を与えるべきではないのは確かだが、規制当局が正しく理解し運用しなければ、規制改革への熱意が打ち砕かれてしまう。

ここでも、リーダーシップとコミットメントが重要なのだ。デジタル変革へのリーダーシップとコミットメント不足に対する銀行への批判は、競争とデジタル化を促進しようとする規制当局にも等しく適用される。ほとんどの国は、フィンテックハブになるための規制改革プログラムを実施している。しかし、この目標を達成するためには、多くの要素が必要である。若い人材プール、提携する意思のある銀行、投資と資本の余裕、規制支援などである。しかし、最も重要な要素は政府のコミットメントでなければならない。

政府は市場を統制する規制当局をコントロールする。もし政府が金融革新とテクノロジー新興企業に全面的にコミットしないのなら、何も動かない。ただ停滞するだけだ。そしてコミットメントは、イノベーション・プログラムやサンドボックスをつくることよりもはるかに重要だ。そのためには、自ら汗を流し、制約を設けて落胆させることなく、支援し、奨励するスタートアップのシステムをもつことだ。規制プログラムが本当に成功するには、サンドボックスからサンドキャッスルへではなく、サンドボックスからメインストリームへと移行する必要があるのだ。

オープン・バンキング登場

政府と規制当局の重要な動きとして、オープン・バンキングに向けた展開があげられる。世界中の多くの市場で、規制当局は銀行に対し、顧客が許可した場合には、アクセスを要求するすべての企業にリソース（特にデータ）を開放しなければならないと指示することによって、イノベーション、新興企業、そしてさらなる競争を奨励している。これは、伝統的に店舗で閉じていた銀行にとって、とても大きな変更要件だ。

私がオープン・バンキングのアイデアについて書き始めたのは２０００年代のことであった。当時、私はBanking-as-a-Service（ＢａａＳ）のコンセプトを紹介し、だれでもクラウドベースのマーケットプレイスでプラグ&プレイのソフトウェアを幅広く見つけることができ、これらのコードを使いやすい銀行サービスに仕立てることで自分なりの銀行をつくることができるというアイデアを提示した。10年以上が経ち、ＢａａＳのビジョンは実現しつつある。多くのフィンテック企業が銀行取引をより簡単にするプラグ&プレイのコードをクラウドで提供するようになってきた。だが、規制当局がこのサービスを推進し、義務化するということは予想していなかった。それが現在のオープン・バンキングの姿である。

オープン・バンキングは、ＥＵの要件であるＰＳＤ２のもとで、支払データを第三者に公開すると英国が解釈したことから始まった。しかも英国はさらに一歩進んで、顧客が第三者と共有したい情報については、明示的な許可があるならば、銀行は顧客が望むすべてのデータを公開しなければならないとした。オープン・バンキングと名づけられたこの法律の解釈は、もはや英国だけのものではなく、世界的なものとなった。オーストラリアでは、銀行が信頼できる第三者プロバイダ（ＴＰＰ）とデータを共有することを強制するオープン・バンキング規則が導入された。２０１９年にはメキシコがフィンテック法を導入し、韓国とシンガポールが銀行と第三者の間での金融データの共有に関する規則を施行した。米国でもオープンな金融構造を中心にイノベーションを進める銀行がでてきているが、これを強制する法律はまだない。

市場の動きで興味深いのは、シティバンクやドイツ銀行など大手金融機関がオープンＡＰＩ市場でリードしている一方で、この変化に抵抗しているところもあることだ。英国では、大手銀行が許可プロセスをめんどうで時間のかかるものにしており、顧客のデータ共有を著しく困難にしているという報告がある。同様に、ＰＳＤ２のもとで欧州ルールが実施されたことで、各銀行が独自の法律の解釈、つまり個別のＡＰＩインターフェースを作成したことに文句をいうフィンテック企業もある。結果として、ＥＵの銀行と連携したいと考える第三者は、業界全体での標準化がなされていないために、銀行ごとに統合コードを書かなければならない。

しかし、これは市場が完全なオープン・バンキング・プラットフォームに移行する過程での純粋に初期段階の問題である。興味深いことに、この変化を受け入れている銀行は前向きな結果を得ている。英国では、２０１８年1月にオープン・バンキングの導入が開始され、動きは遅いが進展はしている。

たとえば、オランダの銀行ＩＮＧは、英国でＹｏｌｔと呼ばれるデジタルバンキングアプリを提供しているが、これは第三者のアクセス統合を完全に実装した最初のアプリである。このサービスは、ロイズ銀行、ＲＢＳ、ＨＳＢＣの全ブランドに加え、モンゾ、スターリングといったチャレンジャーバンクとも連携している。同様に、ＨＳＢＣは「Connected Money」アプリを２０１８年5月に開始し、顧客はプロバイダに関係なく、現在の預金や住宅ローン口座のすべてを1つの画面でみることができるようになった。オープン・バンキングの仕組みを通じて、アプリはサンタンデール、ロイズ、バークレイズといった他の銀行とリンクしており、顧客は次の給料日までに利用可能な金額を確認することができる。この機能は「支払後残高」と呼ばれ、定期的な出金が支払われると、給料日までの間、自分の現在の口座にいくら残るかを示してくれる。このようなわかりやすいテーマをもった、情報を豊富に提供するその他のサービスは、一部のチャレンジャーバンクよりも挑戦的といえる。一方では、メトロ銀行、スターリング、タンデム、モンゾなどのチャレンジャーバンクは、自社を差別化するためにＡＰＩマーケットプレイスや情報サービスを中心に開発している。

だから勢いがついているのだ。オープン・バンキング推進機構（ＯＢＩＥ）が公表した数字によると、２０１９年9月のデータ共有依頼数は月間４９００万件で、２０１８年5月の72万件から7カ月で激増している。ＡＰＩの規制対象プロバイダは現在１８０社あり、２０１８年7月の67社から増加している。これらは、１１６のＴＰＰ（第三者プロバイダ。前年は44）と64の英国の預金口座プロバイダ（ＤＡＰ。前年は23）から構成されている。

このような状況で、スタートアップ、サービスプロバイダ、銀行、ノンバンクといった多様な参加者がそれぞれ、顧客に関するサービスと知識を常にリアルタイムで豊かにしていく。これは、顧客にデジタル金融のライフスタイルをより多く伝えることで顧客に利益をもたらし、よりよくよりパーソナライズされたサービスを提供することになるだろう。ただし、１つ注意点がある。銀行口座のデータをＴＰＰと共有したいかどうかを顧客に尋ねた場合、顧客はおそらく「いいえ」と答える。幾度もの調査で、この質問が行われているのをみたが、特に自分のお金の問題となると、一般的に回答者の80％がデータ共有に否定的な見方をする。これらの調査が見逃しているのは、顧客が見返りとして得られる利益だ。先ほどの質問のかわりに、顧客が銀行にデータを分析して、貯蓄をより増やし、使うお金をより節約し、より賢くお金を使えるようにしてほしいかと尋ねた場合、ほとんどの回答者はイエスと答えるだろう。

全体的にみて、世界は、顧客の許可が得られれば、銀行が信頼できる第三者とデータを共有するオープン・バンキングに移行しつつあり、この変革への歩みは、今日、止められないものになりつつある。ほとんどの国がこのようなオープン・バンキング規則をなんらかのかたちで導入し始めていることを念頭に置くと、もしいま、銀行がオープン・バンキングの構築に取り組んでいないのであれば、すぐにでも始めたほうがよい。結局のところ、オープン・バンキング規制は近いうちにどこでも実現すると私は確信している。

オープン・バンキングの真の価値

インビジブル・バンキング、エンベデッド・バンキング、コンテクスチュアル・バンキング、フリクションレス・バンキングなどについて書かれることが増えてきているが、多くの人は誤解している。それらが本当に意味しているのは、目に見えない支払、アプリに埋め込まれた支払、背景や状況に応じた支払、そして摩擦のない支払である。私たちは銀行業務が支払とは違うということを、まず理解する必要がある。

同様に、多くの人は、銀行が行っている単なる支払や預金口座よりもはるかに深い複雑さと多様な粒度をもつものを、銀行業務という一単語で表している。これは、あらゆる商品を1つの箱のなかに投げ込んで銀行と呼ぶようなものだ。資産運用と資金運用、マーケットメーカーとブローカー、投資銀行とウェルス・マネジメント、トレーディング、投資、貯蓄、クレジット、住宅ローン、保険、保証、そしてもちろん、支払とリテール・バンキングはそれぞれ別の業務だ。

これは多くの評論家が、全部を一括りにして破壊的とかアンバンドリングとかと呼んだりするときによく起こる問題だ。それには賛成できない。ただ1つだけ賛成できるのは、モバイル、ソーシャル、インターネット、オープン・プラットフォーム、マーケットプレイス、プラグ&プレイのコードなどを組み合わせたデジタル世界のおかげで、何千もの専門企業が銀行の業務プロセスで摩擦を取り除くことができた、ということだ。

このことは、２０１１年に7行のコードで開業し、２０１８年9月に２００億ドル以上の評価額を得たストライプのような企業に最もよく示されている。ストライプは重要な1つの分野（オンライン勘定支払）に焦点を当てており、非常にシンプルなので、アプリにコードを埋め込むのが簡単なのだ。エアビーアンドビー、リフト、グラブ、クオラ、スクエア、キックスターターなどがアプリ内精算処理にストライプを利用しているのはそのためだ。しかし、それはあくまで支払のための処理であり、摩擦のない支払を摩擦のない銀行取引と間違える人があまりにも多い。摩擦のない銀行取引は何千ものプロセスから成り立っており、そのうちの1つがオンラインでの勘定支払なのである。

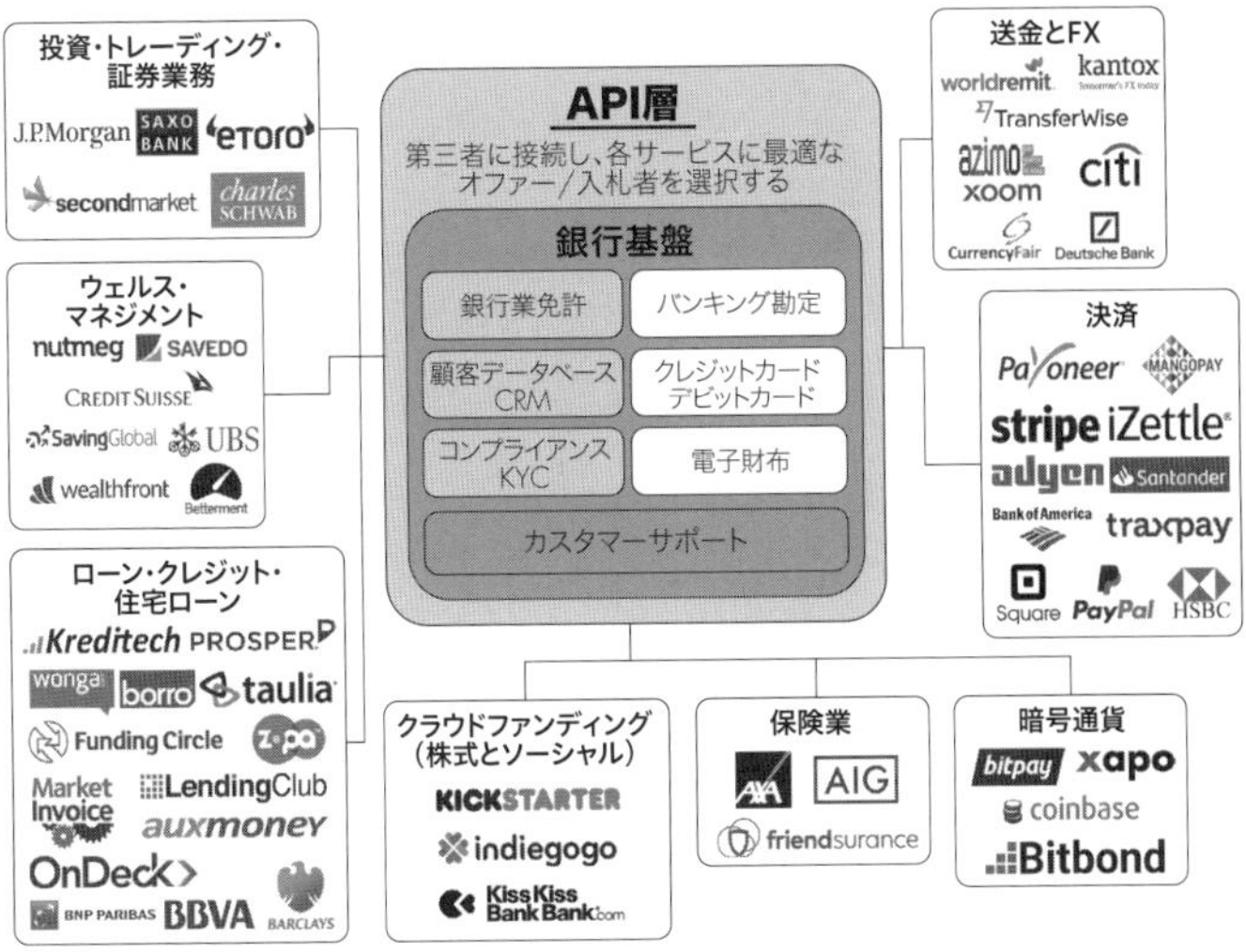

図1.17　オープン・バンキングの適用

同様に、銀行でこれらのプロセスに関与していた元銀行員が立ち上げた何千ものスタートアップ企業が、さまざまなプロセスを自動化していることは、大変興味深い。今日のフィンテック新興企業には、かなり成熟している企業もあるが、金融サービスの幅広い領域において、ある1つのことを見事にこなしている新興企業が何千社もある。実際、外国為替企業であるカントックスの共同創設者でCEOのフィリップ・ジェリス氏は次のように述べている。

「すべてのサービス（投資、取引、仲介、ウェルス・マネジメント、ローン、クレジット、住宅ローン、クラウドファンディング（株式とソーシャル）、保険、暗号通貨、決済、送金とＦＸなど）は、昔ながらの銀行、金融機関、フィンテック企業などのＡＰＩを介して第三者が提供する」

それがオープン・バンキングの本質であり、徐々に現実となってきているのだ。

伝統的な大手銀行が、この強制的な環境に適応することがむずかしいと感じているのなら、目を覚ます必要がある。何千もの企業が銀行のプロセスから摩擦を取り除き、法人、リテール、機関投資家の顧客にそれらを提供していることに気づかなければならない。顧客に、オープン・バンキング・マーケットプレイスにある何千ものＡＰＩのなかから、自分に関連するものや自分にあったものを探させてはいけない。顧客に、規制が緩く、歴史が浅く、資本金が制限され、信用もない何千ものスタートアップ企業に対して、デューデリジェンスを行わせてはいけない。顧客のために、何千ものＡＰＩを利用してエコシステムに統合する方法を検討させてはいけない。銀行が顧客のために、これをすべきなのだ。

言い換えれば、銀行は顧客のためにエンド・ツー・エンドのサービスを自ら開発するのではなく、銀行のプロセスから摩擦を取り除くオープンなマーケットプレイスのキュレーターとなる必要があり、他の競合を排除して顧客との関係をコントロールし、維持することを目的とすべきなのだ。これが未来への唯一の道だ。金融のサプライチェーンやバリューチェーンをすべて自分でコントロールしなければならないと考えている銀行にとっては、将来は暗いものになりそうだ。

銀行からみたオープン・バンキング

ある銀行で、オープン・バンキングの観点からみたビジネス機会について、１つの提案があった。この銀行は、結婚、家の購入、子どもの誕生、自動車事故など、金融がかかわるイベントを特定し、ＡＰＩを使ってこれらのイベントのために顧客体験全体を再構築し始めた。

自動車事故に遭ったと考えてみよう。まず、あなたは電話を保険会社（担当がだれで電話番号が何番だったか覚えていたら）、警察（携帯電話の充電が足りていれば）、そしておそらく家族にかけるだろう。しかし、もし車自身が、何が起こったのかをネットワークに伝えることができたらどうだろう？　車自身がレッカー車を呼び、自動的に保険会社に連絡し、タクシー（必要に応じて救急車）を呼んでくれ、その日の夕方までに代車を自宅に届けるよう手配してくれたら。

驚きだ！　いや、本当は驚くことではない。今日の賢いテクノロジーを単純に利用するだけで実現可能なのだ。車がインターネット上で認識できれば、自己診断ができる。同じプロセスで、ネットにつながってさえいれば他のいろいろな機能も追加できる。自動車はまもなく自走するだけでなく、自らの故障を調整して部品を選り分け、保険会社に直接何が起こっているかを伝えるだろう。私は、こんなイメージと、銀行（北欧の銀行だった）がＰＳＤ２とオープンＡＰＩのおかげで既成概念に囚われない発想をし始めたという事実をとても気に入っている。

現実に戻ろう。中小企業のニーズについての議論のなかで、ほとんどの銀行が積極的に電話をかけたり、ゼロ（Xero）などを使ってよりスマートにビジネスを運営するためのアドバイスをしたりしていないと指摘されている。実際、ほとんどの銀行は、顧客が定期的に手数料を支払っていれば、顧客が自分のところにいようがいまいが気にしていないという印象を与えてしまっている。顧客は気にしているだろうか。そうではない。すべての銀行が同じだと感じており、ほとんどの銀行がデジタルイマジネーションの欠如に悩まされているのだ。

よい事例をあげよう。私は1日に3～4回、銀行のアプリを起動している。銀行はおそらく、私が銀行をとても好きだと思っているだろう。私は銀行が好きなわけではまったくない。ただ中小企業として、顧客が支払ったかどうかを確認したいので、定期的にアプリをチェックしているにすぎない。そして、ふと思う。なぜアプリには、私の口座にお金が追加されるとすぐに私にプッシュ通知を送信するアラート設定がないのだろう？　これがないのは、銀行がアプリで何ができるかを考えずに、古い支店時代の銀行システムをそのままアプリに落とし込んだだけだからではないか。

それが、私がメトロ銀行のような新しい銀行が好きな理由の1つだ。少なくとも彼らは物事をよりよくしようとしている。一例として、カードが見つからない、紛失したか、盗難か。あなたはカードを紛失した可能性が高いと考えている。ほとんどの銀行は、あなたに電話してもらい、彼らに伝えてからやっと、新しいカードの再発行に取りかかる。メトロ銀行では、アプリを立ち上げてカードを「オフ」にするだけだ。これは、カードを見つけて再度「オン」に設定するか、新しいカードを要求するまで、カードを使用できないことを意味している。顧客にとって望ましい（実際はソファの下に落ちている銀行カードを無効化する必要がない）し、銀行のお金も節約できる。オープン・バンキングの真の出発点は、何よりもまず顧客フォーカスなのだ。

スパゲティ銀行をレゴ銀行に変える

顧客フォーカスから始めてみよう。バド、クリアーバンク、レバリス、11：ＦＳファンドリー、サクソ銀行、ソラリスなど、オープン・バンキングやＢａａＳ機能の提供に専念し、この数年で立ち上がった企業は数多くある。これらのフィンテック・スタートアップと話をすると、銀行免許がなくてもだれでも本格的な銀行を立ち上げることができることがすぐに明らかになる。バドやソラリスのＡＰＩをいくつか使えば、銀行を立ち上げることができる。サクソ銀行からのＡＰＩをいくつか追加すれば、本格的な投資銀行やリテール銀行を立ち上げることもできる。

実際、開発中のＡＰＩマーケットプレイスの機能を組み合わせれば、レゴ銀行を開発することができる。レゴ銀行とは、部品を所有していないが、部品を組み立ててさまざまなかたちをつくりあげることによって機能する銀行だ。構成する部品はすべて同じである。どのように部品を組み立てるかが違いを生む。レゴのように、部品を組み立てて城や家、ウィネベーゴ（キャンピングカー）をつくることができる。部品をどのようにクリックして組み立てるかがポイントだ。

同様に、さまざまなＡＰＩを使用して、ユニバーサルバンク、商業銀行、小売銀行を構築することもできる。重要なのは、マーケットプレイスにあるアプリやＡＰＩ、アナリティクスの組合せだ。自分の得意なことをやって、それ以外のものは連携する。これこそがオープン・バンキングであり、ＢａａＳの新しい世界を代表するものだ。独立した小規模な複数サービスを統合することによって管理を行うマイクロサービス・アーキテクチャをベースに、銀行技術のマーケットプレイスからオープンソースのサービスを利用すれば、1日で銀行を立ち上げ、1日3回アップデートし、1カ月に1回更新することができる。

これは既存の金融機関と根本的に異なる考え方だ。既存の金融機関は、すべてを自分で構築し、管理しなければならないと考えている。新しいデジタル・マーケットプレイス金融機関は、自分ではほとんど何も構築しない。この新しい金融機関は、すべてを迅速かつ無料で集め、統合する。彼らは非常に機敏で敏捷で自由なのだ。既存の金融機関は、すべてのものを管理しようとし、それが準拠していることを確認し、常に何度も検査する。それは非常に遅く、構造化され、高価である。

既存の金融機関がレゴ銀行になることは可能だろうか。ありそうもない。これはほとんどの既存の金融機関がスパゲティ銀行だからだ。スパゲティ銀行とは、過去50年間に構築されたシステムを使い、膨大な数の接続、相互作用、依存関係、重複をもっているような銀行だ。なかには、１９７０年代に構築され、その後その上に構築されるすべてのもののバックボーンとなっているために、現在では交換が困難なものもある。これが銀行の基幹システムであり、外形構造インフラストラクチャの一部となっている。それを変えるのはむずかしいだろう。

いくつものシステムが存在するのは、過去50年間に銀行がＭ＆Ａによって成長してきたからであり、銀行が他の銀行を買収するたびに、買収された銀行のシステムを置き換えたわけではない。買収した銀行は、システムを独自の別の環境に移行して統合しただけなのだ。

また、いくつものシステムが存在するのには、銀行が独自の業務を必要とする商品構造や事業内容をもつために、必然的に別々のシステムになってしまうという理由もある。この個別の業務だけを処理するシステムをサイロと呼ぶ。商品ごとのサイロ、古い構造を維持したまま合併したシステム、組織インフラのバックボーンを形成するレガシーな基幹構造は、現存するスパゲティ銀行の業務の基盤となっている。スパゲティ銀行をレゴ銀行にするにはどうすればよいのだろうか。

答えはＢａａＳを使って変えることだ。ＢａａＳは、銀行の心臓部を切り取ることなく、会社のあらゆる部分を新しいＡＰＩプラットフォームに移行させる方法を、既存の銀行に提供している。銀行は、古い決済システムを維持しながら、決済プロセスをオープンソース化することができるし、古い信用管理のシステムを維持し稼働させせながら、信用格付プロセスをオープンソース化することができる。銀行が新しい世界に満足したときに、古い世界のスイッチを切ることができる。

これが、既存銀行がレゴ銀行になる方法だ。レゴ銀行とスパゲティ銀行とが並走するのだ。スパゲティ銀行は自分自身でコントロールできる構造を好きなだけ長く使い続けられるが、最終的には、何百ものレゴ部品をベースにした新しいＡＰＩやアプリ、アナリティクスのオープンソース構造のなかで動いていることに気づくだろう。

規制当局はスパゲティ銀行に対しレゴ銀行になるよう指示している。しかしながら、スパゲティ銀行には状況の理解、ビジョン、リーダーシップが欠如していることが多く、レゴ銀行になるためのビジョンが欠けていることが問題だ。

イノベーターの考えるオープン・バンキング

フィンテックでコンサルティングやシステムの提供を行ったり、新しいビジネスを展開したりしている多くの企業の一般的なコンセンサスは、オープン・バンキングが何よりもまず顧客フォーカスであるということだ。たとえば、顧客の来店体験は今日ではひどいものになっており、顧客はあらゆる身分証明書をもって支店に行くことを余儀なくされている。プロセスを単純化して、このめんどうを取り除くことができないだろうか。次に、どうやったら収益化できるだろうか。たとえば、スマートフォンのカメラで小切手をスキャンし、顔やパスポート、住所を記録することで来店手続と同じことができるとすれば、それは一般的なサービスになり、だれもお金を払いたくはないものの、みなが利用するものになるだろう。

同様に、顧客が銀行のサービスに満足しているときに、どのようにして顧客をフィンテックに移行させるのだろうか。英国での最大の口座移行は、サンタンデール銀行が１２３口座を発表した時だった。

この口座は、他のどの英国の銀行口座よりも高い金利を支払っていた。人々はこの魅力的な口座に乗り換えたが、銀行にとっては非常に高いコストがかかった。銀行はその費用をまかなうために年間10億ポンドを費やし、それが原因でサンタンデール銀行は数年後には金利を引き下げざるをえなくなった。

実際には銀行口座の切り替えはほとんど行われておらず、これがチャレンジャーバンクの真の課題だ。彼らは、利用を通じて顧客の信頼を得ることから始まるという。したがって、まずはサブ口座として出発し、オープン・バンキングＡＰＩエコノミーを使って情報を充実させる。英国を代表するデジタルバンクの1つであるモンゾが行っているのは、まさにそれだ。時間の経過とともに、人々は常にチャレンジャーバンクのアプリを使っていることに気づき、自分たちは古い銀行を必要としていないことに気づく。この時、銀行は乗り換えられる。しかし、このアイデアには疑問が投げかけられている。チャレンジャーバンクは本当に大銀行に挑戦しているのか、それとも大銀行に買収されるのを待っているのだろうか。シンプル（企業名）とアトム銀行は後者であり、現在どちらもＢＢＶＡが大部分を所有しており、多くの新興企業は同じエグジットを望んでいる。つまり、高い値段で大手企業に買収されたいのだ。

オープン・バンキングの話に戻ると、このような問題全体について多くの不安や不確実性、疑問がまだ残ったままだ。英国では、規制当局が推進してはいても、銀行口座への第三者のアクセスを許可するとハッキングや詐欺に遭うだろうと、大手の消費者メディアが警告していることからも明らかだ。これは明らかに真実ではない。規制当局が人々の安全性を低下させるような規制を持ち込む必要などない。

それにもかかわらず、不安や不確実性、疑問は解決しない。たとえば、第三者があなたのデータを侵害した場合、だれが責任を負うのか。立証責任はどこにあるのか。一般的には、銀行に責任がある。また、「ＥＵ一般データ保護規則（ＧＤＰＲ）（注21）」は厄介だ。ＧＤＰＲでは共有するなといわれているのに、どのようにしてすべての顧客データを共有することができるのだろうか。

　これはすべて、決済に関するオープンＡＰＩに対するＥＵの規制によって推進されてきた。英国はこの規制にピカピカの金メッキを施し、オープン・バンキングに移行したが、銀行はデータやプロセスを第三者に開放するよう求められている。ここで基本に立ち返ってみよう。だれがこのことを望んでいるのだろうか。

　銀行がパートナーシップや共創について話しているのをよく耳にするようになってきたが、これまでのところ、あまり実現していないようだ。将来的にはもっと多くのことが行われるかもしれないが、フィンテックと銀行の間の真のパートナーシップは、まだ数少なく、ほとんど存在しない。実際、ほとんどの銀行は、状況に戸惑っているようだ。大手銀行の半数はオープン・バンキングの準備が間に合っていないし、多くの銀行がオープン・バンキングを行って収益化できるのか、特にシステムのアップグレードやリプレースに高いリスクとコストのかかる投資が必要な場合にはどうするのか、という疑問を抱いている状態なのだ。

　銀行が自問自答しなければならないのは、ＡＰＩを通じてデータ共有をオープンにすることがどのような意味があるのか、競合他社が同じことをした場合にどのような意味があるのか、ということだ。こここにはＷｉｎ－Ｗｉｎのメリットがあり、一部の銀行にとっては、オープン・バンキングは従来の競合他行や新たな競合他社に挑戦する大きなチャンスとなるのだ。古代ローマの詩人ホラティウスは「カルペ・ディエム：１日を摘め」いまという時を大切に使えという言葉を残した。

要するに、私が会ったノンバンクの人々のほとんどは、銀行の周りでは多くのことが変化しているが、銀行自体はほとんど変化していないといっている。彼らは、オープン・バンキングとオープンＡＰＩが銀行を変えると考えているが、それは単にシステムの端っこをかじっているだけで、２０２５年までには大手銀行はより無駄がなく、より速く、よりクールになっていくだろうが、それでもまだ大銀行であることに変わりはないと考えている。

要点

規制当局は、既存の金融センターを保護し、フィンテックの新市場での牽引力を得るために、金融イノベーション・プログラムを作成するよう政府から指示されている。規制上のサンドボックスに加えて、銀行がオープン・バンキング規制を通じて第三者のプロバイダと顧客データを共有することを求められていることが重要な点である。

リーダーシップの欠如

市場、競争、顧客、規制当局、投資家など、銀行に変化を迫るものは数多くあるが、ほとんどの銀行が直面している最大の問題は、銀行自身の内部闘争である。多くの銀行は、投資・リスク管理、財務会計、規制当局への報告に強みをもつ金融機関として発展してきた。テクノロジーはビジネスの鍵とみなされてきたが、多くの銀行ではテクノロジーがコア・コンピテンシーとはなっていない。それは、何十年にもわたるスパゲティのような複雑な開発とインフラのもとで独自進化したシステムのなかで、バックオフィスが貧弱になっていることからもよくわかる。

このテクノロジーの課題が消えたわけではない。それどころか、課題は日に日に深刻さを増している。多くの銀行には、財務に精通しているが、専門的なテクノロジーの経験がない経営陣が存在する。それでは、基幹システムの変更、機械学習の導入、分散型台帳技術の利用といった大きな問題に、どのように対処すればよいのだろうか。もちろん、これらすべてを委任することは可能だが、こういった開発が銀行の将来にとって重要なものである場合、気軽に任せることはできないだろう。もし、デジタルが文化、構造、組織、システムの変革を意味するものだとしたら、アナログな経営陣は、その意味を理解できるのだろうか。

このことは、ハーバード・ビジネス・レビューとジェンパクト研究所が実施した、金融におけるデジタル化の影響に関する調査で明らかになっている（注22）。回答者の大多数は、実験ができず、レガシーシステムやプロセスの負担が大きいという根源的な障壁があるために、デジタルの力を活用できていないと回答した。さらに、自社に明確で全社的なデジタル戦略があると考えているのは、金融サービス部門の回答者の半数以下であり、多くの回答者が、その戦略の策定について、Ｃ-ｓｕｉｔｅ（Ｃのつく肩書をもつ経営役員）と現場の部長との間で責任分界があいまいであると報告している。この調査からは、明確なデジタル変革戦略の欠如と分断されたリーダーシップが企業のデジタル化を妨げている、ということが読み取れる。

変革のための企業のデジタル戦略と、デジタル能力に裏打ちされたリーダーシップが必要である、ということは明確だ。このことは、本書を書くために5つの銀行にインタビューをしているなかで明らかになった。この5行のうち3行は、テクノロジーと銀行業務に精通した人物が率いている。約20年間ＢＢＶＡのトップを務めたフランシスコ・ゴンザレス氏は、最初はプログラマーとして就職した。ＤＢＳのＣＥＯであるピユシュ・グプタ氏は、シティバンク・インディアでテクノロジーとオペレーションを何年も担当し、ＪＰモルガン・チェースの会長兼ＣＥＯであるジェイミー・ダイモン氏は、ウォール街のトレーディングルームで働いていた時にテクノロジーの重要性に気づいたという。他の2行の場合、ＩＮＧは数年前にＩＮＧダイレクトの立上げでデジタル・バンキングを学び、ＣＭＢは１９８０年代にテクノロジーをベースにした銀行として立ち上げられた。

これら5行はすべてＤＮＡにテクノロジーをもっているが、ほとんどの銀行はそうではない。これはリーダーシップの課題なのだ。リーダーシップの好例であるＢＢＶＡの場合、銀行経営陣がデジタルとバンキングの半々で構成されていることからよくわかる。このチームには、データ部門の責任者、カスタマー・エクスペリエンス部門の責任者、エンジニアリング部門の責任者、最高情報責任者（ＣＩＯ）、最高業務責任者（ＣＯＯ）、最高経営責任者（ＣＥＯ）、会長がおり、全員がデジタルをＤＮＡとしてもっているのだ。あなたの銀行の経営陣の半分にデジタル経験はあるだろうか。もし銀行が「デジタル銀行」になりたいと思っているのなら、その前半は「デジタル」だ、単なる言葉遊びだが。

本当に「デジタル」しているか

一連の質問をしてみて、銀行経営陣が銀行のデジタル化を進めていくのに適しているかどうか考えてみよう。第一に、銀行経営陣は、デジタル、デジタルバンキング、デジタル投資、ＤＸについて話しているだろうか。第二に、銀行は実際にデジタル化に向けて目にみえる変革を行っただろうか。第三に、それらの変化は抜本的なものなのか、それとも漸進的なものなのだろうか。銀行は、ＡＰＩを活用したオープンマーケットの最新技術を使った、クラウドベースでデザイナー主導、顧客とユーザーにフォーカスした、まったく新しい銀行を立ち上げているだろうか。銀行は、バークレイズやＢＮＰよりもアマゾンやアリババとの競争に打ち勝つために、技術を利用したクリーンなデータアーキテクチャを立ち上げているだろうか。第四に、経営陣はデジタルについてどのように話しているのだろうか。彼らはデジタルについて、銀行を再発明するための主要なビジネス変革プログラムとして話しているのか、それともCDOが中心となって、単なるプロジェクトとして話をしているのだろうか。

この最後の質問は、それが罠だと思って多くの人が答えを避けるだろう。だが、もし答えが後者であれば、銀行は変革を遂げようとしているわけではない。サービスのコスト削減と顧客のセルフサービスの向上を図っているにすぎない。前者が必須要件なのだ。経営陣は、口先だけでなく、実際に行動しているだろうか。ここで議論がうまく進まなくなった場合には、最後の質問をお見舞いしよう。会長とCEOが経営陣にデジタル人材を任命しているだろうか。CEOに直接報告するデジタル人材は何人いるのだろうか。彼らはだれで、どこ出身なのだろうか。彼らは自分たちがデジタル技術をもっていることを証明するために何をしたのだろうか。

多くの銀行がこれらの質問に適切に答えられていないのは、デジタルを行っていると主張する銀行の大半が、実際にはデジタルに関連することを行ってはいても、的外れであることが多いからだ。アプリやサービスの再構築は行っているが、アマゾンやアリババに対抗するためのDXや21世紀に向けた銀行の再発明に取り組んでいるわけではないのだ。

イノベーション劇場から現実のイノベーションへ

先進的な銀行家たちとの間でイノベーションについての議論を行った際、過去10年ほどの間にイノベーションがどのように変化してきたかに話が至った。金融危機が発生する前は、銀行の議題にイノベーションが大きく取り上げられていた。世界のトップ１００銀行の年次報告書では、２０００年には平均1・3件だった「イノベーション」への言及が、２００６年には6・2件に増えていた。銀行の課題としてイノベーションは大きなものだったのだが、銀行は実際にイノベーションを起こしていたわけではなかった。

イノベーションのほとんどは、ビジネスから切り離された研究室（ラボ）で行われていた。ラボの運営者が、銀行では気ままにやりたいことができないと不満をいおうものなら、クビになっただろう。当時私が知っていたほとんどのＣＩＯの平均寿命は18カ月だったと思う。私は、イノベーションとは、組織に侵入したウイルスのようなものであり、組織に挑戦するものである、といつもコメントしている。どのようなウイルスでもそうだが、白血球がすぐに集まってきてそれを捻りつぶすのだ。

その後、世界的な金融危機が起こり、ほとんどの銀行がサバイバルモードに移行した。この間、だれもイノベーションには関心がなかった。生きることで精一杯だった。この時期には、新しいスタートアップ企業が次々と登場し、フィンテックの世界が進化し始めた。ほとんどの銀行が嫌がってイノベーションを起こすことができなかったため、イノベーターの関心は銀行の外に出ていってしまい、プライベート・エクイティやベンチャー・キャピタルの世界に移っていった。これが、今日のイノベーションの多くを生み出すきっかけとなったのだ。

銀行が最悪の危機を乗り切った時、銀行はみなが銀行を混乱させ、破壊しようとしていることに気づいた。みなの反応は、最初はばかにして笑い、次は座って観察し、最後には投資して集中するというものだった。そこで、5～6年前から銀行はイノベーション劇場（シアター）を始めたのである。ハッカソンやイノベーション・デイを開催し、新進気鋭の企業を招待して、彼らがもっているものをみせてもらおう。ピッチバトルやデモディスカッションを行い、賞金を提供しよう。ステージワークをしてみよう、クールでかっこよくみえるかも……そんなことはないが。このようなイノベーション・デイやロードショーは1年か2年続いたのだが、そのうち、いくつかの銀行が「シリコンバレーが俺たちのランチを食ってしまう気だ！　なんとかしないと！」と言い出したのだ。

年間100億ドル、150億ドル、200億ドル、あるいは250億ドルがフィンテックのスタートアップ企業に投資されていることをみて、銀行は実際に状況が変化していることに気づいた。それは単なる劇場でのイノベーションの演劇ではなく、現実の変化なのだ。大手銀行がイノベーションに本腰を入れ始めたのは2010年代半ば頃であった。銀行は、提携、投資、新興企業との提携を検討し始め、自分たちのビジネスとその変革能力をじっくりとみつめ始めたのだ。この時点で、橋が架けられ、その橋はサンドボックスと銀行をつないだ。

現在、イノベーションの対話は、サンドボックスやラボといった遊び場（プレイエリア）から、プロトタイプを作成し、新しいアイデアを試し、それを構築し、成長させるための試験場（テストエリア）へと、一歩前進している。今日では、ほとんどの銀行が共創とコラボレーションについて話している。彼らはついに理解したのだ。イノベーションとは、ふざけたり、タイヤを蹴ったりすることではなく、本当に飛ぶこと、墜落しないことを学ぶことなのだ。

銀行の運営か銀行の改革か

このようなテクノロジーとDXへの取組みは、大手銀行の採用活動をみれば明らかだ。JPモルガン・チェースは現在、ツイッターとフェイスブックをあわせた数よりも多くの開発者、デザイナー、エンジニアを抱えている。25万人の従業員のうち、5万人が技術者なのだ。銀行が銀行員を採用する場合でも、入社時のプログラムではコーディングが必須となっている。「コーディングは技術者だけのものではなく、21世紀に競争力のある企業を経営したいと考えている人ならだれにでも必要なものです」と、J・P・モルガン・アセット・アンド・ウェルス・マネジメントのヘッドであるメアリ・キャラハン・アードーズ氏は述べている。「未来へのスキルセットといえます……コーディングをよりよく理解することで、当社のビジネスチームはテクノロジーチームと同じ言語を話すことができ、最終的にはお客様によりよいツールとソリューションを提供することができます」。

ドイツ銀行の投資銀行部門の元共同責任者であるマーカス・シェンク氏はこういっていた。「銀行で働きたい人はだれでも、英語が話せて、コーディングができるほうがいいと思います」。同様に、ゴールドマン・サックスは、銀行の免許をもつテクノロジー企業であると公言しており、最近では銀行員ではなくエンジニアの新入社員を募集している。全体的にも、ここ1年ほどは、求人広告の4つに1つが「エンジニア」という言葉をタイトルに含んでいた。

こういった事例から読み取れるのは、銀行が支店ベースの構造からデジタルの構造へと移行しているということだ。２０１６～２０１８年の間に、バークレイズ銀行は従業員の3分の1を削減しているが、この傾向はほとんどの大手銀行に共通している。その一部は支店の閉鎖によるものだが、大部分はトレーディングルームからの人員削減である。機械がトレーディングを行い、人間は消えていく。この事例として、米国の現物株取引部門で２０００年に６００人の従業員を雇用していたゴールドマン・サックスがあげられる。現在、株式トレーダーはわずか2人しか残っていない。２０１７年、ゴールドマン・サックスの当時の最高財務責任者（ＣＦＯ）であったマーティ・チャベス氏は、平均して4人のトレーダーを1人のコンピューターエンジニアに置き換えることが可能であるとわかったと述べた。もちろんいまでは、ゴールドマンの3万６０００人の従業員のうち3分の1がコンピューターエンジニアになっている。

これは不可逆的な傾向であり、テクノロジー系スタートアップ企業の著名投資家であるマーク・アンドリーセン氏は２０１１年にこう書いている。「ソフトウェアが世界を飲み込んでいる」。それがいま、物凄い速度で進んでいるのだ。銀行業界にも大きな影響があり、大きな変化が起きている。銀行はスタッフを削減し、仕事を自動化し、プログラマーを雇うだけでなく、スタートアップ企業と提携し、イノベーションに投資し、データの世界を切り開いている。

しかし、ＪＰモルガン・チェース、ゴールドマン・サックスといった、先進的なほんの一握りの銀行しかこの分野に真剣に取り組んでいない。多くの銀行が、スタッフの解雇、オフィスの閉鎖、時代遅れのシステムの変更、そしてオープン・バンキングの新しい世界への移行などについてのむずかしい質問を避けている理由はよく理解できる。たとえば、銀行のオンラインシステムやアプリが使えないというニュースが頻繁に報道されていることからも読み取れる。ネットワークの世界では、数時間でもアクセスができないことが大きなニュースになるのだ。

すでに述べたように、これはいまでも多くの銀行の業務のバックボーンとなっている、１９７０年代と１９８０年代に書かれた古いシステムが原因だ。ロイター通信によると、米国の大手銀行のシステムの43%がＣＯＢＯＬで動作しており、２２００億行のコードで80%以上の取引を処理している。つまり今日の銀行は、新しいコードを開発し、リアルタイムの運用をオープンにしながら、クローズドな古いコードを維持し、夜間の更新バッチを稼働させるという、まるでなぞなぞのような難問に直面しているのだ。

大手銀行の友人たちは、この挑戦を「銀行を運営」しながら「銀行を改革」すると呼んでいる。これは簡単なことではない。「銀行を運営」するとは、営業を継続させ、システムを稼働させ、ダウンタイムをなくし、前世紀のインフラを維持することである。「銀行を改革」するということは、コードをオープンにし、デジタル構造をつくり、支店や建物を閉鎖し、新しい才能やパートナーを引きつけることなのだ。

10脚の椅子：銀行を変える方法

銀行をどう変えるかを議論するとき、取締役会の問題がある。調査によると、銀行の役員10人のうち9人は一度もテクノロジーの仕事に就いたことがない（注23）。意思決定チームにデジタル人材がいない場合、銀行はどのようにしてデジタル銀行に転換できるのだろうか。しかし、問題はそれ以上に根深い。

大きな銀行の経営陣には、10脚の椅子があるとしよう。その10脚の椅子には、それぞれの役割に長けているさまざまな人々が座っている。ＣＥＯは銀行家、ＣＯＯは銀行業務担当者、ＣＭＯは銀行マーケティング担当者、ＣＦＯは銀行財務担当者、ＣＲＯは銀行リスク担当者などなど。全員が銀行員だ。彼らは、銀行がずっと行ってきたことをしっかり実行できる優秀な人であったので、その椅子に座ることができたのだ。言い換えれば、彼らの椅子はこれまでの忠実なサービスの対価として与えられたものなのだ。彼らの椅子が空席になるのは、彼らが辞めたり、引退したり、死んだりした場合だけだ。それ以外にほかのだれかが椅子を手に入れる方法はない。そして、もしその椅子が空席になった場合、ＣＥＯ

は、その椅子を空席にした人と最も似た人物で、勤続年数が長い別の人物と交代させるだけなのだ。つまり、別の銀行員と。

　では、どうやってデジタル人材を銀行の役員室に入れればいいのだろうか。経営陣が全員銀行員であり、デジタルやデジタル化の仕事をしたことがない場合、どうやって銀行をデジタル銀行に変えることができるのだろうか。これはむずかしい問題だ。結局のところ、経営陣のなかにデジタルリーダーを雇うために自分の役割を放棄することを提案する人はだれもいないだろう。彼らは何年にもわたっていつもやっていた仕事をしてきたからこそ、自分たちの椅子に座ることができたのであって、いまそれをやめるつもりは毛頭ない。

　これが、多くの銀行員がデジタルの話をしているが、デジタルになっていない理由なのだ。彼らは銀行員であり、常に銀行業務を行ってきた。彼らはテクノロジーを理解しているテクノロジー側の人間ではないのだ。銀行員が主導しているという事実は、ほとんどの銀行における核心的な葛藤となっている。銀行員だけが率いる銀行は、どのようにしてデジタル銀行になれるのだろうか。デジタル銀行は、半分がデジタルで半分が銀行なのだ。銀行員だけが主導して銀行を変えていくような銀行で、どうやってデジタル銀行になれ、というのか。銀行を理解しているリーダーしかいないのに、一体どうすればデジタル銀行になれるのだろうか。

　これが、私が名前をあげることのできる銀行のなかで、真にデジタル化を進めている銀行が非常に少ない理由である。ＢＢＶＡ、ＤＢＳ、ＪＰモルガン・チェースのような少数の銀行は、テクノロジーとデジタル化を真に理解している人物が経営陣を務めている。たとえば、ジェイミー・ダイモンがＩＴ屋ではないように、彼らはテクノロジーの分野でずっと働いてきたわけではないが、テクノロジーが銀行をどのように変化させているかを理解している。このような理由から、これらの少数の厳選された銀行は、テクノロジーによって大きな変化を示し、経営陣にテクノロジー人材を配置している。これらの10脚の椅子は、そのうちの2、3、4、5の椅子をデジタル化に精通した人材が占めるように意図して再編成されているのだ。

銀行の変革かリーダーシップの変更か

銀行では、根源的なＤＸプロセスの問題が発生している。多くの銀行のマネージャーたちは、モバイルアプリを展開したり、ブロックチェーンの概念実証を完成させたりしており、自分たちは最先端を行っていると考えている。ＩＴ担当者は、基幹システムを変更する必要はないという。基幹システムは機能しており、壊れていないのになぜ変更する必要があるのだろうか。また、ＡＩを使ったテストも数多く実施中、オープン・バンキングも進行中で、フィンテック・インキュベータ・プログラムも実施されている。何も問題はなさそうにみえる。

これらはどれも素晴らしく素敵なものばかりなのだが、問題はＤＸとは何の関係もないということだ。上記はすべて活動やプロジェクトであり、銀行の文化、システム、組織、プロセスの核心を変えるものではない。一方でＤＸには、銀行のコアとなるすべてのものを変えることが求められている。

なぜならば、銀行は産業革命時代に紙幣を人間がいる建物を通して物理的に流通させるためにつくられた社会機能だが、デジタル時代にはソフトウェアやサーバーを通してデータの貨幣をデジタルで流通させるためにつくられた銀行が必要だからだ。これはまったく異なるビジネスモデルであり、既存の歴史的な銀行の構造とは何の関係もない。新しいビジネスモデルとして、新しい組織と考え方、新しい文化、新しいデザインが必要となっているのだ。プロジェクトをやっていてもそれは得られない。

実際、デジタル・アプリの展開、概念実証（ＰｏＣ）、ＡＩのテストなど、プロジェクトに焦点を当てたものは、私たちがこれまで行ってきたことを、テクノロジーを使ってより安く、より速く行っているにすぎない。新しいデジタル銀行の仕組みは、私たちがこれまで行ってきたことを、テクノロジーを使ってまったく新しく考え直したものなのだ。

だからこそ、テクノロジーの課題ではなく、リーダーシップの問題なのだ。デジタルを理解し、デジタルをＤＮＡのなかにもち、銀行を運営しながら銀行を変えていくことができるリーダーが求められている。このようなリーダーには、部下をつけなければならない。人々は、リーダーに従えといわれたから従うのではなく、リーダーを信じ、そして純粋にＤＸの旅に情熱と信念をもっているからこそ、リーダーに従うのだ。リーダーは組織構造を変えなければならない。これは、直属の部下を含む数人の人員を配置転換し、銀行員ではなくデジタル人材である新しい人材を連れてこなければならない。結局のところ、銀行を率いるのが銀行員だけで、どうやって「デジタル銀行」になれるのだろうか。経営陣にはデジタル人材が必要であり、多様性が必要なのだ。文化的な変化を実行するためにはリーダーシップが必要であり、変化に最も抵抗するのは「凍りついた中間層」である。中間管理職は変化を最もおそれており、特にデジタルな変化は仕事を失い、地位を失うことを意味すると考えている。

要するに、銀行のリーダーはだれなのかということだ。銀行の経営者はたくさんいるが、リーダーはだれなのだろうか。デジタル革命は単なる進化だと考えて、段階的な変更を行うのではなく、デジタル革命に対処するために抜本的な変革を推進している銀行のリーダーはどこにいるだろうか。デジタルが本当に進化だとしたら、なぜ前回の革命、つまり産業革命以降にみてきたものよりも、現代ではテクノロジーによってより速く、劇的な変化が起こっているのだろうか。産業革命は何十年にもわたって行われ、仕事、貿易、金融、生活を根本的に変えたが、デジタル革命はドッグイヤーで進んでおり（つまり、産業革命の発展の7年ごとが、今日の世界では7カ月ごと）さらにいっそう速くなっている。ここでの本当の懸念は、産業革命時代の銀行構造を進化させるためにデジタルプロジェクトを行っている銀行のマネージャーたちが、夢遊病者のようにどちらへともなくフラフラと歩いて行って、自分たちの銀行を忘却の彼方に追いやってしまうのではないかということだ。

銀行のリーダーは本当にデジタルである必要があるのか

１９８０年代当時、シティバンクのＣＥＯ兼会長であったウォルター・リストン氏は、「お金に関する情報は、お金そのものよりも重要になってきている」と述べた。後継者のジョン・リード氏は「銀行はビット&バイトになりつつある」と話した。四半世紀後、金融の未来についてのこのビジョンは実現した。例をあげれば、２０１８年4月に暗号通貨ライトコインは、ある2人のユーザー間で1億ドル近くい取引を処理した。この取引は、０・40ドル（注24）のコストで処理するのに2分強かかった。同様に、オープン・バンキングへの移行は、ほとんどの銀行が、アプリ、ＡＰＩ、アナリティクスの市場を管理するようになり、支店や人間がいなくなることを意味している。

　自動化への容赦のない動きは、急速に進んでいる。トレーダーや投資銀行員は姿を消し、アルゴリズムに取って代わられる一方で、テラーやコールセンターの従業員はモバイルアプリやチャットボットに取って代わられている。将来的には、銀行は人のいない自動化された組織として運営されると予測されているのも不思議ではないだろう。ちなみに、米調査会社オプティマスは、ＡＩによって２０２５年までに資本市場で23万人の雇用が失われる可能性があると予測しており、ドイツ銀行の元ＣＥＯであるジョン・クライアン氏は２０１７年10月に、人間のほとんどは「単なる算盤」であり、ドイツ銀行の雇用の半分はテクノロジーによってなくなると発表した。

　テクノロジーの進歩はとどまるところを知らない。このことを念頭に置くと、多くの銀行の経営陣がテクノロジーに無頓着であることに驚かされる。なぜこういうかというと、私は１９９０年代に行われた、いくつかのテクノロジー企業のリーダーたちによる重要なプレゼンテーションを覚えているからだ。そのなかの1つが、当時ワング・ラボラトリーズのＣＭＯを務めていたケン・オリーサ氏のプレゼンテーションであった。彼は１９９０年代初頭のスピーチのなかで、テクノロジーのネットワーク効果と、それがネットワーク化されたシステムの世界にどのように噛み合っていくかについて話していた。もう1人は、ＮＣＲの金融市場担当部長で、１９９０年代半ばに、どの銀行の取締役会にも、テクノロジーの経験をもつ人材が先頭に立つことになるだろうと予測していた。

25年後、それはゆっくりと、しかし確実に起こり始めている。ここで驚くべきことは、１９９０年代のこうした予測に基づいて、銀行の経営陣がいまになってようやくそのメッセージを理解しつつあるということである。たとえば、バークレイズ銀行がリングフェンス方式のリテールバンクの新取締役会の設立を発表した時、重要な要件の1つが「候補者は組織変革の経験があり、特に顧客、デジタル、テクノロジーに焦点を当てた経験をもつべきである」ということであった。しかし、新しい役員会チームが発表されると、そこにはテクノロジー担当者は1人もいなかった。小売業者、会計士、投資家2名、銀行員1名であった（注25）。銀行が本当にデジタルとテクノロジーの経験をもつ人材を登用するのであれば、銀行の元ＣＩＯやテクノロジー企業のＣＥＯがチームに入っているはずで、これは驚くべきことだ。

銀行の取締役会は、デジタル化、テクノロジー、ＤＸについて本当に知っておく必要があるのだろうか。多くの権威ある規制・監督機関によると、答えはノーだそうだ。取締役会は、銀行の経営陣（日々の経営を行う人々）を監督し、そのチームが銀行の安定性を維持し、過度なリスクをとらず、銀行の強固なバランスシートを維持し、変化に対する戦略的な要件に対応しているかどうかを確認するために存在している。言い換えれば、取締役会と銀行の経営陣の間には大きな違いがある。取締役会は銀行の経営陣を監督するために存在し、経営陣は銀行を運営するための日々のニーズを満たすために存在しているのだ。

C-suite（Cのつく肩書をもつ経営役員）はDXに適した人材でなければならず、取締役会は、経営陣がDXを実施するための適切なレベルのスキルを備えたバランスのとれた経営陣であることを確認する監督機能を果たさなければならない。しかし、私の疑問は、取締役会レベルのチームがDXの経験がほとんどない場合、銀行の経営陣をどうやって吟味するのか、具体的にはデジタルリーダーが適切な人材であることを知ることができるのだろうか、ということだ。特に、25年前に第一線で活躍する銀行家や技術者が予測したテクノロジーとデジタル化の大規模な変化が真実であるならば、経営陣も役員会もデジタルに近い要素をもつ必要があるのではないだろうか。

要点

銀行はDXの必要性を知ってはいるが、多くの銀行のリーダー（特にCEOと会長）は、何をすべきか、どうすべきかを理解していない。彼らはDXをリードする方法を知らないため、DXのかわりにデジタル変化をすることになる。彼らはプロジェクト、人材、プログラム、システムに何十億もの投資をしているが、組織の総点検、文化的な変革、経営陣の再編成、システムの再構築、基幹システムのリプレースなどの大きな問題を避けている。その理由は、これらのＤＸはリスクが高く困難であり、デジタル革命にはＤＸが要求されていることを理解していないからである。このようなリーダーを擁する銀行は、今後10年で消滅していくだろう。彼らは死滅するのではなく、ＤＸを手に入れた銀行に買収され、合併されることになるだろう。

注

01 2000年以降に設立され、新規株式公開（IPO）前の企業価値が10億ドル以上であるテクノロジースタートアップ。

02 ビジネスモデルについての議論は、私の以前の著作で繰り返し述べており、特に『Digital Human』に詳しい。

03 PSD2は、決済サービス指令のもとで決済業務に適用される欧州規制の第2版である。今回の更新では、顧客が許可を与えた場合に、銀行は信頼できる第三者企業に顧客データを共有しなければならない。

04 要件や解決方法が変化するなかで、顧客やエンドユーザーを交えて多部署からなるチームを自己組織化し、共同作業を通じて、ソフトウェアを柔軟に開発する方法。

05 情報通信、特にモバイルネットワークに焦点を当てた世界最大の会議。携帯電話会社やアプリケーションを提供する会社を含む、あらゆる企業が参加する。

06 オレンジ銀行は開業1週目に3万人以上、4カ月目には10万人以上の顧客を獲得した。2025年までに、同銀行はフランスの消費者向けの金融市場の2.5%に当たる200万の顧客をターゲットにしている。

07 モンゾのナターシャ・バーニアは、同社がどのようにチケットマスターの詐欺行為を検知し、顧客を保護するための措置をとったかについて、ブログで詳述している。「チケットマスターの詐欺から顧客を守る：モンゾの物語」モンゾ(ブログ)、2018年6月28日、https://monzo.com/blog/2018/06/28/ticketmaster-breachを参照。

08 レター全体を読むには、https://financialinnovationnow.org/2016/11/30/fin-trump-transition-letter/にアクセス。

09 ドナ・フスカルド「ペイパルの最新状況：中小企業向け融資で100億ドル」フォーブス2019年5月29日、https://www.forbes.com/sites/donnafuscaldo/2019/05/29/paypals-latest-milestone-10-billion-in-small-business-loans/

10 マデレーン・ジョンソン「PayPalがSwift Financialを買収、融資拡大へ」Nasdaq2017年8月10日、https://www.nasdaq.com/article/paypal-scoops-up-swift-financial-in-loan-expansion-deal-cm830415

11 ローラ・グレイザー、リズ・ホフマン、ローラ・スティーブンス「アマゾンの次のステップ：当座預金口座」、ウォール・ストリート・ジャーナル、2018年3月5日、https://www.wsj.com/articles/are-you-ready-for-an-amazon-branded-checking-account-1520251200/

12 ジム・マーカス「アマゾンは最高のデジタル決済口座を提供するのか?」金

融ブランド、2018年3月6日、https://thefinancialbrand.com/71037/amazon-checking-banking-alexa-chase/

13 「アマゾン銀行は5年以内に7000万の米国の顧客を獲得することができる」Finextra、2018年3月9日、https://www.finextra.com/newsarticle/31789/bank-of-amazon-could-woo-70-million-us-customers-within-five-years

14 デビッド・バーチ、マイケル・ヤング「金融サービスとインターネット——金融サービス業界にとってサイバースペースは何を意味するのか?」インターネット・リサーチ、第7巻第2号、120～128ページ。https://doi.org/10.1108/10662249710165262

15 「銀行幹部たちは、賞賛と恐怖から、かつてないほどアマゾンの脅威について語っている」クオーツ、2018年4月30日、https://qz.com/1265471/bank-executives-are-talking-about-the-threat-of-amazon-more-than-ever-before/

16 アクセンチュア「2018年のグローバルフィンテックへの投資は、中国を筆頭に急増した」2019年2月25日、https://newsroom.accenture.com/news/global-FinTech-investments-surged-in-2018-with-investmentsin-china-taking-the-lead-accenture-analysis-finds-uk-gains-sharply-despite-brexit-doubts.htm

17 ジェフ・デジャルダン「27のフィンテック・ユニコーンとその出生地」Visual Capitalist、2016年9月7日、https://www.visualcapitalist.com/27-FinTech-unicorns-where-born/

18 「2019年注目のフィンテックトレンド」CBインサイツ 2019、https://www.cbinsights.com/research/report/FinTech-trends-2019/

19 「コペンハーゲンを北欧のフィンテック・ハブにするための研究と提言：報告書全文」オックスフォード・リサーチ、レインメイキング・イノベーション、2015年9～12月、https://oxfordresearch.dk/publications/copenhagen-fintech-hub/

20 イーヴォ・ジェニク、ケイト・ラウアー「規制のサンドボックスと金融包摂」CGAP、2017年10月、https://www.cgap.org/sites/default/files/Working-Paper-Regulatory-Sandboxes-Oct-2017.pdf

21 欧州の規制で、顧客データに注意しないと罰金を科せられることになっている。

22 ハーバード・ビジネス・レビュー・アナリティク・サービスとジェンパクト研究所、「デジタル変革のペースとインパクトの加速：金融サービス

注

がデジタルアジェンダをどのようにとらえているか」2016年11月4日、https://www.genpact.com/downloadable-content/hbr-full-report-how-financial-services-views-the-digital-agenda.pdf

23 アクセンチュア「銀行の役員室にはテクノロジーの経験が不足している」2015年10月28日、https://newsroom.accenture.com/news/bank-boardrooms-lack-technology-experience-accenture-global-research-finds.htm

24 私は最近米国の顧客から1万5,000ドルの小切手を受け取った。私の銀行では処理に2カ月かかり、費用は200ドルであった。これは、銀行が私の口座に入金する前に、SWIFTネットワークを通じて資金を交換し、資金の受領を確認しなければならなかったためである。これは、デジタル時代とアナログ時代の間の真の格差を示しており、最近では米国人だけが小切手を郵送していることを示している。

25 この銀行家はたしかに銀行のデジタル変革のファイナンスを監督してきたが、私は技術者とは呼べない。技術者とは、変革を実践し、成功させた人であり、コストを監督する人ではない。

変革を計画する

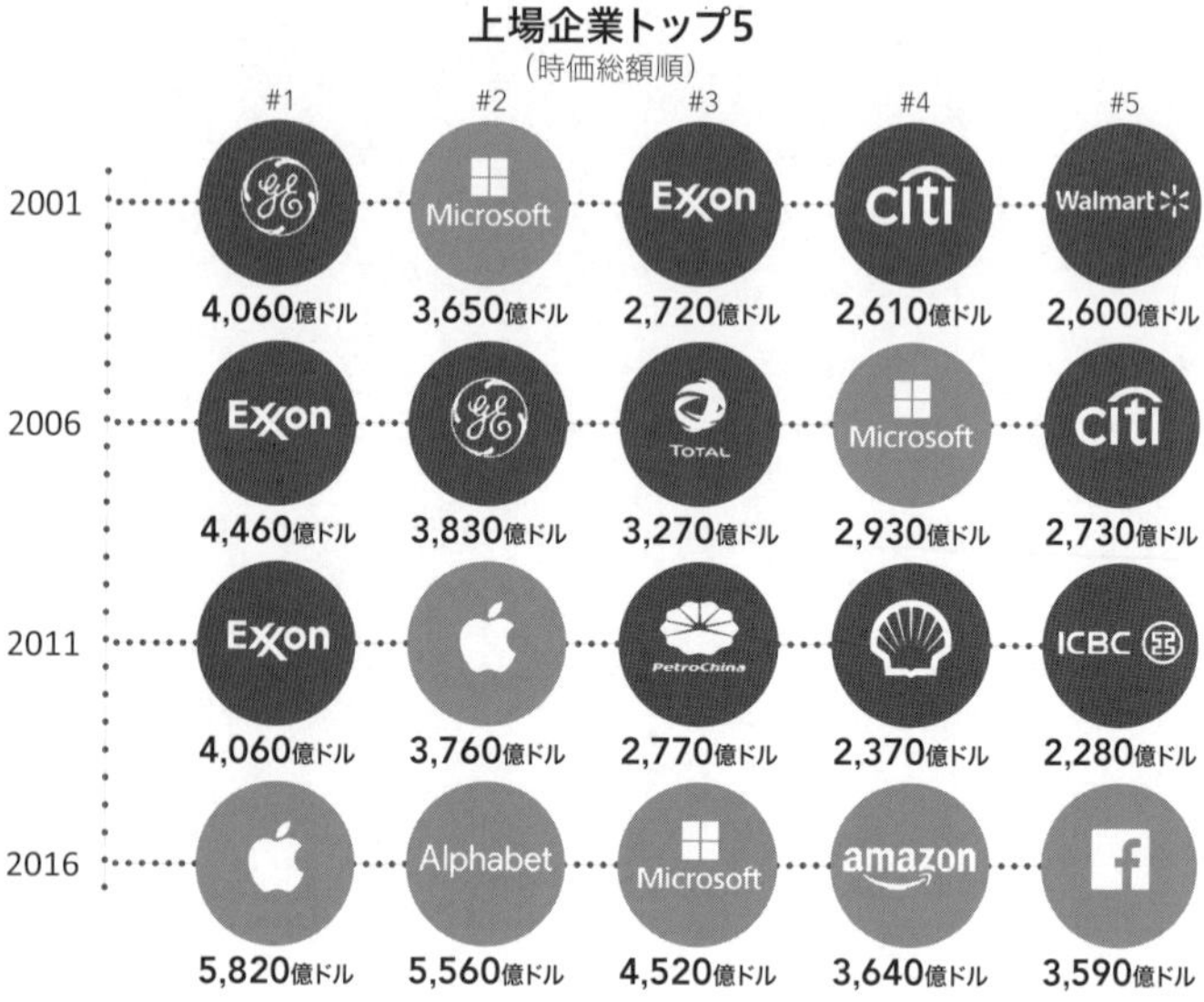

図2.1　デジタル企業の台頭

「銀行がデジタル変革を迫られる理由」では、なぜ銀行がデジタル変革しなければならないかについて述べた。今日、世界で最も時価総額が高い企業は、ものをもつ人とそれを必要としている人を結びつけるプラットフォーム企業であることが物語っているように、デジタル変革は明らかに起きるべくして起きている。

興味深いのは、これらの企業が、ただすべてをつないでいるだけで、何もつくっていない点だ。出かけたければウーバーを使う。答えを知りたければグーグルで調べる。宿がほしければエアビーアンドビーをスワイプし、何か買いたければアマゾンがある。新しいデジタルのプラットフォーム企業は、従業員は少ないが、企業価値が高い。

ここに、産業時代（ここでは、20世紀の産業発展の時代を指す）の企業とデジタル時代の企業の違いをはっきりとみることができる。産業時代の企業は、ものをつくって管理し、顧客に届けていた一方で、デジタル時代の企業は、何もつくらず、管理せず、配送もしないが、すべてのものをつないでいる。これが、決定的に違う点だ。

この特徴は、産業時代の企業とデジタル時代の企業を明確に分けている。以下は、最近ある人物から「デジタル変革」の定義について聞かれた時の私の答えだ。

「多くの企業は産業時代に生まれ、デジタルに変わろうとしている。しかし、純粋なデジタル企業はインターネットから生まれている。産業時代の企業が真のデジタル企業になるためには、ビジネスを完全に変革して、その中核となる基盤をインターネット上に構築する必要がある。ビジネスを従来の延長線上でデジタ

企業	設立年	従業員数	時価総額（億ドル）
BMW	1916	116,000	530
ウーバー	2009	7,000	600
マリオット	1927	200,000	170
エアビーアンドビー	2008	5,000	210
ウォルト・ディズニー	1923	185,000	1,650
フェイスブック	2004	12,691	3,150

図2.2　デジタル企業は、物理的なインフラではなくプラットフォームの基盤を運営する

ルに移行することはできない。そのような戦略では、中核となる基盤が、産業時代向けのまま残ってしまうからだ」

これは、どの事業会社にとっても大きな課題であり、銀行にとっては非常に大きな挑戦だ。実際、デジタル銀行をつくるうえでの最大の課題は組織の変革である。

銀行を変革する過程（銀行全体のビジネスモデルを、物理的な基盤からデジタルな基盤へと転換する過程）は、ほとんどの場合において非常にむずかしく、それと同時にリスクがかなり高い。だから、多くの銀行はごまかしている。銀行は、デジタルに投資するための予算を追加する一方で、支店の整理、コンプライアンスと監査のための増員、非中核資産を売却しながら新しい資産の取得を検討する。つまり、マルチタスクなのだ。

このような銀行における問題点は、一部の業務がおろそかになってしまうことだ。たくさんの業務を抱えていると、その分だけ注意が必要になり、おろそかになりやすい。これが、デジタルに変化することを考えている既存の大手銀行で起きていることだろう。私がいつもいっているように、彼らは変わらなければならないことを知っているが、何をしたらいいのか、どうすればいいのかがわかっていない。

では、何をすべきかをみていこう。

銀行が得られていないもの

ＪＰモルガン・チェースは、年間１１０億ドルをテクノロジーに投資しており、そのうちの30億ドルが新規プロジェクトに投入される。シティバンクとバンク・オブ・アメリカも、デジタル変革に対して同じくらいの額を投資している。ここで出てくる疑問は、新しいスタートアップ企業に３００万ドル支払えばもっとよい結果を得られるはずなのに、いったいなぜ、銀行は新しい技術に30億ドルもつぎ込んでいるのかということだ。

ここでの問題は、まったく新しいバンキング・アプリケーション・システムを展開するには、相当の努力が必要ということだ。ＪＰモルガン・チェースのデジタル銀行であるフィン（Ｆｉｎｎ）を例にあげると、30代以下を対象に設計されたが、1年後にはサービスを終了してしまった。銀行がすでに既存のプラットフォーム上に数百万の顧客を抱えていることをふまえると、新しいプラットフォームを導入することは、（新しいサービスが古いサービスから顧客を奪い取る）クロスプラットフォームによるカニバリゼーション（共喰い）という大きな課題につながる。既存の銀行と競合する新しい銀行を設立するには、絶妙なバランス感覚が必要で、注意深く管理されなければならない。

弁護士やトレーダーの仕事を奪うような、信じられないほど賢いＡＩシステムをつくるには、それなりに大きい金額をテクノロジーに投資しなくてはならない。それでも、英国の新しいチャレンジャーバンクが1億ドル以下の資産で参入してくるのをみると、既存の大手銀行が新規の銀行スタートアップに投資している金額の大きさには驚かされる。そのうえ、平均３０００万ドル程度の銀行免許取得に係る金額が含まれることを考慮すると、その費用は信じられないほど広範囲に及ぶことがわかる。いまは、ほとんど投資をしなくても成功することができる時代だ。ソーシャルメディア、クラウド、ネットワークは、われわれの手の届く範囲を変えた。私は毎日、さまざまなソーシャルメディアプラットフォームを通じて10万人以上の人と会話をしている。20年前なら電話代や郵便代に多額の費用がかかっただろうが、今日では無料だ。

そのため、小さな銀行で働いている人たちが、デジタルは自分たちのためのものではないといっているのがなんとももどかしい。彼らは、デジタルは複雑で高価なものだと考えているのだ。この分野に何十億ドルもの資金を投じている大手銀行をみて、彼らには決して敵わないと信じ込んでしまっている。デジタルが生み出す課題について愚痴をこぼし、なぜ物事は以前のように戻れないのかと考えている。このような人たちは、デジタルをまったく理解していない。彼らはテクノロジーが複雑で高価だった時代（つまり5～10年規模のプロジェクトに１００万ドルもの費用がかかり、それが銀行の事業コストの大部分を占めていた時代）に育ったからだ。そしてその生い立ちは、彼らの頭のなかの「技術は複雑で高価だ」という考えを堅固なものにしているのである。

多くの小規模な銀行は、変革への障壁を数多く抱えている。以下に例を示す。

やるべきことが多すぎる。

そのとおりだ。小さな金融機関はとても忙しく、やるべきことがたくさんある。商品は変化し、顧客のニーズは移り変わり、規制は更新されるため、遅れをとらないための十分な人員や余力を見つけることは事実上不可能だ。大変だが、なんとかしよう。

コストがかかりすぎるはずだ。

そのようなことはない。あなたはどの時代の出身か。１９８０年代生まれだろうか。フィンテック企業が数千ドルの資金を自力で調達し、躍進を遂げているように、デジタルに適応して、変革するのに、もはや多くの費用はかからない。７行のコードをベースとする会社のストライプをみてほしい。２０１９年９月現在の企業価値は３５０億ドルだ。最近では、変化を起こすのにコストはかからない。まず、やってみよう。

自前で構築しなければならない。

そのようなことはない。自分たちでやらなくてよい。これまでそうしてきたから、そう思ってしまうだけだ。もしあなたが常日頃行ってきたことをやったとしても、得られるものはいつも得ているものと同じかそれ未満だ。今日では、すべてを自分で構築するのは賢いやり方ではない。自分が得意なものをつくり、だれよりもうまくやっている人とパートナーを組もう。

規制当局は許可しないだろう。

本当だろうか。あなたはこれを事実として知っているのか、それとも単にそう思っているだけか。実際に聞いてみたのか。私は、信用組合、地方銀行、貯蓄銀行、小規模な金融機関が、テクノロジーを利用して、大手銀行とはかかわりのないところで変革することを好意的に感じている規制当局者をたくさん知っている。だから、私と規制当局を信じて、もっと努力してみよう。

大手銀行は、規模が大きいから有利だ。

そうではない。実際のところ、大手銀行は規模が大きいがゆえに不利となっている。銀行は大きければ大きいほど、変えることがむずかしい。対して、銀行は小さければ小さいほど、身動きがとりやすいはずだ。もしあなたがそうでないならば、その理由は何だろうか。あなたを妨げているものを明らかにし、変化を起こそう。

変えるのは骨が折れる。

もちろん、そのとおりだ。マラソンを走るのだって大変だが、それでも人々は走っている。小さな銀行を変えることができないと思っているとしたら、あなたはそこで何をしているのか。変革を目指す巨大な銀行は、あなたの千倍も多くの課題を抱えている。すぐに取りかかろう。

このリストはまだまだ続くかもしれないが、私のいおうとしていることは理解してもらえるだろう。小さな金融機関がデジタル化の機会をつかむ障壁になっていることの大半は、否定的な思考によるものだ。

彼らは、コーディングできる場合、それらは実に簡単で安価だということを理解していない。これほど多くのフィンテックスタートアップが立ち上げられたことをどのようにとらえているのだろうか。スタートアップは、ＡＷＳを利用し、ＡＰＩを提供する企業と提携して、自分が取り組みたいと思う素晴らしい1つのことに注力している。多くの場合、これらの企業はインキュベーターやエンジェル投資家の力を借りて事業を起こしており、２０００万ドルをわずかに上回る程度、時にはそれ以下の投資で成功を収めている。おそらく、２０００万ドルであれば、小さな銀行にとってお手頃な金額だろう。もちろん、それは適切なリーダーシップと、どこに投資すべきかを見極めるビジョンをもっている場合の話である。

言い換えれば、おそろしく規模の大きい銀行（ＨＳＢＣ等）は、新規プロジェクトに30億ドルを投資することで、小さな企業やスタートアップ企業を怖がらせることができる。放っておきなさい。投資の多くは、銀行内のヒエラルキーと組織構造を維持することに注がれている。古いシステムを維持するという意味ではない。大きな銀行は、大抵の場合、権力闘争のために投資のうちの20～30％を無駄にしている。対照的に、小さな銀行は、それを実現するための適切なリーダーシップがあれば、より機動的で先見の明のある銀行になることができる。そして、スタートアップ企業は、既存の事業、政治、ヒエラルキーやレガシーに対処する必要がないため、根本的に新しくて、違うものをつくりだすことができるのである。

障壁を突破する

銀行は、変化し適応する必要がある。そうすれば、消滅したり、破壊されたりしないだろう。変化も適応もしない銀行は、破壊されるだけだ。変化を完全に受け入れていない銀行は、深刻な課題に直面することになるだろう。

20世紀には、参入障壁の高い産業が存在した。銀行業の免許を取得するには、莫大な資本が必要という規制上の障壁があった。運よくそれを手に入れられたとしても、規制当局の監視に対応するために追加で多くの費用がかかった。そして、銀行を設立するためには、システムやインフラへの巨額の投資が必要であり、技術的な障壁があった。そういった背景で、最も多くの資産をもつ企業にしか、新しい銀行をつくることを考えさせなかった。そして最後に、参入への物理的な障壁があった。ほとんどの銀行は、支店網が新規参入を阻んでいると考えており、ある程度はそうであったし、いまもそうである。物理的な存在感がなければ、信頼度は同じではなく、純粋なデジタル銀行はほとんど存在しないといってよい。

問題は、これらすべての障壁が時間の経過とともに侵食されてきたということだ。規制当局は、特に

２００８年の金融危機以降、銀行業における競争が激しくなることを望むようになった。その結果、当局は参入障壁を取り除き、軽いライセンスを提供し、スタートアップがいち早く市場に出るよう指導するためのサンドボックスをつくりあげた。

テクノロジーはいまや安価であり、帯域幅、ストレージ、ネットワークに制限はない。クラウド、ＡＰＩ、アプリを使うと、実に容易に、数カ月、あるいは数日で、しっかりとした銀行サービスをローンチすることができる。１０００個のＡＰＩサービスに接続するための銀行ライクなフロントエンドを、１日で構築することさえできる。たしかに昔は技術的な障壁があったかもしれないが、テクノロジーはもはや障壁ではない。以前は、何かを立ち上げて稼働させるためには、非常に高いコストで多くの技術を購入しなければならず、何年もかかった。今日、それは時間がかからないうえにほとんどお金がかからない。これは大きな技術変革だ。

物理的なものに関する議論にも大きな変化があった。これまでの顧客は、物理的な存在を求めており、いまでもいくらかはそうである。しかし、私たちの多くは、そのことがもはや前提条件にはならないほど、モバイルデバイスやアプリが快適だと思っている。その結果、物理的なインフラのコストが高い銀行は、物理的なコストがかからない新たなサービスからのプレッシャーに直面している。銀行が非常に嫌われており、価格感応度が常に高い時代において、デジタルを活用し、デビットやクレジットにおいて手数料２％の差を提供する能力は、顧客にとって非常に魅力的なものとして映っているはずだ。

言い換えれば、参入障壁として銀行に安心を与えていた規制や技術、物理的な構造などが、いまでは銀行の運営に支障をきたし、不必要なオーバーヘッドを生み出し、競争に勝つことを困難にしているのだ。レガシーをもたず、規制にも対応し、物理的なオーバーヘッドをゼロにしてＡＰＩの市場をキュレーションし、高効率なクラウドベースのサービスを提供するチャレンジャーバンクは、真剣に検討の対象となってきている。

銀行再生：デジタル銀行になるための最善の方法

今日のデジタルな金融の世界において単純なことは何一つないが、最も簡単な方法は、古くて壊れてしまった銀行を甦らせるかわりに、新しいまっさらなスタート地点から銀行を生まれ変わらせることだ。そのためにはまず、銀行は言葉と理解を正さなければならない。多くの銀行は間違った言葉を使って、間違った理解をしているために間違った行動をしている。デジタルをチャネルとみなして、デジタル部署を運営する責任者を任命し、その部署に予算を割り当て、それで終わってしまっているのだ。

問題は、デジタルが付属品として扱われており、将来の銀行の中核的な基盤だという意識で、物事が行われていないことだ。デジタルはチャネルでもなければ、機能でもない。銀行はそれぞれの物事を、決められた部署や業務に割り当てることを好み、上述のようなことを続けていることが問題だ。つまり、後付けのデジタル銀行の業務があり、それとは別に支店を管理する個人向け銀行業務があり、規制業務、コンプライアンス業務、決済業務などを抱えているのだ。

これらの業務はすべて別々に行われており、すべてに注意を払わなければならない。結果的に、いくつかの業務がうまくいかないかもしれないが、彼らはリカバリーしてその部分をもう一度やり直せれば問題ないと考えている。たとえば、デジタル銀行のアプリがすでにリリースされていて、だれかが次のサービスを出せ、といってくるとしよう。ウェアラブルアプリ、ＩｏＴアプリ、データ分析プログラムなどだ。その場合も、単純に新しい業務を追加するだけで、事業は進んでいく。

しかし、新しいフィンテックの世界では、この戦術は長期的には通用しないだろう。新しいスタートアップ企業は、その事業だけが業務なのだ。彼らは、たった1つの業務に注力することで、ビジネスに攻め込んできている。結果として、銀行が回している業務をすべて破壊するために休みなく働いているのだ。

これはまさに、デジタル、個人向けＵＸ、決済などに注力している何千もの新しい会社で起こっていることだ。これは、マルチタスクのユニバーサルバンクにおいては、規制やイノベーションの影響によって、すべてのタスクを滞りなくこなすのがどんどんむずかしくなることを意味する。そうなった場合、どうすればよいか。答えはもちろん、新しい銀行を立ち上げ、ビジネスを生まれ変わらせることだ。輪廻転生というものを信じていない人にとっては、いささか大げさな言い方に聞こえるかもしれないが、そのアイデアを視覚化するのには適した表現だろう。灰のなかから蘇る不死鳥のように、銀行はこのデジタル革命を生き抜くために、自ら死んで生まれ変わらなければならない。本質的な問いは、銀行は新たな銀行を立ち上げるべきなのか、それとも古い銀行をデジタルに変革しようとするべきなのかということだ。その両方に取り組まなければならない、というのが私の答えだ。新しい銀行の立上げにのみ投資して、古い銀行を腐らせたままにすることはできない。両方やらなければならないのだ。

新しい銀行を立ち上げることは、時代遅れにならないための最善の答えではない。新しい銀行を設立するむずかしさは、コミットメントにある。干渉することなく、繁栄し成長させること。新しい銀行に古い銀行からビジネスを盗ませつつも、押し戻されないこと。新しい銀行と古い銀行の商品やサービスのカニバリゼーションを許すこと。効果的に資金調達を行い、収益が出ていないからといって途中でコストを削減することなく、業務を完遂するための時間を提供すること。実際のところ、銀行は進退窮まっているため、最後のポイントがおそらく最も重要なポイントだ。退くなら、ますます競争が激化する市場において、銀行の既存の利益と利益率をいかにして維持するか。進むなら、競争が激化する市場において、古い銀行が利益率を維持するのにもがいている時に、いかにして新しい銀行を成長させ資金を調達するかが重要だ。

古い銀行の市場シェアは、新しい競合が存在しても、メインの預金口座を新しい先に乗り換える顧客は多くはなく、少なくともいまのところほとんど変わらないだろう。しかし、時間が経てば状況は変化するだろうし、すでに変わってきている。つまり、次のとおりだ。

1　銀行は、今後5年間で、中核となるシステム、構造、基盤をデジタルにしなければならない。これは巨大な内部変革プログラムである。

2　銀行は、デジタル世界に対応するために新しい銀行を立ち上げることができるが、それはリソースと資本を薄めることになる。

３　銀行が新しい銀行を設立するなら、新しい銀行が干渉されることなく、自由にはばたき、必要に応じて古い銀行の領分を侵せるようにコミットされなければならない。

４　将来の見通しがどうであれ、古い銀行と新しい銀行は生き残るために迅速に適応していく必要がある。

既存の銀行の多くが、銀行を変えようとしながら銀行を運営しなければならないというフラストレーションと、非常に多くの業務をこなすことのむずかしさを感じているのをみてきた。彼らは、銀行を変えるのではなく、かわりに新しい銀行を立ち上げることに投資している。そして新しい銀行は巨額の予算を得て、古い銀行からスピンアウトしている。

そのよい例が、ＢＮＰパリバが立ち上げたハロー・バンク！である。ハロー・バンク！は、２０１３年５月に開設され、２０１７年までにドイツ、ベルギー、フランス、イタリア、オーストリアで１４０万人の顧客を獲得し、そのうちの３分の２はＢＮＰパリバの既存顧客ではなく、新規顧客とすることを目指していた。ＢＮＰパリバは８０００万ユーロを投資して新銀行を設立し、２０１７年末までに５つの市場で２９０万人の顧客を獲得した。特に、18～28歳においては、その多くが既存顧客であったが、それでも、これらは驚異的な数字であり、ＢＮＰパリバや英国のファースト・ダイレクト（ＨＳＢＣ）のような他の成功事例が、古い銀行からスピンアウトして、繁栄できることを示している。

しかし、ＪＰモルガン・チェースのデジタルスピンオフであるフィンのように、失敗事例もまた同じ数だけある。このような失敗が生じるのは、既存の組織が、すでに確立されているインフラと基礎となるプロセスを守りたいと考え、その組織のマネジメントチームメンバーが、自分たちの築き上げた帝国とボーナスを守りたいと考えているためだ。

派生した銀行が真に成功するための唯一の方法は、それが完全に独立した銀行として、まったく別のマネジメントチームと予算で運営されることだ。単なるパイロットプロジェクトや中核銀行の傘下で運営される付属の別会社ではない。これがファースト・ダイレクトやハロー・バンク！との違いだ。

銀行は変革するにせよ、新たな銀行を立ち上げるにせよ、どちらのアプローチも簡単ではない。すべてはリーダーシップに帰着する。リーダーには変革を起こす気持ちがあるか。同様に重要なのは、リーダーは、変革を起こすための役員会による後ろ盾や予算をもっているかということだ。もしあるなら、進めばよい。もしそれがないなら、いったい何をしているのだろうか。

生まれ変わるか死ぬか

銀行のＣＥＯが、自分たちのビジネスに対するテクノロジーの脅威について語るのは興味深いし、多くのＣＥＯがそれについて語るようになってきているのは事実だ。ＢＢＶＡの元ＣＥＯで会長のフランシスコ・ゴンサレス氏は、この問題について何年も前から議論しており、２０１３年には全世界で生き残る銀行は50行以下になると予測していた。

「今後20年の間に、現在世界中にある2万の「アナログ」な銀行から、数十の「デジタル」な銀行へと移行するでしょう。さまざまなニッチなビジネスが存在するなかで、「知識の流通業者」として機能する、非常に少数のデジタル銀行にとっては、その大部分が単なる「供給業者」としての存在にすぎないでしょう。デジタル銀行は、製品やサービスをエンドユーザーに提供するプラットフォームを所有することになるのです」（注1）

この予測は、ドイツ銀行の前ＣＥＯであるジョン・クライアン氏から、ロイズ銀行のＣＥＯであるアントニオ・オルタ・オソリオ氏に至るまで、他の多くの銀行ＣＥＯによって取り上げられてきた。２０１８年の記事で、カナダロイヤル銀行のＣＥＯであるデイビッド・マッケイ氏は、銀行業というものに焦点を当てるのではなく、銀行がいかにしてビジネスモデルを再生、再構築し、プラットフォームへと変貌させるべきかについて、興味深いコメントをしている。マッケイ氏によると、カナダロイヤル銀行は金融サービスだけでなく、会計や引っ越し、事業の立上げなどにもサービスを拡大する考えだという。

「カナダロイヤル銀行は、より多くのエンド・ツー・エンドのサービス、つまり「エコシステム」

を提供することを目指しています。それは、自分でビジネスを始めたいとき、家を売却したいとき、新しい車を見つけたいときなど、金銭的なニーズだけでなく、幅広い顧客ニーズをカバーするものです。たとえば、当行は起業家向けのサービスを提供しており、貸出するより前に、起業した企業を政府に登録したり、クラウドベースの会計ソフトウェアを提供したり、ブランディングサービスを提供したり、レターヘッドや名刺を送付したりします。家を売買しようとしている人のために、ご近所の調査、家具の移動、ゴミの除去、家の塗り替え、さらには毎週どのゴミ箱を持ち出すかの決定までも行います。これらのサービスの多くは、カナダロイヤル銀行のデジタル・プラットフォーム上に集められたパートナー企業によって提供されるのです」（注2）

彼はまた、なぜ銀行がこのようなことを行わなければならないのかについて重要な点を指摘している。歴史的に、銀行は人々が事業を始めたり、家を買ったり、子どもを授かったりした際に行く場所だった。銀行に行って、相談するためだ。もはや人々はそんなことはしなくなっている。ライフイベントに関する情報を最初に探す場所は、グーグルかフェイスブックだ。その結果、従来の通信手段に依存している銀行よりも、こうしたニーズに対応できるオンライン企業のほうがずっと有利な立場にある。これが、銀行がよりよいライフイベントのエコシステムをつくる必要がある理由だ。これは、取引の瞬間のみに焦点を当てるのではなく、ライフイベントにおけるカスタマージャーニーにサービスを提供するということで、20年以上も前から話題になっている。しかし、銀行のCEOがこうしたライフイベントを中心とした金融エコシステムの構築について語るのを聞いたのは初めてだが、もっともだ（注3）。

テック業界の巨大企業が規制を受け、銀行がアプリやＡＰＩやアナリティクスのマーケットプレイスにおけるデータ保管庫やキュレーターになっていく、という私の意見とも非常に合致する話である。しかし、これに新たに、顧客のライフイベントのためのエンド・ツー・エンドのサービスに焦点を当てたエコシステムを、どのように構築するかという真剣な検討が加わる。ストレスや価値が高まっている時代において、金融というクッションで包み込むことで顧客に密着する、これが金融の未来であり、まったく新しい世界である。

「5年前に、今後の成功に必要な4つの中核的機能を特定しました。まず初めに明確に認識したのは、デジタルサービスの開発に長けている必要があることです。これは従来、コスト上の理由からアウトソーシングされてきたものです。開発の核となる能力を生み出すためには、まず専門知識を保持する必要がありました。そして、優れたデジタル体験を提供するために重要なもう1つの要素はデザインです。取組みを開始するにあたり、私たちはサンフランシスコのデザイン会社スプリング・スタジオから、外部人材を招き入れました。いまではデザイン会社はＢＢＶＡに統合され、もはや独立した会社ではありませんが、何百人ものデザイナーを擁する実に大きなデザイン部隊となり、ビジネスの重要な一部として組み込まれています。データは3番目の重要な要素です。数年前に、データ部門のグローバル統括責任者からＣＥＯに直接報告させるような大

胆な変更を行い、いまでは会長に報告させるようになっています。これは、デジタルの世界で成功するための鍵となる要素、つまりデータを活用して付加価値を高めることに焦点を当てた取組みといえます。最後の鍵は人と才能と文化です。この5年間で、私たちはこの会社の運営方法を大幅に変えました。その結果、階層構造がなくなり、より機敏になったのです」

カルロス・トレス・ビーラ氏
BBVAグループ、会長

あなたの一手は何か

最後に、銀行は伝統的に万人向けにすべてのことを行ってきた。バリューチェーンおよびサプライチェーン全体にわたって、幅広いエンド・ツー・エンドのサービスを提供している。これをデジタル構造のなかで変えていかなければならない。何千ものスタートアップが一つひとつのことを素晴らしくやってのけている今日において、銀行は、これらの企業と協力していないなら、協力することを検討すべきである。以下に、コア・コンピテンシーの選択に関する素晴らしい話を紹介しよう。

10歳の少年は、悲惨な交通事故で左腕を失ったにもかかわらず、柔道を学ぶことを決心した。少年は、年老いた柔道家と一緒に稽古を始めた。少年は熱心に稽古に取り組んでいたにもかかわらず、3カ月経っても柔道家が彼に1つの動きしか教えてくれない理由が理解できなかった。

「先生、もっと多くの動きを学ぶべきではないでしょうか」と、ついに少年は尋ねた。

「君は一手しか知らないが、必要なのはこの一手だけだ」と、先生は答えた。

先生の意味することはわからなかったが、少年は先生を信じていたので、稽古を続けた。

数カ月後、先生は少年を初めて大会に出場させた。彼自身が驚いたことに、少年は最初の2試合を簡単に勝利した。第3試合はより厳しい戦いになったが、しばらくすると対戦相手はイライラして、審判から指導を受けた。少年は試合に勝つために、器用に自分の一手を使った。驚くことに、少年は決勝戦に勝ち進んだのである。

決勝戦の相手は、より大きく、より強く、より経験豊かな選手だった。しばらくの間、少年は圧倒されているようにみえた。しかし、最終的に相手は決定的なミスを犯した。ガードを落としたのだ。その瞬間、少年は自分の一手で相手を押さえにかかった。少年は試合に勝ち、見事大会の優勝者となることができた。

帰り道、少年と先生は一戦一戦、すべての動きを振り返った。それから少年は勇気を奮い起こして、先生が本当は何を考えているのかを尋ねた。「先生、どうして私は1つの動きで優勝できたのですか」

「君が勝てたのには2つの理由がある。まず、君は柔道で最もむずかしい投げ方の1つをほぼマスターした。第2に、その投げ技について知られている唯一の防御は、相手が君の左腕をつかむことなのだ」と先生は答えた。

少年の最大の弱点は、彼の最大の強みになっていた。

銀行が文化的な変化を遂げ、市場に参入し、フィンテックのパートナーを集め、そのすべてにプラットフォームを提供することはきわめてむずかしい。特に、その重要な要素の1つは、銀行のコア・コンピタンスを認識することである。あなたの銀行が本当に得意とする1つのことは何なのか。商品か、プロセスか、人か。優れた製造業者なのか、加工業者なのか、または、小売業者なのか。

本当に得意なことがわかったら、残りのことはやめるべきだ。これを実行するのはむずかしい。結局のところ、ほとんどの銀行は、万人のために何でもしなければならないと考えてしまっている。1つのこと、つまり1つのコア・コンピタンスだけに集中して、残りのことを捨て、残りはほかの人にやらせるべきだ。あなたが最も得意とする一手にただ集中すべきなのである。

要点

銀行は、自分たちは変わらなければならないと確信しているが、何をどのように変えるべきかを理解するのはむずかしいと感じている。何を変えるべきかを考えるなかで、銀行は明確な戦略的焦点をもたなければならない。コア・コンピタンスと内部の重点領域に焦点を当て、他社とのパートナーシップを通じてその仕組みを完成させなければならない。これは大きな構造的な変化であり、挑戦でもあるが、デジタル時代に生き残るためには不可欠なことだ。

注

01 フランシスコ・ゴンザレス「Banks need to take on Amazon and Google or die」フィナンシャル・タイムズでの意見2013年12月2日、https://www.ft.com/content/bc70c9fe-4e1d-11e3-8fa5-00144feabdc0

02 「Royal Bank of Canada warns on Big Tech threat to banking」フィナンシャル・タイムズ　2018年6月13日、https://www.ft.com/content/e70c827c-6f13-11e8-92d3-6c13e5c92914/

03 「Fintech threatens to eclipse banks that do not adapt digitally」フィナンシャル・タイムズ　2018年6月11日、https://www.ft.com/content/731bcdc8-6810-11e8-aee1-39f3459514fd

DBS銀行
ピユシュ・
グプタCEOへの
インタビュー

シンガポールの DBS 銀行でピユシュ・グプタ CEO と面会

この本を執筆するにあたり、世界中の銀行家に20回以上のインタビューを行った。電話、電子メール、Skypeチャット、オンライン調査などのあらゆる手段を利用したが、本書の中核となるコンテンツを与えてくれたのはインタビューだ。これらのインタビューは、オランダのアムステルダムではING銀行と、スペインのマドリードではBBVAと、米国のニューヨークではJPモルガン・チェースと、中国の深圳では招商銀行と、シンガポールではDBS銀行と直接面会して行った。

どれも素晴らしいインタビューだったが、DBS銀行とのインタビューは、多くの経営陣に会えたため、傑出していた。DBS銀行は、2019年のWorld's Best Bank、2016年と2018年にはユーロマネー誌の World's Best Digital Bank など、デジタル変革に関する数多くの賞を受賞している。そこで、私はピユシュ・グプタCEO とのインタビューを全編載せることにした。この対談の内容は、「銀行のデジタル変革を迫られる理由」であげた課題への重要な背景になるだけでなく、以降のセクションで学ぶすべての教訓となっている。

interview

Q あなたにとって、デジタル・バンキングとデジタル変革は何を意味しますか？（最初の質問はこれがうってつけだ）

まず、人々の生活が根本的に変わってきていることを認識することから始めなければなりません。それが最初に考えるべきことです。

個人においては、ニュースを読む手段や、買い物の手段、音楽を聴く手段、タクシーを呼ぶ手段などを考えてみましょう。これらすべてにおいて、サービス提供者とのかかわり方が変わってきています。私たちは、即時に提供されるサービスや、データを利用して情報サービスを受けることの意味について考え方を変えつつあります。ベンダー（供給者）が、私たち自身よりも私たちのことをよく理解しているということに対して、より高い期待をもつようになっているのです。

大前提として、ユーザーがテクノロジーによって消費パターンを変えると、金融サービスの消費パターンも変わると考えています。そのため、私にとってデジタルとは、カスタマージャーニーを再定義して反映させたものにすぎません。あなたなら、やるべき仕事をどのように再定義しますか。過去のやり方とは根本的に異なるかたちで、顧客のニーズを満たす方法を再定義するにはどうすればよいでしょうか。私たちの変革のための課題として、重要なものを2つ掲げています。それは、ハードウェアとハートウェアの構造を変えることです。

1つ目は技術的な課題で、ここではデジタルの役割が非常に明確です。テクノロジーを正しく理解する必要があります。これは一世代に一度の素晴らしい機会です。銀行は、業務の中核となっている古いレガシーシステムに縛られているため、テクノロジーに追いつくのが非常に困難であることに気づきました。多くの場合、それらのシステムは構築から50年以上経っています。すべてがハードコーディングで、ＣＯＢＯＬかＣ＋＋で書かれていて、このテクノロジーを変更するのはとても大変です。しかし、この10~15年の間に、クラウドイネーブルドの技術、オープンソースのシステム、コモディティハードウェアの特徴によって変革が可能になりました。

つまり、1つ目の重要なことはテクノロジーを再構築する機会を得られたことです。私たちが使用していたツールだけではなく、テクノロジーを運用する方法についてもいえます。私たちはウォーターフォール型の開発をやめ、アジャイルやその他の方法に移行することができました。そして、もう1つの重要なことは、ハートウェアです。テクノロジーをハードウェアだとすると、組織そのものを意味するハートウェアを同時に変えることができるのです。

これは新しい概念ではありません。実際に、銀行はサービス価値を向上させ、サービス文化を創造するために、ハートウェアの面でより多くの努力をしてきました。あなたはどのようにして顧客を第一に考えて行動しているでしょうか。

今日、テクノロジーの変化によって、顧客の期待を根本的に見直すことができるようになりました。また、企業の内部機能を変更することもできます。働き方、階層的組織からフラットな組織への移行、協働的な職場環境への移行、社員が最高の状態で働けるようにするための働き方の改革などです。これらすべては新しいことではありません。経営学の文献には常に記されていたことですが、テクノロジーの進歩によって、まったく異なる方法でアプローチできるようになりました。

私が考える組織のコンセプトは、ハードウェアの構成を変えると同時に、社内のハートウェアの構成を変え、まったく異なる成果をお客様に提供できるようにすることです。

interview

Q デジタル変革がうまくいっている銀行はほんの一握りです。あなたは、どのようにアプローチをして、そのなかで重要なことは何ですか？

重要なことを１つか２つ振り返ってみたいと思います。１つ目は、２０１５年まで欧米の銀行は世界金融危機とバーゼルの資本流動性の問題に忙殺されており、前線の戦いをみていなかったことです。彼らは昨日の問題に目を向けていました。招商銀行を含むいくつかの銀行は、金融危機の影響を受けなかったため、これらの問題に対処する必要がありませんでした。そのため、有利なスタートを切ることができたのだと思います。

業界全体がそうであったように、欧米諸国の関心は、金融危機の問題を解決することに集中していました。たとえば、私は２０１６年まで国際金融協会（ＩＩＦ）の理事を務めていましたが、その時まで国際金融協会の会議でデジタルとテクノロジーに関して議論されることはありませんでした。ＢＢＶＡと私だけが、「ぜひこれについて話をしよう」と手をあげ続けていても、他のみなは違う話題に集中していたのです。

これが1つ目の重要なことです。私たちは身軽だったので、やろうと思えば、より柔軟に対応できました。２つ目は、非常に早い時期に取締役会の賛同を得られたことで、これはわれわれにとって重要なことでした。私の仲間の多くは、ＲＯＩや投資の成果が明確でない場合、取締役会の説得に苦労しています。ここで信念を曲げてはいけません。私たちの場合、取締役会が進んで、この信念を受け入れてくれたのです。

実際、２０１３年にすべての予算編成と計画を終えた後、取締役会は追加で2億シンガポールドルを拠出してくれました。取締役会のメンバーからは、「今後2、3年かけてこの予算を使いなさい。そうすれば、何かよいことが起こるだろう」といわれました。私たちはすでに10億シンガポールドルをテクノロジーに費やしていたので、2億シンガポールドルというのは驚くような金額ではありませんでしたが、金額は重要ではなく、取締役会が進んで予算とサポートを提供してくれたことのほうがずっと重要でした。実際のところ、私は取締役会に対してこの予算の詳細な管理や収益報告を行う必要なく、あらゆる活動を許されました。

私たちがデジタル変革に着手し始めた頃の話をするには、２０１０~２０１３年、２０１４年までさかのぼる必要があります。私たちは、その4、5年間を「フェーズ1」と呼んでいます。フェーズ1では、2つの重要なことを成し遂げました。1つは、18カ国にある18種類の異なるテクノロジースタックとアプリケーションを単一のコアバンキング・アプリであるＦｉｎａｃｌｅに移行したことにより、技術のバックボーンを改善できたことです。17カ月の間に、15カ国で移行を行い、当時はこれまでで最も早くＦｉｎａｃｌｅを展開したといわれました。これにより、テクノロジースタックのレジリエンス、ハードウェアの容量とネットワークを改善しました。

当時、テクノロジーに対して1年間で費やす金額を、7億シンガポールドルから10億シンガポールドルに増やしました。私はそれを「頭金」と呼んでいます。スタート地点につくには、頭金が必要です。多くの人は、スタート地点に立つための努力をしていないのです。

時間をかけて進めたので、フェーズ1を終えるのに4～5年がかかりました。そして、２０１４年頃にフェーズ2が始まりました。そこで、私たちがこの時流に乗るきっかけになったことがいくつかありました。1つはアリババです。アント・フィナンシャルとアリババが始めたことをみていたのですが、彼らの行動は私たちにとってはプラットフォームに関する差し迫った問題でした。興味深いことに、世界中のだれも、アリババが中国で何をしているかについて注目していませんでした。当時の彼らは前線でも中心でもなかったのです。

当時会長だったジャック・マー氏に会った時のことを覚えています。彼らが、どのように顧客を獲得するか、どのように学ぼうとしているか、どのようにデータを使って、どのように支払をするかという観点で、私たちの業界を再定義していくことは明らかでした。そのやり方が、とてつもなくおそろしかったのです。支店も建物も何もありません。彼らは、明らかに金融サービスのやり方を完全に変えようとしていました。いうなれば、それは私たちが動き出すために必要な衝撃だったのです。

いくつか前向きなこともありました。1つ目は、私たちはこの4年間で自分たちの行動を再構築したことです。多少は技術力をもっているという自負をもてましたし、いくつかのテクノロジーを内製化し、リソースもかなり充実していました。

2つ目は、私自身の経歴が一役買っていると思っています。私はコンピュータサイエンティストではないですが、過去15年以上にわたって、シティバンクでテクノロジーに関する仕事をしてきました。そのなかには、テクノロジーデータセンターを運営しながら、1990年後半にアジアで初めてeコマースのプラットフォームを運営したことや、私自身のインターネット企業を設立したこと、シティグループのすべてのインターネットでの活動を運営していたことなどが含まれます。私はこの分野に個人的な興味がありましたし、何が起きているかを知っており、それを使って何かできるだろうという確信がありました。

3つ目は、当行がインドネシアの銀行を買収しようとして、2013年に失敗したことです。取締役会としては、このことを契機に、一歩下がって、従来の拡大方法がうまくいかないのであれば、新しい方法を考える必要があるという認識をもつようになりました。私たちはデジタル戦略を検討し、アリババの真似ができないかを考えるようになりました。

４つ目は、２０１４年の初めに世界で何が起きているのか調査するために多くの時間を費やしたことです。３～４カ月、積極的に調査を行いました。私はＩＮＧ銀行がオーストラリアとドイツで成し遂げたことに憧れていたので、歴史をさかのぼって、ＩＮＧ銀行を調査しました。ＩＮＧダイレクト銀行がゲームの本質を変えたことは明らかで、私たちはこれを研究対象にしました。それと、ポーランドの銀行をいくつか調べました。当行のデイブ・グレドヒルＣＩＯは、数週間かけて、アマゾン、グーグル、フェイスブックといったビッグテック企業の視察に行きました。彼はすべての会社の人に会いに行き、そこから私たちは2つの大きな洞察を得たのです。

１つは、すべてのビッグテック企業が、この10年間でテクノロジースタックを変更していたことです。彼らの多くは、当初はビッグデータセンターやＩＢＭメインフレーム、Ｏｒａｃｌｅデータベースといった銀行と同じようなテクノロジーを使っていました。ＡＷＳがそのダウンストリームとして登場した後、それらの多くは近代的なテクノロジーとクラウドに移行され始めていきました。

重要な洞察は、彼らがこれらのことを、10億、20億人の顧客に対して行ったということです。彼らがこの最新のスタックを運用できるのなら、銀行にはできない理由は何でしょう。銀行にもできるし、ビッグテックがそれを成し遂げたということが大きなインサイトでした。

そこで、私たちはほかの銀行と同様の枠組みではなく、ビッグテック企業の枠組みを参考にするべきだという結論に至りました。ジェイミー・ダイモンではなくジェフ・ベゾスが何をするかを手本にしたのです。私たちは何事においても常に「ジェフならどうするか」と自身に問いかけます。

もう1つは、銀行全体を変えようという考え方に、私たちが賭けたことです。ジェイミー・ダイモンが、いままさに、ＪＰモルガン・チェースでそれを実行しようとしていて、大規模に計画しています。彼らがやろうとしていることは壮大です。初期のＢＢＶＡでさえ、変革を行うために別の部門をつくることに夢中になっていたくらいですから。

従来の考え方のほとんどは、老犬に新しい技を教えることはできないというものでした。多くの人は年老いた犬は寝かせておき、新たに若者を集め、彼らをガレージに入れて、スタートアップ企業を買収して、別の部門をつくったほうがよい、そうすることで新しいことを始めることができるはずだ、というでしょう。

私たちは、いくつかの理由から銀行全体を変革しなければならないと考えるようになりました。1つ目の理由は、私がシティバンクにいた時、ジョン・リード（当時のＣＥＯ兼会長）が、１９９８～１９９９年のインターネット初期にｅＣｉｔｉと呼ばれる別の部門をつくったことです。こういった取組みが失敗するのは、組織の中核ではない人たちが進めようとすると、組織の中核の人々から彼らの成功を望まない人が出てくることが原因だと学びました。彼らは手当たり次第に攻撃してきます。さらに重要なことは、この新しい部門の従業員は本業ではないため、中核の事業ドメインをあまり理解していないことです。多くの魅力的なことに取り組んでいるものの、ビジネスに目立った変化をもたらすことができないのです。私がこの経験から得た教訓は、事業として責任をもって自分たちでやらなければならないということでした。だれかに片手間にやらせてはいけないのです。

２つ目は、個人的な印象です。２０１３年、私は両親が住むデリーに戻りました。ある晩、当時85歳だった父が、1日中、請求書の支払をオンラインですませ、オンラインで銀行取引を行い、オンラインで注文していました。85歳の男性が私生活で物事の進め方を変えることができるのなら、どうして、40代、50代の人々が仕事上でやり方を変えることができないのでしょうか。個人の問題でないことは明らかです。つまり、間違いなく問題は企業にあります。人々にやり方を変えることを許さない文化に問題があるはずです。

以上のことは2つに要約されます。１つ目は、学習は行動から生まれるということです。父は、家に孫娘やおいの娘が来たときに何をダウンロードすべきかを教えてもらって、学習しました。彼女は何度もそのやり方を説明してあげていました。銀行では、だれも行動から学ぶことを許してくれません。まずやるべきことは、行動から学ぶことをよしとする環境をつくることです。

２つ目は、リスクの構造が大きく異なることです。家では、アプリなど何かうまくいかないことがあるとイライラしますが、大したことではありません。銀行では、人々はうまくいかないことをおそれています。何かがうまくいかないと、仕事を失ったり、ボーナスが減ったり、昇進の機会を逃したり、何かネガティブなことが起こります。リスク環境が大きく異なるのです。

組織の中核を変えて、とことん取り組むためには、投資をしなければなりません。リスクをとって実験することを許され、行動から学ぶことができる環境をつくる必要があるのです。それができれば、この取組みと変革を大規模に実現できるかもしれません。

これらが、私が初期の段階でもっていた主要な洞察です。1つ目は、テクノロジー企業の枠組みを基準にすれば、テクノロジー企業になることだってできるということ。2つ目は、すべての人を変える努力をして、すべての仕事にとことん取り組むということです。

interview

Q 2つ目のほうが1つ目よりもむずかしいですよね？

簡単ではありません。私たちはこのようなことを学んできましたが、いまになって思えば、いくつかのことは実を結んだといえます。私たちは「バンキングを楽しいものに変える」という名の変革プログラムをつくり、3つの柱を据えました。1つ目はテクノロジーを変革すること、2つ目はカスタマージャーニーについて考えること、3つ目はスタートアップの文化を銀行に持ち込むことでした。

振り返ってみると、カスタマージャーニーに徹底的にこだわることが最も重要な柱でした。ここが1番の転換点だったのです。テクノロジーに取り組まなければならない点は同じですが、最も大きな違いは、全社員を対象としてカスタマージャーニーについて考えるように訓練を始めたことです。私たちはカスタマージャーニーに関して、発見、定義、開発、展開の方法を5日間で学ぶプログラムをつくり、これに従って銀行全体を訓練しました。人々が集まって、カスタマージャーニーの練習を行うことができる大きなエリアを設置したり、経営陣全体に対しても2日間かけて研修したりしました。私たちは進歩し、社員に目標となるＫＰＩを与えることで、その年は全員がカスタマージャーニーに取り組まなければならないという意識を明確にもつようになりました。たとえどんなものであっても、内部か外部かに関係なく、まずはカスタマージャーニーを設計してみようという意識が芽生えてきたのです。

それから、カスタマージャーニーのプロセスをめぐって大規模な改革運動を行いました。このことが何よりも、私たちが真剣であることを、社員に信じてもらうきっかけになったと思います。顧客体験を向上させることに取り組み、それを変えられることを示すことができれば、彼らの支持を得られるということは明らかでした。これが物事の中心にありました。カスタマージャーニーの考え方と世界は、さまざまな意味できわめて重要だったのです。

２つ目のこととしては、変革グループをつくり、さまざまなことを試行するための十分な時間を与えました。彼らが奇抜なハッカソンのアイデアを考え付いたのは２０１４年の始めでした。ハッカソンを大規模に運営するアイデアです。

このハッカソンは、スタートアップの若手2人と、行員8人を集めて、10人のチームをつくるというものでした。月曜日の朝にコーチングを受けさせ、その日の夜に解決すべき問題を提示します。その後、火曜日から木曜日までの72時間、問題の解決に取り組みます。金曜日までに、問題を解決するアプリをつくらなければなりません。お客様のフォーカスグループやプロセスフローをつくり、デザイン、開発、ストーリーボードをつくるといったすべてのことに、チーム一丸で取り組むのです。金曜日にアプリができあがると、家に帰って、子どもたちに「私がこのアプリをつくったんだよ」ということができるのです。

これが実現できるとわかったことで、完全に抑制が解かれました。どうすればよいかがわかるのです。いままでは、実際のプロセスで何をすべきかが、すべての人にとってかなり明確になっており、メンバーに多くのものをもたらしました。メンバーはスタートアップの若者が知らないことを知っていて、逆に、彼らはコーディングなどを手伝ってくれます。

そこで私たちは２０１４年にハッカソンのアイデアを思い付き、２００万～４００万シンガポールドルほどの、それほど大きくない投資を行いました。また、大規模なイノベーションハブもつくりました。実は最初の頃は、少し皮肉な見方をしていました。これらのハブが、無用の長物になると思ったのです。だれもこのようなものを使わないだろうと思っていましたが、やってみて、何が起こるかをみてみました。

みながスタートアップを連れてこられる環境ができ、学術的な観点も取り入れながら、独自のプロジェクトをスタートさせました。最初の数カ月は私もよく足を運んでは、その施設が使われているかを確かめたものです。そこはいつも満員でした。彼らは社内外のさまざまな人々と仕事をし、そうすることで、新しいことに取り組み、自分のやり方を変える機会が得られました。

全社のＫＰＩが「１０００個の実験を行う」ことになっていた２０１６年、私たちはほんの少し運がよかったのです。共通のテーマは、新たな試みに挑戦し、「これが私たちの行った試みで、結果はＡとＢです」といえさえすればよく、どのような挑戦であるかは重視しませんでした。成功したか失敗したかは問題ではありません。実際のところ、チャレンジの質についてもそれほど気にしていませんでした。私たちはただ、「私は挑戦した」といえるような行動をみなにしてもらいたかったのです。そうすることで、リスクのとり方を学ぶことができるからです。

私たちは「思い切って失敗したで・しょう（賞）」をつくり、失敗しても大丈夫であることを示しました。この賞は挑戦してみて失敗した人にしか授与しません。これも、ある程度のリスクをとることを学んでもよいというサインでした。

全体的にみれば、会社を動かし始めたのはさまざまな複合的なツールでした。結果的に、２０１５～２０１６年頃には、挑戦が許されるだけではなく、挑戦することを期待する風土が醸成されました。行員全員が、プロジェクト、カスタマージャーニー、そして、挑戦することを期待されているのです。２０１６年の終わりには、これがどれほど重要なことであったかを心の底から思い知りました。千輪の花が咲いたといえます。

最初の数年は、みなが人事、マーケティング、コミュニケーション、コンプライアンスなど、個別の仕事をしていたものが、だれもがどうすべきかを考え直し始めました。もう1つの驚きは、彼らの流れに乗る速さでした。いったん最初の抑制（やっても許されるのだろうか？　銀行はサポートしてくれるのだろうか？　非難されないだろうか？）が解かれると、このような行動が認められ、奨励されることは明らかでした。

　ここで興味深いのは、流れに乗るのは必ずしも若者だったわけではないということです。30年か40年の経験をもつ年配の人たちが何かに気づいたのです。多くの人が、自分たちが以前やっていたことが意味をなさないことを知っていて、想像力を広げるための何かを必要としていました。「大丈夫、別のやり方でやっていいよ」といってくれる人が必要だったのです。

interview

Q 結果を証明できるものは何でしょうか？

最もよく示しているものは、実質的なデータだと思います。シンガポール通貨庁のデータをみてください。２０１４～２０１８年に、住宅ローンマーケットにおける、私たちのシェアが24％から31％になったことがわかります。カードのシェアは19％から25％に、バンカシュアランス保険の販売シェアは29％から34％に上昇しました。

　間違ったことをしているのであれば、これほど大規模にマーケットシェアを変えることは不可能だと思います。どの銀行も同じような人や同じようなリソースをもっているので、何か違うことが起きているのです。では、なぜＤＢＳ銀行はこのような大きなシェアを獲得できたのでしょうか。何か裏があるはずです。

私たちは、すべての物事に対して、最高の人材を抱えているとは思っていません。カスタマージャーニーをイメージし直す能力が、多くのお客様を得ることにつながり、彼らと多くの活動をともにすることを可能にしています。

そして、４年前にデジタル化の影響を測定し始めた時、２番目のピースとしてデジタルの価値を測定し始めました。私たちは、大規模なデータウェアハウスを構築して記録を開始し、マッキンゼーに協力してもらい、どのように計測すべきかを考えました。その結果、デジタルな活動をするお客様と、非デジタルな活動をするお客様のどちらにサービスを提供しているかという、非常にシンプルな観点にたどり着き、その基準で計測を開始しました。

デジタルな活動をするお客様は、銀行で何を、どのタイミングで、どれくらい素早く、何回くらい取引するのでしょうか。

私たちは、アマゾンと同じように、すべてを測定して、すべてのサイクル時間をミリ秒単位で調べました。どのくらいの時間、画面上でアプリが立ち上げられているかといったことです。すべてを測定して、同時に、ここから金融における結果を計測することを始めました。

それが市場シェアの数値に表れています。全体からかなり細部にまで至り、財務指標にも表れています。私たちはかつてシンガポールでＲＯＥが最も低い銀行でしたが、今日では国内で最高となっています。これには理由があるはずです。信用コストが最低ではないにもかかわらず、ＲＯＥは最も高いのですから。

このように、私たちのＲＯＥは突然、最低から最高になり、市場シェアは劇的に増加しました。データウェアハウスからボトムアップであがってくるデータを活用し、顧客獲得と顧客維持の観点からデジタルに取り組むことで、デジタルに活動するお客様の顧客収益を倍増できることを明確に示しています。

interview

Q デジタル変革を達成しているのに、なぜ株価に反映されないのでしょうか？

私は約1年前から、どうすればほかの投資家との関係性を構築できるかを探り、私たちがやろうとしていること、デジタルによって成長しようとしていることを理解してもらえるように働きかけてきました。評価方法は異なりますが、2つの課題があります。第一に、株式市場の投資家の大半はかなりサイロ化しています。第二に、銀行の投資家はテクノロジーの投資家とは大きく異なります。銀行の投資家はそれぞれのモデルをもっていて、そのモデルに従い、私たちの収益費用やクレジット・エクイティのコストといったものをみます。彼らは数字を入力して評価額を算出し、比較可能な銀行とのベンチマークを行います。

テクノロジーの投資家は、テクノロジーの未来と潜在的な成長に賭けることを厭いません。彼らはテクノロジー企業に30〜50倍の金額を支払っても構わないのです。しかし、銀行には目もくれません。そこで、私はクロスオーバー投資家やテクノロジー投資家を訪ねて、私が「変革の物語」と呼ぶものをみてもらおうと、2回の大がかりな遠征を行いました。

私の第一の見解は、銀行がいつ、どの程度、テクノロジー企業になりつつあるのかを確認するには、銀行の評価方法を変えなければならないということです。お金を投資する人にとって、共通のプリズムを通して最良の投資機会を探す必要があります。求めるものは人それぞれですが、投資業界には投資先を探すうえでの固定観念のようなものが残っているのではないかと思います。実際のところ、従来の銀行業の指標に基づく財務状況の改善が見込まれても、短期的には財務状況の改善はみられないのが実情です。率直にいって、アマゾン、フェイスブック、ネットフリックスなどのテクノロジー企業においても同じことがいえます。指数関数的な利益が得られるまでには、10年、12年、15年も辛抱強く待たなければなりません。テクノロジー投資家たちは、銀行の投資家たちがその準備ができていないのに対して、10〜15年は粘り強く待つことを厭わないのです。

第二の見解は、私たちにはいくつかのアドバンテージがあるということです。歴史を振り返ると、シンガポールの銀行のなかで私たちの株価純資産倍率は最低値でした。それが、直近2年間では最高の倍率になっています。劇的な変化ではありませんが、私たちは3位から1位になりました。かつて、1・1～1・3倍でしたが、いまでは1・4倍です。このように、変化をみてとることはできますが、テクノロジー企業のようなものではありません。

このような変化を行い、投資先としての注目を集めているのが、中国平安保険です。フィンテックのスタートアップ企業として注目を集めている、陸金所を立ち上げることができたからです。これは銀行ではありませんが、多角的なビジネスを展開するという中国平安保険の全体構想の一部です。時価総額が60億～70億シンガポールドルの平安好医生や、陸金所がそれに含まれます。

このようなことを行うための唯一の方法は、コア・バンクに対する銀行向けの評価方法とは異なる方法で評価される新規事業をつくりだすことです。プラスの面では、総合的な金融サービスを提供するうえで多くの利点があると思います。マイナスの面は、このように事業の一部を切り離し始めると、総合銀行を運営するという競争上の優位性を失うことです。では、切り離したほうがよいのでしょうか？

interview

Q

多くの人が、旧来の大きな銀行を変えるのではなく、まったく新しいデジタル銀行を立ち上げることを考えています。あなたはどう思いますか？

２つの問題があります。１つは既存の銀行を変えないことです。どの大手銀行の規模をみても、新しい銀行は既存の銀行と比較して常に小さくなります。つまり、大きすぎて扱いにくいものを諦めて、やがて変わるかもしれない何か新しいものを追い求めるということです。もう１つの問題は、ほとんどの国では、２つの銀行免許を取得できないことです。多くの国で、規制当局は銀行に対して別の銀行の免許を与えることを嫌がります。つまり、独立した投資家や財務をもった別の事業体をつくることができないということです。これはかなり複雑です。

interview

Q　あなたが銀行を変える方法について自分の本を書いているとしたら、何が秘訣だと強調しますか？

お客様に焦点を当てることです。私は何度もそこに立ち返っています。２０１４年の変化の前から、デジタルは私たちを別の軌道に乗せていました。シンガポール経営大学は、銀行業界を含むあらゆる業界を対象にした顧客調査を毎年行っています。かつて、ＤＢＳ銀行は常に最下位でしたが、いまでは、私たちは一貫してトップレベルにあり、シンガポール内で顧客満足度がナンバーワンとなっています。これはフェーズ１で起こったことですが、その時点では、カスタマージャーニーとは呼んでいませんでした。私たちは顧客体験のグループを立ち上げ、プロセス改善イベントを開始しました。２０１０年にプロセス改善イベントを開始して、独自のプロセス改善手法をつくりました。基本的なメッセージは、顧客体験を重視しなければならないということでした。

２０１０年には、ＲＥＤという概念も考え出しました。これは私たちの価値の提案で、敬意をもっていること（Respectful）、扱いやすいこと（Easy）、信頼できること（Dependable）を意味します。このメッセージを全社に伝えるために、私たちは多くの時間を費やしました。「お客様にとってよいことであれば、ぜひ実行して変化を起こしてください」といって、裁量を与えました。フェーズ1においても、これらの考え方に勢いが出てきました。それは私にとって大きな教訓でした。最も重要なことは、お客様に焦点を当てることです。その次に、支えるためのリソースを割り振ることです。

多くの人がこれを安くすませようとしたり、ＲＯＩを第一に考えたりしていることにも気がつきましたが、これらは正当化できません。われわれは、高額でも正当化がむずかしいことでもなく、意味があり、変化をより早く起こせることを実行しました。

まず、20～25人で編成したカスタマー・エクスペリエンス・グループと、20人で構成したイノベーション・グループをつくりました。どちらの場合もうまくいくかわからなかったからこそ、成功することに賭ける覚悟が必要でした。リスクを冒さなければなりません。そして、私は、喜んでそのグループに数百万ドルの予算を割り振ろうと思いました。そうすれば、価値ある主体性が生まれ、将来よい結果になるでしょう。

つまり、２つの大きな教訓は、顧客に焦点を当てることと、物事を変えていく中核のチームをつくることです。このチームには仕事をさせてはいけません。私は、カスタマー・エクスペリエンス・グループに対して、「あなたたちの仕事は顧客体験を向上させることではありません。みながそのことに注力できるような会社の雰囲気をつくることです」と伝えました。イノベーション・グループには、「私は、あなたたちにイノベーションを起こしてほしいわけではありません。みながあなたたちのためにイノベーションを起こすことに没頭できるような、会社の雰囲気と文化をつくってほしいのです」と伝えました。これこそ、あなたがやるべきことです。これを実現するためには、社内のプロセスを推進する中核となる人材、つまりエンジンとなる人をつくる必要があります。そして、評価する仕組みを変更しなければなりません。

私たちは、２０１０年にバランス・スコアカードを作成し、短期的、長期的な時間軸で、財務的、非財務的な測定基準を含め、多くの観点でバランスをとってきました。戦略目標のすべてがスコアカードに記録されていることを確かにするために、これを厳守すべきものと定め、すべてのビジネスに浸透させ、すべてのビジネスで共有しました。つまり、デジタル変革を開始した２０１４年までには、全員が同じ方向に進んでいました。

２０１４年にバランス・スコアカードを修正し、スコアカードの中心に「変革指標」と呼ばれる１つのセクションを設けました。これらはお客様全員をデジタルな方法で獲得することを目的とした戦術的な指標です。デジタルで行われた取引の量を測定し、お客様との契約維持をよりデジタルに転換する方法を観測し、財務などの観点からデジタルな価値を捕捉することに焦点が当てられました。進捗状況はどうか。どれだけのカスタマージャーニーにコミットできたか。どれだけ完遂したか。といったように。

フェーズ2では、変革の指標を使って、全員を計測して評価しましたが、もう1つの重要な要素は、測定したものを管理できるようにすることです。リソースを割く必要があり、スコアカードをＫＰＩと統合して、測定と評価をプロセスに完全に組み込む必要があります。

最後に、もう1つ重要なものは、明らかにテクノロジーです。デイブ・グレドヒルＣＩＯと彼のチームは、技術変革において素晴らしい仕事をしました。多くの場合、最善を意図しても、テクノロジーの制約により、望むような結果が得られないことがあります。しかし、テクノロジーが日々変化することを理解したことで、すべてを最新のものに交換する必要がなくなり、余裕をもってできるようになりました。

初期に決めたことの1つが、Ｐｙｔｈｏｎの使い方を知っている若者を雇って、古い技術者を全員解雇するようなことは行わないことです。実際のところ、昔からいる人はシステムやテクノロジー、ドメインを知っています。ネットフリックスの技術責任者がインタビューを受けているのをユーチューブでみたのを覚えています。だれかが彼にテクノロジーの変化について話していて、実行するための人材をどこで見つけているのかと尋ねました。彼は「あなたがたが解雇する人たちを雇っています」と答えました。考えてみると、それは驚くべきことであり、論理的でもありました。銀行業務とＣＯＢＯＬやＣ＋＋などのむずかしい言語を知っている人たちです。彼らが過去にむずかしい言語を習得できたのに、より新しい言語やツールを習得できないと考えるのはなぜでしょうか。

私たちは、社内制度にいくらかの予算をつけ、自己学習に費やすことができるお金として１０００シンガポールドルを与えました。さらに、銀行に戻ってきたときに人に教えることができることを１つ学んでくるようにいいました。内部的な決まりになっていて、自己学習から戻ったら、ほかの行員のために授業をしなければなりません。

新しいプロジェクトについては、すべて全員で共有しました。新しい人たちが新しいプロジェクトをするのではなく、昔からいる人が新しいプロジェクトをしています。既存の人たちからなるコアチームがあって、すべてを一緒に行ってきました。驚くべきことです。

私たちはクラウド対応の技術に移行するのに４年を費やしました。システムの90%をクラウドに移行することを目標に掲げ、４年間で85%を移行しました。そのスピードには驚くばかりです。

内部でクラウドに移行するもう1つのメリットは、コスト面での影響でした。ＩＴへの支出が10億シンガポールドルだったとします。私たちは、電源をつけておくだけのために費用の80%を支払っていたので、新たな開発のためには20%しか残りませんでした。クラウドに移行すると、クラウドベースのテクノロジーのコストは大幅に削減されます。電源をつけるだけの費用を節約できますし、新規開発に投資するための費用が増えます。クラウドに移行したおかげで、私たちの経費は半分になりました。私たちは電源をつけるのに半分を使い、５億シンガポールドルを新規開発に使うことができます。テクノロジーは変革の重要な要素でした。

あなたは、ほかのＣＥＯからは聞かないことをたくさん教えてくれますね。たとえば、ビジネス・ケースを使わずに変革をサポートしています。

金額の規模が違います。私たちは、年間約50億シンガポールドルの経費を使います。私が何か賭けをしなければならないというとき、手始めに５００万シンガポールドルや１０００万シンガポールドルを投入しても、それは大金ではなく、お試しです。これもわれわれのような取締役会をもつ利点です。取締役会は、２０１３年にインドネシアの銀行を買収しようとして失敗した後、銀行を変えるために3年間で2億シンガポールドルをかけるようにいいました。私は賭けをする許可を得たのです。

デジタル化の方法と、デジタル化するためには大きな変化が必要だと考えていました。２０１４年の予算と計画を提示すると、取締役会から「これらのすべてのことをやれば、アリババに追いつくことができるのか」と質問されたので、追いつけるとは思えない、と答えました。取締役会の最初の反応は「それでは時間の無駄ではないか」でしたが、そのあと「まあいいだろう。やってみなさい」と続きました。

そこで私たちは、カスタマー・エクスペリエンス・イニシアティブとイノベーション・グループという2つのグループを立ち上げました。もし1億シンガポールドルをとってくる必要があったら、もっと大変だったでしょう。ビジネス・ケースとＲＯＩをもっと精査したでしょう。しかし、私はそこまで考えなくてよかったのです。

現在、私たちは自社のテクノロジー製品でも同じようなことをしています。私たちにはプラットフォームがあり、プラットフォームの予算が与えられます。その予算内であれば、自分が理にかなっていると思う方法で予算を使うことが許されます。プロジェクトの規模が一定以上になる場合は、コミュニティ内でレビュープロセスを回して、中身を理解し、それが賢明な支出方法であることの合意をとるようにしています。そして、いくつか賭けをするのです。人々がさらに追加で投資したい場合は、そのプロセスはもう少し厳密になります。

もう１つ理解しておくべき重要な点は、現在の私たちの活動の５％強が、ＡＷＳやＡｚｕｒｅといったパブリック・クラウド上で行われていますが、十分なスケールが確保できれば、仮想のプライベート・クラウドを構築することで、アマゾンがやったことを真似できるようになる、ということです。テクノロジーをシフトすることによって得られる本当の価値は、ＤｅｖＯｐｓ（開発と運用の統合）の自動化、コモディティハードウェアへの移行、サーバスタックの仮想化、オープンソースソフトウェアの選択肢が増えることです。これこそアマゾンがやっていることなのです。

こうすることで、アマゾンは現在のような優れた企業になりました。彼らはメインフレームを廃止して、コモディティハードウェアに移行しました。次に、大規模な仮想化です。アプリケーションごとに異なるセルをもち、全体を縮小して仮想化します。こうして、データセンター全体の負荷を縮小しました。

私たちも十分な規模を有しているのに、なぜ自分たちで同じことができないのでしょうか。プライベート・クラウドに移行する際の大きな違いは、私たちはアマゾンが得られるコスト効率の80％くらいしか効果が得られないことです。つまり、20％の余地を残しているのです。もし私たちが完全にパブリック・クラウドに移行するとすれば、さらに15～20％の効果を得られるでしょう。しかし、銀行としてそれを実行すると、データのプライバシー、規制、単一のプロバイダに依存してしまうことへの懸念が問題となります。特に、単一のプロバイダに集中しすぎる可能性があり、将来的にデータポータビリティが実現するかどうかが懸念されます。これらは非常に重要でよく検討しなければならないことです。これが、外部から得られる効果の80％であっても、独自のプライベート・クラウドの構築に注力している理由です。私たちにはそれで十分だと考えています。

interview

Q もし仮に、DBS銀行を辞め、別の大手銀行にデジタル化のために雇われたら、最初に何をしますか？

以前にも同じような質問をしましたね。その時私が述べたことの多くが今回の場合にも当てはまるので、ＤＢＳ銀行のもう1つの利点の「ゴルディロックス・サイズ」についてお話しします。ＤＢＳ銀行は、変化するうえで、大きすぎもせず、小さすぎもせず、ちょうどよい規模でした。変化するのに適した規模のリソースを有しており、従業員が2万６０００人であったので変わることができました。これが１８０カ国以上に25万人の従業員を抱えている場合には、むずかしくなるでしょう。もし私が大手銀行の１つにアドバイスするとしたら、最初に考えるべきは、25万人で実際に変革を実現できるか、本当に25万人のスタートアップをつくることができるか、ということです。

まず事業の核心部分に目を向けて、変革を通じて、地域別、あるいは事業ライン別に、コントロール可能な部分がないかを確認していきます。ゼロから始める場合には簡単ですが、まずはわかりやすくてビジネスの中核になりうるものから把握していきます。

2番目に行うことは、取締役会との連携です。この種の戦略と変革は、経営陣の意思決定に持ち込まなければなりません。つまり、取締役会に何を行おうとしているかを理解してもらい、変革を支援することを約束してもらわないといけません。また、浮き沈みがあることも理解してもらわなければなりません。四半期の結果がよくないときもあるでしょう。これはＣＥＯにとって最大の難局の１つです。四半期の成果がまったく振るわないときには、投資家が血眼になっているでしょうから、取締役会が「われわれにお金を使う余裕がないことぐらいわかるだろう」と前言撤回するかもしれません。

戦略を撤回してしまうとチームの士気が下がってしまうので、取締役会に全面的に支持してくれるように仕向けなければなりません。同じことが経営幹部にも当てはまります。何をつくりあげようとしていて、どこへ向かっているのか、ビジョンを共有できるようにリーダーシップを発揮する必要があります。

最初の仕事はコントロール可能なものを見つけることであり、第二の仕事は経営層から本当にコミットされた共通のビジョンをもっているという確証を得ることです。あなたがどこに行きたいのか、そして、それを得るために何が必要かということを共有します。そして、第三の仕事は、前述した3つの柱に戻ります。どんなテクノロジースタックを採用しているか、新しいテクノロジースタックへの移行に着手できるか、顧客体験を中心に据えるためには何ができるか、その他の文化的な変革については何ができるか、について考えます。

たとえば、私はホットデスクにかなり反発してきました。このアイデアは大嫌いです。あなたが会社に長い年月勤めているとして、雇用者と従業員の関係があまりに事務的なもので座る場所さえ与えてくれないのなら、それは不健全だと思っています。従業員の心をつかみ、彼らには家族の一員だと感じてもらう必要があります。

ある日のこと、「子どもの頃、家に自分の部屋はありましたか?」と聞かれました。私の答えはノーです。中流家庭の生まれだったので、部屋を共有していました。すると、彼は「そこが自分の家だと感じられましたか?」と尋ねました。私は、感じられた、と答えました。彼は「それが大事なことです。ここが自分の家だと感じている人のすべてが、自分の部屋をもっている必要はありません」といったのです。

どうすればそのような環境をつくることができるでしょうか。彼は「楽しい空間」というアイデアを思い付き、みなに売り込み、働き方が自分たちにあっているかどうかを聞いて回ったのです。だれもが自分にとって納得のいく空間をつくれるようにすることが目標で、いまでは、事業所の3分の1がそのような空間になっています。

どのように働くか、どんな裁量が与えられているか、挑戦できる柔軟性はあるか、どのようにイノベーションを起こすか、といった文化的なことが重要なのです。

この3つのことを実施しようと思いますが、まずは、コントロール可能かどうか、経営幹部と取締役会が団結できているかを確かめるでしょう。

interview

Q テクノロジーをまったく理解していない取締役を相手にするとき、どうすればその人の考え方を変えることができるでしょうか？

私たちの取締役会にも、技術者がたくさんいたわけではありません。考えてみると、1人もいませんでした。10名の取締役会でしたが、7名が元銀行員でした。取締役会が専門知識を有していることはとても重要です。

多くの銀行で、銀行業務を理解していない取締役が存在します。銀行業務を理解していない場合には、私は2つの課題に取り組みます。1つは、彼らに銀行ビジネスを理解してもらうことです。そのうえで、デジタルを使ってどのように違うやり方ができるかを考えてもらえるように働きかけます。私の場合、この1つ目の課題がなかったのは幸運でした。

取締役会のほとんどが元銀行員なので、銀行の規律や支払業務などについて話すと、何の話をしているかはすぐに理解してくれました。そして、いかにして物事を変えることができるかについて話すと、彼らはそれに納得してくれました。商品やサービスを届ける方法を変えられるといった時もそうでした。デジタルな機能を使うことによって、中小企業のオンボーディングと信用保証をどのように変えることができるかを話した時にも、彼らはそれを理解しました。取締役会の専門知識があることが、私の助けになったのです。

2つ目の課題は、実際に人々をデジタルにすることです。これには教育が必要です。私とデイブＣＩＯは、取締役会を巻き込みながら多くの時間を費やしました。社外の人たちを連れてきて、未来について話をしてもらいました。取締役会と連携するために、技術諮問委員会をつくり、世界中から人を連れてきて、さまざまな技術分野で何が起こっているのかを取締役会向けに話してもらいました。相当な努力が必要でしたが、取締役会がそもそも銀行業務を理解していたおかげで、非常に助かりました。

Q　ＤＢＳ銀行は今後どのように発展していくと思いますか？

レガシー企業にも変革は可能だということを実証することができました。私たちの変革は終わったのでしょうか。もちろん違います。ビッグテック企業と比較すると、われわれは明らかにゴールには遠く及ばず、そのうえ、いくつかの他の企業はわれわれよりもうまくやっています。たとえば、キャピタル・ワンはデータの分野で最高の仕事をしています。つまり、まだやるべきことがたくさん残っている分野があり、いくつかの領域では競合他社に遅れをとっています。

すべての取組みを自己評価するとしたら、銀行を変革するという点ではかなりうまくやったと思います。いまのＤＢＳ銀行は昔と比べて変わったかと質問すると、ほとんどの人がイエスと答えると思います。10年前、ＤＢＳは「まったく（Damn）、厭になるほど（Bloody）、遅い（Slow）」の略だと揶揄されていました。今日では「まったく別の（Different）、銀行（Bank）、シンガポールにある（in Singapore）」といわれるでしょう。これは、私たちがなんらかの変革を行うことができたという事実を物語っています。

第二に、私たちは根本から、全体を変革しようとしている数少ない企業の1つです。私たちは変革によってすべての人々を真に変えようという、興味深いストーリーを描いています。

第三に、変革における課題の両面に焦点を当てています。つまりハードウェア（テクノロジー）とソフトウェア（文化）のどちらの変革にも取り組んでいるということです。両方を行うことは簡単ではありませんが、どちらかが欠けるともう一方を得られないので、これは非常に重要なことだと考えています。

interview

Q

最後に、銀行業の未来をどうみていますか？

銀行サービスや金融サービスの本質は、今後10～15年はあまり変化しないでしょう。おそらく、人々は貯蓄、投資のためのお金をまだ保有するでしょうから、支払をするためにお金を移動したり、投資ができるように信用を通じてお金を借りたりする必要があるでしょう。貯蓄、移動、投資などが銀行業の本質です。これらの原理は、短期的にも中期的にも変わらないと思います。価値が変わり、すべてが仮想通貨に移行する未来の世界になったとしても、すぐには変わらないでしょう。

ただし、お金を貯蓄したり移動したりするという概念が変わりつつありますし、これらの機能を提供する企業も変わってきています。つまり、だれが資金を調達して集め、資金を移動させるかという行為こそが、最も大きく変わっていくところでしょう。グーグルもフェイスブックもアップルもそれに取り組んでいます。

インドでは、ワッツアップとグーグルペイによる支払が最も急速に増えていて、すべての支払のおよそ半分を占めています。中国には、ウィーチャットとアリペイがあります。さまざまなプレイヤーが参入しています。他の企業も入ってくるでしょう。伝統的な銀行に余地は残されているでしょうか。銀行は実態として、常に細分化された産業であったことから、まだ余地はあると思います。

たとえば、アメリカのマーケットをみてください。かつては1万3000行以上の銀行がありましたが、現在では約6000行の銀行に統合されています。多くの国に目を向けてください。銀行にはロングテールがあり、それだけでも相当の収益をあげています。銀行サービスや金融サービスには、多くのプレイヤーが参加しています。たくさんの新しいプレイヤーを目にしますが、変革や移行を実現した旧来のプレイヤーもたくさん出てくるでしょう。

JPモルガン・チェースであれば、たくさんのものをもって、パーティーにやってきます。信託、資本、その他の領域の知識をもたらしてくれます。アップルがもっていない多くのものももっています。JPモルガン・チェースが常にアマゾンに負けるなどという事実はないですし、妥当でもありません。しかし、一部のプレイヤーは成功するでしょうし、変革しなければふるい落とされます。お客様に新しくてより便利な方法を提供していなければ、テクノロジー企業を通じてもっと便利なやり方を見つけたお客様は私たちから離れていくことでしょう。問題は、どのようにして、自分自身を破壊し、変えていくかであり、どうやってお客様に有効な提案をすることを確実なものにするかです。そこに焦点を当てなければなりません。

リーダーたちの教訓

本書の冒頭で述べたように、私は銀行が愚かではないことを知っており、外部の視点からデジタル化に成功している銀行を5つ選ぶことにした。これら5行は、米国（JPモルガン・チェース）、欧州（BBVAおよびING銀行）、アジア（DBS銀行および招商銀行）にある。各銀行は私に役員とのインタビューの機会を与えてくれた。議論を重ねるなかで、私は彼らのデジタル変革プロジェクトのなかから30以上の教訓を特定した。あるものは特定の順序に関するもので、たとえば最初にビジョンとリーダーシップを必要とするといった内容である。また、あるものは変化のあらゆる側面に及ぶもので、たとえば変革を担う人を安心させる必要があるといった内容である。これらの教訓を以下でお伝えする。

だれか進める方法を知っている人は？

「これまでのCEO、会長は変化を望んでおり、準備ができていました。彼らは変化を起こす方法を知らなかっただけなのです。「さあ、変えよう」というのは簡単だが、何を、どこで、どうやって変えるのでしょう？」

魏洪英（Karen Ngui）氏
DBS銀行、グループ戦略マーケティングおよびコミュニケーション部門責任者

多くの銀行は、デジタル化はリーダーを決め、予算を割り当てればよいプロジェクトだと考えてい

る。実際には、デジタルとは予算を割り当てることではなく、変革に対する強い意志をもったリーダーシップを通じた、新しい文化を創造するマインドセットの変化なのだ。このことを理解している銀行もある。大きな銀行のなかには、理解しているだけでなく、実際に行動を起こしている銀行もある。彼らは変化を起こしており、ビジネスを変革しているのである。IBMの元CEOルイス・ガースナー氏がいうように、彼らは「巨象を踊らせている」のである。しかし、それは簡単ではない。

たとえば、ある「デジタル化」に積極的に取り組んでいる銀行の最高担当責任者に話を聞いたが、彼女もその銀行のほかの経営陣も、「デジタル化」の本当の意味を知らなかった。私はこの告白に少し驚いて、彼女にデジタル変革の論理についての口上を述べた。彼女は「デジタルになるためには変革が必要だと説明してもらう必要はありません。それは知っています。問題は、変えなければならないということではなく、何をどのように変えればいいのかを知る必要があるということなのです」と答えた。

会話が進むにつれ、経営陣の全員がデジタル変革の主旨を理解していたことが彼女の解説から明らかになったが、彼らはその方法は見つけることができなかった。私がデジタル変革に成功している銀行をみたところでは、4つの段階があるようだ。

- 何を変えるか
- どのように変えるか
- 変える
- よりよく変える

第1段階は学習だ。デジタル化された会社とはどの企業だと考えているのか、どの企業がすでにデジタル化しているのか、デジタル化の点において、どの企業が手本になるのか、それらの企業はどんな点で手本になるのか、といったことである。

さまざまなレベルの問いがあるにもかかわらず、回答にあげられる企業は通常、アマゾン、ネットフリックス、スポティファイ、アルファベット、アリババ、テンセント、中国平安保険などに集約される。変わりつつある企業には、マイクロソフト（注1）、ウォルマート（注2）、ＪＰモルガン・チェースなどがあげられる。リストを作成したら、これらの企業に会いに行くのだ。何が彼らを動かしているのか。どのように組織されているのか。彼らは何をしたか。これにより、「何をすべきか」に対する回答が得られる。

何を変えるべきかがわかったら、その方法を考える必要がある。これが第2段階だ。第1段階の探求から得られた教訓に基づいてビジネスをどのように構築する必要があるかを理解すべきだ。ベンチマークとなる企業はどのように組織されているのか、もし彼らのようになりたいのであれば、自分たちをどのように組織する必要があるのか、人、組織、製品、サービスに何の変化が必要か、現在の事業構造からどれほど急激に変わるのか、キャリアと組織とビジネスモデルにどのような影響を与えるか、どのようにして、どれくらいの期間で変革を実施するのか。ほかにもさまざまな点を検討する。

何をすべきか、どのようにすべきかがわかったところで、実行してみる。これが第3段階だ。これは、実装と実行がすべてであるため、最もむずかしいフェーズである。とはいうものの、厳格になりすぎたり、失敗を心配してはならない。失敗を許し、順応していけばよいのだ。柔軟に、かつ集中しよう。急がずに自分のペースでゆっくり進めていくべきだ。加えて、途中で目的の場所への脇道に逸れてはならない。自分が間違ったり、抵抗されたり、困難があったり、時には涙をのんだりもするということを認識する必要がある。成行きに任せ、順応し変わっていけばよいのである。

特に、この段階は最もむずかしいので、時間が必要だ。銀行のすべてのシステムと構造を整理するのは時間のかかる作業であり、完了までに5年以上かかることはしばしばある。第一に、基本的なことを整理する必要がある。組織内に、更新が必要な古い技術といった既知の問題がある場合は、それらを最初に対処するべきだ。企業が伝統によって妨げられている場合は前進することができないので、ビジョンを実行する前にそれらの問題を解決したほうがよい。

第二に、新しい構造を実装する必要がある。これは単にシステムを変えるだけではなく、会社を変えることであり、基本的なことを整理する以上の努力を必要とする。基本的なことを整理するのがシステムの改良だとすると、ビジョンの実行はシステム全体の更新になるだろう。破綻した企業を立て直すよりも、正常に機能している組織を更新するほうがはるかに容易である。

第三に、ビジョンに向かって前進することだ。適切に目標、システム、組織、基準をもったいまこそ更新を加速すべき時である。

さて、第3段階のステップは、ここに書いた５００語程度の言葉だけでは陳腐に聞こえるかもしれない。しかし3~10年の道のりであることを念頭に置くと、これらのステップは非常に挑戦的で複雑である。多くの人は、基本的なことが整理されたので、すぐに実行できると思っているが、そのような考えは間違っているようだ。もちろん、会社の一部を更新することはできるが、すべてを一度に更新できるわけではない。一つひとつ進めていくなかで、いつの間にか最終段階に達していることだろう。すなわち、よりよく実行するのだ。

　デジタル変革は簡単ではなく、終わりはない。変革がひとたび実行されると、第3段階の実践を通して学んだことで、もう一度戻ってやってみたくなるようなことが出てくるだろう。同様に、合理化されたシステムをクラウドに移行することのように、それまで知らなかったが、いまは取り組むことができるものもあるだろう。合理化するまでそのような行動はできなかった。実際、変化の第一波を実行した後でなければできないことがたくさんある。これで、変化を起こすだけでなく、よりよい変化にすることに集中できるようになる。

　これらは私がデジタル化した銀行と話をして学んだこと、観察したことだ。「たしかに役に立つ情報だ」とCxOはいって、すでにシリコンバレーと中国への旅行を予約するために歩き出していた。

「1990年代後半におけるデジタル化とは物事をより効率的に行う方法でした。それは技術オペレーションのデジタル化の始まりでした。主な焦点は、より効率的な銀行業務を提供し、テクノロジーを通じてコストを削減することだったのです。ここ数年で、デジタル化は顧客とのやりとりを決定するものになっています。顧客とのかかわり方が大きく変わりました。いまや銀行業界で競合他社と差別化する唯一の方法は、顧客とのデジタルでのやりとりであると確信しています」

ヴィンセント・ファン・デン・ボーグルト氏
オランダＩＮＧ銀行、ＣＥＯ

リーダーシップの課題

「デジタル変革に不可欠なリーダーシップスキルのなかでも重要な４つの要素を指摘しましょう。１つ目は勇気です。なぜなら、時には、利益になっていない、今後10年から20年の間あまりにも多くの投資を必要とする自分のビジネスの一部を、ほかのだれかに任せる決断をすべきであり、それには勇気が必要だからです。また、これを市場に対して説明するためには、非常に強力なストーリーが必要であり、長期的に実行する決意が必要であり、多くの意見に逆らうことになるでしょうから、それは勇気がいることだと思います。２つ目の重要な要素は、長期的・短期的な利益の調整をすることです。もちろん、短期的な成果は出す必要がありますが、短期的な成果のための努力と、短期的には結果がまったくみえず、水面下で進んでいる努力とのバランスをとる必要があります。たとえば、データ分析を向上させるためにＩＴシステムを変更する場合、それらはすべてコストとなります。かつて携帯電話で銀行にアクセスできるようにしようとしていた際に、多くの議論がありました。なぜモバイルですべきなのか、なぜ興味をもつ必要があるのか、事業投資を行う根拠はどこにあるか、本当にいつか利益が出るか。私たちは短期的な事業投資根拠のロジックから離れ、ビジョンをつくることが必要です。そのビジョンはトップがつくらねばならず、それには勇気が必要だと思います。第三に、謙虚さが必要であり、どんなときでもすべての答えを実際には知らないことを認識する必要があります。将来がどうなるのか、技術が存続するかどうか、リソースを最も効果的な方法で割り当てられるかどうかはだれにもわかりません。最後に、今後の経済は従来の延長線上にはなく、プラットフォーム上で進んでいくのですから、ビジネスがオープンであり、エコシステムのなかに位置づけられ、最適なソリューション、パートナー、流通ネットワークを探すことは、成功するために不可欠です」

ブノワ・ルグラン氏
ＩＮＧグループ、イノベーション部門責任者

デジタル変革を始める前に、リーダーシップの挑戦がなされていることを確認する必要がある。前節で述べたように、多くの銀行のリーダー（特にＣＥＯと会長）は、何をすればいいのか、どうやればいいのかわかっていない。彼らはデジタル変革をどのように導くかを知らず、だからこそかわりに単なるデジタル化をするのである。これは、彼らがプロジェクトをリードするのではなく、プロジェクトを委譲（丸投げ）するからである。それゆえに、デジタル変革に着手する前に、正しいリーダーシップのマインドセットをもっているかについて、３つの確認が必要だ。

最初に、銀行は経営陣がデジタル変革全体を掌握しているのか、それともデジタル変革をプロジェクト、何かの機能、１つの予算、一個人に委譲しているのか、を確認する。本当にそれに銀行の将来を委

ねたのか、説明責任はCEOとその直属の部下にあるのか、それともCEOと経営陣が責任を下に渡しているのか。

デジタル変革を委譲プロジェクトとして扱う銀行は失敗することになる。

さて、この点が受け入れられ、理解されていると仮定しても、組織をデジタル化する第2段階はさらにむずかしい。この段階では、どのように銀行を一から再建し、それを実現するかを理解することが必要となる。何をすべきか、どうすべきか、どう実行するか、どう改善するか。これらは、銀行をデジタル変革する4つの段階であった。これらには時間がかかり、簡単ではない。

この段階での鍵は、経営陣にそのことを行うための自由を与えることだ。多くの経営者は、取締役会、投資家、株主のニーズに焦点を当てているため、このような自由がない。変革を成功させている銀行はコスト、収益、株主にだけではなく、顧客、システム、変革に焦点を当てるための余裕がある。

銀行が「デジタル変革を理解している」かどうかの2番目の確認は、銀行が真にまとまりのある企業運営へと変化しているか、あるいは商品別、機能別に経営されているかである。組織全体を協調させながら変革している銀行は成功する。なぜなら次の10年の競争の多くはビッグテック企業、フィンテック企業、銀行の間で行われ、協調組織企業として合理化されていない銀行は破綻してしまうだろう。

デジタル変革の第3段階は、変化を実現することであった。何をすべきか、どのようにすべきかを決めた後は、それを実行し、改善する段階である。それは銀行がシステムだけでなく組織を変えるときである。銀行がシステムや構造だけでなく、文化や考え方を変えるときである。

その変化は従業員の再教育、従業員数の削減、物理拠点の縮小、デジタル・プラットフォームの構築によって裏付けられる。実際に、だれもが挑戦し、変化することが奨励されているのを目にすることができるはずだ。その革新はもはや単なるお題目ではなく、真に身についた考え方として昇華したといえる。もはやオープン・バンキングは、脅威ではなくチャンスとみなされているのだ。

だからこそ第三の、そして最後に確認すべきことは、銀行がまだ支配に取りつかれ、すべてを自分で構築し、他者との提携を避けたいと思っているのかを問うことなのだ。妥協をおそれずに、チャンスにワクワクしながら、スタートアップや第三者と仕事をするための銀行のプラットフォームを提供し、キュレーターになるように本当に変わったのだろうか。

これら3つの確認は包括的でも網羅的でもない。しかし、それは、銀行の文化や考え方が、真の組織変革に際して準備ができているか、あるいは、単に彼らがいつもしてきたことをしているだけなのかを確かめるためのよい確認点である。以上を要約すると、組織をデジタル化することは、システムをデジタル化することと、少なくとも同じくらいには重要である。

「デジタル変革は現状に満足しておらず、今日のビジネスにも満足していないリーダーから生まれます。既存の製品や営業部門を成長させたいと考えており、また重要な将来のトレンドに気づいていて、試行や挑戦に積極的かつ失敗に寛容なリーダーから生まれるのです。多くはトップのリーダーシップに由来します。トップにリーダーシップがあるなら、デジタル変革に参加するための適切な人材を獲得しましょう。銀行には「クリエイター」が必要なのです。多くの銀行には銀行ＤＮＡをもち、素晴らしい学歴や経歴の人材がいます。彼らの多くは、ビジネスを運営し、監視し、分析し、プロセスを文書化し、評価する方法を学んでいます。銀行員はそれに秀でています。しかし、デジタルの世界は違います。デジタルの世界はスピードと規模で動いています。スピードと規模を実現するためには、デジタルの世界で創造する方法を知っている「クリエイター」がいなければならないのです。遅れている銀行は、デジタル世界で何が必要かというとても基本的なことを認識できていません。それはしばしば、適切なリーダーシップが欠如しているためなのです。まず、変革の必要性に対するリーダーシップの認識が必要であり、次に投資するのに十分な人的資本の手配が必要です。ビジョンを明確にし、戦略を立て、プロジェクトを立て、金融資本を投入することはできますが、既存の事業を運営している人に対して、クリエイターという人的資本の手配がなければ問題となります」

デレク・ホワイト氏

ＢＢＶＡ、カスタマー・ソリューションの元グローバル・ヘッド

ＣＥＯと会長がデジタル・バンキングを成功させる

「まさにトップから始まるのです。私たちの仕事は、取締役会の承認と経営陣全員なしでは不可

能です。上層部のサポート、戦略間の連携、すべての試行の推進、組織を通した風土変革、そして社員へやってみるのはよいことだと伝えること、こういったことが欠落していれば、何も完遂することはできません」

林淑慧（Chng Sok Hui）氏

ＤＢＳ銀行、ＣＦＯ

真のデジタル変革を推進している銀行のほとんどは、テクノロジーを理解している人々によって率いられている。彼らにはデジタル化に情熱を燃やすリーダーシップ・チームがあり、それが銀行の将来の存在理由だと考えている。根底からの変革である。ＪＰモルガン・チェース、ＢＢＶＡ、ＤＢＳ銀行を、デジタルについてそれほど前向きではないＨＳＢＣ、ドイツ銀行、メイバンクなどと比較すると、特に各銀行の経営管理の面において、経営陣の構造とリーダーが異なることがわかる。取締役会や事業部門ではなく、ＣＥＯやその直属の部下のバックグラウンド・経歴、テクノロジーに関する経験をみてみてほしい。

ＪＰモルガン・チェースの例から始めると、経営陣のなかで専門的な技術的バックグラウンドをもっているのはＣＩＯのロリ・ビアー氏だけである。しかし、私はジェイミー・ダイモン氏が技術者だと思う。同意が得られないかもしれないが、彼こそがバンク・ワンとＪＰモルガン・チェースが合併した際にＩＢＭへの外注契約をやめた人物である。

その理由について、「当社は、自社の技術基盤を管理することが当社と株主の長期的な成長と成功のために最もよいと考えている」とＪＰモルガン・チェース元ＣＩＯのオースティン・アダムス氏（注3）がジェイミー・ダイモン氏のかわりに説明した。彼はトレーディング部門出身で、投資市場の運用においてテクノロジーがもたらす戦略的優位性を理解していたことは覚えておいてほしい。言い換えれば、世界で最も賞賛されている銀行のリーダーは、テクノロジーを主要ビジネスであり、競争上の優位性であると考えているのだ。

ＢＢＶＡの経営委員会には、元ＣＥＯで現在は会長を務めるカルロス・トレス・ビーラ氏がおり、彼はマサチューセッツ工科大学の卒業生であり、マッキンゼーの元パートナーであり、ＢＢＶＡのデジタル・バンキングプログラムの責任者であった。現ＣＥＯであるオヌル・ゲナフ氏は、マッキンゼーに入社する前にＩＴの財務管理者としてアメリカン航空に在籍し、エンジニアとしてキャリアをスタートしている。また、カスタマーソリューション、エンジニアリング、およびデータの責任者もまた、バックグラウンドに応じた技術に依拠した役割をもって、経営陣にいる。

ＤＢＳ銀行の経営陣にはＣＥＯのピユシュ・グプタ氏がいるが、彼は以前、シティバンク・インディアで技術を含む管理業務の主任を担当した。元グループＣＩＯを務めていたデイブ・グレドヒル氏は、ＤＢＳ銀行に移る前はＪＰモルガン・チェースで技術管理のトップを務めていた。

この分析を行った結果、これら3つの銀行の管理職リーダーのチームは、デジタル化がより進んでいない銀行を率いるチームとそれほど変わらないようだ。ドイツ銀行、ＨＳＢＣ、メイバンクも同様のチームがある。私が実際に見分けられる唯一の違いはＣＥＯと会長だ。

ＪＰモルガン・チェース、ＢＢＶＡ、ＤＢＳ銀行のＣＥＯと会長はそれぞれ、デジタル変革を実現するために緊密に協力しており、ＣＥＯはそれぞれ、デジタル化がビジネスの将来の中核であると強く信じている。デジタル変革がなければ、銀行は将来失敗するだろうと確信している。

対照的に、ＨＳＢＣ、ドイツ銀行、メイバンクのＣＥＯや会長はデジタル化について語るが、彼らはそれを実践しているのだろうか。彼らはジェイミー・ダイモン氏、カルロス・トレス・ビーラ氏やピユシュ・グプタ氏がとった方法で自社にデジタルを組み込んできているか。外部からはそのようにはみえず、デジタル化について話すリーダーとデジタル化を実行するリーダーの間には明らかな違いがある。前者は投資家との関係性のためであり、彼らがそうすべきだと感じているからである。一方で後者は銀行の将来のために実行し、それが起こるべきだと真に信じている。

いずれにせよ、真の違いを生み出しているのは、ＣＥＯと会長という2つの役割だ。会長は取締役会の支持を得て、変革の過程で株主の抵抗から銀行を守るために取締役会に必要である。ＣＥＯはリーダーチーム、管理職、そして従業員を、銀行がどこに向かうかというビジョンで1つにするために取締役会にいなければならない。

特に、デジタル変革を取り入れている銀行のＣＥＯは、その経歴のなかで技術に深くかかわってきた傾向がある。ジェイミー・ダイモン氏は、技術が業務遂行に不可欠であることを認識しているため、すべてのことをアウトソーシングしないだろう。シティバンク・インディアのＩＴ管理を担当したピユシュ・グプタ氏は実務者であった。そして、ＢＢＶＡの元会長であるフランシスコ・ゴンザレス氏は、開発者としてメインフレーム・システムのプログラミングでキャリアをスタートさせた。これこそが真の違いであり、ＣＥＯや会長はキャリアのとある時点でテクノロジーに没頭している。この点を除けば、デジタル化した銀行と従来の銀行にはほとんど違いがない。

「最大の課題の1つは、取締役会に切迫感をもたせることです。結局、彼らの動機は何でしょうか。２～３年後に退職するのであれば、ビジネスを変革し始める動機がないかもしれません。非常に低い成長率に対して多くのリスクをとらない可能性があります。これは会社の危機感を醸成するために重要な課題ですが、監査役の危機感を醸成するためにも重要な課題です。ここが最大の問題点なのです。短期的に価値を提供しながら、取締役会のなかに10～15年先の銀行の未来を築く意欲、ひたむきさ、情熱とエネルギーをもった、適切な経営陣と人材がいるでしょうか。ビジネスを理解し、課題を理解し、技術に精通した人材がいるでしょうか」

ブノワ・ルグラン氏
ＩＮＧグループ、イノベーション部門責任者

デジタルには取締役会の権限が必要

「取締役会の権限はとても重要です。それは簡単ではない変化を推し進める力を私たちに与えてくれました。銀行で行われた組織の再編をみてみると、経営陣の半分にも及ぶ大きな入れ替わりがありました。取締役会がこの再編を実行するのには勇気が必要でした。そしてこの経営陣の入れ替えは、私たちが変革を実現したい、そのスピードが十分ではない、そして変革のために全力を注ぐという宣言であったのです」

カルロス・トレス・ビーラ氏
ＢＢＶＡグループ、会長

真のデジタル銀行を構築するための、もう1つの重要な要素はコミットメントだ。トップからの、トップによるコミットメントだが、これには、ＣＥＯと経営チームだけでなく、銀行の取締役会も含まれる。多くの場合、銀行のデジタル変革には複数年にわたるコミットが必要であり、その間、株主に対する還元は必ずしも最優先ではなくなる。株主への還元だけに焦点を当てる銀行は、どこかで失敗するだろう。

この話はデジタル銀行の経営層から何度も聞いた。特に、彼らが冒険的な変革の旅に踏み出す際には、会長からの支持と取締役会のコミットメントが重要だ。結局のところ、われわれは新しい構造へ投資し、基幹システムを完全に置き換えて、新しいものをつくりだすことに徹底的にフォーカスする際の話をしているのだ。

興味深いことに、銀行が根本的に変革する際に必要な取締役会のコミットメントと決定は、しばしば失望から閃く。たとえば、銀行が過去10年間にシステムを刷新しようとして失敗した例である。メインフレーム構造を刷新するために何百万ドルもの費用をかけて巨大プロジェクトを行っていたが、予算は超過し期限は過ぎていた。大手コンサルティング会社はX年でYドルかければできるといっていたが、実際には5倍の期間と１００倍のコストがかかったのである。

取締役や会長の立場になって考えてみてほしい。X年間でYドルかければシステムを更新できるといわれていたものが、5年遅らせて１００倍の費用をかけないと完成しないといわれたのだ。このような遅延と失望は、銀行の経営陣に新しい視点を触発し、従来と異なる考え方を引き出した。この10年間の後半に何が起こったか考えてほしい。クラウド・コンピューティングや、ビッグデータ、ＡＰＩ。そしてＢａａＳだ。

私が驚いたのは、本当に先見の明のある銀行のＣＥＯのごく少数が、はるか昔にそれを理解していたことだ。ようやくいま気づき始めている人がほとんどだ。ほとんどの人は銀行のデジタル化が単なるプロジェクトの1つではなく変革であるということをやっと理解し始めたばかりだ。しかしながら、これらの少数の銀行は、10年前にそのことを理解し、いま、真のデジタル・バンクになりつつある。そこに行くまでに、10年かかったかもしれないが、彼らはそこに到達しつつあり、そしてそこでは終わらない。彼らはいまもなおデジタル変革を推進し続けている。

興味深いことに、これらの銀行のほとんどはこの時期にＣＥＯと会長が交代せずに、この激動の変化の時代を乗り切ってきた。信じられないことに、彼らはコンサルティング会社に10億ドルの予算で5年かけて老朽化したシステムの改善をしてもらうかわりに、一つひとつ、プログラムごとに徐々にクラウドへ移行することで自社の構造を変革したのである。

さらに、クラウドに移行すればするほど、コストが下がり、いっそう迅速に動くことができるようになる。それがデジタル・バンキングの本質だ。老朽化したシステムに縛られず、そしてすべてをかわりにやってくれる大規模なコンサルティング会社やコンピュータ会社に縛られず、迅速で柔軟性のある新しい銀行をつくることが本質なのだ。これらの銀行が雑然としたところから抜け出し、デジタル化によって、より優れた銀行になれるだけでなく、より効率的で収益性の高い銀行になれることも証明していることに疑いの余地はない。大規模な資本費用を伴うよりも、オンデマンドのシステム構造をもつことのほうが株主の利益増加にとっては有益だ。

しかし、銀行がデジタル変革を実現するためには、株主還元、四半期決算、従来の財務指標から守られることが必要である。つまり、取締役会はそれを実現するためにＣＥＯと会長を支持し、経済指標ではなく変革に集中できるよう安心感を与えなければならない。興味深いことに、多くの銀行が変革の過程にもかかわらず決算を発表している。しかし、これが最優先ではないという事実が、彼らに計数ではみえないような成果に焦点を当てることを可能にした。これは重要なことだ。

「それは経営層と取締役会の関係から始まりました。その関係はとても共生的なものでした。私たちには非常に協力的な会長と取締役会がいました。彼らはチームを支援してくれて、私たちにリスクをとるように後押ししてくれました。もう1つの重要な段階は、特にテクノロジーの面で銀行といま起きつつあるプロセスを設計することでした。それは世界がどのように変化しているかをみることでした。今日、私たちは携帯であらゆることを行います。さらにもう1つの要素は、なぜわれわれのような銀行が存在するのかを理解することでした。陳腐に聞こえるかもしれませんが、人々の生活における私たちの役割は、彼らがよりよい生活を送る助けになることと認識しています。だからこそ、私たちの新しいキャンペーンは、銀行の存在を意識させないよう「よりよい生活を、銀行なしで」としたのです」

魏洪英（Karen Ngui）氏

DBS銀行、グループ戦略マーケティングおよびコミュニケーション部門責任者

差し迫った危機がデジタル変革を推進する

「最大の課題の1つは、組織をどのように変えるかでした。多くの企業が試行錯誤し、小さく実行しようとしています。問題は、ある部門から改革が始まると、ほかの部門も関与しないとうまくいかないということなのです。会社全体で同時に始めなければなりません。これは非常に大きな転換ですが、それこそが私たちが実行したことなのです。全員が新しい仕事に応募するという

プロセスを経て、新しいチーム、新しい課、新しい部署で全員が同じ地点からスタートしました。全員が同じスタート地点にいて、組織を一新したので、それは本当に大きな出来事でした」

ヴィンセント・ファン・デン・ボーグルト氏

オランダＩＮＧ銀行、ＣＥＯ

私がＢＰＲ（業務工程の再設計）と変革の仕事を始めたのは少し前のことで、ほとんどのミレニアル世代が生まれる前のことであった。そして、早い段階で教訓を学んだ。変革は危機的状況なしには機能しない。高利益で、目標が達成され、顧客が満足し、ボーナスが多いなら、会社全体を変えることはできない。変化をもたらすには、なんらかの強力な脅威（差し迫った危機）が必要なのだ。

多くの場合、これは会社の死期（倒産の危機）だ。一部の銀行では、世界的な金融危機の影響で、このような状況になったことがある。しかし、この時の差し迫った危機とはオペレーションに関するものであり、テクノロジーではないので、多くの銀行がデジタル変革を本当に成し遂げたわけではない。その後も次々と危機が起こるにつれて、銀行の商品、サービス、文化が根元からだめになっていることが認識されたのだ。まず、株が急落し、次に告訴され、罰金が科され、さらに裁判などもあった。これらの問題はいまも消えてはいない。私は、多くの銀行が製品、サービス、エリアを根本的に再構築し、焦点を変えるのをみてきたが、デジタル変革のために彼らの技術の累積を根本的に変革した銀行はほとんどみなかった。

いくつかの先見性のある銀行は、世界的な金融危機以前からこうした変革に着手していたが、金融危機によって拍車がかかった。彼らは、クラウドやアナリティクス、ＡＰＩが登場した当初、テクノロジーが環境（競争環境）を大きく変える革新的なものである可能性に気づいていた。特に、投資家がクラウドやアナリティクス、ＡＰＩを活用して既存の銀行領域に進出するスタートアップ企業に数十億ドルを投資し始めたことで、彼らは行動を起こさざるをえなくなった。

ジェイミー・ダイモン氏は、「シリコンバレー［彼ら全員］が、……われわれのランチをねらっている」と警告し、変革を予告した。２０１４年当時、多くの銀行がデジタル化について話し始めた頃のことである。多くの銀行は話をしてはいたが、デジタル化を実行には移していなかった。デジタル化とは銀行の中核をデジタル化することである。単にチャネルとして追加することではない。

シンガポールのＤＢＳ銀行と話したとき、コンシューマー・バンキング部門のトップは、自分たちが変わらなければならないことを全員が知った瞬間があったと語った。私はそれが何なのか尋ねたが、その答えは同社がインドにまったく新しい独立したデジタル銀行を設立することを決めたというものだった。これは大胆な決断であるだけでなく、銀行のデジタル化を真剣に受け止める必要があることを管理職全員に示すものでもあった。インドだけでなく、デジタル化こそが未来を左右するということに銀行は大きな賭けをした。この行動によって強制的に全員が目覚めさせられ「なるほど、デジタル・バンキングに取り組まなければ、この銀行に居場所がないかもしれない」と考えるようになった。

それは銀行内部への呼びかけでもあった。10年前の危機の際、多くの銀行がこれは銀行を再起動するよい機会だといった。その機会をつかんだ銀行もある。しかし、火元が多すぎて消火しきれず、ようやく検討に取りかかっただけという銀行もある。

デジタル化や変革に対する銀行の姿勢の違いをみるのは興味深い。変革がむずかしく、それをみなに理解させるのはむずかしいことだとはわかっているが、社員全員に危機が差し迫っていることを認識させなければ、決して会社を変革させることはできない。いずれにしても避けては通れないが、多少物事を早く安く進めることはできるかもしれない。

「ＣＥＯは、これは優先事項であると述べ、象徴的に動きました。それによって、以前は興味をもっていなかったすべての事業管理職が、自分が取り残されるかもしれないというメッセージを受け取ったように私にはみえました。そして、そのことが文化を変え始めたのです」

サンディープ・ラル氏
ＤＢＳ銀行、デジタル銀行グループ長

説得力のあるビジョン

「ＣＥＯは重厚で大胆な目標を掲げて、「みなさん、競争はすぐ足元にまで迫っており、もしいま変わらなければ死ぬことになります」といったのです。もし変わらなければ死ぬ、それが全員へのメッセージでした。それは差し迫った危機であり、そんな危機に直面した際には、それは単に自分を変えなければ死ぬといって恐怖をあおるだけではなく、そのような重厚で大胆な目標をもって、そこにどうやって到達するかが重要です。世界最高のデジタル・バンクを目指す、それはきわめて大胆な目標設定です。しかし、重厚で大胆な目標をもつことがすべてではありません。目標を設定したら、それを管理職層全体に展開する必要があります。だれもが目標を達成しなければならないのです。取り組むつもりなのか、そうではないのか。どうやって実現するのか。多くの企業がこのようなことを行う場合、それはおそらく営業フロントオフィス内、ひょっとしたら特定の部署で行われるでしょう。しかし、当社では人事部も含めた銀行全体の目標として浸透しています。どうすれば自分もデジタルになれるのでしょうか。最高のデジタル・バンクになるために、組織を支援するにはどうすればいいのでしょうか」

李映虹（Lee Yan Hong）氏
DBS銀行、マネージング・ディレクター兼グループ人事部長

差し迫った危機に際して、説得力のあるビジョンが必要だ。進むようにいわれたら、どこに行けばいいのかをみなが知る必要がある。それは明らかなことだ。だが、多くの変革の過程にある企業は問題を指摘するだけで目的地を示していない。強力なコミュニケーション能力と明確な方向性を示す必要があるため、デジタル化の変革の過程にある伝統的な銀行はコミュニケーション能力の高いリーダーを有し

ている。

偉大なリーダーといえば、たとえばスティーブ・ジョブズ氏、バラク・オバマ氏、ネルソン・マンデラ氏、ウィンストン・チャーチル氏などの名前があがるかもしれない。彼らはみな偉大な雄弁家だという共通点がある。彼らの演説は歴史に名を残し、しばしば鼓舞するものとして引用される。だからこそ、彼らのビジョンは説得力がある。

これが銀行に必要なのだ。説得力のあるビジョンを伝えることができ、変化の理由を伝えることができるリーダー。人々は、リーダーにいわれたからといって、従うわけではない。彼らがリーダーについていくのは彼らがそうしたいと感じ、彼らを鼓舞し、実際に導いてくれるからだ。そして、複雑なアイデアを具現化し、人々の心や頭のなかに植えつける能力こそが、彼らを偉大なリーダーたらしめている。

優れたリーダーは、シンプルな言葉をうまく使いこなす。彼らは私たちの本能に訴えることによって、私たちを鼓舞することができる。それは彼らの才能であり、得意なことである。あなたの会社にはそんな人がいるだろうか。やる気を与えてくれる存在はいるか。なぜやる気になれるのか考えてみてほしい。それは彼らが成功したからなのか、もしくは性格なのか、それとも彼らの言葉の使い方なのか。3つすべてなのかもしれないが、彼らの言葉がインスピレーションを受ける理由と方法の核心だろう。結局のところ、人々を導くためには最終的なビジョンをもつ必要がある。次に、彼らに従ってもらうために、そのビジョンについて情熱をもって伝えなければならない。これこそがリーダーシップの本質であり、優れたリーダーが少ない理由である。しかしながら、デジタル変革を成功させ、そのプロセスに全員を参加させるために必要なのは、強力な社内変革プロセスとして伝えられる説得力のあるビジョンなのだ。

ビジョンをうまく伝えるのは簡単ではない。特にむずかしいのは、ほとんどの人はいうことを2つか3つしか覚えていないからだ。30分話したときに、自分のいったことをすべて覚えている人はほぼいないだろう。ほとんどのプレゼンテーションに関する講義では、最初と最後に要点をまとめるように勧めている理由である。伝えたい要点を増やしすぎず、1つか2つに絞るのがよい。

そのため、デジタル化に成功している銀行の多くは、職員が使いやすい言葉や頭字語に基づいた、覚えやすいビジョンをもっている。私がこの手法に出会ったのははるか昔のことで、あるＣＥＯは「幸せな人材は幸せな顧客を生み、幸せな顧客は幸せなビジネスを生み出す」というスローガンを使い、別のＣＥＯも頭字語を使ってビジョンを共有していた。ここで重要なのは、スローガンだけでなく、それにあわせてＫＰＩ、評価制度、報酬を運用することである。なぜなら、計測できないものを得ることはできず、計測して評価したものから得ることができるからだ。

これは私が数年前に研究した銀行の一例だ。その銀行は顧客のファースト・チョイスになりたいと考えた。「ファースト・チョイス」とは、フレンドリーであること、情報が豊富であること、対応力があること、サービスが充実していること、信頼できることを意味する。実際にそうなっているかについては、支店やオンラインでの顧客からのフィードバックや、スタッフがどのように顧客にサービスを提供しているかを監視するための鍵となる重要なシステムによって測定される。

このことは、ＢＢＶＡが全世界でリアルタイムにすべての事業業績指標を測定していることからも明らかである。これは、ＣＥＯと経営陣がモバイル機器から事業可視化ツールにアクセスでき、スペインとアルゼンチンのデジタルでの販売とサービスの測定指標をみられるだけでなく、そこで働く個人の業績を確認して、その良し悪しをみることができることを意味する。怖くも感じられるが、実際は懲罰的なシステムとしてではなく、人々がよりよいデジタルサービスに取り組むのをサポートする育成システムとして使われている。ＢＢＶＡが業績を正確に把握しているのはこのためでもある。

> 「ＢＢＶＡのテクノロジーへの取組みは、デジタル顧客数の増加につながりました。同銀行の総顧客数の50％以上を占めるとともに、デジタル売上高も増加し、現在では全売上高の41％を占めています。しかし、このデジタル化への道のりは、それ以上の意味をもちます。デジタル化は、顧客満足度の向上と解約率の減少にも貢献しており、デジタル顧客では47％解約率が減少しています」（注4）

私が最初にテクノロジーの世界に入り、英国の企業にプライベート・ビデオテキスト・サービスを提供した時のことを思い出す。その顧客は小売業者で、ＣＥＯは月曜の朝に店舗に電話をして、土曜日の売上げを祝福したり、同情したりできるようになったという事実をとても気に入っていた。リアルタイムの業績管理は大きな違いをもたらすのである。

シンガポールのＤＢＳ銀行は、ＫＰＩに主要デジタルサービスの指標を組み込んで、このことを真に肝に銘じている。銀行には以下のように従来からのＫＰＩもある。

- 株主の指標として、1年間の財務的な成果と、コンプライアンスと管理を含むリスクテイクのレベルに対して成長が見合っているかを示すリスク関連のＫＰＩを測定。
- 顧客の指標として、顧客満足度の向上と顧客関係の深度に関するＤＢＳ銀行の達成度を測定。
- 従業員の指標として、従業員の雇用維持や人材育成など、選ばれる雇用主であるための進捗状況を測定。

また、地域サービスやスキルに関する指標も重視している。しかしその指標のうちの20%はデジタルに基づいており、以下が詳細な内訳である。

エコシステム：エコシステム内のパートナー企業がよい関係を構築できているかを測定。

顧客獲得：デジタルチャネルのシェア拡大と新規顧客を獲得するためのデジタルチャネル活用の進捗状況を測定。

取引：処理を無駄なく素早く処理することによる作業の削減量を測定。

顧客維持：銀行と顧客とのデジタル接点の進捗を測定。

バリュー：シンガポールと香港の消費者と中小企業（ＳＭＥ）顧客のデジタル取引の促進とデジタル

顧客からの収入増加を達成できているかを測定。

経験：DBS銀行の優れた顧客経験の提供状況と従業員満足度の向上によって測定。

文化：「PRIDE!」の観点に基づき、2万6000人のスタートアップ企業であるというマインドセットが身についているかを計測。

PRIDE!とは：

- 目的指向（Purpose-driven）：銀行業務を超えた分野にも影響を与える
- 関係主導（Relationship-led）：長期的な関係性とチームの構築を行う
- 革新的（Innovative）：変化を受け入れ付加価値を生む
- 決断力（Decisive）：私たちは考え、行動し、所有する自由をもっている
- すべてが楽しい！（Everything Fun!）：私たちは楽しみ、ともに成功を祝えると信じている

これが重要な要素だ。差し迫った危機をつくりだして、人々にどう対処するつもりかを尋ねるだけではいけない。危機をつくりだし、それを解決するための方向性を提供しなければならない。今後の方向性、明確なビジョン、最終的な目的地、そして全員の認識を統一する方法がなければならない。次に、過程を評価し、方向性を見守り、全員で正しい方向に動いていることを確認する方法が必要だ。

ビジョン、コミュニケーション、測定を組み合わせて、未来に向けての取組み方を示し、組織の鼓動を監視し、懸念を生んでいないか、人任せにして対処していないか、うまくいっているかどうかわから

ない状態ではないかを確認するのだ。

「私たちがビジョンや価値観について話すとき、いちばん重要なのは、顧客第一であることです。それが意味するのは、もちろん私たちが誠実に行動するということです。また、共感し、顧客の立場に立つことでもあります。さらに、顧客が課題を抱えているときに、その課題を解決するということでもあります。私たちはそれに基づいて行動し、顧客のニーズを解決します。つまり、誠実さと共感、行動が顧客第一の発想において推進していきたい3つの行動原則なのです。2番目に重要なのは、物事を大きく考えることです。大きく考えるという意味は、1つは野心的に考えることです。もう1つの意味は、型を壊し、変化のための変化を促進するということです。これは変化のペースを内部的に加速するという考え方につながります。変化を促進し、現状を変えることを積極的に奨励するのは、私たちのような銀行ではとても重要なのです。大きく考えるという意味の3つ目は、顧客を驚かせることです。私たちは技術がもたらす素晴らしい魔法で顧客を驚かせたいのです。これが私たちのもう1つの重要な価値観なのです。すなわち、大きく考え、変化を起こし、顧客を驚かせる。これは何を達成できるかという観点で大きな考え方なのです。3番目に重要なのは、私たちは「ワンチーム」であることです。「ワンチーム」というのは、いくつかの意味をもっていますが、信頼に値するということを示すまでもなく、チームメイトを信頼することです。私は最初から彼らを信頼しています。次にコミットすることです。ただ時間を使ってお金を稼ぐために働くのではなく、私たちのもつ目的を信じています。その目的は、すべての人に機会をもたらすことです。機会を提供するということはお金に関する大きな問題を解決することを意味します。最後に、銀行のもっている資源を自分のものであるかのように扱い責任をもって行動することが必要なのです」

カルロス・トレス・ビーラ氏
ＢＢＶＡグループ、会長

口先だけの変革

私は多くの銀行を訪れているが、いつもその類似点と相違点に驚かされる。正直なところ、相違点よりも類似点のほうが多い。ほとんどの銀行には大規模な本店オフィスがあり、拠点の街を見渡すことができる。支店は、開いたカウンターのある明るい店舗だ。そしてアプリはどれも、少なくとも一見したところでは、残高、決済、明細書など、同じものを提供している。

彼らがみな価値観をもっていることも類似している。時価総額が１５２０億ドルといった価値ではなく、「私たちは顧客を愛している」や「顧客は私たちの最大の資産である」といった価値観だ。多くの場合、これらの価値観は、受付の中央や建物の中ほどにある重役の階で、大きなポスターボードに掲示されている。これらのボードには、「尊敬、卓越、情熱」「気配り、野心、素早い対応」「親しみやすさ、豊富な情報提供、柔軟性」といった言い回しがよく含まれる。企業の価値観を表す言葉がＲＩＳＥ、ＬＯＶＥ、ＦＩＲＳＴなどの頭字語になることもある。私が気に入っているのは、リーダーシップ(Leadership)、誠実（Integrity）、誇り（Pride）、サービス（Service）を略してLIP Service（口先だけ）といった価値観をもつ銀行だ。

現在、多くの銀行がその価値観やミッションを示すポスターを掲示しているが、役員、経営陣はそれをうまく展開していない。ただの言葉、口先だけで、銀行のＤＮＡに組み込まれたものではない。企業ミッションと価値観は意味があるが、それは私たちがリーダーシップを通じてそれらに意味を与える場合のみである。もしＣＥＯあるいはその直属の部下に、銀行の価値観や企業ミッションがどのようなものか、またそれを日々の業務のなかでどのように人々に伝えているかを教えてくれるように頼んだら、多くは答えに窮するだろう。

覚えておくべき頭字語だという理由で、銀行の価値観のいくつか、またはおそらくすべてを彼らは答えることができるかもしれない。しかし、どうやってそれらの価値観を測るのだろうか。その価値観をもとにどのように訓練が行われるのだろうか。これらの価値は、日々の銀行業務でどのように具体化されているのだろうか。また、企業ミッションの解釈を示すこともできるだろう。しかし、どのように彼らが企業ミッションを自身のものとしたのか答えられるだろうか。彼らの振る舞い方や働き方にとってどんな意味があるのか。どのようにして同僚や社内の友人にその言葉を咀嚼して仕事をしてもらうことができるのだろうか。そのようなことは可能なのか。

図4.1　銀行のミッションに取り組む

これをうまくやっている銀行と銀行経営陣も存在する。会社の価値観や企業ミッションを実践し、それらを自分のものとするためのKPIや重要成功要因（CSFs）、管理計数表をもっている銀行もある。あなたたちはどうだろうか。銀行のDNAにまで組み込まれているといえるか。それとも口先だけなのか。

「私の最初の質問は、「なぜデジタルにするのか」であろう。「デジタルにしよう」というだけなら、それは考えなしの熱意のように聞こえる。「デジタルにする目的は何なのか」を常に理解する必要がある。信念がないのであれば、取り組まないほうがよい。第二に、小さな取組みかつ非常に小さい規模で、目立たない範囲でデジタルにすることだ。小規模に始めるべきなのは、そうすることで実績をつくることができるからである。そして、これらのプロジェクトに参加し成功させたいと人々の熱意をかきたてることができるからである。同様に、あまりに早くコミットしすぎないようにするためにも、最初は小規模に始めるべきだ。デジタルを失敗させるのが目的の人もいるかもしれないので、実績をつくることができる小規模なテーマが必要である。そして、最終的には大規模に実施することを経営陣と合意すべきである。第三に、エアビーアンドビー、ネットフリックス、アマゾンなどの手本になるほかの企業をみてみることだ。彼らはどのようにデジタル化をしているのか。参考になる実例はあるか。次に、逃れられないように日付を設定する。大きなマイルストーンを設定することは、意図的な抵抗を取り除くために重要である。変革に疑いをもっている人や権力を失うことをおそれている人も、一緒にデジタルを進めることは可能であることを念頭に、変化を大げさに示して考えを変えてもらい、ともに動いてもらおう。それが明確な期限なのだ」

ヴィンセント・ファン・デン・ボーグルト氏
オランダＩＮＧ銀行、ＣＥＯ

銀行は、十分なコミュニケーション能力をもち、デジタル変革のなかで銀行がどこに向かえばよいのかについて説得力のあるビジョンをもち、そもそもどうして変革が必要なのかという明確な理由、つまり差し迫った危機を示すことができる強力なリーダーを必要としている。これらの要素は、変革プロセスを開始する前に十分に検討する必要があり、評価、インセンティブ、ボーナスを明確に変え、口先ではなくビジョンをもって銀行を変革していく必要がある。

テクノロジーの課題

「リーダーはテクノロジーが非常に重要であることを認識しなければなりません。テクノロジーを使ってイノベーションをつくりだしていくべきです。同時に、既存のシステムを保守し、それらが信頼に足りて安定していることも保証しなければなりません。テクノロジーとの付き合い方を、特に経営者レベルが知っておくべきです。知らなければ、最先端の技術に投資することに躊躇してしまいます。信頼に足りて安定しているシステムを壊すことをおそれるからです。したがって、革新的な最先端技術の使用方法を理解する必要があります。そこで最も重要となるのは、リーダーからの支援です」

陳坤德（Kunde Chen）氏
招商銀行、ＣＩＯ

私は何年も前から、どうして事業管理部門の人たちのニーズに組織内の技術担当者がうまく応えられないのか、考え続けてきた。ＣＩＯは、事業と関係なく要望・ニーズを監視し、それに対応する。その要望は優先順位づけされるため、解決に非常に長い時間がかかることもある。そうなると、事業部門は自分たちの必要としているものを技術部門がきちんと提供できていないことに不満を抱き、優先順位を変更したいという。そのため、議論が堂々めぐりとなってきた。

20世紀は、ほとんどの技術開発に何年もかかり、何百人、何千人もの開発者が参加し、アクセンチュアやＩＢＭなどから雇われた大規模なコンサルティング・技術チームも活用されていた。完成するのは期限ぎりぎりにもかかわらず、最終的なアウトプットも完璧ではない。ところが、この状況が劇的に変化した場合もある。デジタル化を理解している銀行はこのやり方で開発を進めないのだ。そうではなく、すべて同じグループ内に商品・サービス担当者、顧客対応担当者、事業担当者に加え、デザイナー、プログラマー、開発者、技術者をそろえてマイクロサービス構造で運営する。クラウドベースのサービスとＰｙｔｈｏｎを使ってリアルタイムで議論と開発を行いながら、試行錯誤を繰り返す。彼らは社内でコンテナ化を活用しており、クバネティス（注5）（コンテナを中心とした管理基盤）といった不思議な言葉が社内で使われている。

この状況は、古く伝統的な銀行ではなく、フィンテック銀行のようだ。フィンテック銀行は、金融（Ｆｉｎ）とテクノロジー（Ｔｅｃｈ）を分離するのではなく、統合するのである。驚くべきことに、本当に彼らはそういったことを実行しているのだ。現在のところ、統合を実現している企業はほとんどないが、フィンテック銀行はテクノロジー部門に任せっきりにはしない。テクノロジーを受け入れるというより、ＩＴを統合する。テクノロジーは組織を動かし、組織がテクノロジーを動かす。これらは共生的なものとなっており、分離していない。

私たちは何十年もの間、テクノロジーと事業は連携しなければならないことを知ってはいるので、いま考えると、過去にこの2つがこのように明確にグループ分けされていたのは奇妙に思える。私は10年前にある大規模なグローバル銀行で働いていたが、私の仕事はその会社の新しく統合されたテクノロジー・業務グループを支援することだった。グループのうち、数人がリレーションシップ・マネージャー（ＲＭ）に選ばれた。ＲＭは顧客のためのものではなく、テクノロジーと管理と事業の部門間の橋渡し役であった。

ＲＭは事業部門がテクノロジーを理解していなかったために設置された。銀行のテクノロジーは非常に複雑で、メインフレームとプログラムが関係しており、技術と運用の担当者以外はだれもそのプログラムを書くことができなかった。そしてまた、技術と運用の担当者は事業を理解していなかった。ＣＤＯ（債務担保証券）やＭＢＡ（経営学修士号）、金利差、クロスセル比率などの複雑な用語を使用して、顧客シェアと株主還元を最大化することが事業のすべてだからだ。ＣＯＢＯＬに没頭している人にこういったことは理解できない。この2つのグループは、それぞれ分離されていて、相手が何をしているのかわからない状態なので、互いの溝を埋めるためにＲＭを必要としていた。

もはやこれらのことは当てはまらない。低コストのシステム、容易なインターネットサービス、クラウドを使った迅速な開発サイクルへの移行は、技術担当者が技術に閉じた倉庫や洞窟といった環境から追い出され、事業に関与せざるをえなくなることを意味する。一方で、以前は疑いをもってこれらの技術者をみていた事業部門の人たちは、いまでは技術者のことを理解できるようになった。その結果、ビジネスアイデアは月曜の朝にブレインストーミングが行われ、その日の午後にはデザインされる。そして火曜の朝に試行され、火曜の午後にリリースされるのである。事業部門の人たちはもはや、自分たちのニーズを達成するまでの時間や、ニーズの取り違いによって煩わされることはない。技術部門はいまやほぼリアルタイムで事業部門の要望を把握して、次世代サービスの設計プロセスを進めることができる。

「「テクノロジーはビジネスであり、ビジネスはテクノロジーである」というのが私たちの信念です。以前は、事業部門の人がしたいと思ったことを技術部門の人に投げていました。私たちが「これを最も早く最も安い可能な方法でつくってさえくれれば大丈夫だ」というと、技術者たちがやってきて「私たちはあなたが何をしようとしているのか理解できない」といっていました。しかし、いまや私たちは共同作業ができています。ビジネスはテクノロジーと共存しており、技術部門も事業に専念しています。これで、私たちがだれと向き合っているのか正確にわかりました。それは同じチームの人々であり、私たちはチームとして命運をともにしているのです。なので、私たちにとって協働していることはとても重要です。彼らは私たちのすべての戦略会議とレビューに参加し、その逆も然りです。周知のとおり、私たちはプラットフォーム型組織に移行しました。プロジェクトだけではなく、さまざまなタイプのプラットフォームを検討しており、ビジネス向けとテクノロジー向けを1つのプラットフォームで一気通貫に実現する方法を検討しています」

DBS銀行、マネージング・ディレクター兼コンシューマー・バンキング・グループおよびウェルス・マネジメント副グループ長
潘燕明（Pearlyn Phau）氏

テクノロジーはビジネスであり、ビジネスはテクノロジーだ

「データをオンラインで入手したとしても、月末の24日後のデータに反応しているのでは遅すぎます。データのリアルタイムフィードを何千も常にホームスクリーン上で確認をしているアマゾンに対抗するにはどうすればいいのでしょうか。その複合的な結果として、いかにアマゾンが洗練されているかをみるべきです。私たちは可能な限りリアルタイムに近づけ、人々が意思決定をするのに役立つインタラクションレベルのデータを得られるようにしようとしています。単にデータを集め、データを開き、データレイクにデータを保存するだけではなく、データレイクのデータをどのようにしてあらゆる意思決定のインタラクションレベルにもっていくのか、ということを考えています」

デレク・ホワイト氏
BBVA、カスタマー・ソリューションの元グローバル・ヘッド

フィンテック銀行の重要な意義は、ビジネスとテクノロジーの統合である。フィンテック銀行は、テクノロジーとビジネスが表裏一体であると考えている。このことはマイクロサービスチームの構造とアジャイルの考え方のなかで明確に示されている。監査、コンプライアンス、財務、マーケティング部門の担当者がデザイナー、開発者とプログラマーとの共同作業チームに参加する。繰り返しになるが、これらの銀行には機能別の組織構造がないことに大きく驚かされる。もちろん、違う役割を担当する人もいるが、ほかの担当者と距離をとっているわけではなく、彼らはよく一緒に仕事をしている。言い換えれば、彼らはみな、デジタル変革において一緒に成果を出すことを求められているのであって、単に自身の職種によって評価される報酬体系や構造にはなっていない。

成功の伝統的な評価と現在のデジタルに関する報酬体系が融合しているＤＢＳ銀行の報酬構造は最もよい例の1つだ。従来の評価はボーナスの40％分であり、重点分野が40％分で、残りの20％はデジタルに関する新しい指標が占めている。

伝統的な評価構造は：

- 安定した収益成長を実現する
- 成長のための投資を行いながらコスト効率を向上させ、コスト当り収益比率を絶えず向上させる
- リスクアペタイト（リスク保有方針）に沿って慎重にエクスポージャーを拡大する
- 持続的に高ＲＯＥを達成する
- 市場やセグメント横断での顧客満足度を幅広く向上させる

- 個人・法人顧客のシェアを拡大する
- 従業員の雇用維持意欲を向上させる
- 職業的・個人的な成長を促すために社内で自由に活動できる機会を提供する
- 自主退職率の維持・低減
- すべての主要市場において、上位４分の1の維持と業績を達成する

重点分野の測定は、個人の専門分野に基づき、個人業績、規則の遵守、地域社会や地理的な重点施策に関連する場合がある。

デジタル化に取り組んでいるほかの銀行でも同じようなアプローチをみたことがある。たとえば、ＢＢＶＡは地域、国、管理職、個人の各業績に加え、デジタルチャネルでのサービスおよび販売の業績を評価する。このようにして、銀行は顧客がどのようにデジタルサービスに適応しているのかをほぼリアルタイムで把握している。デジタルによるリモートアクセスを利用した顧客売上げが総売上高に占める割合について、同行は２０１７年に22・４％、２０１６年上半期に14・６％であったのに対して、２０１８年上半期には38・６％に増加したと２０１８年８月に発表した（注６）。

スペインでは1～６月期の販売数の42・４％がデジタルチャネル経由であり、前年同期は24・９％だった。メキシコでは15・５％から32・７％、トルコでは32・1％から40・６％で、米国では17・９％から21・７％、ラテンアメリカでは22・９％から51％に増加した。

デジタルチャネルでは顧客により安くサービスを提供している。ＢＢＶＡによると、同社の２０１８年６月時点での費用効率は49・２％で、前年から８％以上減少した。同行は２５１０万人の顧客がデジタルチャネルを利用し、うち２０７０万人がスマートフォンを使ってやりとりしていると２０１８年６月に報告している。興味深いことに、わずか5カ月後にデジタルチャネルを通じて製品やサービスにアクセスした顧客が50％以上に達し、1つの重要な転換点を迎えた。２０１８年11月には、モバイル機器、ＰＣ、タブレットを介して銀行とやりとりしたデジタル顧客の数は２６４０万人となり、前年同期の２２２０万人から増加し、前年同期比で19％の増加となった。

ビジネスとテクノロジーは表裏一体である。デジタルの成功を適切な指標で明確に測定することは重要であり、事業はそれ単独だけではなく、テクノロジーを用いながらサービスをつくりあげていく必要がある。

「昔は、もっと部署ごとに組織化されていました。マーケティング部門、住宅ローン部門、チャネル部門、ＩＴ部門といった部署です。たとえば、マーケティング担当者が、顧客がオンラインで住宅ローンを返済できるようにする計画を考え出したとします。その担当者は住宅ローン部門に行って、その計画を発表しますが、住宅ローン部門は「検討する」と答えるでしょう。その後、チャネル部門に行き、アイデアをみせます。今度は、チャネル部門が「検討する」と答えるでしょう。最後に、ＩＴ部門に行き、実装可能かどうかを尋ねます。彼らは議論して、ようやく

「プロジェクト化しよう」と決めます。最終的にはすべての部門がそれぞれ予算を要求し、それぞれがアイデアを具体化するのに必要な時間を見積もります。これは、働き方としては効率的ではありません。いまでは、8～9人からなるチームが、オンラインで住宅ローンを管理する全責任を負っています。マーケティング、ＩＴ、設計、開発の担当者全員がこのチームで集まり何に取り組むかを決めます。準備が十分に整ったら、彼らは開発し、生産を開始します。そして同時に保守・改善も行います。多くの調整が必要なくなり、人々は出たアイデアをテストし構築し保守することができるので、このやり方が好まれています。少人数ですみ、はるかに調整や確認が少なくなるのです」

ヴィンセント・ファン・デン・ボーグルト氏
オランダＩＮＧ銀行、ＣＥＯ

デジタル銀行はビッグテックに似ている（逆もまた然り）

「従来、銀行では事業部門が技術チームに何を実装すべきかを指示して、インフラ担当者は指示を受けて走り回るものでした。私たちがビッグテック企業から学んだことは、インフラが最も重要であることです。私たちはインフラの担当領域を改革し、いまやインフラ担当者が技術チームに何を実装すべきか指示をしています」

デイブ・グレドヒル氏
DBS銀行、元CIO

デジタル化に力を入れている銀行の多くは、ビッグテック企業を研究したり訪問したりして、そういう企業の出身者を雇用している。ネットフリックス、アリババ、アマゾン、テンセントの出身者で特にプログラミングができる人には強い需要がある。先述のように、ドイツ銀行の元幹部であるマーカス・シェンク氏は、「プログラミング能力はビジネスにおいて英語を話す能力と同じくらい重要になってきている」といっている。その言葉はますます真実になりつつある。

興味深いことに、デジタル化に力を入れている銀行の多くは、銀行員にＰｙｔｈｏｎのトレーニングコースを受講させており、「データエンジニア」や「データサイエンティスト」という肩書の新しい採用を宣伝している。逆の見方をすれば、金融サービスに参入しようとしている大規模テクノロジー系企業は、銀行員を雇っている。彼らはプログラミングをするのではなく、信用や決済市場の運用の仕組みや利益が生み出される仕組みを説明することや、ビッグテック企業が運営可能な規制の緩い新型ハイブリッド金融商品の設計を支援することを望まれている。

ここからわかるのは、テクノロジー（デジタル）とバンキング（金融）が融合しつつあるということだ。私はこれを１９９０年代に予測していたが、当時は時期尚早だった。25年ほど経ったいま、それは実現しつつある。あと25年したらどうなっているのだろうか。

２０４５年には、ビッグテックと銀行の違いはほとんどないことに賭けてもよい。構造的にもオペレーション的にも、非常によく似ているだろう。人的資源と経営、店舗と事務所も同じになるだろう。唯一の違いは、製品とサービスだけとなるだろう。これは決して突飛な発言ではなく、デジタル革命の帰結なのだ。小売業、娯楽事業、その他のサービスを主業とする企業についても、上記のことが断言できる。製品やサービスを別にすれば、どの企業もビッグテックと同じようにみえるだろう。

銀行は25年後も存続するだろう。銀行業界の規制が厳しいことを考えると、理由は明らかだ。しかし、銀行がお金を稼ぐ方法、お金を貯める方法、お金を管理する方法はまったく異なる。トレーディングフロアや支店はなく、ＲＭやプライベート・バンカーははるかに少なくなり、専門家はほとんど存在しなくなるだろう。そのかわり、何千人もの人々が小さなチームに配属され、最先端の技術を開発して貯蓄、支出、投資を行うというように緩やかな連帯のなかで企業活動が行われる。それがフィンテックバブルの始まりになるのかもしれない。金融（Ｆｉｎ）と技術（Ｔｅｃｈ）が一体となることで考え方は大きく変わる。

同様に、考え方の変化に伴ってマネジメントの理論と構造が大きく変化しなければならない。逐次対応、階層構造、上司の指示による管理、これらに加えて産業革命に役立ったすべてのものが、デジタル革命では役に立たないだろう。私たちがいま必要としているのは、リアルタイム処理、フラット化された組織、コーチングによる管理だ。

「ビッグテックは敵であり友でもあります。私たちはよく彼らと協力しています。アマゾンは素晴らしいパートナーです。私たちはビッグテック企業のことをとても尊重しています。今後協力し合うこともあれば、競争することもあるでしょうが、どのようにしてうまくやっていけるでしょうか。私たちは厳密に調査し、彼らのプラットフォーム上で何が進化しているかを詳しく理解しようとしています。私たちが顧客の目からみてイノベーターであると認識され続けることは重要であり、そのことは私たちがビッグテック企業に追従するもう1つの理由です。当然ながら、ビッグテックのなかには銀行の事業領域に参入することを選ぶ会社もあればそうでないところもあります。ビッグテックの多くは銀行業界の規制制度を警戒していますが、彼らはどのように対処するのでしょうか。私たちがビッグテックとパートナーになりたいタイミングはそこであり、私たちにとっても彼らにとっても意味があります」

ビル・ウォーレス氏
ＪＰモルガン・チェース、コンシューマー&コミュニティ・バンキング向けデジタル部門責任者

マイクロサービス構造における「2枚のピザ」チーム

「アジャイルとは、組織をよりフラットにして、可能な限りすべての作業を整理することです。私たちの業務はすべて、自律性をもった小さなチーム単位でなされており、意思決定から問題解

決まで通常3カ月というきわめて短時間で行います。これら小さなチームは真に自律的であり、チーム自身が責任をもちます。チームは自身で目標を設定し、それを達成するかどうかはチームにかかっています。これは、上司が組織の次の階層に何をすべきかを指示するという、従来の階層的な指揮系統よりもずっとうまく機能します。従来のやり方よりも信頼でき、問題に深く結びついているように感じられるのです。また、自身で見つけた課題を解決しているという点で信頼に値します。彼らは職務分掌明細に書かれていることをするためだけに出勤するのではありません。チームメイトと一緒に短い時間で業務を遂行するために出勤しているのです。そのことが特別な文化的変革をもたらしています」

カルロス・トレス・ビーラ氏
BBVAグループ、会長

銀行の構造が変化している重要な分野の1つは、システムの開発・設計方法である。新しい構造はマイクロサービスと呼ばれ、各チームがプログラムを所有する。古い構造は一枚岩で、コードの各行に対するあらゆる変更は、管理職によって承認されなければならなかった。一枚岩の構造とマイクロサービスの構造を比較することは、古い車のつくりと新しい車を比較することに似ている。古い車は金属製で溶接されて頑丈な機械だが、部品が壊れたら、機械全体を交換しなければならなかった。古い機械は扱いにくく、時間がかかるうえに交換がむずかしかった。新しい車はモジュール化されており、部品の集合からなる。各部品は機械全体からは独立しているため、迅速かつ容易に取り出して交換できる。新しい機械は素早く簡単に部品の交換が可能だ。

このことは、変革に成功している銀行で確認できる２つのテーマと符合する。１つ目のテーマは、アマゾンの２枚のピザルール（注７）を中心としたアプローチを使って、どのように開発チームを編成するかだ。アマゾンの開発チームは最大２枚のピザで全員の昼食をまかなえるほど小さい。ジェフ・ベゾス氏によれば、小さなチームはより効果的なコミュニケーションを容易にし、裁量をもって迅速な行動を維持し、高い自律性とイノベーションを喚起する。脱中心的なアプローチを必要とする今日のＡＰＩプラットフォームの構造にとても適したやり方だ。また、コンテナ化されたクバネティスのプログラム構造にも対応している。機敏に動ける近代的でデジタル化された銀行になるためには、このことが重要である。

２つ目のテーマは、銀行のあり方である。銀行はこれまでバリューチェーンのすべてを支配してきた。銀行は分散化を信用しておらず、統制を強めることで安全性を確保できるため、統制を強めることを好む。安全性と統制はリスクとエクスポージャーを回避するので、銀行にとっては動きが早いが安定性に劣るよりも、鈍重だが安全なほうがはるかによい。しかし、何度も言及したことではあるが、ある銀行がバリューチェーンを支配しようとし続けると、動きは遅くなり、変化は起きにくくなる。今日のオープン・バンキングの世界では、この方針は見当違いで時代遅れだ。

こうした理由から、銀行は内部構造を分解し、ＡＰＩを通じてバリューチェーンの構成要素をアウトソースする機会に目を向ける必要がある。現在、多くの銀行、特にデジタル・バンキングを提供するテクノロジー系企業として売り込んでいる銀行が、こうした取組みを行っている。たとえば、多くの銀行はシティバンクやドイツ銀行のようなイノベーション・ラボや開発ポータルをもっている。また、ＢＢＶＡやＤＢＳ銀行（２００近くのＡＰＩをもつ）のようなＡＰＩプラットフォームをもつ企業が増えている。これは、銀行が変化に意欲的でそれを実行しつつあることを示している。しかし、これらの銀行のなかには、デジタル・イノベーションへの取組みと、彼らが変革し提供しようとしている事業方針との整合性について懸念をもっている会社もある。その懸念は、今日の銀行業におけるリスクの核心である、デジタル化におけるリーダーシップの欠如が原因である。

　真のデジタル変革にはＡＰＩとＳＤＫ（Software Developer Kits）を通じたオープン化が必要だが、それよりもはるかに重要なのは、商品やサービス、商品ラインナップのニーズにあった変革となっていることであり、事業リーダーが変化を認識し、変化にかかわり、変化をチームや顧客に伝えることである。真のデジタル変革は自然と定着するものではないので、認識を浸透させなければならない。

「私たちは組織全体の３０００人を８～９人からなる３００のチームに分けました。ビジネスとＩＴを融合させた少人数のチームです。「スクワッド」と呼ばれるこれらの小さなチームには、それぞれの目的があります。私たちは意思決定プロセスを変更するために、組織を自律した小さなチームに変えました。チームに必要なのは実装能力のみであり、それが私たちの変更の目的でした。これらのチーム間を調整する中間層は必要なかったので、多くのチーム間共同作業を排除しました。結果として、多くの中間管理職が姿を消しましたが、サービスを素早く提供し、改善する仕組みをつくることができました」

ヴィンセント・ファン・デン・ボーグルト氏

オランダＩＮＧ銀行、ＣＥＯ

銀行はテックジャイアントになる必要がある

「テクノロジー企業のようになりたいのであれば、テクノロジー企業がどのように活動しているのかを理解し、同じことを始められるかどうか明らかにするべきです。私たちは本当に多くの時間をかけて、テクノロジー大企業がどのように運営されているかを徹底的に調べました。たとえば、ネットフリックスのレコメンドエンジンは実際にはどのように動作しているのか。アマゾンはどうやって大規模化しているのか。グーグルはどのように製品イノベーションを行っているのか。そして、私たちは何を学び、そこから学んだことを実行できるのか。私たちが学んだのは、最新の技術、マイクロサービス、データ中心構造、大規模化のためのエンジニアリング、といったものでした。もし彼らにできるのであれば、私たちも同じことができるということが重要なのです。これは魔法を起こすわけでもないし、テクノロジー界の天才が必要なわけでもありません。単に戦略の中心を変えるだけなのです」

デイブ・グレドヒル氏
DBS銀行、元CIO

ある銀行家が最近私に語ったところによると、銀行業務はもともとデータから始まったという。何百年も前に台帳システムとして始まったのである。銀行がつけていた借方と貸方の帳簿は最初のデータシステムの1つだった。銀行業の本質は、かつては帳簿のなかのデータとして、そしていまはコンピュータ上のデータとして、お金の動きを追跡することである。今日では、不換紙幣に取って代わる仮想通貨、資産としてのデータ、物理資産よりも値が高くなっているデジタル資産、産業界の大手企業よりも市場価値の高いテックジャイアントが存在している。

　一部の銀行は現在データとアナリティクスを中心に組織化している。銀行は情報としてのデータの保管場所であるという前提があるために銀行の存在の根底に顧客とデータが存在し、自動的にその情報を活用することで他社との差別化を図る。こういった銀行はデジタル・ファーストを掲げる銀行であり、本書のために私が調査した銀行がこのように自分自身を定義しようとしていることは明らかである。

　これこそが、データ管理、データ資産、データ活用、データ分析がこれまでの銀行業務の中核である理由の本質である。ブロックチェーンは銀行の媒介なしに自動化され分散化した元帳を提供するので、銀行が取って代わられる可能性を指摘する人もいる。ただし、どのような金融システムでも、たとえブロックチェーンであっても、なんらかのかたちで信頼された中央監視が必要とされるため、銀行の消滅は近い将来には起こらない可能性が高い。これが、なぜ銀行がデジタル化をコアにしなければならないのか、また、金融の巨人ではなくテックジャイアントとして行動する必要があるのかという理由である。

「競合他社の構想をみるべきです。ほかの競合企業が金融業界で行っていることだけでなく、米国内外の金融業界や非金融業界、特にビッグテックが行っていることをみるべきです。顧客中心に考えていれば、顧客とこれらの企業との接点から顧客の求めているサービス品質が決まってきます。アプリを起動した瞬間から、ほかのアプリでの体験とあなたのアプリを比較しているのです。ネットフリックスを開き、ネットフリックスが何か新しくてシンプルで直感的なことをすれば、人々はすぐに「なぜ銀行ではできないのか。簡単そうにみえるのに、なぜ彼らは同じようにしていないのか」と思うでしょう。多くの場合は可能ですが、銀行が規制されているためにできないこともあります。私たちには特定の情報が必要なので、メールと電話番号を入力するだけで口座をつくることはできません。すなわち、口座作成には本人確認が必要なのです」

ビル・ウォーレス氏

ＪＰモルガン・チェース、コンシューマー＆コミュニティ・バンキング向けデジタル部門責任者

データは空気

「銀行はお金に関するインフラの提供から、世界のお金に関する問題を解決することに役割が移行しており、このことには意思決定がかかわってきます。お金というインフラの提供が銀行の中心的な価値でした。銀行に預けてあるお金が、顧客が人生や事業で使えるお金であり、顧客は決済し、収入を入金し、さらにローンを組み、貯蓄したお金から利子を得ることができました。私たちはこれらのインフラを構築してきましたが、ここからデジタル化をすることでより価値を高めることができます。私たちはお金のインフラからお金に関する意思決定に役割を移行できるのです。お金を使うべきか貯めるべきか、投資すべきか、どうやって投資すべきか、どのようなリスクを考慮すべきか、私のお金はどう使うべきかといった問題を解決するのです。お金の使い方に関する悩みを取り除く人が必要です。デジタル化が可能にするのは、より豊かで付加価値の高いサービス提供です。そのためにはデータの獲得がすべてなのです。テクノロジーを利活用することで、人々や企業にお金に関するよりよい意思決定をするための実用的なインサイトを提供できます。これはデジタル化の過程で最もエキサイティングな部分であり、銀行の価値変革を起こしているのです」

カルロス・トレス・ビーラ氏

BBVAグループ、会長

だれかがデータは石油だといったが、私はそうは思わない。石油は限られているので貴重な化石燃料であり、最終的にはなくなる。しかし、データが枯渇することはなく、不足することもない。私たちは現在、人類史上かつてないほど多くのデータを生み出している。私たちは毎秒60テラバイトのデータをインターネットにアップロードしている。これは信じられないことだ。20年前なら、たった1テラバイトのデータを分析するだけで何百万ドルものコストがかかっていた。いまでは毎秒60テラバイトをアップロードしている。そう考えると、過去2年間に生まれたデータ量は過去５０００年間に生み出した人類のデータ量よりも多いのである。

ここで問題なのは、あらゆるところにデータが存在するため、もしそのデータがふるいにかけられていないとしたら圧倒的なデータ量になってしまうことだ。だからこそ、データは空気のようなものであるといえる。空気が汚染されていると息ができない。構造化されておらず、バラバラなデータでも同じことがいえる。対照的に、分析されたデータは、私たちがきちんと呼吸をするために必要とする浄化された空気であり、銀行であればたくさんの空気が必要だ。現在、銀行のデータという空気は汚染されているだけでなく、優れた浄化技術をもつ企業に盗まれている。だからこそ、銀行はデータの浄化に長けているインターネット系大企業をおそれている。浄化されたデータを分析することで、ビジネスチャンスを見つけることが可能になる。さらにデータを単に活用できるだけでなく、それをより高度に分析することもできる。そこでＡＩが登場する。毎秒60テラバイトもの大量のデータを取得して浄化し、真の酸素がどこにあるかを解明して澄んだ空気にするのである。

　データを浄化するためには、優れた分析技術だけでなく、ＡＩを適用するための優れたデータアーキテクチャも必要だ。

　どのくらいデータの浄化をできているか、という質問をいくつかの銀行に尋ねたが、ここではフォレスター・グループの数字を使って説明する。フォレスター・グループの推定では、平均的な企業はデータの3％しかタグづけしておらず、分析に用いているのはデータの1％未満である。私は本当にそんなに少ないのか銀行に尋ねてみた。

　すると、私が話を聞いたすべての銀行の人が肯定したのである。データは銀行の中核資産であり、最大限活用されるべきであるが、ほとんどの銀行のデータはひどい状態にある。データが異なるシステム内でロックされており、どのシステムにも共有も補完もされておらず、顧客データを一元管理することは非常に困難な状態である。実際に実行するのはむずかしいのである。しかし、ライフスタイルに関するデータを活用することが、今日における重要な差別化要因であるため、実行していく必要がある。アマゾン、グーグル、アリババ、テンセントはデータ活用が本当に上手であり、データ活用を生業とする企業がインターネット上では生まれている。データ利活用において彼らが称賛される理由だ。私たちがおそれるのも、彼らがデータを発掘、整理、分析する方法を本当に理解しているからである。

実際、テクノロジー系企業は何年も前から、予測分析に使うテラバイト単位のデータを発掘、整理、分析することで、顧客データの一元管理を実現するよう銀行に求めてきた。しかし、テラバイトのデータを発掘、整理、分析するのに莫大な費用がかかっていたため、これを実行できるのは大企業だけだった。今日、私たちはデータの海で溺れており、きちんとそのなかで泳げる銀行だけが生き残るだろう。きちんと泳げるということは、整備されたデータアーキテクチャ、データを利活用する方法、データを構造化する方法、データにタグをつける方法などを明確にすることである。

10年後には、あらゆる企業が顧客のマーケティングとサービスにAIを利用するようになり、データが生き残りの鍵となるが、問題は「だれがデータを最もうまく利用しているか」ということだ。アマゾン、アリババ、そしてインターネット上で生まれたその同業他社はデータをうまく利用している。私たちはそれらの会社と同じくらい、データを活用するのがうまい会社になりたいと思っている。しかし、「私たちが自分たちのデータをきちんと活用できているのか」という疑問が残る。

銀行が通信会社やテクノロジー系企業になり、通信会社やテクノロジー系企業が銀行になる状況下では、顧客データを最も知り尽くし、最もうまく利活用する企業だけが生き残る。

「以前はリテール、コーポレート、インベストメント・バンキングを分離していましたが、インターネット系企業ではこれらの部門分けはありません。これらの部門は常にピア・トゥー・ピアでまとめられています。顧客その本人からだけでなく、顧客がもっているさまざまな機器から、あらゆるデータがインターネット経由でやってきます。これは膨大な情報です。そのデータをほかのだれよりも有効に活用し、よりよく銀行事業を行うために生かすにはどうすればよいでしょうか。この変化によって多くの商品が再発明されるはずです」

陈坤德（Kunde Chen）氏

招商銀行、ＣＩＯ

ＡＩはダンプデータ（ＤＤ）では使えない

「私たちは、人生で最もストレスになるのはお金だということを知っています。顧客のお金の管理は銀行が得意としてきたことです。だが、いまやそれだけでは足りません。今日、バンキングは顧客ニーズとストレス要因を予測する必要があります。人間と人間に影響を与える要因を理解し、彼らが将来お金に関する意思決定をどうするのか、何を確認するか、何と関連しているかを理解しなければなりません」

デレク・ホワイト氏

ＢＢＶＡ、カスタマー・ソリューションの元グローバル・ヘッド

ＡＩとは人工知能のことだが、ダンプデータ（ＤＤ）ではＡＩは活用できない。バックオフィスのシ

ステムが脆弱な状態で、従来型の銀行がアップルやアマゾン、マーカスやモンゾと競争するのは不可能である。過去50年ほどの合併と買収によって多くの銀行が成長した。そのたびに、銀行は古いシステムを稼働させ続けた。なぜなら、中断期間と更新コストのリスクを負うよりも、システムを現状維持するほうがはるかに簡単だったからだ。しかし、この問題はずっと前に解決されるべきだった。いまでも、銀行には商品ごとに分断されたシステムのなかで、使用されず放置されているデータが大量にある。これらのダンプデータは活用することはできないデータになっている。

　その間、新しい銀行はライフスタイルに関するデータを分析することに長けているため、生活のなかで生まれるデータをすべて吸い上げている。日常生活のあらゆることについて、私が何を、どこで、いつ、どれだけ使ったかを銀行が教えてくれる。新しい銀行は生活のための銀行になり、旧来の銀行は旧来からある請求書を処理するためだけの銀行になった。旧来の銀行は公共料金、税金、ローン、住宅ローンの支払には使われているが、毎日顧客が何をしているのかわからない。これらはかつて銀行がもっていた重要なデータだった。顧客の属性と生活に関するあらゆることがわかる重要なデータだ。新しい銀行は、このようなデータを入手し、得意のデータ分析を行っている。旧来の銀行は、旧来のデータ、いわばダンプデータを保管しているだけだ。

　リテール顧客が中小企業としての顧客でもある場合にも、旧来の銀行がデータに関していかに遅れているかをみることができる。銀行は同じ顧客だとわからないのである。それは分断されたサイロ型システム構造のためである。多くの銀行が、顧客がクレジットカード、ローン、住宅ローンを契約しているかを知らないのも同じ理由からだ。各部門が顧客のプロファイルの一部をみているが、どの部署も全体像を把握していない。これは、データが事業口座、個人口座、カード用口座、ローン口座、住宅ローン口座という別々のバックオフィス・システムに保存されているためである。これではシナジーは生まれず、顧客データの統合や一元管理にも役立たない。

競合企業はデータをきちんと管理し、顧客データを一元管理できていることが今日の大きな問題である。彼らはデータをうまく扱うための仕組みをつくりだしてきた。一方ほとんどの銀行はデータを無駄にしているので、伝統的な銀行は競争することができていない。レガシーシステムの増改築、合併に次ぐ合併、商品中心の組織、分断されたサイロ型システム、社内政治、こういったもののうえに構築された基幹システムの老朽化は、ほとんどの伝統的な銀行システムに当てはまる組織構造である。

顧客やカスタマージャーニーではなく、商品や業績を中心に構築されている１９７０年代のシステムを採用している場合、顧客中心の運営を行うのは非常に困難である。たとえば顧客が銀行に電話をかけるときを考えてみよう。銀行に電話をかけたとき、彼らが最初に聞くのはあなたの名前と口座番号である。なぜなら、銀行はかけている人がだれであるかわからないからだが、電話番号がファイルにあるならば、電話をかけた際に自動的に電話番号から人物が特定されるべきだ。

その後、銀行からは厳しいセキュリティチェックが行われ、直近3回の決済内容（おそらく覚えている人は少ない）や暗証番号、住所の確認等々を求められる。銀行は顧客を把握しているはずなのになぜそのようなことが起きるのだろうか。それは、顧客を特定できないシステムが運用の中心で利用されているからだ。銀行のCEOがだれなのかを知るのと同じくらい、顧客を特定するのも大変だろう。そのような整理されていないデータは活用がむずかしい。

本当の問題は、銀行業界では伝統的に競争が少ないことだ。競合他社もデータに関しては無知なので、デジタル変革をする理由にならない。今日では、フィンテック企業、チャレンジャーバンク、ビッグテックが市場シェアを競い合っており、銀行は苦境に立たされている。何兆ドルもの資本金、何十億ドルもの資産、何百万人ものロイヤルティのある顧客、何世紀にもわたる歴史、当局規制、信頼感があるため、彼らはいまでも立場が安全だと感じているのかもしれない。しかし、もはやその考え方は通用しない。最低限、銀行は自身の顧客を把握する必要がある。

システムや業務に関するデータが断片化し、顧客の基本的な情報を理解していない銀行は、顧客のニーズに関するインサイトもなければ、将来もないだろう。

「データは分析の背景のようなものです。自身がもっているデータは何であるか、そして必要とするデータが何であるかを把握することが必要です。私が以前勤めていた会社では、まずデータを修正することを優先していました。そこではデータの修正に3年を費やしましたが、成果もインパクトも出せませんでした。それは配管を直していただけだったからです。まずはデータのユース・ケースを考える必要があります。次に、データをみて、データを修正し、ユース・ケースを継続的に確認しながら、データを分析します。なぜなら、これらのユース・ケースの大半はモデルをつくる作業と関係はしませんが、突然成果に結びつくからです。すなわち、データを使って絶えず改善する学習組織が重要なのです。継続的な改善を可能にするために、常にフィードバックループを回していくべきであり、継続的な改善がきわめて重要です」

サミーア・グプタ氏
ＤＢＳ銀行、最高分析責任者

顧客データで成功する秘訣

「大企業は収益見込みを立ててから事業企画書を書き、責任者と責任の範囲を定めた後に技術部門と話し合い、製品をつくり、最終的に市場にリリースします。スタートアップは顧客が抱えている課題から考え始めます。彼らは顧客問題を解決し、そのソリューションを拡大し、最終的にどのように収益化するかを考えています」

デレク・ホワイト氏
ＢＢＶＡ、カスタマー・ソリューションの元グローバル・ヘッド

銀行はデータをうまく扱おうとするが、顧客とのコミュニケーションが下手であるために問題を起こす。その好例がオランダのＩＮＧ銀行で、２０１４年春に、顧客にパーソナライズされたオファーを提

供するために、顧客データを販売する検討を始めた。メディアの反発は非常に大きく、その1週間後、銀行の会長は、銀行は販売実施を行わないと発表した。

> 「ビッグデータの利用は多くのビジネス機会を生みますが、同時に注意が必要です。プライバシーは非常にデリケートな問題であり、ＩＮＧ銀行の最優先事項は顧客の個人情報の保護であると十分に認識しています。したがって、ＩＮＧ銀行は、追跡可能な個人情報を第三者に提供することはありません。ＩＮＧ銀行は顧客から許可されている場合に限り、顧客の個人情報を使用することを約束します。私たちは、常に自らの事業規則にのっとり、ルールと規制にのっとって行動します」（注8）

興味深いことに、顧客データを銀行内で活用することについては、何年も前から多くの議論がなされてきた。ただこれはメディアの大きな抵抗に常にさらされ、その結果、顧客の抵抗を毎回受けてきた。このことは、主要なビジネス紙の見出しをみるとわかる。

> 「気配りか不気味か　英国の銀行は顧客維持に使いすぎアラームを提供」
>
> ロイター通信（注9）

「銀行や小売業はあなたのネット行動を追跡している」

ニューヨーク・タイムズ（注10）

当時のこの2つの見出しに対する反応は否定的であった。私を追跡・追尾しないでほしい、私のお金の使い方に口を出すな、私のことは放っておいてデータを安全に保管のみしてほしい、といったものである。しかし、記事全体を読んでみると、理解できる部分もある。

ロイター通信の記事によると、

「デジタル銀行はまた、保険から電力・ガスまで、さまざまな商品をレコメンドするために顧客データをさらに利用しようとしている。ＨＳＢＣは、将来的には使いすぎアラームが徐々に顧客の消費習慣の変化に沿っていくと期待している。ＨＳＢＣのデジタルデータ開発のグローバル・ヘッド、ジョシュ・ボトムリー氏によると、データ利用にカジュアルで親しみやすい態度をとる人もいるという。彼はロイターのインタビューで、「ジムの個人トレーナーのようなものとして受け入れられ始めている」と語った」

ニューヨーク・タイムズでは、

> 「スマートフォンの画面やキーボードで、押したり、スクロールしたり、タイプしたりする操作は、指紋や顔の特徴と同じくらい個性がある。詐欺対策として、ウェブサイトやアプリを利用する訪問者の身体的な動きを追跡する銀行や小売店が増えている」

言い換えれば、それらを利用することで金融データへのアクセスを保護し、詐欺師やハッカーの侵入を防ぐことができるということだ。銀行が顧客からの理解と許可を得たうえで、タイプ、スワイプ、タップによるバイオメトリクス分析が本人確認に限定されるのなら、よいことではないか。

このことはデータ利用に関する問題の核心である。もし銀行やその他の組織が許可なく私たちのデータを利用すれば、それは問題であるが、コミュニケーションすべてにかかわる問題でもある。なぜなら、デジタル時代ではデータはお金だからだ。その情報は最も秘密にされるべきものの1つだ。金融データからは顧客の資産価値や収入がわかるが、多くの場合彼らのパートナーさえも知らない情報である。踏み入ることはタブーであり、普通は立ち入らないものである。

だから、顧客はお金に関するデータはだれにもみられないよう安全に保管しておきたい気持ちがある。顧客はデータを共有したり、追跡したり、活用したり、売ったりされたくない。このことは2018年の調査で例証されており、英国の顧客の77%がデータを第三者と共有することを懸念していた。一方では、英国のオープン・バンキング規制が銀行に共有することを強制している（注11）。もちろん、規制当局は顧客の損失を招くような行為を容認しないため、顧客にはリスクがない。にもかかわらず、顧客は自分のデータに他人がアクセスするリスクを懸念している。

この状況は銀行にジレンマを発生させる。彼らはそのデータがお金になることを知っているが、どのように使用すべきなのかというジレンマである。ここでは、優れたコミュニケーションスキルが求められる。特に、欧州のＰＳＤ２やオープン・バンキング規制などの規制により、銀行は顧客データを第三者と共有することを余儀なくされている。銀行が自分のデータを共有することを知っても、それが安全でお金を節約できるよい取引であると知れば、顧客も前向きに検討するだろう。

- 銀行はあなたのデータを「分析」して、安全にする
- 銀行はあなたのデータを「活用」して、お金の節約を支援する
- 銀行はあなたのデータを「共有」して、よい取引を実現する

データ戦争で生き残るために必要なのは、まさに上記のようなきちんとした顧客中心のコミュニケーションである。

「信頼の問題なのです。辞書的な意味での信頼ではなく、人間を中心に据えた設計と行動経済学を駆使しながらデジタル・バンキングで信頼を構築する方法は、店舗での対面のやり方とはまったく違うということを認識することなのです。お金の意思決定を行うのが顧客自身となる新しいＤＩＹの世界で信頼を築くことは難題です。私たちはお金の問題についてはだれにも話しません

が、他人と相談して意思決定をするのは好きなものです。銀行は人々が自分のお金とどのようにかかわり合い、意思決定にどのように他人を巻き込みたいかという心情を理解しなければなりません。この理解は特に重要であり、なぜなら、人は自分自身で決断しなければならないときにストレスを感じるうえに、お金は生活のなかで最もストレスの多い分野の1つだからです。人生で最も大きなストレスを抱えている人をどのように支援できるかを知ることは非常に重要です。デジタルの世界で、どのようにして彼らと信頼関係を築き、自分たちで決定を下す自信をもてるようにしてあげられるのでしょうか。私たちが彼らを支援したいことを伝え、適切な方法で信頼を築き、満足に足る顧客対応をすることです。そうすれば徐々にではあるが、デジタル上で顧客との信頼関係が構築できます」

デレク・ホワイト氏

BBVA、カスタマー・ソリューションの元グローバル・ヘッド

だれがデータを所有し管理するのか

「データ・ドリブン型企業になることは、われわれ社員の問題であると認識しています。データ・ドリブンは共通のテーマであり、社員の行動を変えようとしています。何年もの間、必要なときだけアクセス可能ではあったものの、社員は多くのデータにアクセスできずにいました。

データ・ドリブン企業はデータを民主化する必要があります。失敗した場合にどうなるかを認識したうえで、着実に安全な方法で民主化を行う必要があります。データの民主化は根本的な変化であり、1つは企業がデータを使い、実験を重ねながら意思決定を行うように変えていくことです。もう1つは、分析作業を少しずつ始め、その後大規模に行っていくことです。最大の課題はデータから結果を生み出す際に必要となる心構えです」

ポール・コッパン氏
DBS銀行、データ&トランスフォーメーション最高責任者

銀行業界では、何度も繰り返し議論されるテーマがある。大手銀行は生き残れるか、キャッシュレスになるのはいつか、いつ銀行は店舗がなくなるか、アルゴリズムはトレーダーの仕事を奪うのか、デジタル認証のスキームはいつ実現するのか、といったテーマである。最後のデジタル認証に関するテーマは、データの所有権とプライバシーに関する議論のなかで定期的に出てくる。人々が自分のデータの所有権をもつようになるのはいつか、人々はいつ自分のアイデンティティの所有権をもつのか、どうすれば人々は銀行や企業、政府から管理権限を取り戻し自らでこれらの権利を管理できるのだろうか、といった議論である。

一般に、データプライバシー、データ所有権、データアクセス許可、およびデータ管理の現在の仕組みは機能していないと考えられている。現在の仕組みのうえでは、個人の身元が政府によって発行さ

れ、証明されなければならない。また、銀行は口座を開く前に、何度も何度も本人確認をしなければならず、銀行口座がないと利用できないサービスも存在する。車を運転したり、外国を旅行したりせず、銀行口座をもっていない場合はどうなるか。そして政府または銀行発行の身元確認がない場合、その人物は存在しないことになるのだろうか。

たとえば、私の妻は銀行の立場では存在しないとされている。私と妻は共同投資口座を開こうとした。口座を開くために、銀行はパスポートまたは運転免許証といった身分証明書と、名前と住所が記載された少なくとも2つの公共料金の請求書を2人分もってくるよう求めた。私は問題なかったが、妻にはむずかしいことがわかった。彼女は旅行をしておらずパスポートの期限が切れていたのである。さらに、運転免許証はもっているが、出身国での試験で合格して発行されたもので、その外国免許証は英国の銀行では有効な証明書として認められていない。また、公共料金を支払っておらず、銀行の通帳しかもっていない。ただ、その通帳は電子登録で紙の証明書ではないので、名前と住所の証明としては認められない。

だから技術者たちは、身分証明の仕組みを市民自身の管理下にしようとするのである。実際、向こう10年で管理を市民や顧客が行えるようにしようと呼びかけている。中央管理をやめて各ユーザー側でデータを分散させるネットワークの民主化の実現だ。このテーマは向こう10年で最大の論点となるだろう。

それでは、どのようにして市民や顧客が自身のデータを管理できるようにするのか。

現在、ほとんどの銀行が、顧客データは銀行が管理していると考えている。銀行は顧客データを管理しているというのだが、顧客自身がデータを共有する許可を銀行に与えなければいけないため、銀行は実際には管理できているわけではない。また、相当複雑な許可の仕組みがあるために銀行がデータを共有することは非常に困難で、その点からいっても銀行は実際には管理していないといえる。つまり、メディアがデータを共有すれば危険にさらされると恐怖心を植えつけたとしても、結局のところ銀行は実際には管理していないのだ。

もしデータが中央集権化されるのなら、それは市民ではなく、国家によって管理される。先ほど述べたように、これは向こう10年で論点になるだろうが、私たちはデータが分散化され民主化されたネットワークに移行しようとしている。もし分散化され民主化されるなら、だれが管理するのか。それは金融機関でも政府でもなく、市民と顧客である。

デジタル銀行は中心がデジタル

「従来の仕組みで成功してきたとはいえ、現在の課題はすべて、いろいろな意味でのレガシーに関係しています。レガシーとは、たとえば買収や新製品の市場投入に伴って商品セットが膨張してきたことにより、何十年にもわたって積み重なってきたシステムのことで、膨大なレガシー商品、バッチシステムのレガシーホスト、レガシーＩＴなどがあります。これらは複雑で多様すぎるため、顧客が携帯電話などからデジタルでアクセスできるように変更するのはむずかしいのです。レガシーのもう1つの難点は、かつて私たちがその仕組みで成功した、ということです。仕組み自体が変化の障害なのです。私はジャック・ウェルチ氏の「組織の内部の変化が外部の変化についていけなくなったら、その組織の終わりは近い」という言葉を好んで使っています。現在、外部で起きている変化のペースは本当にとても早いため、そのペースに組織内部が何とかしてついていくのが大きな課題です。私たちは銀行であり、保守的な傾向があります。私たちは物事を変えない傾向があり、うまくいけばなおさらそれを変えない傾向があります。だから、これまでのやり方を維持しようとする力は、銀行のなかでは非常にきわめて強いのです。この慣習を変えることは本当に大きな難題なのです」

カルロス・トレス・ビーラ氏
BBVAグループ、会長

私がこれまでに会ったデジタル銀行は例外なく、インターネット時代に適したデジタル化を進めるために、その基幹システムを変更した。その方法は雪玉を転がすようにシステムを変更していくのが一般的であった。基幹システムの変更や、さらに組織的な変更も雪だるま式に扱うのだ。すなわち、最初は小さく始めて、雪だるまの玉が丘を転がり落ちるままにし、最終的にすべての雪が丘からなくなるまで、速度と大きさを増していくようにする。社員、顧客、組織、システムのなかのあらゆるレガシーの要素を排除しようとする際、一気に変えなくてもよい。小さな雪だるまの玉を転がすだけでよい。デジタル化は革命だと理解している銀行は、小さな規模で物事を始める。彼らはそれを断続的な変化であると考え、１つずつ、こつこつ変え続ける。

アナログからデジタルへの変革に力を入れ、かつそれをインターネット系大企業と同じ速さで行うため、彼らはゆっくりと、しかし確実に組織の変革を完遂するだろう。そのためには、データをうまく扱う必要がある。そしてデータをうまく扱うために、銀行は全社での統合データアーキテクチャ、顧客データの一元管理、合理的に刷新されたバックオフィス・システムが必要である。これを痛感したのは、何社かのチャレンジャーバンクと話したときだった。彼らは共通して「刷新」を進めていたのだ。私がいいたいのは、彼らが従来の銀行とはまったく異なる方法でテクノロジーに向き合っているということだ。伝統的な銀行は１９７０年代に基幹システムを導入し、すべての新技術をこのシステムのうえに追加してきた。その結果、銀行はレガシーシステムが枷となるために素早く変革ができない。新しいテクノロジーの時代になっても、銀行が適応できないのは、基幹システムが50年前のものだからだ。

新しいチャレンジャーバンクが行っていることは根本的に異なる。そのうちの1社は、２０１０年にオンライン・バンキングを開始し、２０１３年に満足のいく動作をしていなかった古いプラットフォームを捨て、新しいプラットフォームに刷新した。その後、２０１７年にもプラットフォームを再び刷新したのである。２つ目の銀行は２００３年にオンライン・バンキングを始め、現在第5世代のアーキテクチャが稼働中だ。私の計算だと、この銀行は3年ごとにテクノロジープラットフォームを一新している。なかなかすごいことだ。3つ目のチャレンジャーバンクは、アプリの根本的なアップデートを毎日、時には必要に応じて1日2回も提供できるという。実際には、通常は6カ月ごとに根本的なアップデートがなされ、アプリは毎週更新されている。伝統的な銀行で、3年ごとにシステムを刷新し、毎週アプリを更新しているところはどれくらいあるだろうか。ほとんどの伝統的な銀行にとっては、過去10年間に何かを刷新しているだけで驚くべきことだ。

これらの違いから、データに関して伝統的な銀行とチャレンジャーバンクとの間に大きな隔たりがあることがわかる。チャレンジャーバンクはゼロベースで始め、時代に応じたシステムを構築し、定期的に改修する。伝統的な銀行は、従来のシステムを所与のものとしてとらえ、時代に遅れないように一部のシステムを変更するものの、基幹システムはほぼ刷新しない。

顧客はこれらの違いに気づくだろうか。伝統的な銀行から得られる情報とチャレンジャーバンクのアプリから得られる情報には大きな違いがあることが認識され始めている。伝統的な銀行は、借方と貸方だけを記録する従来の銀行元帳システムで運営されているため、情報に対するインサイトや分析はほとんどないかまったくない。取引の記録の際にこのことがよくわかる。銀行は取引の一部だけを取引明細書に記録する。たとえば、顧客が電信送金支払を受け取り、銀行がそれを「ＩＣＥＮＩ ＬＬＰ １９８７６５２」であることを顧客に通知する。これは長い情報証跡を短くまとめた様式だが、それはお金がどこから来たのか、だれが送ったのかが顧客にはわからない。チャレンジャーバンクでは、取引情報の一部を捨てる１９７０年代のバックオフィスのシステムがないため、すべての取引を記録し、情報量はリッチになる。そのため、だれが送金したのかというだけではなく、顧客はダブルクリックしてドリルダウンし、何に関連する、いつ、だれが、どのように、なぜ送金したお金なのかを調べることができる。このほうがはるかに便利だ。

チャレンジャーバンクには夢がある。彼らは顧客がお金のことを考える必要がなくなることを夢みている。彼らは、銀行が完全に自動的に顧客のための金融サービスを運営し、アプリ、ＡＰＩ、分析を通じてあらゆるものとリンクできることを夢みている。伝統的な銀行は、その違いがわからないので、ひどいサービスのままだ。伝統的な銀行は借方と貸方を記録し、元帳サービスで取引明細書を提供するが、顧客はそれ以上得られない。やがて、顧客はこの違いに気づくだろう。結局、人々は伝統的な銀行がデータをうまく使えないこと、そしてチャレンジャーバンクの素晴らしさに気づくだろう。いずれ状況は変わるに違いない。

なぜ銀行は基幹システムの変更をおそれる

「２００９年には、勝ち残るためには、どんなものであれ優れた技術をもっていなければならないと考え始めました。その本質は何でしょうか。マーク・ザッカーバーグ氏が「安定したインフラを使って素早く動くべきだ」というとおりですが、私たちのインフラは脆弱でした。したがって、私たちは銀行の基幹システムを全部再構築するために多くの時間を要しました。私たちが世界で戦える能力をもつ世界レベルの銀行を経営するのであれば、その中核が脆弱なシステムであってはならないからです。リスクを冒さなければならないのですが、銀行のシステムは非常に不安定でした。もう1つの問題は、コストをどのように正当化するかでした。ほかの国々でコア・バンキングのシステムを変更したとき、コストを正当化しませんでした。コストの正当化というのはただの信仰のようなもので、銀行に優れたオフィス空間と最新仕様の店舗が必要であるように、迅速にデジタル変革をするには、優れたコア・バンキングシステムが必要なのです。銀行のコア・バンキングシステムをデジタル化して、銀行をあるべき姿にするのは正しいことだと信じていました。２０１４年までに私たちはすべての基本的なコア・システムを修正しました。私たちは２０１４年にアプローチを変更しビッグテックやフィンテックに倣って、従来の対面チャネルでの成長戦略ではなく、デジタルによる成長戦略をとろうと考えるようになりました。私たちはフィンテックを脅威とみずに、むしろフィンテックを受け入れ、アイデアを集約する役割となって、フィンテックのシステムインテグレーターとなって銀行商品を開発しようと決意しました」

デイブ・グレドヒル氏
ＤＢＳ銀行、元ＣＩＯ

各社のＣＩＯのなかには、レガシーシステムがどれだけ古いかは問題ではなく、メンテナンス可能かどうか、目的にあっているかどうかが問題だとする人がいる。また、ＣＯＢＯＬは習得が容易であるため、プログラミングのシステムとしてはまったく問題がなく、依然として今日のいくつかのシステムに適しているとする人もいる。ＴＳＢ銀行（注12）の例があるように、基幹システムの変更は非常に困難でリスクが高いと指摘する人もいる。さらに、2つの異なる銀行の基幹システムを変更したが、それは推奨しないと述べる人もいる。いわく「システムを変えるのに3年がかかり、その間はほかの何も変えることができなくなる。3年後に、多額のコストをかけて銀行を破綻させるリスクも背負ってつくった新しいシステムが完成するが、結局はそのシステムでできることは以前と変わらない」

　これらの意見はすべて的外れだ。基幹システムの変更のリスクが高くコストも高かった前時代的な考え方なのだ。今日では、マイクロサービス・アーキテクチャ、オープン・バンキング、何千ものフィンテック・スタートアップ企業が提供する優れた機能特化型サービス、プラグ&プレイソフトウェアによって、基幹システムの変更はそれほどむずかしくない。

　このやり方では、ＴＳＢ銀行のように一気にシステムの入れ替えを行うのではなく、少しずつ基幹システムを変更するアプローチをとる。つまり、巨象を食べるのなら、一口ずつ食べればよいのである。いまや多数存在する移行サービスを利用して、プロセス別、商品別、機能別に少しずつ基幹システムの変更を進めるべきだ。また、変更をどこから始めて、最終的にどうしたいのか、というビジョンを描くべきだ。

　基幹システムを変更するというビジョンにおいて重要なことは、そのシステムが顧客中心のシステムであり、商品中心にはしないことである。時代は事業中心から顧客中心に移行しているので、顧客中心のシステムにするための基幹システムの変更を推進すべきだ。

したがって、基幹システムの変更は、プログラムやレガシー、リスクに対応するためではなく、データをうまく使うために行われる。伝統的な大規模銀行では、顧客データが断片化されて商品所管部に保存されているので、顧客に対してデータを活用したマーケティングやサービスを行うことはできていない。顧客にデータをうまく活用したマーケティングやサービスを提供するため機械学習を利用するには、銀行は基幹システムを刷新しなければならないが、刷新しなければ顧客データ活用がはるかにうまい企業との厳しい競争に直面することになる。たとえば、もしアマゾンが銀行のように振る舞っていたとすると、書籍部門と音楽部門が話をしていないようなものだ。音楽部門と電子機器部門は連携しないし、小売業と卸売業、卸売業とクラウド事業は協力しないだろう。キンドル部門は書籍部門と話すらしないだろう。しかし顧客データを互いに共有しなければ、顧客が何を、いつ、どのように購入しているかを知ることはできない。

アマゾンはうまくデータを連携できているのに、なぜ銀行はしないのだろうか。それは銀行の歴史的なレガシーシステムと組織構造のせいである。銀行が文化の変革とデジタル化へのリーダーシップを必要とするのはこれらのためであり、従来の商品中心の組織を解体して、データ活用を推進する企業のように組織の連携を進めていかなければならない。

「アリペイとアント・フィナンシャルのようなビッグテック企業とは異なり、銀行は厳しい規制のもとで安定したオペレーションを維持しなければなりません。安定した事業運営をしながら、ほかのフィンテック企業との競争を、バランスをとりながら進める必要があります。顧客はオンラインでの行動が増えているため、顧客のニーズにあわせてすべての運用をオンラインに移行し、顧客のニーズを満たすためにより多くの技術を積極的に使用すべきです」

陈坤德（Kunde Chen）氏

招商銀行、ＣＩＯ

10年の時限爆弾

ミドルウェアを使うことで、基幹システムの刷新をせずにすまそうとする銀行もある。だが、現在の競争はこういった考えの銀行を壊滅させるだろう。アント・フィナンシャルのような企業は３、４年ごとにシステム・アーキテクチャ全体を刷新しているが、これはたまたま金融業を行っているテクノロジー系企業と、たまたまテクノロジーを利用している金融系企業との違いだと彼らは考えている。

もしテクノロジー優先なら、俊敏性が最優先事項である。ＡＰＩネットワーク内でＳＤＫを使用するマイクロサービス・アーキテクチャは更新サイクルが早く、スピード、変更、サービス、アップデート、俊敏性、ビジョンを重視している。もし金融優先なら、安定性が最優先事項である。それは、長期間変更しないことを前提とした、制御システムやサインオフ構造を使用した画一的、リスク回避的なアーキテクチャで、リスク、セキュリティ、安定性、コントロール、管理、コンプライアンスを重視するからである。

ロイターによると、米国の大手銀行のすべての基幹システムの43％が１９７０年代にＣＯＢＯＬで開発されたプログラムに基づいている。これらのシステムを理解している人々が引退したり亡くなったりしているため、これらのシステムの維持はますますむずかしくなっている。アジャイルな新しいシステムと安定した従来システムを結合させることが非常にむずかしいのもそのためだ。アマゾンやアリババが、運用保守のアップデート以外では20年間変えていないシステムであると想像してほしい。現在の急速に変化するオンライン環境では役に立たないだろう。

こういった事情のためレガシーな基幹システムをもつ銀行はその変更に最大10年かかる。10年後には、レイ・カーツワイル氏がいう、機械が人間よりも賢くなるシンギュラリティに近づく。機械が人間に近づいていき、話し、歩き、考え、見て、聞いて、触れて、嗅いで、感じるような世界で、ＣＯＢＯＬプログラム（米国の銀行の基幹システムの43％で使われる言語）で書かれたメインフレーム・システム（銀行の基幹システムの92％に使われている機械）を使うことはありえないだろう。これらの古いシステムを使っている銀行は、進化した新しいシステムを使っているフィンテック企業やビッグテックと競争しなければならない。

10年後、フィンテック企業やビッグテックがＡＩを使って毎秒何兆もの取引をリアルタイムで分析する一方で、銀行の基幹システムが夜間アップデートのバッチ処理で動いているとしたらどうにもならない。10年後、業界間と企業間のあらゆる競争がデータ分析に関するものになったとき、古いメインフレーム・システムでは競争についていけない。

10年後には、レガシー基幹システムをもつ銀行は生き残っていないだろう。そういった銀行は、文字どおり倒れることはないにしても、何千もの古いプログラムを動かしているうちにゆっくりと死が忍び寄り、規制当局や競合企業によって買収されるか、分割されるだろう。レガシー基幹システムは10年時限爆弾のようなものであり、10年後が銀行のタイムリミットだ。

レガシー基幹システムの刷新を望む銀行は、この実行に5年の期間が必要である。なぜなら非常に複雑な作業だからだ。リスクは低いが、簡単ではない。第一に、銀行は全社での統合データアーキテクチャを構築する必要がある。複数の独立したシステムにまたがる複雑なデータを、統合し、正規化し、分析し、整理して単一の明快なアーキテクチャとする必要がある。次に、データをクラウドに移動し、コンテンツ（データ）と処理（サーバ）を分離する必要がある。第三に、何をいつ、何と置き換えるかを段階的に特定し、その時点で一気に換える必要はないが、小規模に置き換えを進めていく必要がある。巨象を一口で食べてはいけない。一度では一口分だけだ。この最後の部分に5年かかる。5年だ。

「銀行と話をすると、マネーロンダリング防止システム、制裁承認システム、紛争管理システム、インサイダー取引システム、マーケティングシステム、最良執行システム、個人投資承認システムといったシステム名を耳にします。非常に多くの垂直独立型のシステムがあるため、多くのベンダーとの関係があり、多くの契約と多くの保守協定があるでしょう。また、重複している可能性があるインフラなどもあるかもしれません。私たちが実現した水平方向の統合プラットフォームは異なります。データ層そのものと、必要な計算能力をもつデータ層接続とを考えてみると、私たちがみるべきあらゆるリスクは、データを収集して処理する計算エンジン側に関するものであることがわかります。こうした取組みを行っている優れた競合他社もありますが、ＡＭＬのためだけにこうしたプラットフォームを構築しています。これらの競合他社はインフラ全体に対してこうしたプラットフォームを構築しているわけではありませんが、目的に対する戦略をもつべきですし、だれもがこの共通のアーキテクチャを利用できるようにしなければなりません。そうしなければ、ずっと苦労し続けるでしょう」

林子建（Lam Chee Kin）氏
ＤＢＳ銀行、法務コンプライアンス事務管理部長

日付が変わるまであと3分

問題は、もう日付が変わる3分前になっているのに、5年もかけられるのだろうかということだ。日付が変わるというのは銀行がシステムを企業データアーキテクチャに変更するには手遅れとなるタイミ

ングを指す。ほかの企業が、銀行の逃したビジネスチャンスをつかんでからでは遅い。

現在、プラットフォーム系大企業は、銀行が収益をあげているサービスである決済と貸出を無料で提供している。アマゾン、アリババなどは、自社プラットフォームへのトラフィックを増やすため、買い手や売り手に無料のローンや決済の提供を推進している。彼らは銀行業の商品やサービスから利益を得ることに関心がない。自社プラットフォーム上での商取引が増える見込みがあれば、彼らは無料で決済や貸出を提供する。それが現在の状況だ。

5年後には、これらの企業のほとんどがオープンＡＰＩを活用して、自社のプラットフォームでより多くのサービスを提供するようになるだろう。これらの企業は顧客の社会的、商業的なデジタル上での行動情報をすべて取得して、金融と連携させる。そして、顧客の日常ルーチンと行動を即座に把握し、顧客がどこで何をしているかを分析する。デジタル上での日常生活にあわせて、自動的に、そして無料で、1日を通してよりスマートな支出と貯蓄を行うためのアドバイスを顧客に提供するだろう。

したがって、5年後には、銀行は現在の事業から利益を得ることができなくなり、このような先を読み幅広くサービスしてくれる新しい世界で競争力をもつ必要がある。つまり、顧客データの一元管理が必須になる。銀行は商品中心のシステムや組織構造、決済取引、預金、ローンに特化したバックオフィス・システムでは生き残れない。商品中心のサイロ型システムと組織構造を変更しなければ、日付が変わる頃に銀行は力を失うことになる。

いまから10年後の世界がどのようなものになるのか正確にはわからないが、産業化からデジタル化への変化は止めようがない。プラットフォーム企業は、彼らのビジネスから染み出して無料でのローンや決済などで顧客に近づき、顧客のデジタルでの日常生活に関連したデータを手に入れ、ＡＩや機械学習によるインサイトを通じて支配を続けていくだろう。彼らはすでに先を行っている。プラットフォーム企業は、データを活用した顧客との関係構築、データを活用したマーケティング、ストレスの少ないお金の使い方の実現のために技術活用を進めている。銀行の商品中心のサイロ型システムでは太刀打ちできない。

「クラウドに移行しなければ、スケーラブルになれない、それが現実です。選択の余地はなく、大量のデータを本当に使いたいのなら、クラウドに移行する必要があります。独自のインフラへの導入を続けていれば、コスト爆弾を抱え、メリットは低下することになるでしょう。したがって、クラウドへの移行こそが鍵なのです」

サム・ウォング氏
ＤＢＳ銀行、グループ監査、データアナリティクス＆ロボティクス責任者

レガシーが引き起こす衝撃的な未来

２０１８年の夏、イタリアのジェノヴァでモランディ橋が崩壊して43人が死亡するという大惨事が起

図4.2　橋の一部が崩壊した後のモランディ橋の残骸

こった。その後、何が起きたのか、何がいけなかったのか、どうしてそうなってしまったのか、だれに責任があるのかについては多くの議論があった。

イタリア政府は高速道路の維持管理を担当していたアウトストラーデ・イタリアを非難した。アウトストラーデ・イタリアの最高経営責任者ジョヴァンニ・カステルッチ氏は記者会見でその事故について謝罪することを拒否した。「謝罪と責任は相互に関連する。自分に責任があると思ったら謝るべきだが、そうは思わない」と述べ、会社に責任がないことを示唆した。

「高架橋の工事や状態は常に監視監督されていた」と同社は声明のなかで述べたが、事故が起こる数週間前に土台を修理していた。橋が崩落したのは、橋脚の杭に大きな欠陥があったためとされており、その構造が交通量の多い道路を支えることができなかった。

その6年前、イタリアの労働組合コンフィンドゥストリアのジェノヴァ支部の元代表であったジョヴァンニ・カルビニ氏は、ジェノヴァのイル・セーコロ19紙のインタビューで「10年以内にはモランディ橋が崩壊し、私たちは何時間も交通渋滞に巻き込まれ、「改修をしない」といった人がだれかを思い出すだろう」と警告していた。

１９６０年代に建設されたモランディ橋は、イタリア北西部とフランスを結ぶA10高速道路の重要な接続点となった。貨物や観光客が港湾都市を往復する際に使う、国内で最もにぎわう橋の1つだった。一部の技術者によると、橋の建設に使われた技術には致命的な欠陥があり、橋が開通してからわずか20年で再建が必要になった。さまざまな角度で疑問と非難が出た。しかし、肝心なことは、43人が亡くなり、その原因はレガシー構造だったのである。

モランディ橋の崩壊とその死者数は、レガシーの刷新対応を描写するよい例である。崩壊後になされた議論は、何年か前に橋を改修すべきだったということ、改修の際のリスクがあまりにも大きすぎたために経営陣が改修を拒否し続けたということであった。事業を刷新することによるリスクが高すぎ、非常に大きな利益損失になる可能性があった。これこそが、何年か前に橋が閉鎖されず、橋を建設するために使われた技術が時代遅れのままであった本当の理由のように思われる。問題はわかっていたが、困難を伴う決定を避けたのだ。

これは、ほとんどの銀行のレガシーについてもみられ、困難を伴う決定は避けられている。実行に移すための理由が必要であれば、モランディ橋の崩壊を考えるべきだ。

「昔は年に8回のシステムリリースを行っていました。いまでは月に３０００回もの小規模リリースをしています」

ヴィンセント・ファン・デン・ボーグルト氏
オランダＩＮＧ銀行、ＣＥＯ

技術変化への対応（技術テストの欠点）

「資金だけでなく人的資源にも投資しなければなりません。技術者を信用しなければなりません。イノベーションは常にうまくいくものではないので、イノベーション事業は事業の観点から管理する必要があります。あくまでもテストなので、技術者に挑戦をさせなければならないのです。おそらく失敗もするでしょうが、イノベーション・チームを率いるのであれば、挑戦できるだけの余裕を与えなければなりません。これは、特に私にとって、まったく異なる文化であるといえます。イノベーション事業は伝統的な銀行業務とはまったく異なる業務です。銀行は従来の予算編成プロセスとは別にイノベーション事業の手順を構築しなければなりません。予算承認、ＫＰＩ、評価、敏捷性、改善といったことにも、従来とは異なる財務手続が必要になります。銀行はそれらを調整しなければならないし、イノベーションにふさわしくないルールは捨てて、試行錯誤を推進しなければなりません。これは従来とは別の業務なのです」

陳坤德（Kunde Chen）氏
招商銀行、ＣＩＯ

技術に対するよくある反応は、まずはその技術をテストすべきというものだ。技術のテストは、それが単なるテストであるということが問題だ。現実に即して設計されていない誤ったテスト設計によって、誤った結論を招く可能性がある。たとえば、ある英国の銀行では、新しい技術をまず1つの支店でテストし、その後すべての支店に展開できるかどうかを確認しようとした。このテストでは、ビデオ窓口や生体認証ＡＴＭなど、多くの革新的なアイデアが採用された。その銀行はいくつかのアイデアはよいと思ったが、生体認証ＡＴＭは顧客にとって押しつけがましいと考えて却下した。数年後、その銀行が生体認証ＡＴＭについて再度議論をした際には、ＣＥＯは「ああ、すでにそれを試してはみたが、うまくいかなかった」と語った。

この事例で興味深いのは、銀行が最初に行った生体認証ＡＴＭは虹彩スキャン技術をベースにしていたので、めんどうだと感じていた顧客にとっては、たしかに押しつけがましい技術だった。しかし、後者のバイオメトリクスＡＴＭは掌紋をベースにしていたため、うまく機能した。これら2つの技術は異なるものであり、時間とともに技術は進歩するものであるということを銀行の意思決定者に理解させるのがいかにむずかしいか、こういった例でわかる。

注意すべきは、銀行は常に技術をテストしているが、しばしば技術が実用化段階にはない時点でテストしているということである。結果として、技術が成熟しても、3~5年前にすでにその技術をテストしているため、銀行はそれが適した技術ではないと考えてしまう。

したがって、こういったテストは技術がもたらす利点を享受する以前に、ネガティブな影響をもたらす。銀行のなかには自分たちはイノベーターで常に新しい技術を取り入れようとしていると思っている銀行があるが、実際にはそうではなく技術の導入が遅れているところもある。テストを行うのが早すぎた技術は失敗として却下され、後の段階で再検討されることはない。テスト版・パイロット版での試行を行うことがある意味では代表的な金融文化になっているため、こういった姿勢を変えるのはむずかしい。ある会議で「この銀行にはアメリカン航空よりも多くのパイロットがいる」とジョークをいう銀行員もいるくらいである。

ここでクリティカルパスが発生し、銀行は新技術を見逃すことになる。いつの日か、その技術は本格的に利用できる時期になる。いますぐではないかもしれないが、1、2年のうちだ。そのときになったら、「ああ、すでにそれを試してはみたが、うまくいかなかった」という人が出てくるはずだ。だが、別の観点から「この技術が今後どうなるかを引き続きチェックすべきだ」という人も出てくる。

テストをしても却下はしない後者の文化の銀行は生き残る。テスト、再テスト、さらにうまくいくまで再テストを実行する。これが、金融界のテクノロジーリーダーと技術理解の遅れた人々の間の本質的な違いである。リーダーは技術をテストしても拒絶したりはしない。彼らはテストを行い、それが取り入れられるものかどうかをみて、だめであれば計画を練り直して再度やり直す。可能性を閉じずに断続的にテストを続ける。たしかに航空会社よりも多くのパイロットがいるかもしれないが、少なくともその銀行は飛び続けることができるのだ。

「私たちは本当の意味で破壊的かつ革新的であろうとしていますが、一方で与えられた枠組みを遵守しています。私たちは、金融業界において、私たちのやり方、方針、最適な条件を見つけようとしています。フィンテック企業はこうした課題をほとんど抱えていません。私たちは「たしかに私たちは厳しく規制されているが、そのことはまた信頼と自信という利益になる」と考えることによって、この課題とうまく付き合っています。金融事業で経験したことを、ほかの分野の顧客に活用することはできるでしょうか。顧客のお金に対する安心と安全を提供してきたという金融事業の経験を生かしてイノベーションを起こしていくことができるでしょうか。厳しく規制されている事実が顧客の銀行への信頼構築につながります。一長一短があるのです」

レムコ・ヴァン・ダー・ヴィアー氏
ＩＮＧ研究所長

クラウド上の金融

「自社の20倍の規模のインフラを備えた競合他社をみたとき、「どこでこんなにも違ってしまったのか」という疑問をもたざるをえません。ただ、競合他社が私たちより3年早くアーキテクチャを刷新してくれたので、アマゾンやネットフリックスがしていることを参考にできるともいえます。巨大なハードウェアであるメインフレームの改修は、一度その決定を下すと、なかなかやめることができません。開発中は何もできなくなりますが、それを受け入れなければなりません。しかも、メインフレームは非常に高価なシステムです。一方で、私たちはネットフリックスやアマゾンなどの企業がクラウドベースのサービスを活用しているのを参考にできたタイミングだったので非常に幸運でした。結果として、私たちは巨大なハードウェアであるメインフレームのシステムとデータセンターを約8分の1に規模を縮小しながらも、はるかに高い計算能力を獲得できたのです」

林淑慧（Chng Sok Hui）氏
DBS銀行、CFO

「私たちはプライベート・クラウド環境を構築しましたが、多数のクラウド・プロバイダと協力したことによって、そのようなクラウド環境により高い機密性のデータを格納することに問題がないと感じられるまでになりました。私たちは顧客のプライバシーにかかわるデータを保護する義務がありますが、プライベート・クラウドがその業務に適していると思っています」

ビル・ウォーレス氏

ＪＰモルガン・チェース、コンシューマー&コミュニティ・バンキング向けデジタル部門責任者

デジタル化において銀行に共通するもう1つの特徴は、基幹システムのアーキテクチャの刷新において、クラウド・コンピューティングを将来のデジタル基盤の中心に据えてきたことだ。私がクラウド・コンピューティングについて書き始めたのは２０００年代のことだ。当時、多くの銀行はこのアイデアを「規制当局がそれを許さないはずだ」として退けた。その後、規制当局はいくつかの国でクラウドを許可したが、銀行は当局の姿勢で混乱した。たとえば、顧客データにクラウド・サービスを利用している状態で、プロバイダがデータを侵害された場合に、責任の所在がむずかしい。その結果、重要なデータをクラウドに移行することに抵抗した。今日でも、この問題で一部の銀行は困惑している。いつになればクラウドを利用できるのか、クラウドを使用できないのはどのような場合なのかといったことである。

このような混乱のため、ほとんどの金融の専門家はクラウド関連には注意を払っている。たとえば、

英国の規制機関である健全性規制機構（ＰＲＡ）は、クラウドを「アウトソーシング」と定義し、金融機関に対して、アウトソーシングと同じ規制義務を遵守するように通知している。現在では、欧州の法律（ＧＤＰＲとＰＳＤ２）にもプライバシーとデータ管理の要件がある。

このような規制があるので、クラウド・サービスの利用に大きな壁があることは理解にかたくない。しかし、クラウド・コンピューティングは大きな進歩を遂げてきたため、もはや必ずしも困難とはいえない。当初はソフトウェア・アズ・ア・サービス（ＳａａＳ）だけだったが、現在では何でも・アズ・ア・サービス、もちろんバンキング・アズ・ア・サービス（ＢａａＳ）もある。にもかかわらず、ほとんどの銀行は、通常はハードウェア、インフラ、および給与計算など顧客関連以外の業務の一部（おそらく20％）のみをクラウドに移行している。こういった業務では、アマゾンやマイクロソフト、アリバなどのサードパーティーのプロバイダによって完全に管理されているパブリック・クラウドではなく、むしろ銀行がコントロール・管理している「プライベート・クラウド」と呼ばれるクラウド上にある場合も多い。

デジタル化が成功している銀行は、事業用顧客データベースでのデータ分析が必要であることをきちんと理解しており、プライベート・クラウド・サービスを利用して行っている。規制要件によっては顧客データを国内に保管する必要があることを認識しているため、多くの場合、顧客データをこれらのクラウドシステムの自社システム領域に配置している。こうすることによって、銀行が変化に抵抗する際によくいう「規制当局がそれを許さない」という意見を抑えられる。

オーストラリア・コモンウェルス銀行（ＣＢＡ）の元ＣＩＯであったマイケル・ハート氏の話がよい例だ。彼はバックオフィスのほとんどをインフラストラクチャー・アズ・ア・サービス（ＩａａＳ）に移行する案を経営陣に提示した。経営陣は検討したものの当局が許可をしないはずだという理由で却下し、彼に別の案を出すように指示した。６カ月後。ハート氏は同じ計画を取締役会に提示した。ＣＥＯはイライラして、当局の許可が得られないのが明確ななかで、なぜ同じ案を出すのかと尋ねた。すると、ハート氏はオーストラリア準備銀行の総裁を会議室に連れてきた。そして、総裁はＩａａＳ計画を支持し、問題ないと述べた。その結果、ＣＢＡはＩａａＳに移行し、運用コストの35％を削減しただけでなく、はるかに対応が早くなった。

規制当局がそれを許していないという主張は変化に対する容易な反論であり、デジタル変革を推進しているだれもが「本当に直接当局に照会したのか」と尋ねるべきである。当局がそれを許さないはずだと仮定してはいけない。

デジタル変革を推進しているいくつかの銀行はクラウド・コンピューティングをさらに活用し、業務の80％をクラウドに移行している。その理由は、顧客や事業の要求に応じて柔軟に対応できるからだ。すべてを自社で開発し、保守し、内製化する場合よりもはるかに容易に、システムの負荷、能力、消費量を管理できる。いまや、クラウドを利用することによって、銀行システムのコストが設備投資（ＣａｐＥｘ）ではなく、コンピューティングのニーズに対応した運用経費（ＯｐＥｘ）に移行できることを何年も前から私は知っていたが、革新的なデジタル変革にクラウド利用が一貫して重要であるとは予想していなかった。実際、インタビューをしたほとんどの銀行が、ＡＷＳ、マイクロソフト・アジュール、ネットフリックス・コンテンツ・デリバリー、アリババ・クラウド（阿里雲）の利用は、事業の重要な要素である俊敏性に不可欠だと考えている。

ＪＰモルガン・チェースのような大手銀行でさえそうである。ＪＰモルガン・チェースは２０１６年に独自のプライベート・クラウドを構築し、いくつかのアプリケーションを２０１７年5月にプライベート・クラウドに移行した。ビジネス・インサイダー紙によると、「業界の先駆者となったが、銀行業界の多くはサイバーセキュリティや運用上、規制上の懸念から、データや重要なアプリケーションをクラウドに移行することに慎重になっている」（注13）とのことだ。

これは、銀行業界の多くの人がいまだに理解できていないことを意味する。すなわち、システムの管理・構築・開発をすべて自分でやっていてはうまくいかないのである。思い切って変えることをおそれる銀行家が大勢いる。彼らは規制当局を警戒し、第三者が顧客のデータを入手できるようになることを強く懸念しているが、規制当局は実際には問題にしていない。ひょっとすると、個人レベルの問題に置き換えるほうがよいかもしれない。あなたはクラウドを使っているか。私もかつては使っていなかった。私は用心深いので、データはすべてローカルハードディスクに保存していた。しかし、クラウド・プロバイダは自分のデータを勝手にみたり、最悪の場合には失くしたりするだろうか。私はいまやすべてのデータをクラウドに保存して、ＷｉＦｉがあれば、必要な時にいつでもどこでもデータにアクセスできるようになった。

これは、クラウド・ベースの情報ビジネスの利点である。必要な人がいつでもどこでもデータを利用できる。さらに、データが保存されているノートパソコンを従業員が自宅に持ち帰るリスクもなくなる。ノートパソコン上にローカルデータとして保管しておくよりも、銀行環境で保護されたクラウド上に保管するほうが安全である。

このやり方を理解している銀行は、規制の仕組みと中央銀行の監視のもとで、インフラ、運用、ソフトウェア、データに用いるプライベート・クラウド・サービスとパブリック・クラウド・サービスを巧みに組み合わせて利用している。これを実現している企業は、運用コストを大幅に、場合によっては半分にまで削減しながら、システムの柔軟性と機敏性を向上させた。長期的には、このことがどの銀行が生き残るかを決定づけるかもしれない。

「いまや私たちはクラウド世代です。だれもがクラウドに関する戦略を有していますが、全員が同じというわけではなく、多様な戦略があります。化粧したクラウドも多いのです。私たちは1つ、2つのクラウド・プロジェクトを実施しましたが、だれもが中核部分にまでクラウドを導入しているわけではありません。そのためには、非常に高度なエンジニアリングが必要であり、ほとんどの銀行は取り組めていないと思われますが、実行すればコスト当り収益率と処理能力が劇的に改善されます。一般的なクラウド・プロジェクトでは、ハードウェアは不要になりますがソフトウェアのコストは変わらないため、全体としてコストは約20％の削減になるはずです。この段階ではまだ人間がシステムを接続し、開発することが必要になります。その後、グーグルとネットフリックスを使ってソフトウェアをオープンソースに移行しました。この段階でソフトウェアの費用が不要になります。２０１８年現在、当社の事業の82％はクラウドを基盤としています。成功の尺度の1つは、事業運営に必要な物理的なサーバの数です。私たちの場合、２０１３年1月から現在までにサーバを80％減らしました。つまり、あらゆる新しい機能、デジタルでの商品とサービスが、80％削減されたハードウェアコストで稼働しているのです。そのなかで、オペレーティング・システムの数や実行数は、約３０００から1万３０００に増えました。つまり、4分の1の物理的コストで、5倍のことを実行していることになります。これは劇的な減少といえます。これにより、約80％のコスト削減を実現したのです」

デイブ・グレドヒル氏
ＤＢＳ銀行、元ＣＩＯ

銀行ＣＩＯがテクノロジー系企業をみる目

銀行家が技術者のいうことに懐疑的な理由は理解できる。何年もの間、技術者たちは技術の変化によって事業が脅かされていると言い続けてきた。彼らは事業が中抜きされる、時代に遅れないために変化しなければならない、技術に十分な投資をしていないなどと主張してきた。もちろん、彼らの目的は商品を売ることである。技術系企業は銀行に頻繁にシステムをアップグレードさせ、多くのシステムを購入させ、ソフトウェアを強化し、高額なプロジェクトを受注することを目的にしていた。

技術系企業は、不安をあおる売り方をしている。生命保険が、本人が将来亡くなったときに、残された家族の不安を取り除くという商品であるように、テクノロジーの営業は顧客の不安が原動力である。このシステムを購入しなければ、事業が停止することになって困らないか、変化を起こさなければあらゆるものが脅威になるといった営業だ。実際そのほとんどは正しい。変化しなければ、あらゆることが脅威となる。そのままでは道の真ん中で立ち往生してしまい、結局轢かれてしまうので、進まなければならない。ほとんどの銀行はゆっくりではあるが確実に変化し続けている。しかし、最大の脅威はレガシーが変化の足を引っ張ることだ。

多くの銀行では、予算の70～80％が現状維持、システム維持、業務継続に費やされているといわれている。そのため、新規投資の予算は厳しく圧迫されている。セレントによると、２０１７年の銀行のＩＴ支出に占める新規投資の割合はわずか27％である（注14）。残りの73％はメンテナンスに費やされている。全世界でみると、業務を継続しておくためだけに２０００億ドルが費やされていることになる。

ＪＰモルガン・チェースは、この課題に直面している銀行の好例である（注15）。２０１７年のＩＴ支出予算は95億ドルだったが、３分の１以下（30億ドル）が新規投資で、そのうちの６億ドルは新興フィンテック企業のソリューションに投資された。技術職は社員の５人に１人の割合に当たる５万人近くを雇用しており、開発・エンジニア職では3万1０００人以上、デジタル技術職では２５００人以上を雇用している。驚くべきことに、ＩＴ予算の80%は、数年前までは現状の維持に充てられていた。今日では予算の70%ほどであり、数年後は50%にすることが目標となっている。すなわち、予算の半分をデータとシステムに費やし、より早く、柔軟に、新しく、競争力をもてるようにするということだ。具体的には、年間50億~60億ドルをイノベーションの予算として費やす。２０１８年に欧州のフィンテックスタートアップに投資された総額は32億ドルで、これはＪＰモルガン・チェースの社内イノベーション予算の1年分にも満たない。

テクノロジー関連の予算の金額と用途で、デジタル変革に成功している銀行と、そうではない銀行を明確に線引きすることができる。もしその予算の大半が業務を継続することに費やされているなら、21世紀では生き残れない。

革命がやってくる

「中国では、インターネットの巨人たちがすでに伝統的な銀行のリテール事業に圧力と衝撃を与えてきています。当社の顧客の90%がアリペイとウィーチャットペイを利用しています。銀行の存在感は薄くなり、顧客サービスでの接点を失いつつあります。デジタル変革なしに銀行はこのショックに立ち向かうことはできません。私たちはデジタル変革に注力してきており、今後もこの路線を堅持していきます。デジタル変革を通じて、顧客とのより緊密な関係を構築し、大きな価値とよりよい顧客経験を創出しようとしています」

ミン・フア氏
招商銀行、戦略担当ヘッド

デジタル変革に苦労している金融機関の多くは、「デジタル変革は自分の近くではなく遠くで起こっている」と考えているがために苦労している。ウェルス・マネジメント部門は、顧客はいまでもリレーションシップ・マネージャーに人間味を求めていると考えている。法人部門は、顧客はあらゆる問題を解決できる人間をまだ必要としていると考えている。保険業界がいまだに注意を払っているのは、仲介業者によって運営される保険料の年率である。彼らはデジタル変革の緊急性を理解していない。

たとえば、ある銀行家はウェルス・マネジメントに関する会議で「スイスの平均的なプライベート・バンカーは62歳で平均的な顧客は75歳」と述べた。少し極端な意見ではあるが、彼がいいたかったのはほとんどの富は高齢者が所有しており、若者はまだ資産がないということであった。その主張には明らかな例外もあるが、一般論として、高齢者はウェルス・マネジメントを必要とし、対面での付き合いを好むということだ。少なくとも私はそういわれた。

しかし、この議論には2つ誤りがある。1つ目は、ひとたびだれかがテクノロジーを使う方法を伝えられれば、高齢者もテクノロジーをうまく使えるはずだという点である。よって、高齢者には昔ながらの伝統的なやり方で対応すべきという意見は、ある種の固定観念に囚われている。2つ目は、たいていの高齢者には子どもがいるので、その子どもが将来的にはその財産を相続することになる。彼らは62歳のプライベート・バンカーをどう思うだろうか。

世代ごとに考え方が異なるため、物事を世代ごとで考えることが真の変革につながるのである。金融革命は最終的には顧客によって引き起こされるが、テクノロジーがそれを可能にし、新しい機会を開いている。だからこそ、金融のあらゆる分野で、プログラムとテクノロジーの変化を伴うオープンなプラットフォームを通じて革新的なことが起きているのだ。何十億ドルもの資金がフィンテック企業に投資されているのはそのためだ。彼らは金融のある問題に対処するプログラムを書くことができ、その問題解決に長けている。したがって、デジタル化は小売業からエンターテインメントまでほかの業界に影響を与えているが、銀行業には与えていないという考え方は、昔ながらの考え方にすぎない。

「1990年代後半におけるデジタル化とは物事をより効率的に行う方法でした。それは技術オペレーションのデジタル化の始まりでした。おもな焦点は、より効率的な銀行業務を提供し、テクノロジーを通じてコストを削減することでした。ここ数年で、デジタル化は顧客とのやりとりを決定するものになっています。顧客とのかかわり方が大きく変わりました。いまや銀行業界で競合他社と差別化する唯一の方法は、顧客とのデジタルでのやりとりであると確信しています」

ヴィンセント・ファン・デン・ボーグルト氏

オランダＩＮＧ銀行、ＣＥＯ

要点

本章の内容で覚えておいてほしいのは、銀行が20世紀のシステムの制約から脱却し、アーキテクチャを刷新しなければならないということである。システム・アーキテクチャだけでなく、顧客データを一元管理するためのデータアーキテクチャ、そして開発アーキテクチャをマイクロサービスで運用するべきである。さらには、ビジネスとテクノロジーの相乗効果を生み出すために事業アーキテクチャを変更すべきである。これらは総じてむずかしいことではある。この課題に加えて、オープン・バンキングを通じてデータを共有し、ＡＰＩやアプリのプラットフォームを通じてプラグ＆プレイのプログラムを利用するにあたって、第三者のソフトウェア・プロバイダと協力する必要がある。まさに本当に変化の只中にいる。だからこそ、銀行は口先だけでなく、デジタル化を真の意味で理解し、そのＤＮＡをもつリーダーを必要としている。

顧客の課題

「多くの企業は、コストを低く抑えながら、多くの顧客から高い収益を得たいと考えています。しかし、多くの顧客、高品質の素晴らしいサービス、低コストという3つの目標は同時には実現できません。どの企業においても、３つの目標をすべて達成できる可能性は低いです。実際に、３つの目標を同時に達成できる伝統的な小売企業はほとんどありません。彼らは多くの顧客をもっているか、優れた経験を積んでいるか、低コストであるかのいずれかです。優れた業績の企業のなかには、２つの目標を達成できる企業はあっても、３つの目標すべてを達成できる企業は１つも存在しません。その理由は、従来の小売モデルは、人手によって、もしくは人が機械の助けを借りてサービスを提供しているからです。人のエネルギーは限られています。サービスに注意を払いすぎると、効率を低下させざるをえなくなります。それによって顧客数が減少してしまうのです。あるいは、サービスの質と顧客数の両方を重視したいのであれば、従業員数を増やさなければならず、そうすればコストが上がってしまいます。しかし、インターネット企業のなかには、われわれよりもデジタル化が進んでいるために、３つの目標を同時に達成できる企業があることに気づきました。デジタル化によって、３つの目標の間の対立を調整し、質の高いサービスを効率的に顧客に提供することを可能にしているだけでなく、より密接に将来のトレンドについていけるようになっているのです」

シュレイ・ガオ氏
招商銀行、リテール・バンキング部門副部門長

25年前、私はＢＰＲ（リエンジニアリング）プロジェクトに従事していた。住宅ローンのプロセスのような大きなプロジェクトは、銀行があまりにも多くの部門にまたがっているため、及び腰になることがほとんどで、私はいら立ちを感じていた。たいていは、段階的なプロセス改善のような、ちょっと直すだけのプロジェクトを行うことになる。銀行のボトムラインにおいて５％のコスト削減効果をもたらしたかもしれないが、信じられないほどつまらないものだった。

当時、そしていまでも私が思う大きな問題は、銀行が顧客を中心に構築されておらず、顧客に焦点を当てていないことである。銀行は顧客志向ではなく商品志向で内部に焦点を当てており、私たちの課題は、銀行を内部集中から外部へと開くことだった。そしてこの外部顧客へのフォーカスこそが、多くのデジタル変革が成し遂げようとしていることである。

たとえば銀行取引における問題は、顧客は「このシャツの代金を払いたい」とは思っていないことにある。彼らは「このシャツがほしい」と思っている。しかし、銀行は支払の目的ではなく、支払自体に焦点を当ててしまっている。顧客は、「住宅ローンが必要だ」とは思っておらず、「もっと大きな家を買

いたい」と考えている。しかし、銀行は転居の必要性よりも住宅ローンの手続に焦点をあわせてしまっているのだ。

私たちは25年前にも同様の議論をしていたが、もどかしいことに今日においても同じ議論を続けている。当時は、大規模な変革プロジェクトを実施すること自体が大きなリスクであった。変革とは、企業を刷新し、組織をサポートするインフラを再構築することを意味する。これは大きな挑戦であるため、プロジェクトに取り組んだ銀行のリーダーがほとんどいなかったのは、驚くべきことではない。

ところが今日では、さまざまな要因によって状況は一変した。

- 銀行は、建物や人を通じた物理的な流通を中心としたビジネスモデルに欠陥があることを知っており、ソフトウェアやサーバを通じたデジタルな流通を中心とした設計を行う変革プロジェクトが必要だと認識している。
- 銀行は今後10年間で、基幹システムをオープンＡＰＩやマイクロサービスがベースのアーキテクチャを採用した技術に移行しなければならないことを認識している。
- 銀行は、デジタル・プラットフォームによってコストを大幅に削減し、競争力を高めることができることを認識している。なぜそれを実行に移さないのだろうか。
- 銀行は、彼らの顧客を奪い、商品に挑み、彼らの利益を搾り取ろうとする、何千もの新しいスタートアップが存在することを知っており、生き残るには上記を実行しなければならない。

今日では、デジタル変革プロジェクトを通じて銀行を再構築することについて、さまざまな説得力ある理由があるが、どこから手をつければよいのだろうか。その答えは、常に顧客から始めることである。今日行った顧客とのやりとりを振り返って、それが本当にそのようなかたちで行われる必要があるのか、疑問をもつべきだ。たとえば、なぜ顧客は月初にすべての請求書を支払わねばならないのだろうか。それは彼らの給料が振り込まれるタイミングだからだ。では、なぜ一括で支払うのだろうか。それは、顧客が月の残金を把握できるからである。もし、購読料のような予期せぬ年間の請求が来たらどうするか。もちろん、彼らには支払ってもらわなければならない。それなら、私たちが月中を通して適宜アドバイスをして、何にいくら使っても大丈夫なのかを教えてあげたほうがよいのではないだろうか。

　多くの伝統的な銀行では、モバイルアプリケーションは古いレガシーシステム上に構築されており、今後発生しうるキャッシュフローの予測ではなく、純粋な過去の取引履歴のみを顧客に提供している。これは支店の残高を追跡するために構築された、古い銀行取引の台帳システムを反映したものにすぎない。厄介なのは、これまで銀行がこれらのシステムに手を入れてこなかったために、いまだに多くの銀行の中核を担っていることだ。これこそが、銀行がシステムを変革させ、顧客へ必要な情報を提供できるような、リアルタイムで人工知能や予測エンジンを搭載した最新のものへと移行すべき、もう1つの理由である。

　現状を打破しようとすると、あとは顧客が好むデジタル・インタラクションから、未来の顧客構造がみえてくる。顧客を中心とした銀行の設計から始め、そのビジョンに沿ったプロセス、構造、技術を構築する。こうすることで、私たちはもう古い世界観に囚われることがなくなる。

興味深いのは、伝統に縛られた状態から抜け出すだけでなく、世界を違った視点でみるようにしようという発想だ。銀行は金利や手数料にしか興味をもたない商品の押し売り屋になるのではなく、可能な限り多くの価値と情報を提供することにこだわる消費者の味方になることができる。これこそがデジタル変革プロジェクトのあるべき姿だ。

それはまるで、地球が平らだという考え方の地球平面銀行からコペルニクス的転回を経てコペルニクス銀行に変わるようなものだ。今日、ほとんどの銀行は平らな地球の世界に存在する。彼らの地球は宇宙の中心にあり、その中心に銀行の本店がある。本店から、ＣＥＯはさまざまな星や惑星が地球の周りを回っているようすをみる。月は会計システムで、夜間バッチでアップデートを行う。火星は営業担当役員の惑星であり、商品志向の販売員でいっぱいだ。土星は信用リスクの惑星で、顧客の周りを環で取り囲んでいる。金星は馴れ馴れしいマーケティング担当者でいっぱいである。水星は熱く、毎日マーケットで金を稼ぐ投資部門がある。そして太陽は、はるか彼方で光り輝いていて、そこに何があるかをみることはむずかしい。この星を「顧客の惑星」と呼ぶことにしよう。銀行からみると、太陽は銀行がある地球の周りを回っているように思える。

地球平面銀行においては、ほかの多くの惑星が邪魔をして、日食がしばしば起きる。星や惑星の動きに焦点が当てられすぎていて、実際にそこに何があるかをまったくみていない。地球平面銀行に行って、昼間にみえる光り輝く太陽こそが実は宇宙の中心なのだ、といったら、おそらく「ここから出て行ってドアを閉めろ！」という反応が返ってくるだろう。

次に、チャレンジャーバンクがどのように銀行を設計しているかをみてみよう。彼らはコペルニクス銀行となるように設計する。彼らは人々に、現在どのように銀行取引をしているのか、なぜそのやり方で取引するのか、そしてそのやり方で本当によいのかについて多くの質問をする。コペルニクス銀行をつくるには、顧客フォーカスグループではなく、人類学者が必要なのだ。

宇宙の中心である太陽（顧客）の周りを公転する惑星をいかに活用するかを重視する、コペルニクス銀行のビジョンを描けるようになると、真にクールな新しい銀行をつくり始めることができる。チャレンジャーバンクもまた、そのためには、リソースがないときに自分たちで何千ものことをやろうとするのではなく、一つひとつを得意とする１０００のスタートアップの１０００のＡＰＩを活用する必要があることを認識している。

このように、デジタル変革プログラムは、一部を変更するプロジェクトでも段階的な改善プロセスでもない。それは、文化的、構造的、技術的な側面における根本的な変革を意味する。そのような変化を成し遂げようとしていない銀行は、古い商品を、物理的な構造から単にデジタルなものに変えているだけにすぎない。それでは真のデジタル化には至らないのだ。

「多くの銀行が住宅ローンに力を入れていますが、私たちは顧客とのインタラクションが始まるところから考え直しました。それは物件探しに焦点を当てるということです。高速なＡＰＩを通じて取り込まれたサードパーティーのデータによって、顧客はスマートフォンをレンガの壁にかざすことで、拡張現実（ＡＲ）を利用して、壁越しに家の情報をみることができるようになるのです。その場所がいかに住みやすいか、いかに手頃な価格であるか、そしてその候補物件での生活において必要な、すべての情報を顧客に提供することができるのです。すべての情報、体験が１つに統合されてはじめて、住宅ローンにつながるのです」

デレク・ホワイト氏
BBVA、カスタマー・ソリューションの元グローバル・ヘッド

デジタル銀行は明確な顧客重視の原則に導かれる

「原則に立ち返りたいと思います。会社の文化は原則に対する理解と、実行するためのマッスルメモリー（身体がもつ運動神経の記憶）をもっているでしょうか。顧客重視の原則から始め、それを軸とした経営を行うための組織の再強化が必要なのです。会社の文化はカスタマージャーニーに目を向けているでしょうか。会社のトップはこれらの文化的な側面についてどのように考えているのでしょうか。そしてそれらをマッスルメモリーのようにビジネスに組み込むためには、どのような方法があるのでしょうか。この問いに対して、私たちにもできることがあります。上級職の人たちに対して、教育を行うのです。ＪＰモルガン・チェースには「リーダーシップ・エッ

ジ」という研修プログラムがあります。数名の上級職者にリーダーシップ・エッジのモジュールを教え、私たちの考え方を理解してもらい、ＡＰＩの可能性を伝えました。これにより、彼らはＡＰＩリポジトリを検索し、それについて考えるようになったのです。彼らはそれぞれ異なるビジネスを運営していましたが、自分たちのビジネスについて考え、ＡＰＩにアクセスできるようになった場合、何がビジネスに力を与えられるかを考えるようになったのです。私たちは一日中、この原則に沿ってさまざまなことを考えてきました。経営陣がデジタル化のビジネス価値を実感し、顧客の目線でこれをとらえるようにしなければなりません。そしてこの、顧客目線でとらえることこそが本質的な課題なのです。彼らは顧客目線でみていると思っているようですが、多くの場合、ビジネスの観点からみているのです」

ビル・ウォーレス氏
ＪＰモルガン・チェース、コンシューマー＆コミュニティ・バンキング向けデジタル部門責任者

デジタル銀行がデジタル化に成功している主な要因は、顧客を第一に考えていることにある。株主でも、投資家でも、四半期ボーナスでも、配当利回りでも、経費率でもない。顧客なのである。

大半の銀行において、このようなことはまれだ。なぜなら、リテール顧客は、重要度の低いものとしてとらえられているからだ。富裕層は価値のある顧客とみなされるが、それ以外の顧客は軽んじられている。彼らはたまに発生する当座貸越に対して高い手数料を請求され、それ以外の顧客（無料で銀行を

利用する人）より銀行のサービスに対して多く支払っている。

　そのため、銀行がリテール顧客や顧客体験、サービスに情熱を注いでいるという話をほとんど聞かない。ところが、シンガポールでＤＢＳ銀行と出会い、原点に返ってきた思いがした。ＣＦＯとの対談において、彼女は物事の構造において顧客がいかに重要であるかを詳細に語ってくれた。私は銀行のＣＦＯからこのような話が聞けるのは非常に珍しいとコメントした。なぜならたいていの場合、銀行のＣＦＯは顧客価値でなく株主価値を重視しているからだ。彼女からは、両方を得ることができるという答えが返ってきた。顧客と顧客体験に焦点を当てることによって利益が生まれ、めぐりめぐって、株主もリターンを得ることができるというのだ。彼女は、顧客価値と株主価値の間には、直接的な相関関係があることについても言及した。銀行のサービスの半分以上をデジタルで利用している顧客は、ほかの顧客に比べて2倍の利益を生み、2倍の満足度を得ているというのである。このことは、市場シェアが拡大する一方で経費率が低下しているという結果にも表れている。

　この直接的な相関関係は、本書で例示したいくつかのデジタル銀行において実証されている。顧客に最高のデジタル体験を提供しようと懸命に努力しているうちに、最終的にはアマゾンと同じように顧客に対してこだわるようになる。顧客へのこだわりは、結果として、顧客のロイヤルティ、熱狂的支持、市場シェア、収益性をもたらす。幸せな顧客によって幸せなビジネスがもたらされるのである。

　このシンプルな世界観によって配当がもたらされるわけであるが、幸せな顧客の前に出発点がある。それは幸せな人材だ。従業員はビジネスに関与し、ビジネスの一部となっていると実感していなければならない。従業員を厳しい管理の制約から解放することで、自由な従業員は幸せになり、幸せな人材は幸せな顧客を生み、幸せな顧客が幸せなビジネスを生み出すのである。私は何年もの間、「幸せな人材は幸せな顧客を生み、幸せな顧客は幸せなビジネスを生み出す」というモットーをもってきた。どのようにして幸せな人材を得ることができるのか。彼らに権限を与え、自由にさせる。そしてそのためには明確な原則が必要である。これは、デジタル銀行に共通するもう1つの要素だ。彼らは原則に基づいたビジネスを展開している。これこそが私たちのビジネスの目標であり、これに従って働く限り全員が成功する、という明瞭なかたちで、従業員とのコミュニケーションをとっているのである。

いうまでもなく、アマゾンは大きな影響力をもっている企業だ。そんなアマゾンには、会社やそこで働くすべての従業員に浸透している14の原則（プリンシプル）がある（注16）。

> チームを管理するマネージャーであるかどうかにかかわらず、アマゾンでは全員がリーダーです。ここにあげているリーダーシッププリンシプルは、すべてのアマゾニアンがこれに従って行動するよう心がけるべき信条です。
>
> **Customer Obsession**
>
> リーダーはお客様を起点に考え行動します。お客様から信頼を獲得し、維持していくために全力を尽くします。リーダーは競合にも注意は払いますが、何よりもお客様を中心に考えることにこだわり

ます。

Ownership

リーダーにはオーナーシップが必要です。リーダーは長期的視点で考え、短期的な結果のために、長期的な価値を犠牲にしません。リーダーは自分のチームだけでなく、会社全体のために行動します。リーダーは「それは私の仕事ではありません」とは決して口にしません。

Invent and Simplify

リーダーはチームにイノベーション（革新）とインベンション（創造）を求め、同時に常にシンプルな方法を模索します。リーダーは状況の変化に注意を払い、あらゆる場から新しいアイデアを探し出します。それは、自分たちが生み出したものだけに限りません。私たちは新しいアイデアを実行に移すとき、長期間にわたり外部に誤解される可能性があることも受け入れます。

Are Right, A Lot

リーダーは多くの場合、正しい判断を行います。優れた判断力と、経験に裏打ちされた直感を備えています。リーダーは多様な考え方を追求し、自らの考えを反証することもいといません。

Learn and Be Curious

リーダーは常に学び、自分自身を向上させ続けます。新たな可能性に好奇心をもち、探求します。

Hire and Develop the Best

リーダーはすべての採用や昇進における、評価の基準を引き上げます。優れた才能をもつ人材を見極め、組織全体のために積極的に活用します。リーダー自身がほかのリーダーを育成し、コーチングに真剣に取り組みます。私たちはすべての社員がさらに成長するための新しいメカニズムをつくりだします。

Insist on the Highest Standards

リーダーは常に高い水準を追求することにこだわります。多くの人にとり、この水準は高すぎると感じられるかもしれません。リーダーは継続的に求める水準を引き上げ、チームがより品質の高い商品やサービス、プロセスを実現できるように推進します。リーダーは水準を満たさないものは実行せず、問題が起こった際は確実に解決し、再び同じ問題が起きないように改善策を講じます。

Think Big

狭い視野で思考すると、大きな結果を得ることはできません。リーダーは大胆な方針と方向性を示すことによって成果を出します。リーダーはお客様のために従来と異なる新しい視点をもち、あらゆる可能性を模索します。

Bias for Action

ビジネスではスピードが重要です。多くの決定や行動はやり直すこともできるため、分析や検討を過剰に行う必要はありません。計算されたリスクをとることも大切です。

Frugality

私たちはより少ないリソースでより多くのことを実現します。倹約の精神は創意工夫、自立心、発明を育む源になります。スタッフの人数、予算、固定費は多ければよいというものではありません。

Earn Trust

リーダーは注意深く耳を傾け、率直に話し、相手に対し敬意をもって接します。たとえ気まずい思いをすることがあっても間違いは素直に認め、自分やチームの間違いを正当化しません。リーダーは常に自らを最高水準と比較し、評価します。

Dive Deep

リーダーは常にすべての業務に気を配り、詳細な点についても把握します。頻繁に現状を確認し、指標と個別の事例が合致していないときには疑問を呈します。リーダーがかかわるに値しない業務はありません。

Have Backbone; Disagree and Commit

リーダーは同意できない場合には、敬意をもって異議を唱えなければなりません。たとえそうすることがめんどうで労力を要することであっても、例外はありません。リーダーは、信念をもち、容易に諦めません。安易に妥協して馴れ合うことはしません。しかし、いざ決定がなされたら、全面的にコミットして取り組みます。

Deliver Results

リーダーはビジネス上の重要なインプットにフォーカスし、適正な品質で迅速に実行します。たとえ困難なことがあっても、立ち向かい、決して妥協しません。

デジタル化で成功を収めている銀行は、アマゾンやネットフリックスなどのビッグテック企業のよいところを吸収し、それを自分たちの経営の核にしようとしているのである。

顧客はデジタル・バンキングを望んでいるか

顧客は必ずしも純粋なデジタル銀行を望んでいるわけではなさそうだ。たとえば、米国ではムーヴンやシンプルのようなネオバンクがスタートしてから10年ほど経つが、ミレニアル世代のわずか３％しかデジタル銀行にメインの預金口座をもっていない。この割合はX世代では1・5％、ベビーブーム世代では０・８％にまで低下する。対して、ミレニアル世代の10人に４人以上が、３つの大手銀行（バンク・オブ・アメリカ、ＪＰモルガン・チェース、ウェルズ・ファーゴ）のいずれかにメインの預金口座をもっている。

一見、消費者はデジタル銀行を望んでいないようにみえるが、それは真実ではない。実際のところ、米国の大手銀行はデジタルへの移行を進めており、デジタル変革を推進することこそがデジタルな消費者のニーズに対応するうえで重要になってきている。それは顧客に対してデジタル・バンキングを提供することではなく、顧客に対してデジタルな方法で銀行サービスを提供することを意味する。これこそが、伝統的な銀行がデジタルへの転換に何十億ドルも投じている理由である。ブルームバーグによると、米国の大手銀行は毎年、欧州のフィンテック企業へのベンチャーキャピタル（ＶＣ）投資全体よりも多くのテクノロジー投資を行っているという（注17）。

伝統的な銀行の多くは、以下の３つのカテゴリーのいずれかに分類される。

- 真にデジタル変革を推進している
- デジタル変革について言及しているが実行に移していない
- まだデジタル変革について言及すらしていない

真のデジタル化を推進している銀行は、デジタル基盤を中心に、顧客本位の組織、商品やサービスの再編成、再配置を行っている。基幹システムは刷新され、データはクラウドに移行され、ＩＴ機能はもはや存在しない。これは、テクノロジーはもはや機能ではなくビジネスであるからだ。

あなたの銀行はどうだろうか。結局のところ、顧客は必ずしもデジタル銀行を望んでいるわけではない。

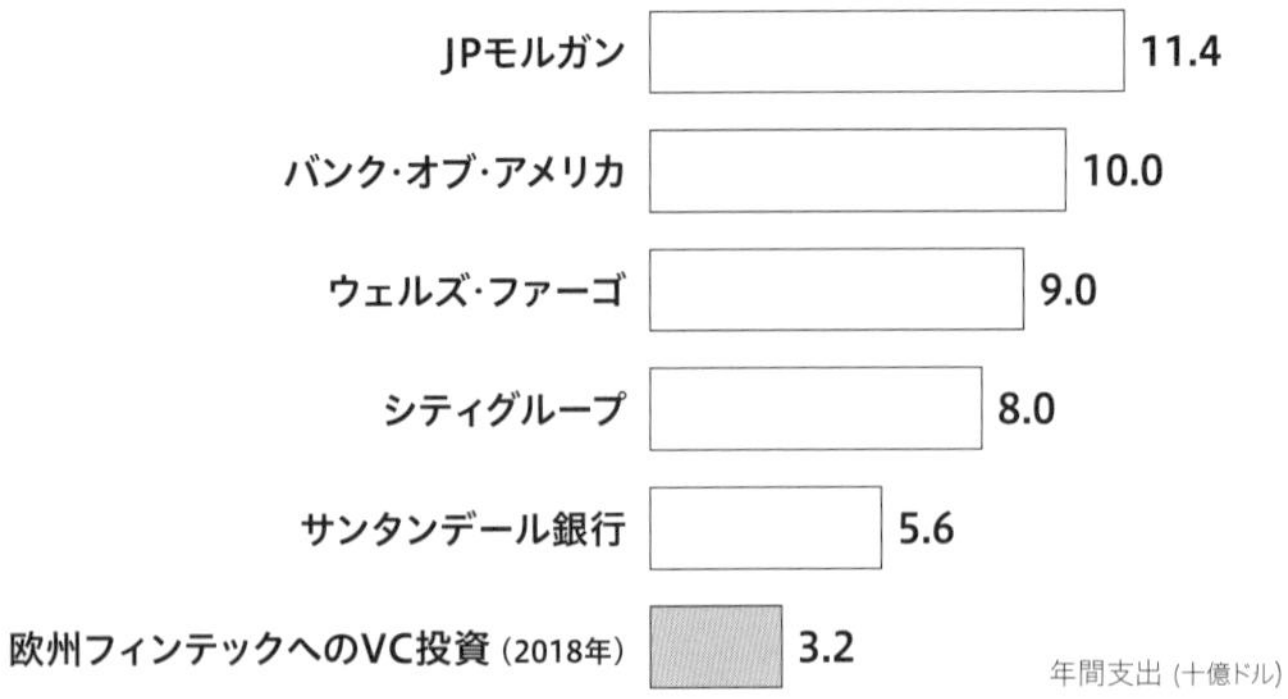

図4.3　多くの大手銀行の 2019年 IT支出は、欧州フィンテックへの投資額を大きく上回っている
出所：　各銀行ディスクロージャー、ブルームバーグ調査結果、ピッチブックのデータをもとにKPMGが作成したPulse of Fintech Report

彼らが求めているのはデジタルな方法で行動する銀行なのだ。

「私たちは最近モバイルアプリに機能を追加しましたが、いっさいそれを宣伝しませんでした。それは2つの画面に埋め込んだ機能だったのですが、たった2週間で10万人もの人がそれに気づいたのです。彼らはその機能を求めており、それが実現されたからでしょう。彼らは自分たちでその機能を見つけたのです。この機能は、カードの交換が必要な場合やカードを紛失した場合に、カードを無効にすることができる機能です。自宅でカードをなくしてしまって、どこにあるかわからないが、もしかしたら見つかるかもしれないと思ったら、この機能を使ってカードを無効化することができます。ただし、紛失したことがわかっている場合は、交換を依頼できます。まったく宣伝しませんでしたが、お客様は、ご自身で非常に早く発見されました」

ビル・ウォーレス氏

ＪＰモルガン・チェース、コンシューマー&コミュニティ・バンキング向けデジタル部門責任者

銀行を変えることは顧客を変えることだ

「お客様にとってシンプルでわかりやすいものにしよう。ほぼすべての会議でこの言葉に出くわします。機能のための機能を追加しないように、という言葉にも。顧客が必要としているか、顧

客がどのように使いたいかを確認すべきなのです」

ジェイソン・アレクサンダー氏
JPモルガン・チェース、コンシューマー&コミュニティ・バンキング向けデジタル・プラットフォーム責任者

「外部の専門家が、顧客にあまり関係のない機能でもアプリに押し込んでいく風潮があるようです。私たちは全体の環境をシンプルに維持しようとしています。調査会社やメディアが、さまざまな銀行のアプリを比較分析し、あるアプリのほうが別のアプリよりも多くの機能をもっているというかもしれません。だからといって、顧客にとってメリットがあるわけではありません。それは単に、より多くの機能をもっているだけなのです。ほかのことにこだわるのではなく、顧客にこだわるべきなのです」

ビル・ウォーレス氏
JPモルガン・チェース、コンシューマー&コミュニティ・バンキング向けデジタル部門責任者

友人の銀行員が、ほとんどの銀行がイノベーションと呼んでいるものは、実際にはビジネスの最適化であるといっていた。彼らは既存のプロセスを、より安く、より速く、より効果的、効率的にするために、テクノロジーを使って段階的に改善しているだけなのだ。この領域の1つにカスタマー・オンボーディングがある。新しいチャレンジャーバンクの多くは、有効な身分証明書をもって支店に来店するよ

う要求するのではなく、スマートフォンの写真、ビデオ、生体認証を使って数分でユーザーを登録している。これは数分から数日かかっていたプロセスをなくす明らかな改善だ。しかしそれは変革ではない。ただ改善されているだけなのである。

変革とは現状の金融に関する構造を再考し、根本から改善しようとするものだ。たとえば、金融機関による融資からＰ２Ｐレンディングへの変革がある。これは融資としては同じサービスを提供するものだが、従来とはまったく異なる。

真のイノベーションとはまったく新しいものであり、単にいまよりよい、あるいはいまと違うことをするのではない。例としてアリペイとウィーチャットペイがある。彼らはモバイル完結のマイクロサービスを提供しており、買い物からＳＮＳ、支払、貯蓄、借入れまであらゆることが可能となっている。

イノベーションは、現在行っていることをまったく新しい方法で行うことから、まったく新しいことを行うことまで、いくつかのサービスレベルに分類される。Ｐ２Ｐレンディングや、モバイルウォレットなど、中国の大手インターネット企業は、これまで行ってきたことをまったく新しい方法で行っている。これは変革的なイノベーションであり、これこそが私が探し求めているものである。

ほとんどの銀行では、これまでとまったく同じことをより早く安く行うという、業務の最適化から始めている。これまで行ってきたことを、従来のやり方に取って代わるまったく新しい方法で行うようにすれば、彼らはビジネスの変革へと移行できるかもしれない。そしてその先に、まったく新しいことを、従来のやり方に取って代わるまったく新しい方法で行うという、真のビジネスイノベーションがある。

産業時代の企業は、自らの構造を変え、デジタル化していくなかで、変革とイノベーションに向けて努力する必要がある。普段行っていることを、テクノロジーを使って、より早く安く行うだけではもはや十分ではない。テクノロジーにインスパイアされた新しい発想でゼロからスタートする必要がある。これはデジタルの世界で行われている、革新的イノベーションのまったく新しい構造をつくるということであり、未来の世界をかたちづくるものである。これこそが、Ｐ２Ｐレンダーやロボアドバイザー、ＡＰＩ市場のプレイヤー、中国やアフリカのモバイルウォレットプロバイダが行っている、旧世代に取って代わる次世代の金融を創造する、ということだ。そしてこれこそが、これまでのものを変革とイノベーションの両方で置き換えるということなのである。

銀行がこのような取組みに注目し、新しい構造を模倣しそれらに対抗するためにサービスを展開するのはよいことだが、問題は古いやり方をいつ廃止するかだ。新しいものをローンチしても古いものを取り去ることがないということは、ほとんどの銀行にとって常に最大の懸念事項である。これこそが、モバイルウォレットやアプリ、デジタルサービスを提供しても、支店業務やプロセスチェックが依然として残っている理由である。いつになったら紙と建物をなくせるのだろうか。

この課題に対する答えは、顧客が好きで使っている古いものを廃止する前に、顧客を引き連れるかたちでデジタルモデルを開発、育成、進化、成熟させなければならないということだ。顧客を連れてこなければならないのである。これは、多くの銀行が間違えている部分だ。結局のところ、銀行が支店を閉鎖したり、通帳への押印のような古いサービスの継続を拒否したりするたびに、なぜメディアは文句をいうのだろうか。それはすべて、変革的イノベーションとビジネス最適化のバランスを見つけることに関係する。変革であれ、イノベーションであれ、その両方であれ、課題は変化を達成することではなく、顧客を引き連れながら変化を達成することなのである。

銀行は顧客志向か

「カスタマージャーニーは、イベントの改善という非常に単純な出来事から始まりました。それから「デザイン思考をつくるとしたらどうだろう」という発想に至りました。私たちがデザインラボを設立したのは２０１１年頃のことです。デザインラボは、当時はただの一室でしたが、少なくとも私たちはそこでデザイン思考を始め、築き上げていきました。そこから人間中心のデザインへと発展し、アイデアを少しずつ積み重ね、時間をかけて改良を重ね、現在に至っています。これは正しいやり方だったと思っています」

デイブ・グレドヒル氏
ＤＢＳ銀行、元ＣＩＯ

先日ある食料品店に入った。その店の果物と野菜の品ぞろえは素晴らしく、すべての品がそろっていた。大小さまざまな赤・黄・緑ピーマン、人参、ズッキーニ、カリフラワー、オレンジ、リンゴ、バナナ、スイカ、メロン、マンゴー、マスカット、ブドウ、グレープフルーツなどである。

「店員さん、おはようございます」と私が声をかけると、

「おはようございます。レモンはいかがですか」と彼は尋ねた。

「実はパイナップルを買いに来たんです」と私は返事をした。

陳列されたパイナップルをみつめる私に対し、「あいにくパイナップルはないんですよ。レモンが必要でしょう」と彼はいった。

これには少し戸惑った。レモンは必要なかった。パイナップルパイをつくろうとしていたので、パイナップルがほしかった。「パイナップルパイをつくりたいのでパイナップルがほしいのですが」と私はいった。

「では、レモンケーキをつくったらどうでしょうか」と店員が尋ねてきた。

「レモンケーキはいりません。材料が足りないので」と私は返した。

店員は「ああ、そうなんですか、ではお役に立てると思います」というと深呼吸をして「ロッティ！」と叫んだ。「ロッティ、この男性にレモンケーキのレシピを教えて差し上げなさい」

私はイライラし始めていた。「いいですか、私はレモンもレモンケーキもレモンケーキのレシピもいりません。レシピも知っていて材料もそろっているパイナップルパイをつくるためのパイナップルがほしいのです」と私はいった。

「そうですか、パイナップルは売れません。ケーキ屋に行ってみてはいかがでしょうか」と店員はいった。

この話は、多くの顧客、特に法人顧客が銀行について感じていることを表している。銀行は商品から始めて、商品を顧客に押しつけようとする。銀行は顧客のニーズや問題を考えず、適切な解決策を見つけようとしない。そのかわりに商品と行内の事情に集中して、顧客に押しつけようとする。前記のシナリオは馬鹿げて聞こえるかもしれないが、私は実際にこれをみてきた。銀行は顧客を桃、リンゴ、レモンという異なるカテゴリーに分類する。もしあなたがレモンに分類されるなら、あなたが受け取るのはレモンなのである。

しかしながら、それだけではない。町にケーキ屋がなければ、自分でつくらなければならない。材料を選んで買ってきて焼かなければならない。レシピが必要で、そのとおりに調理をしなければならない。しかし、もし新しい会社が来て、あなたの好きなケーキを提供してくれたらどうだろうか。レモンやパイナップルを買わなくても、レモンケーキやパイナップルパイなど好きなものを注文すればよいのである。材料をたくさんそろえたかもしれないが、私たちはただ単にケーキがほしいだけなのだ！

銀行や保険会社が顧客志向になりたいのであれば、商品の枠を超えて実際のニーズを見極め、個々の商品ではなく総合的な解決策を提示しなければならない。これが、今後の金融機関の勝ち負けを決める線引きである。

適切な顧客にフォーカスしているか？

「人々はデジタルについて考えるとき、「デジタル化すべきか」という問いを受けると、今日やっている仕事を思い返し、それをどうやって自動化するかを考えるべきだ、というマインドセットに引き込まれていきます。それはよいアプローチとはいえないと思います。一歩下がって次の問いかけをしてみてください。顧客はだれか。顧客の困りごとは何か。彼らは何をしようとしているのか。今日では、その前提から始めてそこから構築していくという、よりよい方法があるのです」

ジェイソン・アレクサンダー氏
ＪＰモルガン・チェース、コンシューマー&コミュニティ・バンキング向けデジタル・プラットフォーム責任者

銀行が注目しなければならない新たな世代の消費者が出てきている。Z世代である。ミレニアル世代は過去10年で注目されてきた世代だ。ではZ世代とは何か。年齢別の内訳は次のようになる。

ベビーブーム世代：１９４４〜１９６４年に生まれた。現在56〜76歳（２０２０年時点）。

X世代：１９６５〜１９７９年に生まれた。現在41〜55歳。

Y世代：つまりミレニアル世代は１９８０〜１９９４年に生まれた。現在26〜40歳。

第一Y世代＝26歳以上30歳以下

第二Y世代＝31歳以上40歳以下

Z世代：最も新しい世代である。彼らは１９９５～２０１５年に生まれた。現在５～25歳。

ミレニアル世代がマネージャーになっている今日、われわれ銀行員がミレニアル世代に訴求しようとするのはおかしな話である。ミレニアル世代はもはやターゲットではない。ターゲットはZ世代だ。彼らを若いうちに引き込んで、生涯にわたって付き合っていくようにすべきだ。最近読んだエコノミスト誌のある記事の冒頭文をとても気に入っている。

「もしあなたが18歳［２０１９年時点で］であれば、アマゾンやグーグルよりも若いということになる。フェイスブックが登場した時に3歳になり、ユーチューブで4歳、スポティファイで５歳、ｉＰｈｏｎｅで6歳、ワッツアップで8歳になったのだ」（注18）

つまり、Z世代はデジタルの世界で成長した。携帯電話やインターネットの前のことを覚えておらず、また彼らはお金をもっている。たくさんもっているのだ。２０１８年1月、Z世代は米国だけで１４３０億ドルの直接支出力をもっていると推定されており（注19）、今日ではさらに高くなっている。さらに米国の推計によると、彼らは親の支出に対し少なくとも６０００億ドルの影響を与えている。世界的にみれば、その3倍の金額が見込まれ、2兆ドルの市場が存在することを意味する。企業はこの機会にどのように取り組んでいるのだろうか。

良いこともあれば、悪いことも多くある。そのため、シアーズ、バーニーズ、トイザらス、シャーロットルッセ、ウェットシール、クレアーズ、ペイレス・シューソースなどの小売業者は米国で落ちぶれ、ディベンハムズ、ハウス・オブ・フレーザー、マップリン、ジェソップス、HMVなどは英国で大きな問題を抱えている。銀行の支店のように、大通りがゴーストタウンになるにつれ、実店舗は急速に姿を消しつつある。2018～2019年には、ギャップ、トミーヒルフィガー、ラルフローレンといった一流ブランドでさえも、ニューヨークの5番街にある旗艦店を閉店してしまった。小売業の黙示録である。

Z世代は店舗や銀行の支店を不要と思っているの

13～19歳の回答者※のうち、買い物をしたいと思う場所別のシェア

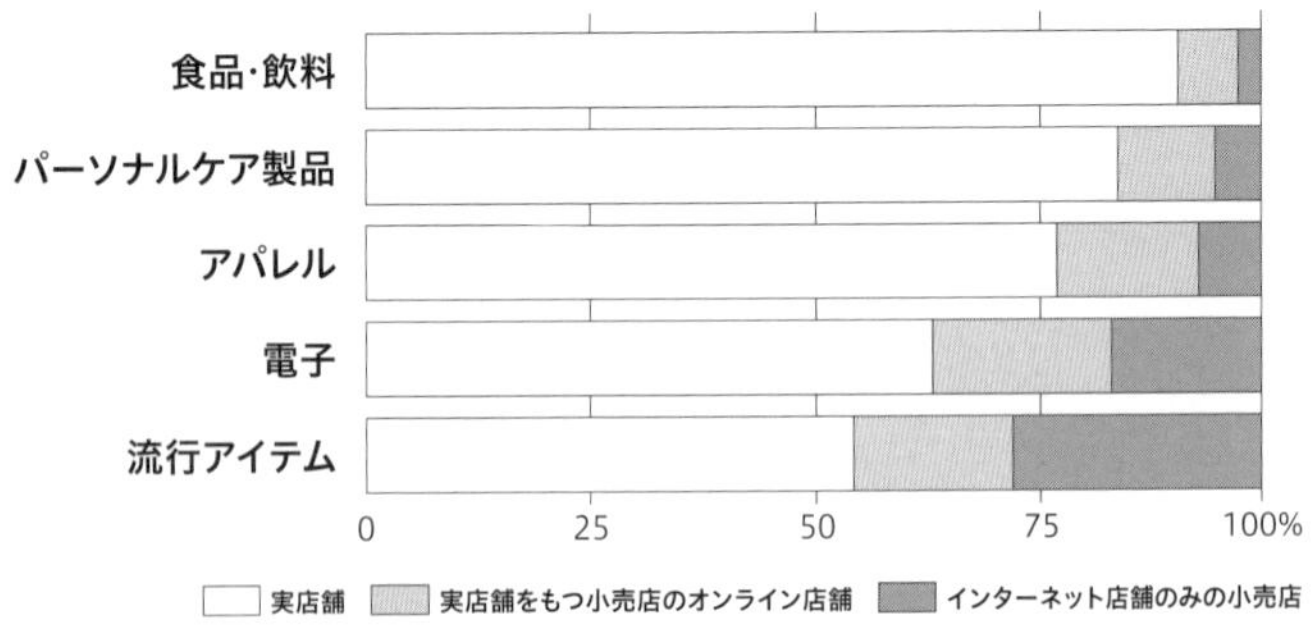

データ：ICSC
※2018年5月にEngineがICSCの委託を受けて米国の13～19歳の1,002人を対象に実施した調査

図4.4　高齢の世代に似た買い物傾向
出所：　ブルームバーグ（注20）

か。彼らはすべてをデジタル化したいのだろうか。驚くべきことかもしれないが、それはZ世代が求めていることではない。Z世代は店舗やショッピングセンターでの買い物が好きなのである。２０１８年の3カ月間の分析によると、米国の実店舗のショッピングセンターを訪れた人の割合は、Y世代では75%、X世代では58%に対し、Z世代では95%にものぼる。

　この結果は、銀行にとっていくつかの根本的な問いを投げかける。どのようにしてZ世代の消費者に訴求しているのか。エコノミスト誌では、コンサルティング会社ラドンによる調査結果を引用して、次のように記述する。「米国のミレニアル世代の85%がモバイル・バンキングを利用しており、Z世代におけるシェアはさらに高いだろうと予測されます。コンサルティング会社によると、人々が銀行を選ぶおもな決め手は、利便性にあります。それは高齢者にとっては近くの支店を意味し、若い人にとっては優れたアプリを意味するのです」（注21）

　ここで重要なのは、この世代が金融の未来をつくっているということだ。すでに述べたように、ジョン・コリソンとパトリック・コリソンがストライプをつくった（２０１０年）のは彼らが19歳と21歳の時で、ヴィタリック・ブテリンが次世代インターネットのバックボーンとなりつつあるコード（イーサリアム）をつくったのは19歳の時、オーリー・パデューが大学を中退して英国でチャレンジャーバンク（ルート）をローンチしたのは、21歳の時である。

　プログラミングができる子どもたちは次世代の金融サービスを生み出しており、彼らは前の世代の金融サービスを好まない。金融危機や過去の世代からの環境破壊、ヘイトクライムなどの核心的な問題に

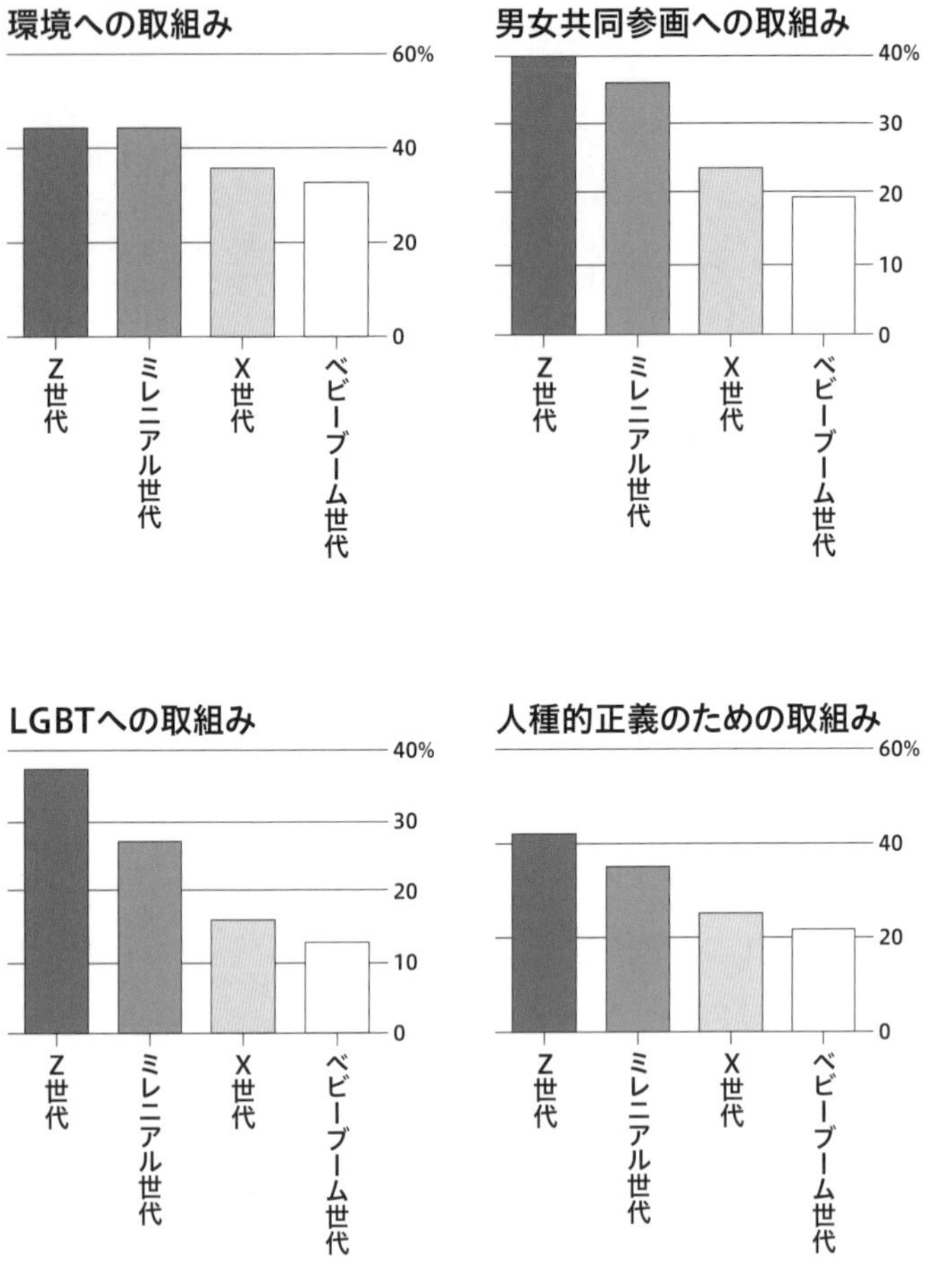

図4.5　倫理的な支出
出所：　ブルームバーグ（注22）

よって汚染されているからだ。彼らはヘイトクライム、気候に対する破壊的な行動、そして大手銀行を憎んでいる。

Ｚ世代は銀行だけでなく、消費者運動にも新しい風を吹き込んでいる。調査によると、この世代は有意義な社会貢献活動を推進しているブランドや小売業者に対し、より多くの製品を購入する傾向があるという。

彼らは高齢の世代よりも金融機関に多くを求め、価値に基づいた投資や企業の社会的責任に関心をもっている。金融コンサルティング会社ノヴァンタスのリック・スピトラー氏は次のように語る。「なぜ銀行にいるのか。若者はこの質問に対する答えを期待している。彼らは、銀行員は自分たちの利益だけでなく、人々がより豊かになるのを助けることに関心をもつべきだと考えている」（注23）。

このメッセージは、株主の利益しか考えていない銀行にとってはポジティブなものではない。同時に、Ｚ世代ではソーシャルメディアが大きな影響力をもつため、以前の世代に比べて、Ｚ世代に訴求することははるかに困難となっている。

結論としては、コーダーとイノベーターをめぐる人材争奪戦の鍵を握るのはＺ世代であり、彼らを無視することはできない。問題なのは、彼らが簡単にあなたたちを無視できることだ。

「私たちは２０１０年に、真に顧客にこだわり、すべての物事を第一に顧客目線でみるというコンセプトで本格的にスタートしました。「彼らにとってのマルチプロダクト体験とはどのようなミレニアル世代やZ世代は、複数のスクリーンやプラットフォームを自由に使いこなしており、新しい技術を素早く採用し、従来のメディアを捨てつつある。世界有数の顧客情報プラットフォームをもつ企業ビジョン・クリティカルが、若い消費者のメディア消費習慣の変化について独自の調査を実施した。その結果は驚くべきものであった。

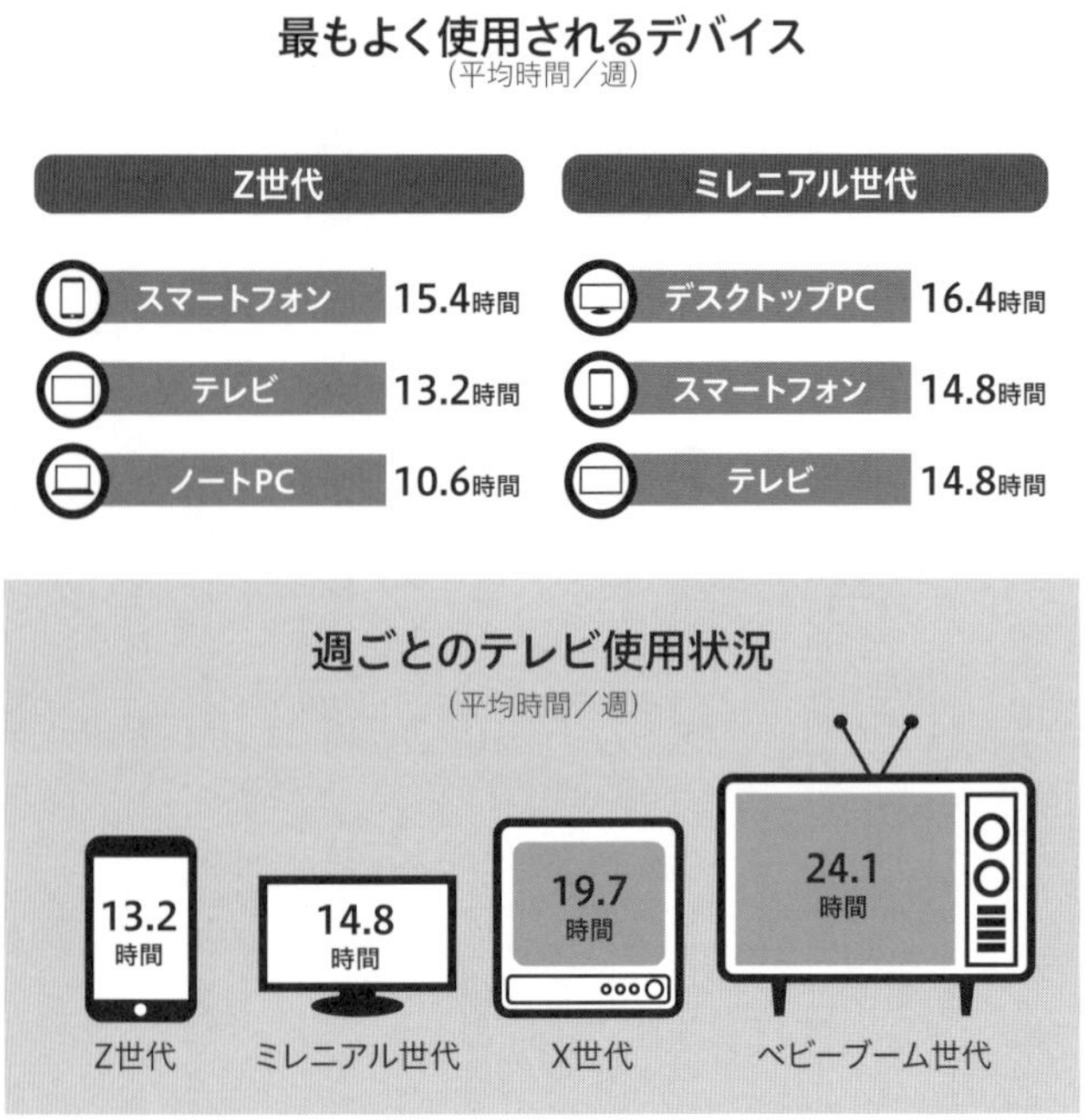

広告主は、ミレニアル世代やZ世代に訴求しようと必死で、ソーシャルメディアのような他のチャネルに資金を移している。しかし、若い視聴者は毎日複数のプラットフォームを利用しているため、訴求するのがむずかしくなっている。

図4.6　じっとしていられない視聴者をつかまえるにはどうすればよいか
出所：　ビジョン・クリティカル

ものか。われわれの商品のネット・プロモーター・スコア（顧客推奨度）はどれほどか」当初はこのような問いかけが見受けられました。今日では、その問いの内容は大きく異なってきています。「カスタマージャーニーとは何か。その道のりは、これらの商品をどう渡り歩いているのだろうか」。それぞれの商品ラインに所属する人でさえ、異なる事業間にわたって顧客がどのような関係をもつことができるか、という問いをもつようになってきました。これまでは、そんなことは辞書には載っていませんでした」

ビル・ウォーレス氏

ＪＰモルガン・チェース、コンシューマー＆コミュニティ・バンキング向けデジタル部門責任者

新しいテクノロジーは顧客志向になるための機会

テクノロジーは、このような新しい世代の従業員や顧客に訴求することも、無視することも可能にする。たとえば、フィンテックとテックフィンのニュアンスの違いについて説明しよう。フィンテックは、私たちが普段行ってきたことをテクノロジーによって、より安く、より速くするものである。テックフィンはあらゆるものをテクノロジーで再構築しており、以前からあったものには目を向けていない。これはまったく異なるアプローチである。このアプローチの大きな違いの1つとして、フィンテックが古い製品をデジタルでよりよくしようとしているのに対し、テックフィンは、最初からやり直す機

会を提供し、テクノロジーを使用して、まったく新しい方法で、顧客のニーズに焦点を当てたまったく新しいサービスを提供しようとしていることがある。

後者のよい例として、アリペイのような中国のインターネット大手サービスでは、数分から数時間で融資を受けられる。従来の金融において、年単位の商品、年単位の保険契約、期間の決められたローンなどが存在している唯一の理由は、銀行の物理的に固定化された間接費構造にある。デジタル・ファーストな構造では、12時間サイクルで取引できるのに、わざわざ12カ月サイクルで取り組む必要はない。アリババが事業者に対して数日単位ではなく数時間単位でローンを提供できるのはこれが理由だ。保険のスタートアップ企業が、数分から数時間の保険を提供できているのもこれが理由である。何カ月も何年も必要ない。伝統的な銀行にとって、これは理解しがたいマインドセットの変化だ。これまで考えてきたことをすべて忘れることができるのか。これはむずかしい問題だ。

世界中を旅していると、米国、欧州など先進国のスタートアップのほとんどがフィンテックに注目していることがわかる。彼らは伝統的な銀行業務の無駄と摩擦を取り除こうとしている。ネオバンク、チャレンジャーバンク、ＡＰＩおよびオープン・バンキングの会社など、彼らの存在理由は、古い銀行の問題を取り除き、古いスタイルの銀行取引をテクノロジーによって、より安く、より速く、よりよいものへと変えていくことである。

テックフィンの企業は銀行業務を無視する。彼らはクレジットカードや住宅ローンが何なのかを知らない。彼らはテクノロジーとテクノロジープラットフォームのアイデアから始める。プラットフォームを通じて、どうやってあなたとお金を結びつけるか。あなたは何をしようとしているのか。どうやってその手助けをできるのか。銀行も何年もこのような会話をしてきた。お金起点で物事を考える人はいない。顧客はお金で何ができるかを考えているのだ。銀行はこれまでのお金と商品について考え直し、顧客のニーズと要求に焦点を当てることができるのだろうか。そして銀行が後者に焦点を移すことができるとするなら、昨日までの金融ではなく、今日のテクノロジーでそれを実現するにはどうすればよいのだろうか。

　これらは多くの銀行が長年取り組んできた問題だ。何十年もの間、銀行は人々が実際にしようとしていることは家を建てることであり、だれも住宅ローンを必要としているわけではないという事実について話してきた。では、家を建てるときの要件を理解している銀行はあるのだろうか。25年間固定金利の住宅ローンのロックインだけに注目するのではなく、この要件を中心にしたニーズに応えている銀行はあるだろうか。商品の販売よりも顧客のニーズを真剣に考えている銀行はあるのだろうか。

　問題はそこにある。スタートアップ企業が販売ではなくニーズに応えることができているならば、それは彼らにとってのビジネスチャンスだ。彼らは、商品の販売ではなく、顧客のニーズに焦点を当てることで、伝統的な大手銀行を真に破壊することができると信じている。

「どうすれば最高のユーザー・エクスペリエンスを維持できるのでしょうか。ここでいうユーザーには、個人顧客だけでなく、法人顧客や企業内のさまざまな立場の担当者も含まれています。これは非常にむずかしい問題です。政府もまた銀行の法人顧客なので、政府を相手にする場合も同様です。ビッグデータを活用することで、異なるセグメントの顧客を異なるサービスでもてなし、よりよいサービスを提供することができるようになります。デジタルの世界において、どうすれば顧客の行動や好みを理解し、適切なソリューションとサービスを適切なタイミングで提供することができるでしょうか。たとえば、モバイルです。通常はトランザクション取引しかありませんが、今日では顧客がどこにいるのか、どのように取引をしているのか、どのような状況なのか、気候、タイミングまでもがわかるようになっています。私たちは、彼らが地下鉄を利用するのが午前なのか午後なのか、月曜日なのか金曜日なのかを把握できるのです。顧客はそれぞれ置かれている状況や遭遇する現象が異なります。それは銀行に多くの機会を与えてくれますが、同時に非常にチャレンジングなことです。私たちは銀行としてだけでなく、フィンテック企業として、インターネット企業としても競争していかねばなりません。すべては体験（ユーザー・エクスペリエンス）のためなのです」

陈坤德（Kunde Chen）氏
招商銀行、CIO

デジタルな関係が物理的なインタラクションに取って代わった今日、これまで以上に顧客を特定しアプローチすることがむずかしくなっている。顧客が主導権を握るようになったいま、顧客が変革の中心になるべきである。顧客のニーズ、体験、カスタマージャーニーに焦点をあわせていなければ、デジタル変革に着手しても意味がないのである。

従業員の課題

「イノベーションのための独立した組織はありません。組織全体の一部なのです。スポティファイとフェイスブックにおけるイノベーションとは何でしょうか。それは継続的なプロセスです。真の差別化要因が顧客との対話にあると考えるならば、常に改善し続けなければなりません」

ヴィンセント・ファン・デン・ボーグルト氏

オランダＩＮＧ銀行、ＣＥＯ

顧客体験やデジタル・リレーションシップについて話していると、顧客が本当に問題を抱えているときは電話をかけてくることを忘れてしまいがちだ。アプリはほとんどの顧客の活動にうまく対応できる。残高照会、資金移動、支払、ローンやクレジットへの申込みなど、すべてアプリで簡単に管理できる。だが残高が間違っていたり、支払ができなかったり、ローン申込書にさらに説明が必要な場合はどうなるだろうか。このようなときにこそ、ヒューマンタッチが必要であり、真のデジタル組織は、コスト削減のためにデジタルに投資しただけの組織とは一線を画すことができるのだ。

しかし、ヒューマンタッチがかかわってくる場合には、従業員が幸せでなければならない。幸せな従業員が、顧客を幸せにし、幸せな顧客が幸せなビジネスを生むのだ。優秀な人材を惹きつけ、維持し、幸せにさせるにはどうすればよいのだろうか。デジタル化をうまく進めている銀行はあるコツをもっている。それは「参加させる」ということだ。いまいる銀行のメンバーが、銀行の将来の方向性の一部となるようにする。将来の銀行のために自分たちのアイデアをインプットし、伝え、考え、話し合ってもらうのだ。結局のところ、彼らは顧客との接点を絶たれた管理職チームのだれよりも優れたアイデアをもっていることが多いのである。

　これが真にデジタルな銀行をほかの銀行と差別化する。経営陣や彼らのリーダーシップがデジタルのＤＮＡをもっているだけでなく、従業員もまた徹底的にデジタルになるのだ。銀行がデジタルを採用しなければならないとか、デジタル化しなければならないと考えるだけではなく、従業員自身がデジタルでなければならないのだ。この従来とは異なった考え方は、真のデジタル化を実現している数少ない銀行をみればよくわかる。これらの銀行は、デジタルサービスの開発や基幹システムの更改、強力なデータアナリティクス構造の構築、取引中心ではなくコードが中心となった組織への転換を継続的に行っている。

　銀行員らしくない、シリコンバレーのギークのように話す銀行員と話をするのはとてもおもしろい。彼らのなかには、デジタルの旅に出る前にシリコンバレーを訪れたときの話をしてくれた人もいた。彼らはフェイスブック、アマゾン、グーグル、ネットフリックスを訪れ、これらの企業のスピードと組織構造に感銘を受けていた。特に、ネットフリックスでかつて銀行のコーディングをしていた人たちを見つけたことに彼らは驚いた。どうしてなのかと尋ねたところ、答えが愉快だった。ネットフリックスの幹部は「あなた方が解雇した人たちを雇って、彼らを自由にさせているのです」といったようだ。

デジタルを核に据えたデジタル銀行が行うことは次のような感じだろうか。小さなチームをつくり、銀行内の人を自由にさせる。彼らはもはや、すべてのことにすべての人が承認しなければならないウォーターフォール型構造の一部ではない。そのかわりに彼らは、10人以下で構成される2枚のピザのルールに従うマイクロサービスチームに移され、自由に考え、設計し、コーディングし、開発することを許される。

開発者やコーダー、デザイナーたちは、アートをつくる小さなチームのようなものであり、芸術家は構造に制約を受けない。芸術家はキャンバスに描く一筆一筆を、依頼人によって検査されることはないし、彼らが演奏を開始する前に、音楽レーベルのトップの試験を受けることはない。

しかし、伝統的な銀行はまさにこのような制約を開発担当者に課している。銀行は導入判断を下す前に、彼らにすべてをテストし、公開し、説明してもらい、すべての承認を得ることを求めている。アンドリーセン・ホロウィッツのa16zポッドキャストで、ネットフリックスのクラウド部門を統括していたエイドリアン・コッククロフト氏が、マイクロサービスとアジャイルについて語っている素晴らしいエピソードがある（注24）。彼の発言の重要なポイントは、トップダウンですべての承認を得なければならないウォーターフォール組織で仕事をすることは、コードを書く人にとって魂を破壊することになるということである。

デジタル・バンクはこのようなことを行わない。従業員を自由にさせるのだ。伝統的に強い指揮統制の構造をもつ企業でこれを行うのは本当にむずかしい。彼らを解放し、思うとおりのことをさせ、自由にすべきだ。また同様に、どの銀行においても従業員を怖がらせずにデジタル変革に着手することはできない。差し迫った危機と説得力のあるビジョンを始動させても、職を失うことをおそれる従業員がまだいるだろう。

デジタルな銀行はデジタルな管理によって運営される

「私たちは単なる銀行やデジタル銀行になりたいのではなく、デジタル企業になりたいのです。デジタル企業への転換をどのように定義し、測定すればよいのでしょうか。私たちはデジタル広告会社やビッグテック企業が人々の相互作用を調べる際に行っているように、人間がどこでお互いに関係をもっているか、相互作用のプラットフォームに焦点を当てています。これによって、デジタル世界における人々の関係性のレベルがわかります。ビッグテック企業は高頻度で価値の低い相互作用から取り組んでいます。銀行業は低頻度で価値の高い相互作用から取り組む傾向があります。私たちは最終的に、人々がどのようにお互いに関係しているのか、どのようにお金との関係をもつのか、人々の相互作用にお金がどのようについてくるのかをみています。それは、販売する金融商品のつくり方ではなく、人々がどこで関係性をもつのかを理解することです。

ビッグテック企業は、人々がどのように相互作用しているかを調べることで成功しました。そしてまた彼らはその関係性に影響を与えています。私たちはテクノロジーそのもののクリエイターではありませんが、テクノロジーとの人間関係を理解しており、お金を中心としたサービスや体験を構築しているのです」

デレク・ホワイト氏

ＢＢＶＡ、カスタマー・ソリューションの元グローバル・ヘッド

デジタル銀行と従来の銀行との顕著な違いの1つは、デジタル銀行は、デジタル管理ツールを介して、すべての人が銀行内でどのように行動しているかを正確に把握していることだ。変革に成功している銀行に共通のテーマは、経営陣と管理職チームが、データ可視化ツールを通じて、常にリアルタイムにビジネスの重要な指標と測定値を把握できるようになっていることだ。これらのツールを使用すると、マクロからミクロレベルまで、国、都市、オフィス、支店、個人単位のパフォーマンスにいつでもアクセス可能となる。管理者は、顧客の行動、満足度、ＵＸ、顧客の動向、製品の使用状況などを、すべてスワイプ操作で確認できるようになる。どこで何が最もうまくいくのか、どの製品が最も多くの牽引力や成約、維持率などを得ることができるのかを把握できるようになる。従業員がいつ効果的に活動し、効果的でないのはいつか、さらにはトレーニング、再配置、離職が必要なスタッフがいるかどうかを把握できるようになる。また、組織のワークフローを通じた従業員のデジタルフットプリントに基づ

いて、だれがいつ退職するかについての分析や予測、さらには従業員の士気が低下する前に正しく判断して介入ができるようになる。

このようなツールを構築して展開することは、簡単なことではない。データ構造を整理するのに何年もかかり、うまく機能させるにはさらに何年も要する。しかし私は実際にそれらのツールをみてきて、非常に感銘を受けた。最も印象的だったのは、デジタル管理ダッシュボードを使用することで、日単位、週単位、月単位の微妙な違いに応じてビジネス指標を即座に調整できることだ。リアルタイムでビジネスを微調整することこそが、デジタル組織を効果的に機能させるための鍵となるのだ。

高速でリアルタイムなデータがあってはじめて、高速でリアルタイムな意思決定が実現する。シンプルな管理ダッシュボードによってコストから収益までの主要なパフォーマンス指標を可視化することは、デジタル組織を運営するための重要な手段だ。具体的には、各ビジネス領域内でパラメータとアラートを設定して、パフォーマンスが低下していないか、パフォーマンスが優れているか、そしてその理由を知ることができる。これによって簡単に管理できるようになる。

何年も前に小売店と協力して、店頭での売上げをみるためのインタラクティブなシステムを導入したことがある。その会社のCEOは私に、これはいままでで最高のものだといった。朝一番に店長に電話して、前日に起きた具体的な問題に沿って、何が起きたのかを一つひとつ聞くことができたからだ。彼はそのシステムが気に入っていた。マネージャーたちを問い詰めることができるからだ。一方、マネージャーたちは、彼がどうやって情報を素早く入手しているのかわからず、嫌がっていた。

なぜこのようなツールを構築して展開するのが簡単ではないのかというと、すべては企業のデータ管理と、データ構造、組織、分析の効率にかかっているからだ。世界で最も素晴らしいシステム、可視化ツールを手に入れたとしても、よいデータがなければそれは単なるツールにすぎない。便利なツールではなく、ただのツールなのだ。強力なデータを活用するデジタル銀行は、強力なデジタル銀行の基本であるデジタルサービス、デジタルマーケティング、デジタル・コネクティビティを中心としたデジタル可視化ツールに力を注いでいる。データをデジタル分析して、顧客、従業員、地域、組織に対する３６０度の視点をもつことが、デジタル銀行を活用するための鍵となる。銀行が経営陣や管理職チーム、日々のビジネスのために、よりよいデータ、よりよいデータ管理、よりよいデータの可視化を求めて戦うなかで、ますますおもしろくなっていくだろう。

変化こそが唯一不変である

「私たちは勇気をもって組織全体の文化を変えようとしています。デジタルを行うための一定の階層の人がいればよいと考える会社もあります。そこでは変化に関心のない人たちは足手まといになるため、置き去りにされてしまいます。そして必要だと思う大きな一部分のみを再設計し、そこにマインドセットを変えられる多くのＩＴ人材を投入するのです。そのようなことをする会社もありますが、私たちはその哲学を信じていません」

林淑慧（Chng Sok Hui）氏
ＤＢＳ銀行、ＣＦＯ

銀行がデジタル変革を受け入れることで、その変化の周りにいる銀行員の間には強い不快感が生じる。第一に、彼らは毎日のようにＡＩと機械学習が彼らの仕事を自動化するという話を耳にする。彼らは未来をおそれ、職を失うことをおそれている。不利になることなく変化に参加できると認識させ、安心させるにはどうすればよいだろうか。

第二に、彼らは銀行が何か違うものに変わっていくことを目の当たりにしている。周りを歩いている人たちは、もはやスーツを着たりネクタイをしたりはしていない。髭とジーンズは金曜日だけでなく、平日のオフィスでも許されている。開放的なコミュニケーションの精神が喚起されているということは、はなたれ小僧の新卒研修生が上司に物申すことも許されるようになったということだ。だれがそんなことを許可したのか。彼らは変化が異世界から強制されたことではなく、自分たちが参加できるよいことであるという安心感を求めているのだ。

第三に、彼らは終身雇用を求めて銀行に入り、何をすべきかを指示されることで安心していた。銀行は命令と統制、階層、秩序がすべてだった。みなが自分の居場所を知っていた。それが突然、すべて取り払われようとしているのだ。終身雇用はなくなり、自動化によって奪われようとしている。命令と統制はなく、すべては、コーチとカウンセラーの存在にかかっているのだ。最近では、清掃員はＣＥＯと同じくらい重要だといわれる。彼らはこの心構えの変化が支援を受け支持されたものであって、奇妙で曲がりくねったものではないという安心を求めているのである。

第四に、企業は認識を超えて変化している。商品中心から顧客中心への転換を図るなかで、銀行は次々とリストラを実施している。唯一不変なのは変化だけだ。目標やみるべき焦点、ボーナス、作業グループはほぼ月ごとに変化し、多くの人にとって、目標に向かって進むことがむずかしくなっている。多くの人を失うことなく全員を巻き込むためには、変革チームからの強力なコミュニケーションと指示が必要だ。この過程ではほかにも多くのことが起きているが、デジタル変革が起きると多くの不安や不確実性、疑問が生まれる。変化とともに自然発生するこれらの不安や不確実性、疑問を克服するにはどうすればよいだろうか。

この世界ではいつでも、「チーズはどこへ消えた?」のシンプルさに立ち返る必要がある。銀行ではこれまで、毎朝玄関の外にチーズがあることを期待するネズミの文化が育ってきた。変化はほとんどなく、すべてが予測可能だった。いまではそのネズミたちは、日々動いているチーズを見つけ、機敏で、軽快かつ柔軟性があり、常に動いている組織をつくることを求められている。変化することは唯一不変であり、完全に予測できるものは何もないのだ。

「この5年間で私はいくつかのことを学びました。人は心地よさ、不安、恐怖を感じるということです。私はかつてかなりの不安を感じていましたが、ある時点で、大丈夫だと思うようになりました。私は当初は大胆な経営者と思われていたかもしれません。いろいろなことに取り組み、むずかしい局面では何とかしようとしてきましたが、ある時点で、本当にそれに対処できるかどうか確信がもてなくなったのです。それは私にとって致命的でした。心地よさ、不安、恐怖と付き合っていく方法だけでなく、勇敢にも、愚かにもなることを学ばなければならないのです。私たちはよく自分たちがどこにいるのかわからなくなりました。自分たちが勇敢な側にいるのか、愚かな側にいるのかわからなかったのです。それはとても不安でしたが、いろいろなことに対し説明し理由を与えたことで、何とかなったのだと思います」

ヴィンセント・ファン・デン・ボーグルト氏
オランダＩＮＧ銀行、ＣＥＯ

未来に対する疑問が常にある

何が起こるかわからないからこそ、未来には常に疑問がつきまとう。アマゾンが銀行を開設したらどうなるだろうか。規制当局はデータ共有に関する新たなルールを策定するだろうか。量子コンピューティングはどのようなゲームチェンジを起こすのだろうか。分散台帳や分散コンピューティングは仲介機関からの離脱を引き起こすのだろうか。仕事は続けられるだろうか。機械学習は私の部署に何をもたらすのだろうか。ごくありふれたことをしている自組織に対して、危機感をもったほうがよいだろうか。他行がやったことをみて、同じようにしたほうがよいのだろうか。
私たちが未来について投げかける問いの多くは、恐怖に関するものだ。私たちはだれかが私たちのチーズを動かそうとしている事実をおそれている。欧州は団結していられるのだろうか。トランプ政権の後はどうなるのか。第三次世界大戦が起こるのだろうか。私たちは、目が覚めたら世界が昨日とまったく変わってしまっているのではないかとおそれている。昨日までは、私たちのすべての悩みは遠くにあるように思えた。私たちの懸念事項は地域的、国家的そして国際的な問題に包まれている。そして時々ブラックスワンに襲われる。不測の事態で、私たちの社会や国、制度の構造そのものを吹き飛ばすものだ。リーマン・ブラザーズが経営破綻することをだれが知っていただろうか。トランプが大統領に選ばれることをだれが知っていただろうか。ジョンソン英国首相がブレグジットの交渉をすることをだれが知っていただろうか。

　支払わなければならない請求書があるし、やるべき仕事もある。私たちは引っ越しをし、家を売り、すべてを整理しなければならない。未来はどうなっているのだろうか。なぜすべてが不確実なのだろうか。未来に対する私たちの考えの多くは、大人へと成長したことがベースになっている。私たちは大人だ。私たちには責任、養っている家族、同僚、キャリアがある。真剣に、集中する必要がある。これが、私たちが変化を好まない理由だ。たとえば、新任のマネージャーが着任したとする。彼女はだれで、どんな人か。私は彼女を好きになれるだろうか。彼女とうまくやっていけるだろうか。そうならなかったらどうすればよいだろうか。どこへ行けばよいのだろうか。

若い頃はそうではなかった。責任は少なく、自由で自分自身のことだけを考えていた。その当時はワクワクしていた。すべてのことにワクワクしていた。特に変化にワクワクしていた。次に何が起こるか楽しみだった。うまくいくだろうか。この仕事をやってみてもよいだろうか。9日にオーディションがあるから頑張るんだ！　リスクをとって冒険しようじゃないか。

結局はリスクである。年をとればとるほど、とるリスクを減らしたいと思う。若ければ若いほど、より多くのリスクをいとわない。だからこそ、私たちが未来について話すとき、年をとればとるほど未来をおそれるようになる。年をとればとるほど、未来は変化とリスクを意味する。若い人ほど、リスクを冒して変化を起こそうとする未来を望んでいる。未来はリスクと変化がすべてだ。不変なのは変化することだけであり、未来に向けて変えられるのは、自分自身のために変化を起こすことだけである。

人々にチャンスを与える

「私たちは経営層との話合いを繰り返して、プロダクト責任者に権限を与えロードマップをもたせることで、彼らが真に心地よく動けるようにしています。私たちに残された難題は、各プロダクト領域のリソースを整理し彼らが外に出られるようにしてあげることしかありません。もちろん、適切な監視や測定基準、計測、確認すべきことをきちんと設定しておくことは必要です。また、一緒にテーブルを囲んで議論している人たちは、私たちがサービスを提供しようとしている顧客の代表ではないことにも注意する必要があります。私たちはこれをＨＩＰＰＯｓ（非常に重要な人々の意見）と呼んでいますが、ＨＩＰＰＯｓは常に重要なわけではありません。彼らには経験と知識があり、軽視すべきではありませんが、デザイン思考戦略を優先すべきです。私たちがサービスを提供しようとしている顧客層を組織に取り込み、彼らの意見を聞き、彼らのニーズに耳を傾けるのです。また顧客はそれが市場に出るまで、自分たちが何を望んでいるのか、何を望んでいないのかを必ずしも知っているわけではない、ということも認識しておく必要があります」

ビル・ウォーレス氏

ＪＰモルガン・チェース、コンシューマー＆コミュニティ・バンキング向けデジタル部門責任者

銀行を変革する際の重要な鍵の1つは、デジタル化に伴い古い産業組織から余剰人員が発生することを受け入れることだ。変革を遂げた銀行は一般的に可能な限り彼らのキャリア変更を支援している。銀行が支店中心の組織であれば、大幅な人員削減が必要なのかもしれないが、銀行はこれらの人々が銀行に何年も尽力してきたこと、何年もの経験があること、銀行の文化や業務についての豊富な知識をもっていることを認識しており、従業員を解雇するのではなく、雇用し続け、励ましたいと考えている。

なぜなら、デジタル変革プログラムは従業員を解雇することが目的なのではなく、顧客満足度を向上させようとしており、そのためにはすべての従業員がともに行動する必要があるからだ。顧客を幸せに

するには、幸せな人材が必要だが、従業員が毎日解雇されている状況で、どうやって幸せな人材を確保することができるだろうか。床に血がついた状況で、どうやってやる気のある職場環境をつくるというのだろうか。

これらはむずかしい問題だが、銀行が変革するうえでの一貫したテーマは、従業員を解雇するのではなく、再訓練するということである。たとえば、ある銀行の従業員は、イノベーション・ラボを訪れるよう勧められた。ラボに到着すると、彼らは新しいアイデアが開発されているようすをすべてみることができ、再訓練の機会も与えられた。この機会を利用することで、Ｐｙｔｈｏｎでのコーディングから、フェイスブックやツイッターでの顧客対応の方法まで、さまざまな学びの場が提供された。この機会を利用するには、いくつかの研修に1日に2時間もの時間を割かなければならなかった。この話は、銀行が人々にキャリアの方向性を変えさせ、その変化を支援することに熱心であり、単に人員余剰であるという理由で人々を解雇するわけではないことを示している。

ここ数年かなり劇的な変化をいくつかみてきたが、これは簡単なことではなかった。たとえば、バークレイズはほかの多くの銀行と同様、２０１６～２０１８年に従業員を3分の1削減した。満員のフットボール・スタジアムに相当する人が職を失ったことを意味するが、彼らはどんな人たちだろうか。ドイツ銀行の前ＣＥＯ、ジョン・クレイアン氏は核心を突いていたと思う。私も基調講演を行った会議で、彼は次のような話をした。

「私たちの銀行には、ロボットのように仕事をする人たちがいます。明日には人間のように行動するロボットが登場するでしょう。銀行として、このような変化に参加するかどうかは問題ではありません。当然そうなるでしょうし、そろばんのようなことしかしていない時間が長ければ、あなたの仕事はなくなるのです」

つまり銀行を去る人は再訓練ができない人またはするつもりのない人であるが、デジタル変革で成功している銀行はほぼ一貫して、彼らに再訓練をさせようと動機づけ支援している。これらの銀行は慈善団体であるというわけでも、不必要な人員を囲っているわけでもなく、厳しい選択をしている銀行である。可能な限り人々の再訓練を支援し、それができない人々には出口の扉を開いているのである。

一人連れてきて、全員連れてくる

「今日、私たちは非常に多くの仕事が不要になるということについて話をします。「あなたは、このデジタルの世界でより多くのスキルを身につけさせるために、従業員一人ひとり全員の訓練を重視している組織で働いていますか」一部の人にとってはそれがあまりにもストレスになり、別の道を検討するかもしれませんが、私たちは、あなたが２万６０００人のスタートアップの一員になれることを約束します」

林淑慧（Chng Sok Hui）氏

DBS銀行、CFO

繰り返し述べてきたように、デジタル化であろうとなかろうと、変革に直面する企業にとっての最大の課題は人を引き連れることである。参加しない人はだれだろうと放っておけという人もいるが、それはかなり厳しい姿勢だ。「プログラムが理解できないのであれば、出ていってください」は、管理するうえではよい方法ではない。よい人を冷徹に解雇してしまうと、残された人々に悪い印象を残す。かつて私がある会社で働いていたとき、その会社は危機的状況にあり、倒産に向かっていた。それに対する彼らの対処法は、半年ごとにグループを解雇することだった。よく覚えているのは、同僚はクビになったが私はクビにならなかったときのことだ。私たちは本社に呼ばれ、1人ずつ封筒を渡された。分厚い封筒を渡されたら解雇、薄い封筒を渡されたら残れるというものだった。それは人間としての付き合い方としてはひどいものだということを、だれもが感じていたことだろう。

興味深いことに、私が会ったデジタル変革に取り組んでいる銀行のほとんどは、意識的に火をつけて人々を動かそうとしているのではなく、全員を連れて行こうとしている。そのかわり、彼らは人々を再訓練し、銀行で新しいキャリアを得る機会を与えることに重点を置いている。このアプローチをよく示している例として、あるマネージャーが次のように述べている。「私の息子は15歳で、私は彼とキャリアについて話をしました。私はこれまでの人生で、キャリアが変わった瞬間が3回ありました。10年に

1回くらいです。しかし、私は息子のキャリアと仕事は2、3年に1回は変わると確信しています。変化こそが不変の世界においては、常に再訓練をしなければならないのです」。

もしあなたが解雇され、外部リソースを使えない場合、再訓練は困難である。しかし、銀行が人生を変えるためのスキルを与えてくれるなら、話は別だ。そしてそれはデジタル変革を進めているほとんどの銀行が与えてくれるものだ。彼らは中間管理職にコーディングを教えたり、支店の窓口係にデジタルメディアを使って顧客サービスに対処する指導をしたり、50歳以上の従業員にデザインを学ぶ機会を提供している。

もう1つの問題は、変化を最もおそれ抵抗する、凍結した中間管理職だ。中間管理職の多くは、デジタル化によって自分たちの仕事が無駄になると考えている。何年もかけて手に入れた権力基盤を奪われ、自分たちの役割を変えてやりたくないことをやらされ、将来彼らの部署は廃止に追いやられるだろう、と考えている。

この人たちをどう扱えばよいのだろうか。どうやって連れていけばよいのだろうか。その問いをするなかで、私は1つの答えを発見した。彼らに参加してもらうのだ。彼らに彼らの未来を決定してもらう。だれかに未来を指図され、何をすべきかを告げられることほどおそろしいことはない。しかし、門戸を開いて彼らがどう考えているかを教えてもらうようにすると、それは大きく違ってくる。

結局、銀行あるいはほかのビジネスでもそうだが、そこで働く人々は「人間」だ、という昔からの言葉に戻る。彼らは頭脳をもち、考えることができる。彼らはただ働き続けたいのだ。しかし、ジョーを支店長から口座管理部門に異動させ、メアリーは銀行のために20名のチームを削減し、クリスは分厚い封筒を渡される場合、何が起こるかは目にみえている。

シンクロしていることを確認する
——ソラリス共同創設者兼ペンタCEO、マルコ・ウェンティン氏の話に基づく

「権限があれば完全に自由だ、権限と管理連携とはトレードオフだと考える人がいます。しかし、アジャイルは放任を意味しません。管理連携がなければ権限はなく、権限だけでは無秩序となります。管理連携こそが権限を発揮可能とするのです。そしてそれは、厳格な規律によってのみ可能となります。そのため私たちは、どのようにテストを行うか、どのように状況報告を行うか、本番環境に持ち込むためにどのようなルールを設けるかといった慣行を厳しくしているのです。これは、正式な承認や、引き継ぎが行われる階層組織をもつこととは異なります。私たちは、慣行、規律、管理について非常に厳格ですが、同時に、デリバリーのスピードを速めるために、組織に多くの権限を与えています。結局のところ権限の移譲やデリバリーのスピードがすべてです。それが私たちの競争なのです」

ヴィンセント・ファン・デン・ボーグルト氏
オランダＩＮＧ銀行、ＣＥＯ

ビジネス、運用、およびＩＴが一体になってこそ、目の前の課題にタイムリーに対応できる。伝統的な組織でこれを実現するのはむずかしい。旧来の組織構造では変化し続ける世界の要求に対処する準備ができていないからだ。ラインマネージャーへの垂直方向の報告ラインをもつ従来の組織構造は優れているが、これによって迅速かつ機敏に機能し、市場の要件に対処することを妨げてしまっている。

伝統的な組織では、営業、マーケティング、カスタマー・サポートなどのビジネス部門が、コンプライアンス、法務、リスク管理などの一般的な銀行部門の隣にある。そしてもう1つの柱は、ＩＴ開発とＩＴ管理、運用を担当するテクノロジー部門である。次に、会計、当局報告などの財務管理部門がある。ほかにも多くの部門があるが、これらが銀行の主要部分である。

そして、すべての部門が連携するために、さまざまなアプローチが行われる。各グループは常に、最高の結果を達成するためにチームスピリットをもって仕事をするという目標がある。マトリックス管理や部門横断的な定期的なチームミーティングも行われる。しかし問題はあるチームの目的がほかのチームの目的と矛盾するときに生じる。たとえば営業チームが法務チームの目的を覆すような目標を達成しなければならないとき、人間の本性が出てくる。チームがうまく機能すればするほど、人々は自分自身をグループや仲間の一員と認識するようになる。それは悪いことではないが、副次的な影響として、競争が起こる。自分の内輪にいない人はだれでも脅威となるため、たとえ全員が同じ会社の一員であっても、「私たち」「彼ら」という言葉が人のコミュニケーションや仕事の進め方に組み込まれていく。全員が同じ方向を向いて働くのではなく、社内の争いが生じる。こうして企業がより大きな利益を得ることは、第二、第三の目標となっていく。その結果、その企業は事業のあらゆる面で減速していくことになる。

特に、エンジニアはマーケティング担当者とは違うし、マーケティング担当者は弁護士やコンプライアンス担当者とは異なる。弁護士やコンプライアンス担当者は業務スタッフとも異なる。もし彼らが各自の分野のみで活動するとしたら、その力学は企業にとって危険なものとなり、企業が大きくなればなるほど、その影響は大きくなる。これが、10人規模のスタートアップが１００人規模の大きな組織よりもはるかに早く仕事をこなせる理由である。いわばスピードボートとコンテナ船の戦いである。

大企業や成長企業は、どのようにしてこれらの課題に対応すればよいのか。デジタル変革を遂げた銀行はこれを強みに変える。機能を分離するのではなく、統合するのである。コンプライアンスと財務担当者の隣にマーケティングと営業担当者が並んで座り、さらに彼らの隣には設計と開発担当者が並んで座り、ピザ2枚ルールに従う小さなマイクロサービスチームをつくっている。チーム内で、１人はみなのために、みなは1人のために動くことで、機能間の障壁が取り払われるのである。このような構造を扱うためには、組織のフラット化と、新たな管理オペレーションが必要となる。

このような組織の管理方法を考えるには、アーティスティックスイミングチームに例えるのが最適だ。アーティスティックスイミングでは、すべての人がほかの人と完全にシンクロして動くための振り付けを実現したいと考えている。伝統的な組織では、１つの部門に所属する人はみな同じような学歴と考え方をもっているので、これと似たことができる。しかし、アジャイルのフラットな構造においては、企業のるつぼのなかで、スキルや経験ははるかに複雑に混ざり合っている。そのため調整が必要で、すべてのチームは会社の振り付けにおける自分たちの役割を知りたがっている。歯車はそれぞれ独自に管理されるが、全体として、多くの歯車によってエンジンを動かしている。その結果、すべてのチームとチーム内のすべてのメンバーが、所属する部署や職務だけでなく、チームと会社のために同じ目標を達成したいと考えるようになるのだ。製品を提供できないときに最高のパフォーマンスを発揮する営業チームをもつことや、つくった製品を販売できないときや法務部門から認可されていないときに最高の開発者チームをもつことに、いったい何の意味があるだろうか。

アーティスティックスイミングチームでは、異なるスキルをもつ選手を集めるが、共通の目標に向けて違いを組み合わせることで素晴らしいチームとなる。共通の目標とは、トーナメントに勝つことだ。銀行のデジタル変革においては、法律、製品、ＩＴ開発、営業、オペレーションといった各業務分野の専門家を多数の小規模なクラスタに配置し、それぞれのクラスタの焦点を絞って調整する。このようにして、彼らは大きな組織のなかで、自らのドメインにおける完全なスキルセットとオーナーシップをもった状態で、独自のアジャイル構造をつくることができるのだ。

当然、彼らは自分たちのオペレーションと会社の成功のために本当のチームをつくる。プロダクトオーナーは素晴らしいリーダーシップを発揮し、オペレーションとＩＴ開発担当者を適切なもの（製品）を提供できる位置に維持しながら見事にリードし、中央の泳者（営業・マーケティング担当者）は、適切なものを成果（ゴール）に変える。外側にいる法務、コンプライアンス担当者は、トラブルに巻き込まれるのを防いでくれる。この場合、経営陣はプールサイドのコーチとなり、市場と各ユニットの対応を明確に調整する。いわばアーティスティックスイミングチームのシンクロナイザーである。

以上のようにして、古くて階層的でモノリスな指揮統制を基盤とした銀行を、コーチングやカウンセリングをベースとした、フレッシュでフラットなマイクロサービスチームを基盤とした銀行に変えることができる。これまでとはまったく異なる企業になるということだ。

迅速かつ定期的なコミュニケーションによるシンクロ

「以前所属していた銀行では、何かに投資を行うために、1枚の紙に9つのサインをもらうのに9カ月かかったことを覚えています。ここでは先ほど、CEOと一室で40分間立ったまま打合せをしました。大口投資です。要求はすぐに承認されました。早く実行しましょう」

ジョン・ローレンス氏
DBS銀行、グローバル・トランザクション・サービスグループ長

デジタル銀行の組織デザインでは、コーチングとカウンセリングに基づくマイクロサービス構造を実現するため、常にレビューを行っている。正式なレビューではなく、ビジネス、デザイナー、開発者、さらには監査やコンプライアンス担当者のための迅速な会議がテーブルの至る所で行われている。これ

らは、古い産業組織のような年に1回の長ったらしい形式ばった会議ではなく、頻繁かつ素早い打ち解けた会議だ。これがアジャイルの精神である。

１９９０年代に訪れた、立って会議をする会社のことを思い出す。なぜ立っているのかと尋ねると、座っていると話が長くなるから立った会議を採用しているのだと。形式ばった議事次第と議事進行役、議事録をとるアシスタントがいて、会議中に必ず発言するよう求められる通常の会議とは大きく異なっていた。１９９０年代に開催予定の展示会の打合せに行った際、プレゼントするバッグについて2時間かけて話し合ったことを思い出す。黒にするか、茶色にするか。本革にするか、合成皮革にするか。どんなロゴと文字を入れるか。実に退屈な時間だった。

急速に発展しているデジタル銀行は、このような方法はとらない。デジタル銀行は、迅速で定期的なコミュニケーションに重点を置いている。このことは、形式ばった手紙から電子メール、そしてチャットルームへと移行していくようすに似ている。通信はますます高速化し、オフラインからオンラインへ、そしてリアルタイムへと移行していく。

旧世界では、自分をカバーする手段として電子メールがよく使われていた。自分自身を守るために、それをみる必要があると思う全員にコピーをする。このメールは雪だるまのように増えていき、どんどん長く、大きく、むずかしく、消化しづらくなっていく。大げさすぎるため、一部の企業では本文はなく、タイトルだけのメールを送るように規制を課しているところもある。それは、彼らが素早くコミュニケーションする方法だった。今日では、スラック、ツイッター、ウィーチャット、ワッツアップの世界で、われわれはチャットを使ってノンストップで会話している。何が議論されているかを調べるために印刷しないとわからないような無数のゴミを送ることなく、ノンストップで会話するのだ。

21世紀のコミュニケーション手段は、オフィス生活に素晴らしい変化をもたらしている。ホットデスク（フリーアドレスまたはリモートワーク）に関しても同様である。在宅勤務でもオフィス勤務でも、好きなところで働ける。連絡がとれればよいのだ。アナログからデジタルへ移行したある銀行は、このコンセプトに実に苦労していた。正式なオフィスにかわるホットデスクという考え方は、文化的に大きな変化をもたらした。「えっ私のデスクがない、どこに座ればいいのですか」といった具合に。

ある銀行は、自宅とオフィスに関する例え話を使って、この問題を解決した。自宅は家庭がある場所であって、単なる部屋ではない。銀行のオフィスは、職場という空間や環境であって、単なるデスクではない。これは、人は単なる部屋やデスクではなく、意味のある空間そのものを識別していることを表している。結果として、その銀行はホットデスクへ移行し、今日までうまくいっている。しかし、デジタル変革に成功した銀行は、それだけではない。彼らは定期的にブレインストーミングを行い、ホワイトボードに書き出す。自発的な会議を行い、アイデアを創出する。すべての人を集め、すべての議題を考え尽くす必要はない。すべてが迅速かつリアルタイムに行われているのだ。

これは、今日の現代企業にとって重要な要素だ。だれもがデジタル的にも物理的にもコミュニケーションの扉を開いている。重要な承認を除いて、承認を得るための形式的な手続はなく、何百ものレビューと何千ものチャットによって構成されている。デジタル・バンキングのみならず、デジタル変革に固有のものだ。２０２０年のオフィスは２０００年のオフィスとも１９８０年のオフィスともまったく異なる。高速でアジャイルなのである。

「２０１１年には1年に3回の大規模なリリースがあり、それによりサイクルが規定されていました。それはすべてを次のリリースに持ち込もうとする文化をつくりだし、結果として不完全なカスタマージャーニーにつながりました。今日のわれわれが行っているように常にリリースし続けているならば、段階的な変更を素早く導入できるモードになっているでしょう。それはまったく違う働き方なのです」

ビル・ウォーレス氏

ＪＰモルガン・チェース、コンシューマー＆コミュニティ・バンキング向けデジタル部門責任者

「これは大きな文化的変化です。試験運用、試行錯誤による確認と学習。これらを小規模に実施して、どうなるかを確認する。これは大きな変化です。以前は物事を大々的に立ち上げてきましたが、いまではより迅速に、よりよい方法を学ぶことができ、継続的なフィードバックネットワークをつくることが可能です」

ジェイソン・アレクサンダー氏

ＪＰモルガン・チェース、コンシューマー＆コミュニティ・バンキング向けデジタル・プラットフォーム責任者

そして、決断力をもって

真のデジタル銀行におけるもう１つの大きな違いは、意思決定と処理のサイクルが速いことだ。２つのコメントによってこのことを痛感させられた。１つ目のコメントは、アリペイと提携しているスタートアップのＣＥＯからのものだ。そのスタートアップは２０１６年春にサービスの初期相談を始め、６月に契約を結び、10月にサービスを開始した。契約から製造までの４カ月の開発サイクルは、見事なものだった。そのスタートアップのＣＥＯによると、これが銀行の上層幹部との打合せを手配するのにかかる通常の時間だとのことだ。

２つ目のコメントは、伝統的な銀行とフィンテックのスタートアップとのパートナーシップについてである。そのスタートアップのＣＥＯは、銀行と一緒に仕事を開始するにあたっての、苦痛に満ちた手続について話してくれた。ＣＥＯを審査し、会社のデューデリジェンスを行うために、弁護士やコンプライアンス担当者たちがどこからともなく這い寄ってきた。その後、監査役や会計士が乗り込んできて、そしてようやく調達購買担当者からビジネスを開始するための契約書が提示された。これは非常に苦痛であった。

真のデジタル銀行では、プロセスは迅速かつ簡単に行われる。どうすれば速く簡単にできるのか、デジタル銀行はなぜこんなにもオープンでアクセスしやすいのだろうか。これはすでに私が述べてきた、デジタル・バンキングの文化に関する特徴にさかのぼる。その文化とは、迅速でオープンなコミュニケーションをもつフラットな組織だ。ファーストコンタクトからCEOに至るまで、迅速なミーティングとリアルタイムの意思決定によって、必要に応じたエスカレーションや優先順位づけを行うことができる企業となっているのだ。このような銀行は、早く失敗することを重視しており、階層的な長いカスケード構造に囚われていない。

「早く失敗しろ（ｆａｉｌ　ｆａｓｔ）」という言葉は銀行業界では珍しい。デジタル企業においては、革新、実験、失敗、方向転換、再起動などといった言葉はよく耳にするが、たいていの銀行においてはあまり耳にしたことがなかった。銀行は一般に、規制を口実にして物事を行わず、規制をおそれて失敗を避けることが多い。デジタル銀行で起こっていることは、彼らが革新と失敗を受け入れ、すべての対話に規制当局を巻き込むことである。規制をおそれるのではなく、規制をつくりだす。だれかを怒らせるかもしれないと思って何もしないのではなく、「まずやってから後で許しを請う」という姿勢である。

この時点で、多くの人は、どうやったら銀行で失敗を許すことができるのかと疑問に思うだろう。その答えは、安全で限定的な方法でテストや開発ができる体制を確保してから、拡張することだ。これは先ほどの雪だるま式のコメントにさかのぼる。小さく始めて、大きくなるまで検討を重ねるのだ。テストされていないものを銀行全体に導入することはない。そのかわりに、小さく始めて、テスト、失敗、方向転換、展開、再テスト、失敗、方向転換、展開、再テストを繰り返し、うまく機能することが実証されたうえで、銀行全体に展開する。これは試験でも計画でもなく、開発の連続体であり、最終的にはリアルタイムとなり、主流なものとなっていく。

真のデジタル銀行は、リアルタイムの意思決定とオープンアクセス性をもった高速サイクルのプロセスを備えており、物事を成し遂げる方法を知っている。このような銀行は契約から数カ月以内に実行に移すことができる。契約から1年後にデューデリジェンスに移行するような古い銀行とはまったく違う。速く動いて、速く行動し、速く考える。すべてが迅速に行われるのだ。

凍りついた中間管理職を解きほぐす

「いまから10年後には勝者の数は限られており、そのほとんどが米国人と中国人となっているでしょう。彼らは銀行業界を支配するか、少なくとも基準を定めるでしょう。銀行や企業が直面している最大の課題は、動かなければ、と思えるほどの危機感をもつことができるかということです。銀行業界には伝統的に危機感がありません。一般的に、人は危機感をもって働くことに慣れていません。大多数の銀行は、ROEが半減しているにもかかわらず、依然として非常に快適な世界に住んでいます。まだ多くの人々が現状を十分に理解しておらず、デジタル分野の人々のように考えることができていないのです」

ブノワ・ルグラン氏
INGグループ、イノベーション部門責任者ここまでに述べてきたとおり、アナログからデジタルへの変換は困難であり、基幹システムの変更、強力なリーダーシップ、組織の変更管理、胆力が必要になる。では中間管理職という、組織の中央に居座っている抵抗勢力にはどう対処すればよいのか。彼らは何年もかけて生み出した仕事や権力を失う可能性があるため、変化を最もおそれている。

オーストラリア・ニュージーランド銀行のデジタル部門の責任者であるマイレ・カーネギー氏は、この問題をうまく表現している。

> 「多くのビジネスの現場において、もはや技能をもった専門家でもなく、実行から管理する側に回り、周囲の人間に威張り散らして、パワーポイント資料をぐちゃぐちゃにするような人間がますます増えています。この凍りついた中間管理職は自らに死をもたらすような変化に抵抗するでしょう。それは彼らにスキルがないことを明らかにするからです。上司の支持を得たうえで、この凍りついた中間管理職にどう対処するかを考えることが重要です。もし彼らが職人になろうともせず勉強もしないのであれば、彼らは諦めて出ていかなければなりません」（注25）

まったくもってそのとおりだ。この話は、私が資本市場向けのソフトウェアを扱っていたときのことを思い出させる。このソフトウェアは、配当支払、合併、買収、株式買戻しなどの業務を自動化させるものであった。しかし営業担当者たちは、ソフトウェアの採用可否を決める意思決定者がCOOであることに不満を抱いていた。COOは自分の帝国を構成する多くの人々を失うことになるため、多くの場合そのようなソフトウェアを採用しない。ここで、帝国を築く、というもう1つの問題が出てくる。ある人が組織の職級を昇り、100～300人を超える部下を管理するようになると、その大量の部下を切り捨てるという考えは政治的なものとなり、部下が忠実である場合（それはいかにその部下が有用であるかを表す）、実現は非常にむずかしくなる。マネージャーは昇級し、面目を失わないように、真の実力（実力不足）がばれないように権力基盤を維持している間に凍りつき、凍りついた中間管理職になるのだ。

変革を実現している銀行との会話から得られる建設的なアドバイスは、銀行やその他の機関の経営層が真にデジタル変革を実現したいのであれば、まずやるべきことは、中間管理職を解きほぐして動かすことだ。やるべきことはそれだけだ。組織を動かし、取り組もうとしているデジタル変革について説明し、人々がついてこられているかを確認する。単に変化を提示するだけではなく、肩越しに振り返ってみて、抵抗している凍りついた中間管理職に変化を起こしていくのである。

企業の兵法

デジタル変革における最大の課題の1つは文化の変革であり、これは情熱と責任をもってトップダウンで主導しなければならない。それには取締役会の権限と、会長とCEOの全面的な関与が必要だ。しかし、もしＣＥＯが間違っていたらどうなるだろうか。もしＣＥＯが理解できていなかったらどうなるだろうか。

多くの金融機関は、ＣＥＯの考え方によってデジタル化への取組みに制約を受けている可能性がある。彼らはデジタルが重要であることを知っているので、私のような人間を連れてきて、彼らがデジタルを気にはしていることを示す。そして「自分たちの伝統に対する誇り」をもち、「顧客の味方であり続けたい」と思い、自分たちの差別化要素は「自分たちの歴史」だと信じているので、結局何もしないのである。

それはデジタル時代には通用しない。たしかに、デジタル時代の銀行には場所と役割があるが、その場所が何であり、その役割が何であるかを理解しなければならない。その戦略的な焦点が１００％明確でも、顧客がだれで、それはなぜなのかを１００％定義できていなければ、戦略と顧客が完全に明確になっている数百ものビッグテック企業や大手金融機関が存在するなかで、その銀行が10年後に生き残っているかは怪しい。もし口先だけの変化を唱えるＣＥＯなら、ＣＥＯを替えるべきだ。

これは容易ではなく、会長と取締役会でなければできないことだ。ＨＳＢＣでは、ジョン・フリントが２０１９年８月にわずか18カ月でＣＥＯを辞任させられた。ドイツ銀行のジョン・クライアンは２０１８年４月にＣＥＯを解任されており、バークレイズのアントニー・ジェンキンスは２０１５年７月に解任されている。ＣＥＯは替えることができ、危機に対処するためには時に交代しなければならない。何人かの強い賛同と荒い進め方でなければ、旧態依然としたやり方を打ち破ることはできないのである。変化に関して、私の好きな言葉を引用する。「目標のうえを飛んでいるのに対空砲火を受けていないならば、それは間違った場所を飛んでいる」変化をもたらすには、過去の足かせを断ち切らなければならない。

ＣｘＯたちはどうだろうか。各ＣｘＯへ報告する陣営はどんな戦力だろうか。多くの大企業において、ＣｘＯは「円卓の騎士」たちのような存在であり、会議に出席している多くの人が、王位を得るために王や女王を殺害することを望んでいる。表立った殺人犯ではなく、目立たない裏切り者という意味で、そこは社内政治家と彼らの政治ゲームの本拠地である。

従業員は、社内であろうと社外であろうと常に顧客に焦点を当てるべきなのだが、多くの場合どうやって昇進するかに焦点が当てられがちだ。私がある会社に所属していたとき、年に一度のキックオフ・ミーティングのために社外で開かれたマネージャーの会合はそのよい例だった。会社のトップ２００人が集まり、夜にはバスで極上のディナーに送迎された。バスに乗ったとき、私の隣に座っていた同僚は「みてみろ、リチャード・クラニウム（注26）が来た。彼はこのバスには乗らないだろう」と声をあげた。

案の定、リチャードは笑顔でみなと握手してハイタッチをしながらバスのなかを行ったり来たりして、バスを降りていった。

「どうして彼がバスに乗らないとわかったんだ」と私は尋ねた。「このバスにはだれも重要な人がいないからさ」と同僚は答えた。

2年後、リチャードはＣＥＯの右腕となり、私はその会社を去った。それからというもの、私は社内政治を許せなくなった。

デジタル変革に取り組む際のＣＥＯと会長の課題は、自分たちに対抗する層がいることを認識することだ。小さな帝国を失うことを心配している中間管理職だけでなく、そのテーブルに着くために何年も派閥のために働いてきた円卓の騎士たちのことであり、彼らは特権やボーナスなどを失いたくないのだ。

このような状況で起こりがちなのは、就任して間もないＣＥＯが大量の淘汰を行うことだ。直属の層を一掃し、脅威を取り除こうとする。新しいやり方に反対する人たちを恐怖に陥れ、テーブルに着く人たちを新しい考え方に忠実にさせるための手本を示すのだ。

残酷に聞こえるかもしれないが、それがどれだけ頻繁に起こっているかを考えてみてほしい。組織を変えるにはまず経営陣を変えなければならないということは、マキャヴェッリと孫子の言葉の核心である。

・ニッコロ・マキャヴェッリ

「危険を伴わずに、偉大なことは成し遂げられない」

「君主の知性を推し量る第一の方法は、その周囲の人間をみることである」

「私は現状維持には興味がない。現状を打破したいのだ」

「まやかしで勝つことができるものを力で勝ち取ろうとするなかれ」

・孫子

「彼れを知り己を知れば、百戦して殆うからず」

「彼れを知らず己を知らざれば、戦う毎に必ず殆うし」

「進んで名を求めず、退いて罪を避けず、唯だ民を是れ保ちて利の主に合うは、国の宝なり」

「上下の欲を同じくする者は勝つ」

人材獲得競争

「あなたはどうやって優秀なデジタルネイティブや、技術に精通している人を採用しますか。かつては昔ながらの面接をしていて、何だか冴えない感じがしていました。しかし、いまではハック・トゥ・ハイヤーがあります。私たちはオンライン・コンペティションをつくりました。コンペに参加し、上位に入賞した人たちは、週末に私たちと一緒にハッキングをして過ごすために招待されます。そしてその勝者には、日曜日の夜に内定が出されます。彼らは内定をもって帰れるのです。これは週末のうちに完結します。最初に実施したときは、1万2000人が応募し、全員が来て、このハッカー・コーディング・テストを受けました。そしてそのなかの上位200人をハッカソンに招待しました。それ以来、アジア全域で何度か開催しています。私たちはこの方法で、これまでに何百人もの人を雇っています」

デイブ・グレドヒル氏
DBS銀行、元CIO

デジタル変革における最大の課題の1つは、テクノロジー人材を銀行に引き込むことだ。凄まじく多くの会社が入社を呼びかけているなかで、トップレベルのコーダーを発掘するのは大変なことだ。彼らはモンゾ、ソーファイ、ストライプ、アント・フィナンシャル、中国平安保険といった人気のフィンテックユニコーン（評価額10億ドル以上の企業）に参加することもできるし、ポニー企業（評価額1億ドル未満の企業）やケンタウロス企業（評価額が1億〜10億ドル規模の企業）に参加することもできる。同様にテクノロジー界のユニコーン企業から巨大企業まで、才能ある人材を惹きつけ、彼らの獲得競争を繰り広げている企業はほかにもたくさんある。では、アマゾンとテンセントが声をかけているのに、なぜ退屈な古い銀行に入社するのだろうか。

何よりもまず、だれもがアマゾンのような巨大テクノロジー企業に入社できるわけではない。第一に、場所の問題だ。ネットフリックスやフェイスブックに入社するなら、平均住宅価格が１４０万ドルもする西海岸のシリコンバレーに住まなければならない。だれもがそれを望んでいるわけではないし、またコーディングの仕事を始めたばかりでは多くの人はそこに入る余裕はない。

第二に、１つのユニコーン企業につき１０００ものポニー企業が死んでいる。何千もの優れたアイデアをもったスタートアップ企業が存在するが、そのバーンレートは高く、経営を維持するための資金繰りは厳しい。ユニコーン企業でさえ死んでしまうのだから、スタートアップに入社するのは大きな賭けである。

第三に、多くの人は、友人や家族に即座に変化をもたらすような仕事ができると、モチベーションが上がる。もしあなたがスタートアップに所属している場合、あなたが書いたコードを使っているユーザーを目にするのは何年も先かもしれない。ビッグテック企業や大手銀行に入社すれば、数日のうちに友達や家族に変化がもたらされるのがわかるだろう。その満足感は大きいものだ。

第四に、あなたが世界を変えたいと思っているなら、そのための最善の方法は何だろうか。証明されておらず、始まっていない、使われてもいないし、知られていない何かを使って外側から攻めるのと、何百万人もの人がすでに使っていて、だれもが信頼している何かを使って内側から攻めるのとではどちらが最善だろうか。

最後に、銀行でのキャリアは魅力的である。大手銀行は大々的に人材を採用しているからだ。世界的な金融危機や「ウォール街を占拠せよ」の後遺症が残るかもしれないが、もしあなたがうまくコーディングできるのであれば、銀行での仕事はよい仕事だ。

興味深いことに、インターネットで調べてみると、コーディングのために銀行に入る理由はほかにもある。たとえば、Ｑ＆Ａサイト「クオーラ」に、「なぜソフトウェアエンジニアはテクノロジー企業ではなく金融業界で働くのか？」という質問があった。これに対する多くの答えは、「そこにお金があるからだ」というものであった。ほかの回答には、銀行はテクノロジー企業だからというものがあり、これも正しいかもしれない。

アメリカン・バンカー紙のある記事では、最初の段落で次のように述べている。

「ゴールドマン・サックスのCEOロイド・ブランクファイン氏は、投資銀行をテクノロジー企業と呼んでいる（実際に3万3000人の従業員の約25％がエンジニアである）。JPモルガンは5万人の技術者（グーグルの人工知能部門の元幹部を含む）を雇用しており、これはフェイスブックの全従業員数のほぼ2倍に当たる」（注27）

記事はさらに続いており、開発者が会社に参加する主な動機は、おもしろい問題を解決することであり、それが友人や家族に変化をもたらしたい気持ちにつながっているとのことだ。開発者は、データ分析をするためのビッグデータを保有している企業に魅力を感じる。データは石油ではなく空気であり、銀行は多くのデータをもっている。何十年にもわたって蓄積されたリアルデータだ。開発者にとっては、よいデータを使ってよいサービスにしていくことが原動力なのだ。したがって、優秀な人材を獲得しようとする銀行は、データを使って解決できる問題や、開発者のデータに対するニーズを理解することで、どうやって彼らを動機づけるかに集中すべきなのである。

銀行は優れたプログラマーを優先的に採用しようとしているが、文化的なニーズが異なることも認識する必要がある。特に技術者は目的意識や帰属意識を重視しており、銀行がこれらの人材をビジネスの中核ではなく周辺的な存在として扱えば、苦戦を強いられることになるだろう。

コードがアートならば、偉大な芸術家をどうやって惹きつけるか

「あなたが優秀な新人エンジニアなら、スタートアップに魅力を感じているかもしれません。もしスタートアップを経験したことがあるなら、その会社がなくなってしまったために、すべてを手がけたが実際にはだれにも使われなかったような、よくある経験をしたことがあるかもしれません。エンジニアは、母親や父親、兄弟や友人が使おうと思ってくれるものをつくりたがっています。世の中にインパクトを与えることを成し遂げたいと思っているのです。もう1つは、転職採用の面談で私はいつも同じことを聞くのですが、「なぜ転職に興味があるのですか?」と質問すると、ほとんどの場合、「自分が何か違うものをつくりだせる場所に行きたいからです。私はむずかしい問題を解くのが好きで、問題を解決したいのです」という答えが返ってきます。私たちは、毎日３３００万人の生活に触れることこそが、違いだと思います。クールなスタートアップで働くのは楽しいことかもしれません。そこで過ごす時間は本当に楽しいものかもしれないし、話題によっては人々の生活を変える可能性もあるかもしれませんが、インパクトを実現する

には顧客が必要です。顧客こそが私たちがもっている価値の1つなのです。さらに、優秀な人材と協力し、クラウドベースのテクノロジーやＡＩやＭＬのような最新のものを使用した環境で作業する場合は、そこにデータをもってこなければなりません。私たちはそのデータをもっています。３３００万もの顧客のデータです」

ビル・ウォーレス氏
ＪＰモルガン・チェース、コンシューマー&コミュニティ・バンキング向けデジタル部門責任者

ゲームチェンジャー（ＧＣ）として大手銀行に引き抜かれた元ビッグテック企業の開発者と話すと、興味深い話を聞くことができる。彼は、イノベーション、変革、アイデアなど、やりたいことはほぼ何でもできる才能の持ち主だった。彼は「大胆にやれ、さもなくば家に帰れ」という言葉を胸に刻み、古臭い銀行文化の多くを再構築し始めた。ＣＥＯが彼をオフィスに呼んで会話をしたときのことである。

ＣＥＯ「君には素晴らしいアイデアがあると聞いているが、私のチームは文句をいっている。内容を共有してくれないか」

ＧＣ「もちろんです。あなたはこの大きな銀行をビッグテック銀行にするために私を雇いましたね。それこそが私のやっていることです」

ＣＥＯ「しかし、開発者をリスク管理者、財務担当者、コンプライアンス担当者と統合するというアイ

デアは本気でいっているのか」

GC「本気です。年老いた冴えない銀行員はＰｙｔｈｏｎを学ぶべきです。すべてがコードなのです。すべての従業員がコーディングできるようにならなければならないのです」

CEO「冗談だろう?」

GC「本気です。あなたは私に、テクノロジーは銀行の未来であり、銀行はデジタルでなければならず、私を全面的に支援してくれるといってくれましたね。あなたがそれを信じるなら、これが進むべき道です」

CEO「しかし、なぜ銀行員がコーディングを学ぶ必要があるのだ」

GC「別の質問をします。なぜストライプは３５０億ドルもの価値［２０１９年9月現在］があると思いますか」

CEO「わからない。教えてくれ」

GC「たった7行のコードですが……美しいコードなのです」

CEO「意味がよくわからない」

GC「フィンテックが注目されている理由は、人がやっていることを、コードを使って再現できる若いエンジニアがそろっているからです。彼らは美しいコードを書きます。アディエンもまた素晴らしいコードです。アートなのです」

CEO「コードはアート?」

G　C「もちろんそうです」

CEO「それはどういう意味だ？」

G　C「コードが不格好ででたらめであれば、だれもそれを使わないということです。エンジニアは新しい世界をデザインしており、だれかのコードをみて、それと同じくらいよいものを書けるかどうかを問います。それができなければ彼らはそのコードを採用し、最新バージョンを探します。そして、ストライプやアディエンのようなコードを提供している企業を1つか2つ見つけると、彼らエンジニアは、そのコードを編集して、美しいコードをつくりあげていくのです。それはアートです。ほかの何者もかないません……」

CEO「では、われわれはどうすればよいのだろうか」

G　C「ええと、あなたは私にここに来て小屋をかき回すようにいいましたよね、だから私はそうしているのです。あなたの部下は全員、商品、プロセス、サービスなどを銀行員の視点からみています。規制、リスク、コンプライアンスがすべてです。いま彼らがみるべきものは、商品、プロセス、サービスを、顧客に気づかれないところで、規制、リスク、コンプライアンスを含めたかたちでコード化する方法です。それはシンプルで、簡単で、美しく、芸術的であるべきなのです」

CEO「それが、ストライプやアディエンのようなスタートアップがやっていることだというのか」

G　C「そうです、そうです、わかってきましたね！」

ＣＥＯ「いいや、わからない。わかったのは、君が私たちはまずプログラマーになり、次に銀行員になるべきだといっていることだ」
Ｇ　Ｃ「だいたい合っています」
ＣＥＯ「しかし私たちは銀行だ。私たちはまず銀行員であり、コードは優先リストのかなり下にある」
Ｇ　Ｃ「ではどうやって素晴らしいアートをつくるのですか」
ＣＥＯ「私たちは芸術家ではない。私たちはリスク管理者だ」
Ｇ　Ｃ「やはりわかっていませんね」
ＣＥＯ「そんなことはない。それではよい1日を。シモンズさんが君の退職金を処理してくれるだろう」

フィンテックのコミュニティは、アマゾンやフェイスブック、ウーバーなどのインターネット商取引の世界に似ていて、コードをアートとしてとらえている。コードの記述が直感的でシンプルで美しいほど、利用される可能性が高い。しかし、銀行家は銀行の商品と銀行の精神から始める。まず銀行業務のプロセスをみてから、プログラマーに銀行業務のプロセスをコーディングしてもらう。これが、銀行が人材の獲得とデジタル化に苦戦している大きな理由の1つだ。これは単なるテクノロジーの勝負ではなく、文化的な勝負でもあるのだ。

要点

銀行はアナログからデジタルへ移行するために、組織を再調整しなければならない。つまり、アナログな労働力を大量に削減するか、可能であればデジタル化のために再訓練して再教育すべきだ。最大の変化は、銀行自体の構造におけるもので、組織をフラット化し、階層が少ないシンクロしたマネジメント構造のなかで、マイクロチームに権限を与える。その文化的な変化は大きな挑戦であり、中間管理職からの大きな抵抗が生じる。それに対処する答えは、どのように変化しなければならないかを彼らに指示することではなく、まず中間管理職を巻き込み、彼らに変化を導かせてみることである。その一方で、銀行はアップルやアマゾン、ストライプなどで働くことを望むような人材のプールから、新しい人材を獲得しなければならない。そのためには、銀行は開発者を銀行のメイン機能の付属品ではなく、ロックスターのように扱わなければならない。

パートナーシップの課題

パートナーを組むのは決して簡単なことではない。これは、欧州の大手銀行のＣＤＯによるプレゼンテーションで示された言葉である。彼は次のように語った。

1 「銀行は優れたアイデアを独占しているわけではない」

新しい技術が登場するたびに、銀行は自分たちもそれに取り組まなければならないと考える。Ｆａｃｅ ＩＤのようなものをみて、ある人は「わぁ、いいね。私たちも同じものをつくりましょう」という。しかしすでにアップルはＡＰＩによって非常に優れたものをつくっているので、新たにつくる必要はないのだ。ある人は「もちろん私たちもつくりましょう。銀行は安全でなければならないですからね」という。しかし、アップルのＦａｃｅ ＩＤは安全だ。ある人は「ああ、でも彼らにデータを渡すことはできません。私たちはデータを保管しておかなければなりません」という。しかしＰＳＤ２のもとにおいては、そのようなことはない。このような話はほかにも多くある。銀行は世界中で多くの優れたアイデアをみているが、自分たちが最も上手に安全にすることができるので、自分たちで新たなバージョンを構築しなければならないと思い込んでしまっている。

2 「ビッグテック企業は非常に速く繰り返しを行うことができる」

ＧＡＦＡおよび中国のバイドゥ、アリババ、テンセント（ＢＡＴ）は、速く、軽快で、機敏で素早い。各企業が、要求に即座に対応できる素晴らしいマイクロサービス構造のリーン組織を有しており、銀行とはまるで違う。あるＣＤＯは、銀行と何十億ドルもの資金を処理している法人顧客の話を紹介してくれた。そのＣＥＯは、１００億ドルのローンを承認できるｉＰａｄアプリを１週間以内につくるよう要求してきたのだ。１週間で数十億ドルの企業向け融資アプリとは、冗談のような話だ。たしかにＧＡＦＡやＢＡＴならできるかもしれないが、銀行はどうなのだろうか。そこで、銀行はそれをごまかし、その企業のＣＥＯとＣＦＯの承認フローに特化した高速なアプリをつくった。銀行は顧客の期待に応えるためには機敏でなければならず、法人顧客は、リテール顧客以上ではないにしても、同じくらい要求が厳しいのだ。

3 「素早い決断が重要である」

この言葉は、フィンランドでアリペイと提携しているスタートアップのＣＥＯのコメントを思い出させる。彼がいうには、４月にアリペイと話し合い、６月に契約書にサインし、10月までに実現したとのことだ。そしてそれは「銀行のＳＶＰやＣｘＯとの面談の準備にかかる時間とほぼ同じ」であったという。銀行は何かを決めるのに時間がかかるが、ＣＤＯが指摘するように、多くの企業もそうだ。だれもが発言権と拒否権をもっているので、だれもが転がり始める前にアイデアを沈めることができる。フィンテック企業のように銀行がより機敏になるためには、この文化的障壁を打破しなければならない。

4 「ぜひやろう」

ＣＤＯが経営陣に対し、アレクサに預金口座から貯蓄用口座にお金を移させるコンセプトのような、新しくおもしろいアイデアを伝えるたびに、彼らは「ぜひやろう」という。そして「だれがやるのか」という質問が出ると、たちまち彼ら全員の表情は、空虚でどんよりしたものになっていく。「あぁ、私ではないね」という言葉によって、その話は終わる。ＡＩを使って信用リスクを判断するなど、所管が明確なもののデモでさえも、リスク管理担当役員（ＣＲＯ）と融資担当の上級副社長（ＳＶＰ）は提案したチームの責任者をみて、「ぜひやろう」といった後、お互いを指さすのである。

5 「私たちはデスクの後ろから出なければならない」

ほとんどの銀行員は、デスクの後ろの心地よい椅子に座っているときだけ快適だ。彼らはすべてを監視し、コントロールすることができるが、何もしていない。彼らはアイデアを探しに行くのではなく、アイデアが出てきたら、それを自分のオフィスにもってきてもらいたいのだ。アイデアが与えられるのを待つのではなく、アイデアを求めるように文化的マインドセットを変えることは、仕事に変化をもたらす重要な要素である。まったくもってそのとおりだ！

「フィンテック企業に対するアプローチとして、私たちは彼らのほとんどすべてに対して、一緒に構築し、買収し、パートナーになることを望んでいます。私たちは彼らを研究しているのです。シリコンバレーにはコミュニティでつながっている人たちがいます。彼らは、企業規模を目的に私たちと取引したいと思っており、私たちは彼らがある程度の成熟度に達した段階での取引を望んでいます。巨大な規模である必要はありません。頑健で持久力があればいいのです。私たちは彼らのために顧客、規模、事業拡大の方法などを提供します。私たちはビジネスのスケーリングに対応する多くの専門知識をもっています。その見返りとして、顧客の特定の問題点に焦点を当てている彼らから、非常に貴重で強力なユーザーに対する洞察力を提供してもらうのです」

ビル・ウォーレス氏

ＪＰモルガン・チェース、コンシューマー＆コミュニティ・バンキング向けデジタル部門責任者

プラットフォーム、マーケットプレイス、エコシステム――バズワードのビンゴ！

パートナーシップについて議論するとき、多くの人が「プラットフォーム」、「マーケットプレイス」、「エコシステム」といった用語を勝手に使っている。同じような意味で使っていて、自分たちのいっていることを本当に理解しているのだろうかと思うことがある。多くの人がそうだが、これらの用語は頻繁に、バズワードのビンゴゲームのように会話に投げ込まれる。そこにＡＩ、ブロックチェー

ン、オープン・バンキングを加えれば、大当たりだ。念のため、プラットフォーム、マーケットプレイス、エコシステムにおけるパートナーシップについて話す前に、これらの用語を少し詳しく定義しておこう。

　おそらく最も重要な出発点はプラットフォームだ。プラットフォームは、だれもがコードを開発してデプロイし、ほかの人がそれを統合して利用できるようにするものであり、一般的にはマーケットプレイスのオーナーとみなされている。世界最大のプラットフォームであるインターネットにはオーナーは存在しない。それから、機会を提供するプラットフォームがいくつかある。アップルはＡＰＰストアというプラットフォームを提供している。アリババとアマゾンもそれぞれプラットフォームを提供している。フェイスブックは実際にはプラットフォームではないが、プラットフォームとしての特徴をもっている。なぜこのように区別するかというと、フェイスブックのビジネスモデルは広告に基づいており、アップル、アリババ、アマゾンは商取引ベースだからだ。プラットフォームは、開発者にお金を稼ぐ機会も提供するべきだ。もちろん広告から収益を得ることはできるが、ダウンロードや購入のほうが好ましい。なぜなら銀行やフィンテックが興味をもつ可能性があるからだ。

　マーケットプレイスとは、プラットフォーム上でサービスを提供しているすべての企業を指す。ストライプ、アディエン、スクエア、アイゼトル、イートロ、ペイパル、プレイド、フィニシティなどはすべてプラットフォーム上で活動しているＡＰＩフィンテック企業であり、主にインターネット上に存在し、いくつかはアップストアなどほかの場所でもみかけることがある。彼らはみな、同じプラットフォームのマーケットプレイスで商売を競っている露店商のようなものであり、グーグルのウェブサイト、フェイスブックの広告、アップルからのダウンロードなどで見つけることができる。

エコシステムは、互いにビジネスを活性化させるために協働するマーケットプレイスのパートナーのことである。ストライプは、インディーゴーゴー、リフト、スクエアなどの主要企業と提携していることで知られており、非常に多くのビジネスを獲得している。アディエンの成功の背景には、ウーバー、ティファニー、スポティファイのようなビッグネームの存在があるなど、ほかにもさまざまな事例がある。これらの露店商が有名になるたびに、ネームバリューによって発生した取引からさらなる収益を得ることとなり、また彼らのアプリやオンラインサービスにプラグ&プレイのコードを取り入れることで、そのコストをさらに下げている。したがって、どのマーケットプレイスでもみられるように、すべての露天商にとってのおもな目標は、隣の店よりも魅力的であることを示すことによって、顧客を惹きつけることである。

以上の定義において、銀行はどこに当てはまるのだろうか。銀行はプラットフォームを所有していると主張するが、彼らは何ももっていない。彼らはマーケットプレイスについて語るが、彼らがマーケットプレイスに居場所を見つけるのはむずかしいだろう。彼らは自分たちがエコシステムの一部にすぎないのに、自分たちがエコシステムを管理している、あるいは所有していると信じている。実際のところ、彼らが本当になろうとしているのはエコシステムのキュレーターである。キュレーターは顧客に最良の顧客体験を提供するために、マーケットプレイスのすべての露店商のなかから最高のものをキュレートする。他者がどこでより優れたコード、優れた能力、優れたコンピテンシーを開発しているかを特定し、そのコード、能力、コンピテンシーを銀行顧客に提供するためのパートナーシップを構築することで、銀行が直接提供できるものよりも優れた経験を提供する。これはとても重要な要素だ。

なぜ銀行が行うべきかというと、顧客は金融マーケットプレイスの露店商に対してデューデリジェンスを行う時間がないか、必ずしも能力がないからだ。彼らは小売、製造、エネルギー、輸送など、ほかのマーケットプレイスに焦点を当てている。これが、金融マーケットプレイスにおいて露店商を審査するのに最適な組織が銀行である理由だ。しかし、エコシステムの有効なキュレーターになるために銀行がまずすべきことは、どの露店に貢献したいか、どのプラットフォームに注力すべきかを決めることだ。結局のところ、銀行はオープンなマーケットプレイスにおいて、アプリやAPI、アナリティクスの露店商になることもできるのである。

では、どのようにして銀行はほかの銀行やフィンテック企業よりも優れた露店をつくることができるのだろうか。すでに述べたように、これらのプラットフォーム上でほかの銀行やフィンテック企業より優れた存在になるのではなく、彼らとパートナーシップを組むことが、より賢い戦略といえる。その際、銀行はWin-Winなパートナーシップのエコシステムを構築する必要がある。プラットフォームのマーケットプレイス上で全員が協力して、お互いにメリットのあるかたちでビジネスができるパートナーである。

「私たちが、新たな銀行活動の方法としてエコシステムに注目している理由は、おもに3つあります。1つ目は、いままで私たちがいなかったところで顧客を獲得できる点です。「すべての顧客が銀行に来て銀行取引をするわけではない」というのがその背景にあるテーマです。私たちは顧客がいる場所にいなければなりません。チャット、メッセージ、SNS等を通して顧客を獲得し、その体験をシームレスで目にみえないものにすることを考えています。2つ目は、私たちにとっての大きな目標であり、信用保証業務のために従来とは異なるデータを取得することです。これはパートナーを組んでいる場合にのみ有効になると考えています。私たちにとって、これまで貸付を行えなかった顧客を保証するための、非常に優れたデータを獲得することができます。これは大きな領域であり、この領域を生かすための唯一の論理的な方法は、エコシステムのパートナーシップを介することです。最後の観点は、エコシステムが商品提供能力の強化と改善をもたらしてくれることです。ノンバンクが金融サービスに参入してくるのであれば、もっと公平な競争の場にして、銀行が銀行業以外のビジネス領域に参入する必要があるという事実を受け入れなければなりません。これらのビジネスをただ単に行うためだけではなく、銀行として、私たちは常に銀行業務の中核を担っていく必要があるからです。一方、バリューチェーンやカスタマージャーニーの早い段階で消費者を取り込むことができるようになれば、商取引や広告、ソーシャルスペースから侵入してきたテックフィン企業やフィンテック企業との戦いのチャンスを広げることができるようになります。これによって、私たちは純粋な金融サービス以外の新たなサービスを創造する機会について考えることができるようになります」

ジーン・ウォング氏
DBS銀行、エコシステム部門ヘッド

エコシステムにおけるパートナーシップは容易ではない

パートナーといえば、数年前に大手テクノロジー企業においてパートナー企業と契約交渉をする役割を任されたことがある。そのパートナー企業は保険市場を専門としており、私たちは契約の文言をめぐって争いになった。しばらくは「あなた方がこうするなら、私たちはそうします」「あなた方がそうするなら、私たちはこうします」というやりとりが続いた。事前に不信感があったにもかかわらず、取引しようとしたのはなぜか。パートナー企業は、この取引によってわれわれ大手テクノロジー企業の膨大な数の保険顧客にアクセスできるようになると考えた。彼らは、われわれの保険顧客の大半が、私たちをソリューションプロバイダではなく、ハードウェア販売業者とみなしていることを知らなかったのだ。われわれとしては、ソリューション企業と取引を行うことで、単なるハードウェア販売業者からの脱却を目論んでいた。いうまでもないが、提携の作業は急速に行き詰まり、契約が合意に達することはなかった。

その後しばらくして、顧客関係管理（ＣＲＭ）の分野で別の大規模なパートナーシップの交渉にかかわった。そのパートナーはシーベルという会社であった。私たちはすでにパートナー契約を結んでおり、自社の販売チームとパートナー企業の製品の専門家や技術者に協力し合ってもらう方法を模索していた。販売チームはＣＲＭとは何か、どうやって販売すればよいかをほとんど理解しておらず、製品の専門家は、ＣＲＭにまったく興味のない販売員を相手にすることに、興味がなかったため、それはむずかしいことだった。同様に、パートナーとしてほかに2つ、3つのビッグネームのテクノロジー企業の存在があったため、私たちは二流のパートナー企業とみなされていた。いうまでもなく、このパートナーシップも徐々に頓挫し、何も売れなくなってしまった。

ここまでで、私はパートナーシップの担当としては最悪の1人だと思われていることだろう。そのとおりかもしれないが、私はこの失敗から多くのことを学んだ。銀行がフィンテックスタートアップとのパートナーシップをさらに発展させようとしているいま、銀行はこうした関係性がどのように機能するのか本当に理解しているのだろうか。特に、フィンテックスタートアップは本当に銀行を尊重し、正しい行いをすると信用してくれるだろうか。

それは簡単なことではない。つまりはそれが、パートナーシップを築くということだ。人間関係というものは、始めるのがむずかしく、維持も大変で、壊れやすいものだ。平均的な米国人の結婚生活は8年間だが、平均的な米国人はその2倍の期間同じ銀行を使い続ける。これは、結婚は人間関係だが、銀行取引はただの機能だからだ。

銀行はパートナーシップのエコシステムを通して、どのようにフィンテックスタートアップのキュレーターとして立ち回ればよいのだろうか。上述のＣＲＭの例が示すような、競合他社がより多くの収益と売上げをパートナー企業に提供しているので、そのパートナー企業からの興味を失いつつある場合、銀行はどのように対処していけばよいのだろうか。同様に、上述の私の契約交渉の例で示されるように、パートナーになろうとするうえで、一方が他方よりも弱いと感じている場合、その関係は不信感で揺らいでしまう。パートナーシップが真にうまくいくためには、双方に平等な機会と利益をもたらす対等な提携でなければならない。どちらかが後手に回ったり、脇役として扱われていたりすると、それは機能しないのだ。

ハーバード大学などの論文やコラムをはじめとして、成功するパートナーシップの構築について経営の第一人者による多くの本があるが、これら学説や理論はすべて捨て去ってしまってもかまわない。現実には、パートナーシップという概念が同盟国間の協定において生まれたものだとしても、銀行内でそれを実行しなければならない何千人ものマネージャーや従業員は、同じように感じていないだろう。多くの場合、パートナーシップが頓挫してしまうのは、その意図が不名誉なものだったからではなく、実際には、何千人もの人々で構成される異なる2つの組織を協調して働くよう調整することが現実的ではないからだ。

銀行がエコシステムにおけるキュレーションとパートナーシップの役割を果たしたいと考えているのであれば、ＩＴ業界の人々に働きかけてみるのがよいかもしれない。彼らの多くは、こうしたエコシステムの関係性や提携を何十年も経験してきているため、銀行がテクノロジー業界からシステムインテグレーターのグループを雇って、銀行を金融業界におけるバリューインテグレーターとして発展させるためのリーダーとなってもらうのも悪くはないだろう。

「[キュレーションについて] 例として、インターネットがどのようにしてストリーミング業界につながったのかを考えてみてください。ネットフリックスやスポティファイの前にあったのはナップスターやビットトレントなどで、かつては完全に分散していました。無政府状態でした。人々は利用することはできますが、そこに広がるのは荒野です。自分が何を得ているのかわからない、混乱した状態です。ネットフリックスやスポティファイでは、月に数ドル払うと、素晴らしいコンテンツを手に入れることができます。一定レベルのキュレーションとクオリティがあるので人々はそれを利用したいと思うのです。オリジナルコンテンツはなくても、ネットフリックスとスポティファイが品質を提供してくれることに対して信頼を寄せています。これは、完全に分散化された世界において銀行の立場をどのように考えるべきかということのアナロジーなのです」

ジーン・ウォング氏
DBS銀行、エコシステム部長

視野を広げる

「現状では、フィンテック企業には、出資するか、ある時点で協業するかのどちらかになります。私のビジョンでは、近い将来すべてがＡＰＩで完結します。新しいＡＰＩを搭載したり、不要になった古いＡＰＩを外したりするほうがはるかに簡単です。たとえば、もしわれわれが2、3社のフィンテックスタートアップに協力を求め、それぞれ8万人の顧客がいるとすると、数カ月の間にどの会社がいちばんよいかがわかります。それからまた新たなスタートアップが出てくるのです」

ヴィンセント・ファン・デン・ボーグルト氏
オランダＩＮＧ銀行、ＣＥＯ

私は最近、ある大手銀行のイノベーション責任者に会ったが、彼女は突然その職を辞めてしまった。彼女と彼女のイノベーションチームはブレインストーミングを行い、銀行がパートナーシップを通じてデリバリーを改善できる多くの分野を考え出した。それから、取引したい企業のロードマップを作成した。構想プロセスはうまく進められ、プロセスの最後には5つの具体的な将来の提案と、それに参加する8つのパートナーのリストができあがった。それから彼女は、その提案とロードマップについて意見を聞くために、経営幹部の意思決定者に会いに行った。しかし、その話合いはうまくいかなかった。

「規制当局が許可しないだろうから、それはできない」だれも規制当局に話をしに行っていないにもかかわらず、彼はそういった。

「前に同じことを試して失敗したから、うまくいかないだろう」彼らが最後にそれを試したのは何年も前で、それ以来技術は進歩しているにもかかわらず。

「それはいい考えだが、一度実証されてから試してみるべきだ」銀行がそれを実証するためには試してみなければ始まらないにもかかわらず、彼はそう答えた。結局のところ、これがイノベーションの本質だ。

さらに、彼はイノベーション・プログラムを通過するすべてのものに対しての承認プロセスが必要だと主張した。彼女が承認プロセスとはどのようなものかと尋ねると、彼はプロダクトマネージャーやテクノロジーチームと一緒に、コンプライアンスとリスク担当者も関与しなければならないと説明した。その瞬間彼女は取り組む意志を失い、銀行を辞めてしまった。

残念なことに、この種のミーティングは伝統的な組織のなかでは頻繁に行われており、何年にもわたって変化を避けようとする閉鎖的なマインドセットを表している。変化の妨げになる障壁を置けば置くほど、変化する必要がなくなる。たとえビジネスラインのなかの1人が心を開いたとしても、閉ざす人が十数人もいる。組織はあなたが出ていくのを待つか、疲れ果てさせるかのどちらかである。

だからこそ、利発な若者たちは自らの会社を立ち上げ、ビジョンをもち、俊敏に動き、一つのことに焦点を当てて実行していく。利発な若者たちが物事を変えているのは、彼らがそれをできるからだ。彼らは新しいアイデアにオープンで、新しいことを受け入れ、変化を求め、熱意をもって仕事をするため、伝統企業のような働き方をしない。そうすると、昔ながらの多額の予算と大量の顧客を抱えた大きな老舗企業が手を伸ばしてこういう。「やあ相棒、パートナーになろう」そして、理想主義で駆け出しの利発な若者は、握手をしてこう返す。「もちろんです」

共同開発や銀行とスタートアップのパートナーシップがむずかしいのも頷ける。最近ある人から聞いた話だが、あるスタートアップが銀行との提携を試みたところ、銀行はそれを引き延ばし続けていたそうだ。その銀行から多くのチーム、多くの人たちが来て、スタートアップのビジネスアイデア、コード、構造、開発を評価しながら、スタートアップのなかを這いずり回っていた。彼らは何度も訪問し、何度も打合せをし、何度も電話をかけてきたが、何の契約にも至らず、お金のやりとりもなく、何も結果が出なかった。結局、スタートアップはうんざりして、銀行に立ち去るようにいった。

その銀行はたしかに立ち去ったが、その間、不思議なことにスタートアップが取り組んでいたものと似た製品を開発し、提供するためにチームを組み人員を割り当てていた。もちろん、秘密保持契約はあったが、アイデアのバージョンが完全に同じではない場合、銀行がアイデアを盗んだことをどうやって証明することができるだろうか。

「倫理的に許されない。そんなことはできないはずだ」とスタートアップはいう。

「私たちはただ実行しただけで、あなたたちはそれについて何もできないよ」と銀行は言い返す。

共同開発と提携に携わる人たちへの警告を一言。目を大きく見開いて、視野を広くもちなさい。

銀行と提携しているフィンテック企業の感想
――カントックスの共同創業者兼ＣＥＯフィリップ・ジェリス氏の意見に基づく

成功したフィンテック企業のＣＥＯが、銀行とともに仕事をした経験について話をしてくれた。彼の洞察の一部を紹介する。これは、銀行と提携しようとしているスタートアップにとっても、同様にスタートアップと提携しようとしている銀行にとっても役に立つだろう。

「私たちは彼らの技術と、彼らがクライアントにもたらすユニークな価値をとても気に入っています。それにもかかわらず、彼らは最近私たちからよい顧客を2社も盗んだので、私たちはこれ以上情報を公開しないし、彼らと提携する気もありません」

これは、ドイツの某銀行のコーポレートＦＸのトップが、小規模なフィンテックのパートナー企業について語った言葉だ。技術提携について話し合うために、同銀行内の別の人からそのパートナーを紹介されたが、このようなかたちで話合いは終わった。これはまた、多くの伝統的な銀行員が考えていることでもあり、銀行と提携することがいかにむずかしいかを示している。

その理由は、銀行業が最もリスクを嫌う産業の1つだからだ。これは、クレジット、ローン、デリバティブなど（多くの銀行の中核業務であり、厳格な規制を受けている主な理由である）に関する顧客のリスクだけでなく、自身のキャリアを壊したり伸ばしたりするものとして、個々の銀行員がリスクに対するアプローチにも表れる。

銀行で働き始めると、ゼロから何かを構築することはほとんどない。そのかわりに、フランチャイズや、クライアントや商品のポートフォリオを継承し、一定のビジネスと収益を生み出していくことになる。あなたの役割には、おそらくある程度の収益成長を生み出すことも含まれているが、何よりもまず、そのポートフォリオを守り維持することが重要である。昔の銀行業界では、このフランチャイズはかなり安定していた。ほかの銀行から顧客を奪われたとしても、ほかの銀行から顧客を獲得でき、全体として、市場シェアはかなり安定していた。

近年、その環境は劇的に変化した。金利はゼロに近く、銀行のビジネスモデルに大きな影響を与えている。豊富な資金をもつ何千ものフィンテック企業が出現しており、ビッグテック企業もフィンテックに本格的な関心を示している。

銀行は、同じ構造、文化、行動様式をもっている銀行と競い合う方法は知っている。しかし、機敏で素早い競争相手と戦うことに対して、恐怖を感じ始めている。

銀行の内部では、イノベーションチームはせいぜい銀行の入り口であり、さまざまなビジネスラインとの調整役だ。それ以上の影響力はほとんどない。彼らはパイロットプロジェクトを立ち上げるインセンティブを与えられることが多いが、必ずしもそのプロジェクトを成功させることにインセンティブがあるわけではない。

銀行と協業しようとする多くの小規模フィンテック企業が学んだ重要な教訓の1つは、銀行と連携するのは非常に複雑だということだ。そこにいる多くの人たちの仕事は、基本的にはフィンテック企業の人たちとイノベーションについて話をすることだけで、ほかのことはあまりしない。スケジュールに対する時間感覚もフィンテック企業の10倍は長い。間違った相手と話していることに気づいた頃には、議論は永遠に続くことになっているかもしれないし、そもそも議論のしようがないかもしれない。もしあなたが銀行と取引しようとする第三者であるならば、最初にすべきことは、関連するビジネスラインを特定し、内部の権力や影響力をもつ人物と取引できていることを確認することだ。その後、上の階層へ行き、取引を前に進めなければならない。

「ＩＳＯ 27001の認証を取得していますか。私たちはＩＳＯに準拠しているベンダーとしか取引していないので、これは非常に重要なことです」これは数カ月の議論の後に、フィンテック企業が直面する可能性のある質問の1つだ。それは関係性を白けさせるものであり、銀行との協業においては、まったく予想外の新たな要求を受けることは度々あることなのだ。なぜ、このようなＩＳＯ認証の要件は、議論の初期段階で言及されなかったのだろうか。交渉相手のビジネスラインの担当者が、ＩＴ要件やコンプライアンス要件を認識していなかったので、彼らは基本的にパートナー候補と同じタイミングでそれらの要件を認識したのだ。そのため、外側の立場からすると、早い段階ですべての利害関係を一致させることが、パートナーシップを成功させるための鍵となる。

銀行はいまだにサイロ構造だ。取引を成立させるには、各サイロから許可を得る必要がある。銀行の内部にも、単一の意思決定者は存在しない。パートナーシップを前進させることを自分1人で決められる人はだれもいない。そのパートナーシップが理にかなっており、両者にとって大きな付加価値を生み出し、カニバリゼーションのリスクが低いことを、複数の利害関係者に納得させる必要がある。それが完了したら、コンプライアンス部門、ＩＴチーム、法務部門を説得しなければならない。これによってチェック項目をすべて満たした状態になる。銀行は第三者であるあなたにはあわせてくれないため、あなたが銀行のプロセスや要件にほぼ完璧に適応しなければならず、そのためには高度な柔軟性が必要だ。

スタートアップは組織構造上、機敏で柔軟性があるかもしれないが、それでもすべての要件を満たすのは困難で時間がかかる。スタートアップがパートナーシップの要求に適応しようとする意欲と、取引から手を引く能力との間には、絶妙なバランスがある。

「御社の技術は気に入っていますが、少し高価だと思いますので、検討してまたご連絡します」

これはもはや提携に関心のない銀行の言葉だ。実際にこの例では、その銀行は数カ月後にスタートアップのコア製品のほぼ正確なコピーを発表した。その銀行が何をしたかは非常に明白だ。なぜならその新しい商品の説明は、スタートアップのウェブサイトの製作説明とまったく同じだったからだ。しかしその数カ月後、その銀行は商品を市場に出せておらず、新規顧客を獲得することはできなかった。こここでの教訓は何かというと、イノベーションについて語るのは簡単だが、実行するのはむずかしいということだ。興味深いことに、このスタートアップは後になって、銀行の部門担当者が、顧客へさらなるイノベーションを提供するよう経営陣から圧力をかけられていたことを知った。彼は近道をして、スタートアップがすでに行っていたことを、銀行がやると発表した。しかし、実際には内部リソースが足りず、何も実現できなかったのだ。

銀行とのパートナーシップについて議論する際、フィンテック企業やスタートアップは、自社の技術をアピールするのに十分な情報を開示することと、あまり多くを語らないことと、すべてを無料で提供することの間で、常に適切なバランスを見つけようとしている。同時に、ほとんどのスタートアップはビジョンと実行力とスピードをもっている。これがすべての違いを生み出しており、多くのスタートアップが銀行との競争をおそれるべきではない理由だ。銀行は対応に時間がかかりすぎるのである。

要約すると、銀行との提携を考えているスタートアップにとって、次のような教訓がある。

- 提携先を探してはならない：そのかわりに、積極的にアプローチしてくる銀行との関係を継続しなさい。
- イノベーションチームとの時間をかけすぎてはならない：そのかわりに、できるだけ早く、あなたの提案にとって意味のあるビジネスラインとの話に移りなさい。
- 銀行のパートナーシップの実績とその意欲を確認しなさい。多くの銀行は、ビジネス上の成果に到達することなく、パートナーシップについてだらだらと議論するチームをつくりがちだ。

- 銀行があなたをどうみているかを早く理解しなさい。あなたのことを、潜在的にビジネス領域を食い合う存在ではなく、ビジネスの成功要因、収益源、ロイヤルティを高める手段、アップセルの手段、顧客を引きつける手段、ＵＸを向上させる手段とみなしているか。
- 自分が何をしたいのか、何を受け入れないのかを明確にしなさい。たとえば、あなたがホワイトレーベルになるのか、銀行のベンダーになるのか、それとも共同ブランディングのみを受け入れるのかを明確にしなさい。
- 可能な限り高いレベルの銀行内で影響力をもつ人々と関係を継続しなさい。
- プロセスをリードするプロジェクト・マネージャーを銀行内に確保しなさい。これにより、ビジネスライン、ＩＴ、コンプライアンス、法務の間で摩擦が軽減され、連携が向上する。もし割り当てられていない場合は、あなたと提携する意思を証明するものとして、技術に精通したプロジェクト・マネージャーを任命するよう銀行に圧力をかけるべきだ。
- 我慢しなさい。銀行は、特に最初は動きが遅い。現実的には、合意した時点からパートナーシップ契約に至るまで、少なくとも12カ月はかかることを受け入れる心づもりが必要だ。

クラッシュ・オブ・クランか、新銀行と旧銀行の対立か

パートナーシップに関する議論の最後の論点は、スタートアップ企業とパートナーを組むのではな

く、そのスタートアップを買収する機会が常にあるということだ。これもまた摩擦を伴うやり方である。たとえば、欧州で最も革新的な銀行の1つである、フィドール銀行の友人たちと話をしたときのこと。フィドール銀行は２０１６年にフランスの銀行グループＢＰＣＥに買収されたが、その間のことについては2年後にフィドール銀行がＢＰＣＥとの分離を求めた時まで何も聞いていなかった。分離の話は私にとって何の驚きもなかったが、それよりも、伝統的な大手銀行が当時最も革新的なフィンテック銀行を買収していたことのほうが驚きだった。

ご存じないかもしれないが、ＢＰＣＥは２００年前に創業したフランスの2つの大手銀行が２００９年に合併して設立されている。フィドール銀行買収時のプレスリリースには、「フィドール銀行の買収計画は、ＢＰＣＥグループの戦略計画「成長のためのもう1つの方法」と完全に一致しており、グループのデジタル戦略の展開を加速させる」と書かれていた。

当時ＢＰＣＥグループの取締役会長を務めていたフランソワ・ペロル氏は次のように述べている。

> 「この買収は、われわれのグループのデジタル変革を加速させるうえで重要なステップとなります。さらにこれは、デジタル・バンキング技術を駆使して顧客中心のアプローチを発展させ、デジタル・バンキングやモバイル・バンキング分野への関与を強化していくなど、われわれのイノベーションへの取組みを示すものです、フィドール銀行のチーム、コミュニティ、顧客をＢＰＣＥグループに迎えることができることを、とても誇りに思っています」

いったい何があったのか。なぜうまくいかなかったのか。まず、ガバナンスに関する疑問がある。情報筋によると、BPCEは最後までフィドール銀行をデジタルに関する構想のなかに統合することができなかったという。これは、フィドールの取締役会長を務めていたBPCEのCDOが原因だと考えられる。彼はフランス国営鉄道会社SNCFから来て、つい最近銀行に入ったばかりだった。彼はフィドール銀行とのディールが行われた後に参加した。それは彼のディールではなく、彼はそれを引き継いだだけだった。

ここから社内政治がすべてを破壊し始めた。BPCEは多くの小さな銀行で構成されているので、フィドール銀行の新しい会長が、地方銀行との取引にいかに苦労したかが理解できる。また、その新しいリーダーは銀行員ではなかった。上述のとおり、彼は鉄道会社出身だったため、フランスの地方で小さな王国を守っているオフラインの銀行員の間で、デジタルとデジタル・バンキングの話をするのはむずかしい仕事だったはずだ。つまり、彼は外部から来て、内部に「政治ネットワーク」をもっておらず、デジタル・バンキングの経験がなく、PSD2などの規制も理解していなかったのだ。

それに加えて、2人の経営役員の間で恋愛関係が発生し、社内政治的な内紛が激化した。この役員たちはフィドール銀行買収の責任者だったこともあり、地方銀行の頭取たちは彼ら役員に反対する運動を開始した。彼らがフィドール銀行へ関与していたことを理由に、ヘイトの矛先はフィドール銀行買収にも向けられ、内部政治の巻き添え被害を受けることとなった。BPCEグループの内部リークにより、フランスのメディアがあらゆる種類の機密情報を公開してあおったため、これらの情報はすべて公開されている。フランスのネットフリックスシリーズのように聞こえるが、これは現実に起こったことだ。

また、ドイツ生まれの銀行とフランス中心の銀行の間に文化の衝突があったのかもしれない。言葉の壁は明らかな課題の1つだ。さらに重要なのは、新しくて革新的なフィンテックのスタートアップと、古くてリスクを嫌う従来の銀行との間に、文化的な衝突があった可能性が高いことだ。たとえば、フィドール銀行は暗号通貨に関する、金融サービスや業務について最も経験豊富な最先端企業の1つである。買収の段階でこの分野についての議論があったことは想像にかたくないが、2016年以降、BPCEはこれ以上暗号通貨に関与することはなかったため、結局それほど関心がなかったということが判明している。

今回の買収にはいくつかの成果がある。買収後の2年間を経て、コンシューマー・バンキング事業が3倍、ビジネスバンキング事業が4倍に拡大したのだ。フィドールのバランスシートはパリからの支援によって完全に改善された。結果として不慣れな投資家が約15億ユーロのバランスシートをもつ超クリーン事業を手にするという明らかにプラスの効果があった。

フィンテック企業はここから何を学べるのだろうか。この話はフィンテック企業との提携において、銀行が直面する課題を表している。多くの銀行は、イノベーションを起こし、デジタル化し、流行に敏感になり、管理しすぎないようにしようとしている。彼らは、若いスタートアップと仕事をすることで、古臭い人間から脱却しようとしている。ところがこれは、若いスタートアップが古い考え方に挑戦するときほど簡単ではない。古い考え方は文化的に深く根づいているため、考え方を変えることは政治的反発を生み、それを抑えるのはむずかしいのだ。このような状況では、古い銀行が新しい銀行を買収する場合でも、古い銀行がスタートアップと協力する場合でも、全員を巻き込むための強力なリーダーシップが必要となる。それがなければ実現はむずかしいだろう。

「すべての分野とすべての製品グループが、それぞれの機能をサポートするＡＰＩを構築しています。これは取り組まなければならないことなのです。最初は内部向けに取り組んでいましたが、内部依存度を低減することで得られる価値は、イノベーションの速度とみなの時計を速めてくれました。私のチームは、ＡＰＩで何をしたいのか、市場で何が起ころうとしており、何が理にかなっているのか、何が変化しているのかについて、人々のところに行き彼らを指導します。そして彼らのためのＡＰＩポータルであるdeveloper.chase.comを管理して、社内外の開発者のために提供しているのです。このＡＰＩポータルを通じて、体験ＡＰＩ、製品ＡＰＩ、機能ＡＰＩ、プラットフォームＡＰＩなどを網羅し、ユビキタスな形式と機能を実現することが、私たちの目標です」

ジェイソン・アレクサンダー氏

ＪＰモルガン・チェース、コンシューマー&コミュニティ・バンキング向けデジタル・プラットフォーム責任者

要　点

銀行はデジタル世界の需要にあわせて変化、適応する必要があることを十分に認識しているが、多くの銀行は、外部の世界とかかわる前に必要となる内部の変化ができていない。これはスタートアップとのパートナーシップにおいて顕著にみられる。ほとんどの銀行は、パートナーと組むよりも自分たちだけでやりたがる。たとえ彼らがその態度を変えたとしても、多くの場合、彼らの内部組織はパートナーと組む準備ができていない。たとえそれが変わったとしても、パートナーシップ・モデルは、2つの異なるプレイヤーの利害があり、両者が対等な関係で一致し、お互いにメリットがなければならないため、簡単ではない。デジタル変革のエコシステムとしてのパートナーシップは、おそらく文化的な変化の要件よりもむずかしく、銀行の変革の予定表のなかでは、内部の変化が起こった後、最後に来るべきものだと考えられている。

注

01 「リーダーからの教訓：マイクロソフトのCEOであるサティア・ナデラ氏」Finanser（ブログ）、2019年5月16日、https://thefinanser.com/2019/05/lessons-from-leaders-satya-nadella-ceo-microsoft.html/

02 「銀行がウォルマートから学べることは」Finanser（ブログ）、2017年5月18日、https://thefinanser.com/2017/05/banks-can-learn-wal-mart.html/

03 ドーン・カワモト「JPモルガン・チェースはIBMとの外注契約を打ち切った」CNET、2004年9月15日、https://www.cnet.com/news/jpmorgan-chase-cancels-ibm-outsourcing-contract/

04 「デジタル化とは、より密接につながり満足した顧客を意味する」BBVA、2019年2月6日、https://www.bbva.com/en/digitization-means-more-closely-connected-and-satisfied-customers/

05 クバネティスは、コンテナと呼ばれるもののなかで、プログラミングで動いている小さなまとまりを表現するために使われる用語である。各コンテナは、APIやプロセスなどを実行する機能単位である。たとえば、ストライプのようにプラットフォーム上にいる多くのプレイヤーはコンテナと考えられる。コンテナはオープンソースでプラグ&プレイできるプログラムで、オンラインで他社のコンテナのプログラムと関連して動作することができる。そして、クバネティスはオープンソースのシステムを利用してこれらのコンテナ間をうまく管理するメソッドである。これにより、銀行は大規模なプログラムに取り組む多くのチームや、それらのチームと一緒にプログラムを開発する多くのパートナー企業と簡単に協力できる。

06 「BBVAは2018年度上半期にデジタルチャネルで1,000万単位以上を販売した」Finextra、2018年8月13日、https://www.finextra.com/pressarticle/75061/bbva-sells-more-than-10-million-units-via-digital-channels-in-h1-18

07 ジャネット・チョイ「ジェフ・ベゾスの「2ピザチームルール」が2018年も変わらない理由」I Done This（ブログ）、2018年12月4日、http://blog.idonethis.com/two-pizza-team/

08 「INGと顧客データの使用」ING、2014年3月17日、https://www.ing.com/Newsroom/All-news/Features/Feature/ING-and-the-use-of-customer-data.htm

09 エマ・ラムニー「気配りか不気味か　英国の銀行は顧客維持に使いすぎアラームを提供」ロイター通信、2018年8月14日、https://uk.reuters.com/article/uk-britain-banks-messages/caring-or-creepy-uk-banks-turnto-alerts-to-keep-customers-loyal-idUKKBN1KZ1D6

10 ステイシー・カウリー「銀行や小売業はあなたのネット行動を追跡している」ニューヨーク・タイムズ、2018年8月13日、https://www.nytimes.com/2018/08/13/business/behavioral-biometrics-banks-security.html

11 マット・パルフラマン「英国人の4分の3はオープン・バンキングについて聞いたことがない」YouGov、2018年8月1日、https://yougov.co.uk/topics/finance/articles-reports/2018/08/01/three-quarters-britons-havent-heard-open-banking

12 英国のTSB銀行は2018年4月、TSB銀行の元オーナーであるロイズ銀行グループの顧客を、新オーナーであるサバデル銀行の新システムに移行させようとした。しかし、移行に失敗し、約200万人の顧客が利用中の口座を数週間使えなくなった。移行の失敗により、収益損失、罰金、手数料は3億3,000万ポンドにのぼり、CEOのポール・ペスター氏は辞任を余儀なくされた。

13 ダキン・キャンベル「JPモルガン・チェースはシアトルでアマゾンやマイクロソフトの隣にクラウド技術センターを建設中」ビジネス・インサイダー、2019年2月19日、https://www.businessinsider.com/jpmorgan-is-building-a-cloud-engineering-hub-in-seattle-2019-2

14 エイドリアンD・ガルシア「大銀行は技術に何十億ドルも費やしているが、イノベーションは遅れている」Bankrate、2018年7月27日、https://www.bankrate.com/banking/jpm-big-banks-spend-billions-on-tech-but-theyre-still-laggards/

15 JPモルガン・チェースは、2018年には15％増の108億ドル、2019年にはさらに6億ドル増の114億ドルの技術投資を行った。その大部分は、消費者金融事業、銀行事業、投資銀行事業、ウェルス・マネジメント事業という4つの主要事業におけるモバイルおよびウェブベースのサービスの強化に向けられている。

16 アマゾンの14の原則の詳細についてはレイチェル・プレマック氏の記事を参照。「Jeff Bezos runs Amazon with 14 defined leadership principles」ビジネス・インサイダー、2018年8月9日、https://www.businessinsider.com/jeff-bezos-amazon-jobs-leadership-principles-2018-8
注：邦訳にあたりアマゾンジャパンHPより引用（2020年5月8日）
https://www.amazon.co.jp/b?ie=UTF8&node=4967768051

注

17 ジェレミー・カーン、チャーリー・デベロー「Banks Waking Up to Fintech Threat Throw Billions Into Digital」ブルームバーグ、2019年5月10日、https://www.bloomberg.com/news/articles/2019-05-10/bankswaking-up-to-fintech-threat-throw-billions-into-digital

18 「What bankers need to know about the mobile generation」エコノミスト、2019年5月2日、https://www.economist.com/special-report/2019/05/02/what-bankers-need-to-know-about-the-mobilegeneration?frsc=dg%7Ce

19 「The Powerof Gen Z Influence」バークレイレポート、2018年1月、http://www.millennialmarketing. com/wp-content/uploads/2018/01/Barkley_WP_GenZMarketSpend_Final.pdf

20 ジョーディン・ホルマン「Millennials Tried to Kill the American Mall, But Gen Z Might Save It」ブルームバーグ、2019年4月25日、https://www.bloomberg.com/news/articles/2019-04-25/are-u-s-malls-dead-not-ifgen-z-keeps-shopping-the-way-they-do

21 エコノミスト「What bankers need to know」

22 ティファニー・カリー「Corporate America Can't Afford to Ignore Gen Z」ブルームバーグ、2019年3月29日、https://www.bloomberg.com/news/articles/2019-03-29/how-gen-z-s-different-than-millennialscompanies-try-asmr-memes

23 エコノミスト「What bankers need to know」

24 エイドリアン・コッククロフト、フランク・チェン、マーティン・カサド「a16z Podcast: All about Microservices」2016年9月1日、https://a16z.com/2016/09/01/microservices/

25 ナディア・キャメロン「Tackle the 'frozen middle' of your organisation or face irrelevancy」CMO、2017年5月24日、https://www.cmo.com.au/article/619739/anz-digital-chief-tackle-frozen-middleyour-organisation-face-irrelevancy/

26 リチャード・クラニウムは英語のスラングで「あほ」を意味する。

27 グアラフ・ベルマ「How banks can win the struggle for tech talent」アメリカン・バンカー、2018年9月5日、https://www.americanbanker.com/opinion/how-banks-can-win-the-struggle-for-tech-talent

デジタルトランスフォーメーションの真価とは

デジタル変革が最も進んでいる銀行の代表例は、ＢＢＶＡ（１９９９年合併、変革開始）とＤＢＳ銀行（２００９年取組み開始）だ。いずれも早くから経営層が献身的に取り組み、結果も出している。彼らは技術者のコミュニティ内で認知と評価を得ることには成功したが、必ずしも投資家の間ではうまくいっていない。最近のエコノミストの見出しに以下のようにある。

> 「スペインの銀行であるＢＢＶＡは、自らデジタル事業領域に進出し、フィンテックのスタートアップと同じように機敏になりたいと考えている。株主は忍耐強さが必要だ」

つまり、ＢＢＶＡは変革を起こしているにもかかわらず、他社と比較して市場でのパフォーマンスが低いということだ。デジタル変革に取り組んでいる銀行の多くに、同じことがいえる。デジタル変革を短期間で投資パフォーマンスと結びつけることがむずかしいからだ。この点は、本書を執筆するためにインタビューした銀行から聞かれた論点でもある。

ＤＢＳ銀行は、デジタル変革によって株主価値が向上することを世界で初めて示したと標榜する銀行で、彼らから興味深い回答が得られた。まず、ＤＢＳ銀行の最高経営責任者（ＣＥＯ）であるピユシュ・グプタ氏は、ＤＢＳ銀行のデジタル戦略とその先行きについて語った。ＤＢＳ銀行の戦略は、４つの中核機能から始まる。

顧客獲得

- チャネル拡大を通じた顧客獲得の強化
- 顧客獲得コストの削減

処　理

- ペーパーレス化
- 取引の即時完了
- コスト削減

顧客維持

- 顧客の離反防止
- 顧客情報等に基づくマーケティングによるクロスセル
- 顧客1人当りの収益の増加

エコシステム

- パイプライン型のビジネスからプラットフォーム型ビジネスへの転換
- データ活用
- 顧客インサイトの重視

ＤＢＳ銀行は、能力があるだけでは不十分であることを認識しており、文化も変えなければならな

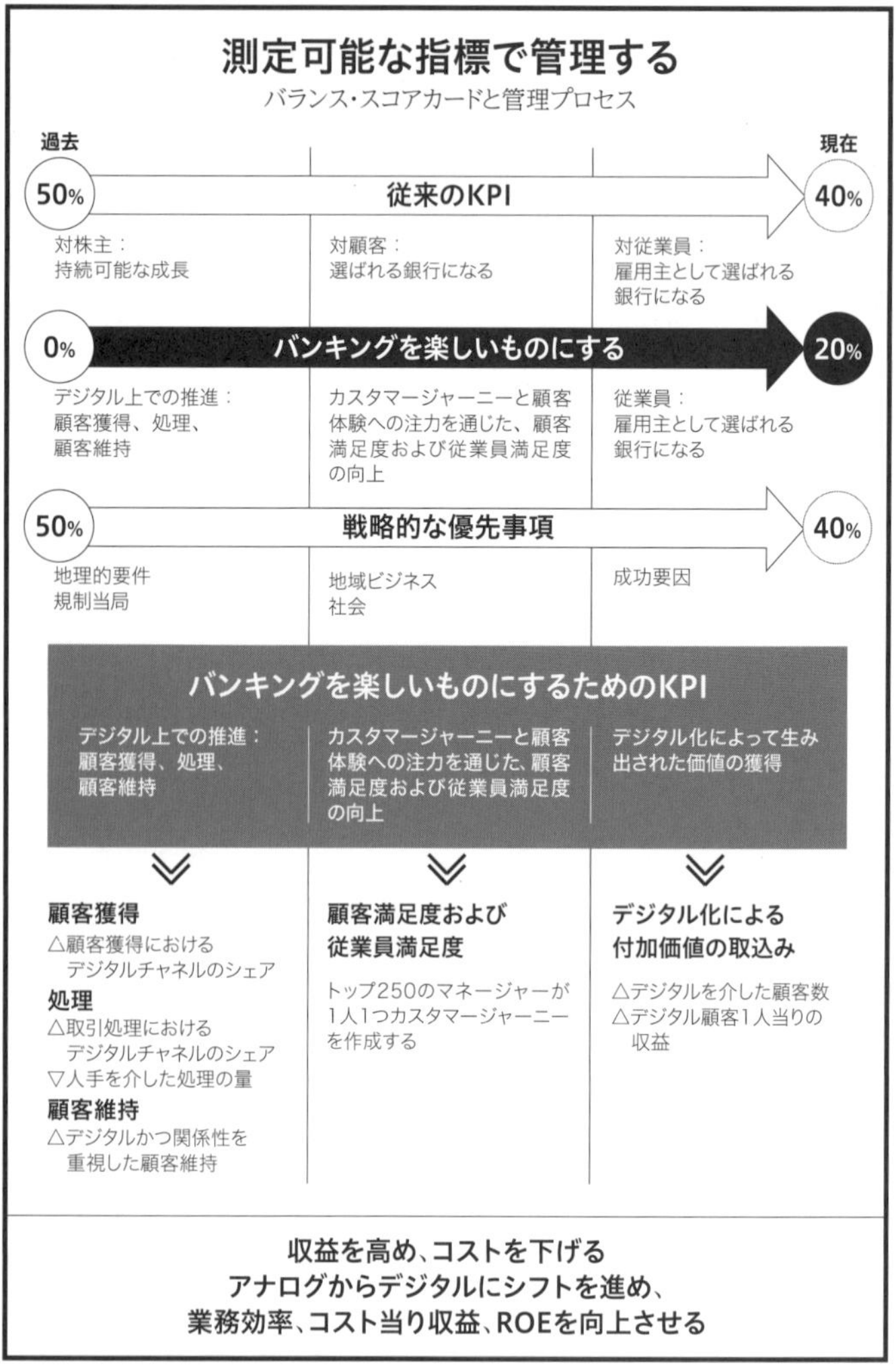

図5.1　DBSが変革の進捗をどのように測っているか

かった。だからこそ、バンキングを楽しいものにする、というビジョンが打ち出され、実行に移されることになったのである。実現のためには、デジタルを会社の中心に据え、２万６０００人規模のスタートアップとして行動しなければならないと理解していた。こうした取組みはカスタマージャーニーに着目することで実行され、カスタマージャーニーにおいて、銀行は目にみえない存在である必要があると考えた。つまり、金融に関する顧客体験において、すべての摩擦を取り除くということだ。

これは、従来のレガシーシステムから、クラウド上でマイクロサービスの構造をもつオープンＡＰＩを中心としたシステムに生まれ変わり、ウォーターフォール型のマネジメントからアジャイル型へ移行し、プロジェクトからプラットフォームへ移行することを意味していた。私からすると、ＤＢＳ銀行はほかの銀行がまだ着手できていないことを先取りしたのである。そして、２万６０００人の従業員の着眼点と文化を変えるためには、デジタルを反映するように測定手段と報酬を変えることがよいと認識した。

文化を変えることは、あらゆるデジタル変革のなかで最も重要であり、デジタル化を単体のプロジェクトとみなす人々には決して到達できない。ＤＢＳ銀行がデジタルを企業の細部にまで組み込んだことは、２０１６年に、The World's Best Digital Bank（注1）としてユーロマネー・アワードを受け取ったことでも証明されている。ユーロマネー誌の編集者であるクライブ・ホーウッド氏は、この賞を発表した際、「消費者部門からスモール企業を含めた法人、トランザクション・バンキング部門、さらにはＤＢＳ財団に至るまで、デジタル・イノベーションがあらゆる部分に浸透していることは明らかで

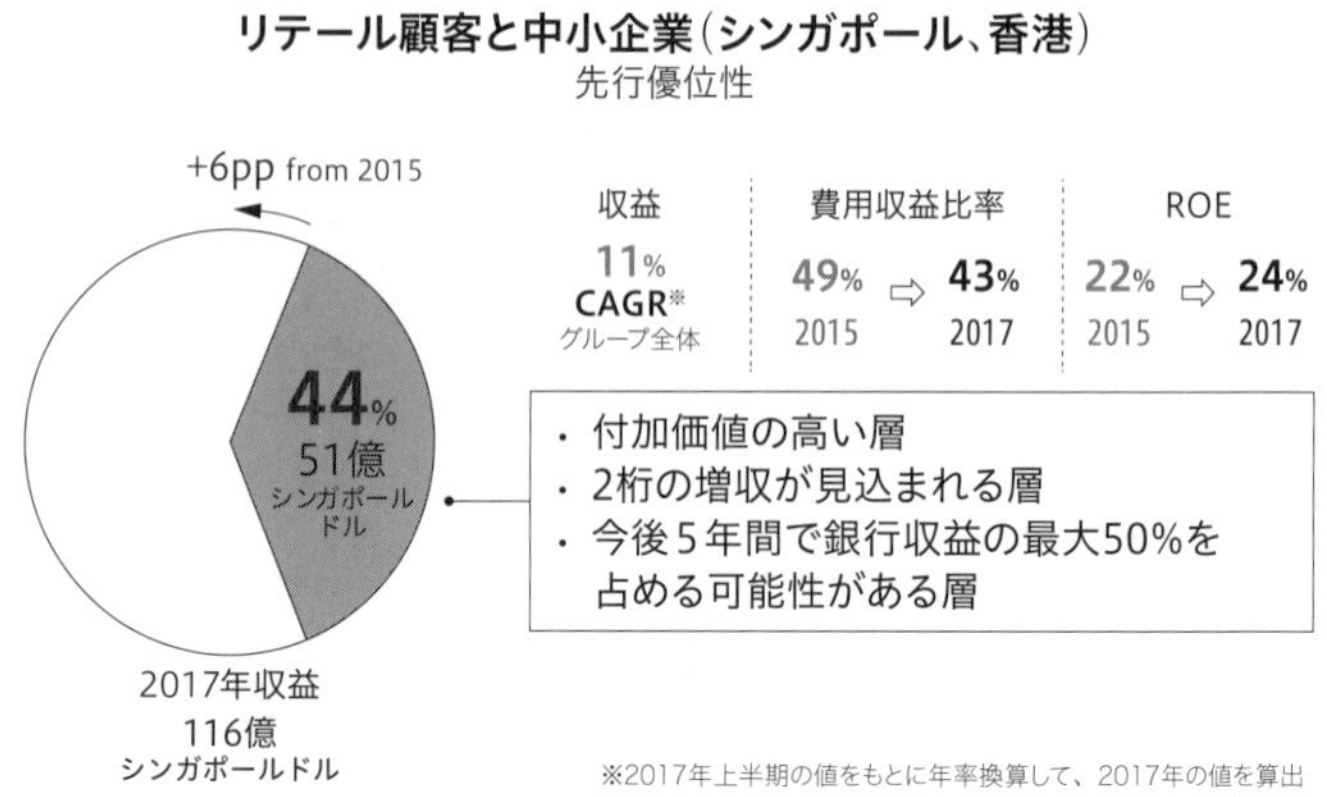

図5.2　主要なリテール顧客と中小企業に対するサービス

す」と述べた。

さらに、ＤＢＳ銀行は株主にもわかるかたちで結果を出している。たとえば、ＤＢＳ銀行の２０１５年の収益１０８億シンガポールドルのうち38％がデジタルプラットフォームからもたらされており、２０１７年にはその比率は44％、２０１９年には60％にまで上昇している。

２０１７年の計数のなかで特に重要なのは、デジタルユーザーと従来の物理的なサービス（支店、コールセンター、オフライン）を受けるユーザーで対比した、年平均成長率（ＣＡＧＲ）と自己資本利益率（ＲＯＥ）の数字である。

図５・４の表をみると、従来のオフラインサービスを利用する顧客（Ｔ）とデジタルオンラインサービスを利用する顧客（Ｄ）の間には、明確な差がある。

実際、ＤＢＳ銀行はデジタル顧客が成長するにつれ

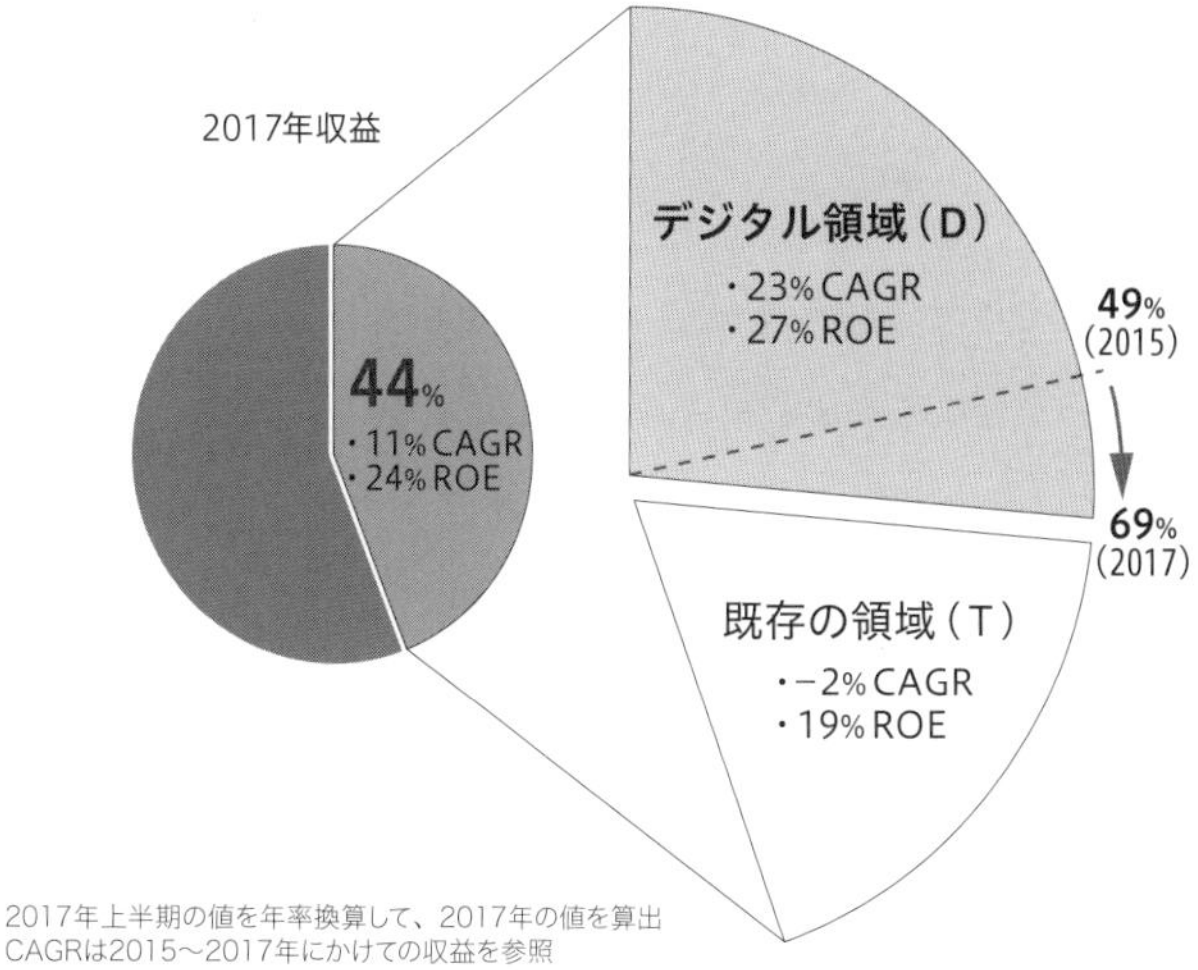

図5.3　2017年の収入

2017年損益 金額単位： 十億シンガポールドル	**合計**	**T**	**D**	**デジタルが重要**
顧客（百万人）	5.9	3.6	2.3	39%の顧客が収入の60%と引当前利益の69%を占めている
収入	5.1	2.0	3.1	
費用	2.2	1.1	1.1	
引当前利益	2.9	0.9	2.0	
主な指標				**デジタルは高価値**
顧客１人当りの収入 (千シンガポールドル)	0.9	0.6	1.3	顧客１人当り２倍の収入
費用収益率（%）	43	55	34	20%低い
自己資本利益率（%）	24	19	27	9%高い

図5.4　デジタル顧客の収益性

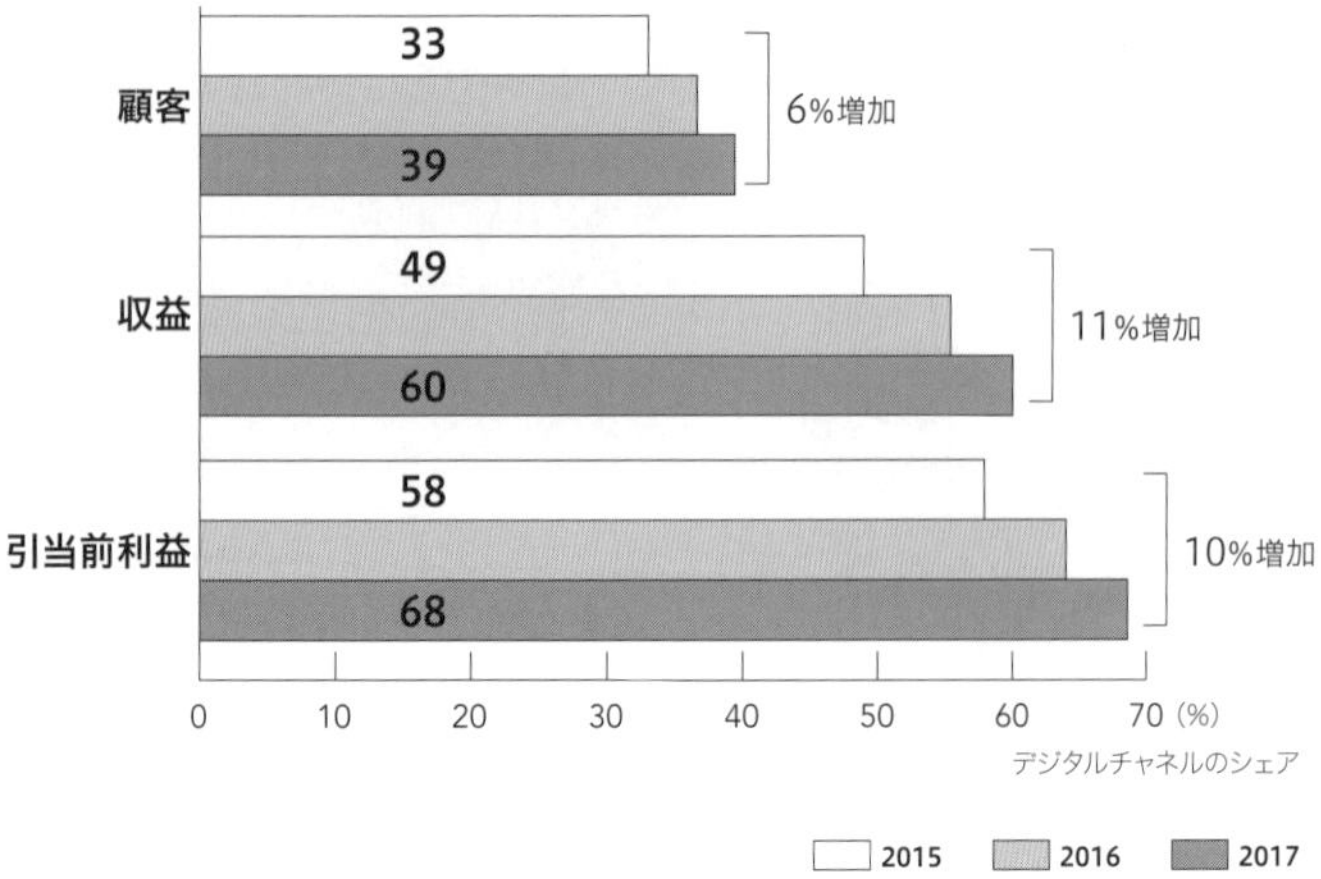

図5.5　顧客、収益および引当前利益におけるデジタルチャネルのシェア

て、彼らがはるかに高い収益性を実現することに気づいている。２０１７年には、39％の顧客が69％の収益をもたらしているのだ。

　理由として、デジタル顧客は以下の特徴をもつ。

- 顧客獲得コストが低い
- より低コストのチャネルを利用する
- 顧客1人当りの収入が前年比で高い
- 顧客1人当りの収入の成長率が一貫して高い

　そして現在インドとインドネシアで展開している、デジバンクの成長市場への投資がある。スマートフォンでほとんどの金融機能を提供することで、成長市場で高付加価値の顧客にアプローチし、その機能はＡＰＩを通してパートナー企業のマーケットプレイスから提供される（聞き覚えが

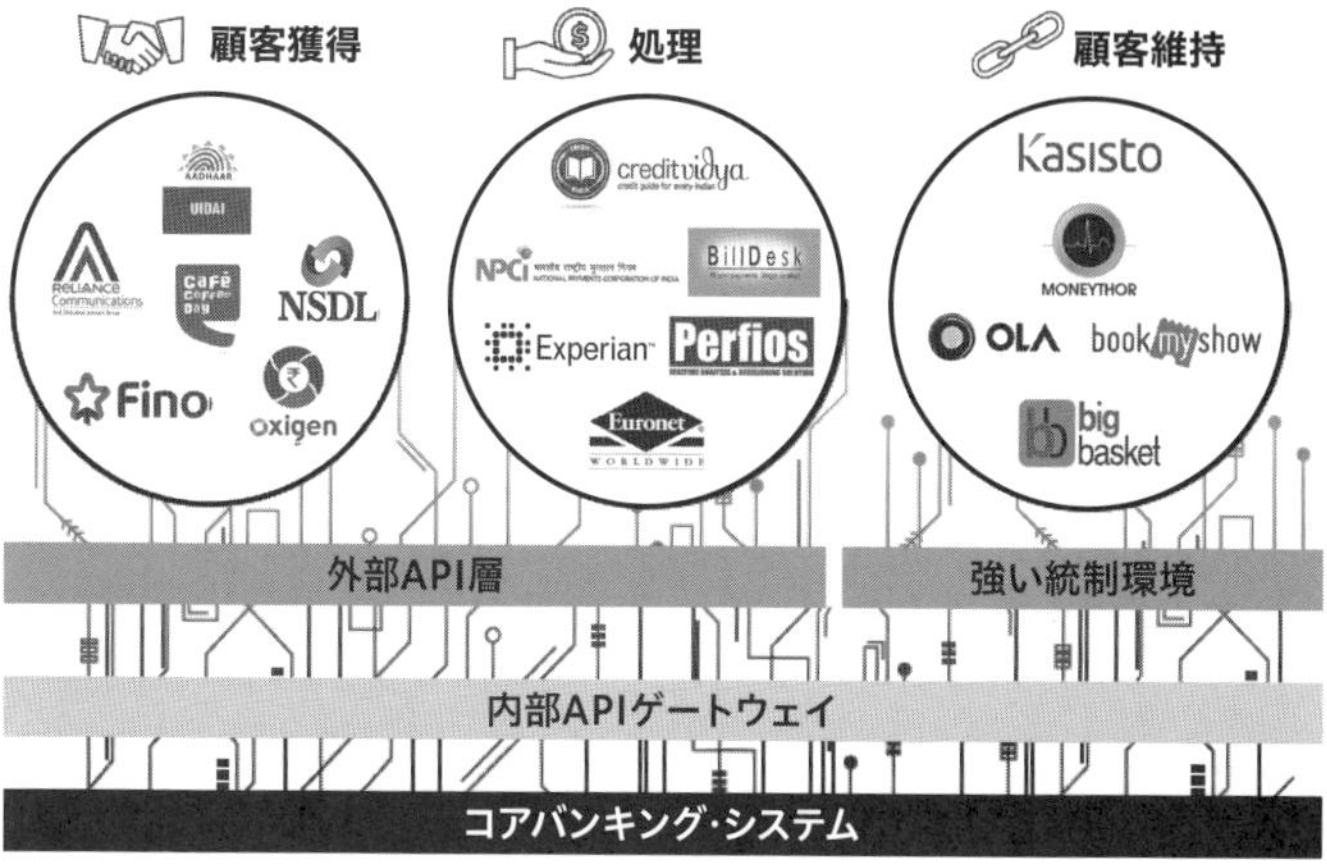

図5.6　DBS銀行のエコシステム

ある話のはずだ)。

グプタ氏は以下のようにまとめている。

- アジアのメガトレンドを活用した戦略が功を奏し、多様な成長と高い収益性を実現している。
- デジタル化は、先行優位を生み出し、既存企業を破壊し、事業の収益性を改善する機会をもたらす。
- DBS銀行のデジタル変革はテクノロジー、カスタマージャーニー、スタートアップ文化を包含する大きな動きだ。模倣することはむずかしく、競争上の優位性をもたらす。
- DBS銀行はデジタル変革を推進するための管理・測定システムと、財務面をモニタリングするための方法論を確立した。
- 初期の成果は期待どおりで、デジタル化は収益の成長を加速し、構造的なコストを削減し、運用効率を向上させた。発展の余地は大きい。

招商銀行

「当社は１８３０の支店と1億３６００万以上の個人顧客を有しています。１９９３年の時点で、巨大な国有銀行と張り合うには実店舗が少なすぎることに気づきました。そのため、私たちはビジネスを拡大するためにデジタル・バンキングを展開する戦略を選びました。招商銀行では、当初からテクノロジーを差別化要因とし、中国でデビットカード発行のパイオニアとなることができました。その後、１９９６年には、オンライン・バンキングとコールセンターという、リテールデジタル・バンキングのシステムを完成させました。１９９０年代には、店舗の拡大に重点を置くかわりに、より多くのオペレーションをオンラインで行うようになりました。顧客は口座開設の後、オンラインチャネルを通じてＣＭＢのサービスを利用することが多くなりました。現在、オンラインでは、中国のマーケットシェアの11%を占めていて、Ｖｉｓａネットワークでは、クレジットカードの国際取引量は世界の銀行のなかで4番目に位置しています。時系列でご覧いただくと取引量が増加していることがわかります。デジタル上での取引シェアの順位は、対面取引シェアでの順位よりもはるかに高く、これはテクノロジーが生み出す価値を反映しているといえます」

「私たちは、あらゆる種類の銀行サービスを、可能な限りアプリに移行できるよう、２０１５年に「モバイル優先」の活動を開始しました。現在、招商銀行のアプリの月間アクティブユーザー（ＭＡＵ）は８１００万人を超え、中国工商銀行（ＩＣＢＣ）に次いで2位となっています。顧客と招商銀行間の取引の90%、ウェルスマネジメントの商品販売の70%超、コンシューマー・ファイナンスの50%超がアプリで行われています」

「第二に、ビジネスモデルの変革を進めるために、「内部でプラットフォームを構築し、外部に利用シーンを展開し、トラフィックを管理する」ことを提唱しています。招商銀行のアプリはさまざまな外部のデジタルサービスと接続することができるので、地下鉄やバスの利用、食事の注文、映画予約、公的サービスの活用などにわたって、銀行のサービス領域はさらに拡大してきています。最近では、デビットカード顧客向けのアプリでは26%、クレジットカード向けのアプリ（掌上生活アプリ）では46%のトラフィックが、非金融サービスを経由して入ってきています」

「過去3年間で、招商銀行の実店舗を訪れるリテール顧客の絶対数は、毎年10%以上の割合で下落しています。モバイル優先戦略を実行することで、顧客との接点を改めて構築することができました。現在、招商銀行の顧客はおよそ延べ16億ページをモバイル・バンキング上で閲覧しており、多くの顧客の行動データを蓄積するのに役立っています。招商銀行のデータベースには、顧客属性に関する3000以上のラベルが存在しており、顧客口座の取引情報と顧客属性情報を統合することで、220を超えるパーソナライズされたレコメンデーションモデルを構築しています。毎日、モバイル・バンキングを通して2億以上のパーソナライズされた広告を発信し、3年前には0・24%であった反応率がいまや1・04%まで改善し、これは200万の販売機会をつくりだせたことになります」

ミン・フア氏
招商銀行、戦略担当ヘッド

BBVA

「世界全体の売上げにおける、デジタルのシェアがよい例です。2016年1月には8%だったものが、2018年12月には41%にまで上昇しています。スペインではさらに高く、トルコでも高いのですが、重要なのは今後も成長し続けるということです。これからもデジタル上での取引は成長が続き、40%、50%、60%、70%と上昇していくでしょう。ある水準で徐々に落ち着いてくるかもしれませんが、そこまでは成長し続けるのです。われわれはダッシュボードから、こうした事実を知ることができます。国別・商品別・取引別のデータのダッシュボードをみれば、たとえばトルコのデジタル上での売上げの割合は、3年前の20%から2018年12月に48%となっていることがわかります。２０１７年時点のＢＢＶＡのコア収益は８・８％成長する一方で、コストは０・９％増加していました。２０１８年には、コア収益は10・４％、コストは２・５％増加しています。収益の金額はコストの金額より大きいので、収益からコストを差し引いたマージンは広がっています。収益とコストの差はデジタル化によってこれからも広がり続けると確信しています。つまり、売上げにおけるデジタル比率は２０１８年に41％でしたが、いずれ75％となるということです。しかし、問題はデジタル化が収益にどのように影響を与えるかです。デジタル化は収益の成長を牽引し、コストを削減します。投資家はだんだんとその価値を認識しつつあります。デジタル活用のもう１つの側面は、顧客の離脱率を減少させることです。１年単位の顧客の離脱率は減少しています。スペインを例としてあげると、スペインの顧客の離脱率は２０１６年１月から２０１８年12月で９・２％から７・１％に低下しました。この３年間で２％も下がっているのです」

カルロス・トレス・ビーラ氏
ＢＢＶＡグループ、会長

銀行が変わらなければ何が起きるか

本書を通じて私が主張してきたのは、銀行が適応し変わらなければ長期的に銀行に未来はないということだ。これはダーウィンの適者生存の法則であり、明らかだ。では、なぜ適応し変わろうとしたにもかかわらず、絶滅してしまう種がいるのだろうか。それは、適応や変化の焦点がずれていたからだ。これが本書の根本的な主題だ。つまり多くの銀行は変わりつつあるが、間違った変わり方をしているのだ。銀行は何百万、何十億ドルもの大金を注ぎ、コンサルに外注し、その道のプロを雇い、ＣＩＯに白紙の小切手を与えているかもしれないが、彼らの変わり方が間違っていれば、いずれも意味をなさないだろう。

この認識は非常に重要であり、銀行の存亡にかかわる。間違ったことを変えているのであれば、仮に適応できたとしても、生き残ることはできない。システムを変えても組織構造を変えなければ、生き残れない。システムに投資をしても基幹システムの構造を変えなければ、生き残ることはできないのである。テクノロジーを適用しても、顧客体験の改善ではなく、単なるコスト削減が目的であれば、生き残ることはできない。ほかにもいくつでも例はあげられるが、すでに要点は理解できているはずだ。

本書を通じて、セクションごとに結論を述べて結びとしているが、このセクションの結論は、「デジタル化を銀行業の構造と文化の根本的な変革を遂行するものとして認識せず、単なるプロジェクトやチャネルの1つとして扱うのであれば、生き残ることはできない」ということだ。1週間やそこらで起こる出来事ではないが、数年後、あるいは10～20年単位で起こるだろう。未来研究所の元所長ロイ・チャールズ・アマラがいっていたように「われわれは短期的なテクノロジーの影響を過大評価し、長期的な影響を過小評価する」のだ。

インターネットやモバイルネットワーク上で、オープンテクノロジー、クラウド・コンピューティング、AI、機械学習、分散台帳技術といった技術を利用した新しいエコシステムが台頭しつつあるむずかしい時代に私たちは現在いる。それは、産業が分解され、新たに創造され、再構築されつつあることを意味している。エンターテインメントや音楽、テクノロジー、旅行など、進行が速い分野も存在するが、一方でバンキングやファイナンス、製薬、政府などかなり遅い分野も存在する。こうした変化の遅い業界は規制が厳しいものの、それでも変化は避けられないのである。

実際のところ、根本的な考えを改めることなく、従来のやり方をそのままデジタルに変えようとする組織は失敗するだろう。これは私の著書すべてにおける大前提だ。デジタル革命を迎えるなかで、私たちは根本的に考えを改め、再創造する必要がある。そうしなければ、私たちの適応や変化の度合いは極端に小さくなり、大きな変革は起きないだろう。「大胆にやれ。さもなくば家に帰れ」という言い回しがあるが、デジタル化の文脈では「大胆にやれ。やるしかない」といえるだろう。

この最終章で、デジタル化が単なるプロジェクトや機能を超えたものであり、根本的な構造的変革を必要とするということを確信してもらえたのではないだろうか。そして構造的な変革を起こすには、店舗の将来や変革のスピードなどの課題がまだ残されている。

デジタル化は1日にしてならず

デジタル化は1日では実現できない、時間のかかるプロセスだ。ゆっくりと確実に進行していき、突然効果が表れるものだ。そして、デジタル化は平等に訪れるものでもない。私はよく旅をするが、旅行をしていると、世界が同質ではないのがよくわかる。中国が欧米を飛び越えてモバイル・バンキングへと移行する一方で、欧州では伝統的な銀行に挑戦しようとする新たな形態の銀行が急増し、米国ではＪＰモルガン・チェースやバンク・オブ・アメリカといったメガバンクが毎年１００億～１１０億ドルもの金額をデジタル変革に投資している。アフリカでは金融包摂が広がり、金融サービスにアクセスできる人が２０１１年以降23％から43％へと倍増している。インドでは急速にキャッシュレス化が進み、南米の国々ではフィンテックのイノベーションを通じてＧＤＰが拡大している。世界は急速に変化しつつあるが、その速度は同じではない。しかし、変化に関する批評では、世界を同質のものとして扱い、速度の違いについて見過ごされていることがよくある。

たとえば、銀行支店の数が過剰なのではないかという議論はよくなされるが、以前とは機能が異なるものの、支店ネットワークが真っ当な理由でいまだに成長し続けている国もある。ほかの国でも、支店はバンキング機能だけでなく、コミュニティや取引の仕組み上で重要な役割を果たしており、維持する価値もある。同様に、アプリ内で何でもできるという話もよくなされる。テンセントやアリババがある中国ではたしかにできるが、米国や欧州で同じことができるかを考えてみてほしい。たしかにアマゾンを通して本を買ったり映画をダウンロードしたりすることはできるが、そうしながら自分の口座残高を確認することはできない。アマゾンやその他プロバイダーがこうしたサービスを提供できるようになったとき、オープン・バンキングやオープンＡＰＩに何が起こるかを考えると非常に興味深い。支払の際にすべてのクレジットカードや銀行口座の残高を確認したうえで、支払いたいカードや口座をスワイプして選ぶことができれば、便利なこと間違いなしだ。

しかし、実現にまだ時間がかかり（デジタルは1日にしてならず）、新しいデジタル社会を構築するのに私たちは時間を費やしている。時間はかかるものの、それが構築されれば、真に革新的なものになるだろう。

デジタル化に終わりはない

デジタル化を達成できたかどうかをいつ判断できるのかと聞かれることがあるが、いま何が起こっているのかを理解していない質問であり、とても厄介だ。私たちは産業革命と同じくらい大規模なデジタル革命の真っただ中にいるが、進行のスピードがまったく違う。電気や電話、自動車などの発明がビクトリア朝時代の人々を根底から揺さぶったが、私たちが今日直面していることと比べれば取るに足らない。産業革命の際に何十年とかかったことが、デジタル革命では数カ月の間に起きているのだ。

産業革命と重ね合わせてみてほしい。産業化がいつ終わるかを考えることがあるだろうか。産業化に終わりはなく、現在まで続いている。デジタル化でも同じことがいえる。デジタル化に終わりはなく、連続的な変革の途中に私たちはいるのだ。

20年前、私たちは２０００年問題に直面しており、10年前にはビッグデータとクラウドについて議論していた。そして現在は機械学習とブロックチェーンの議論が盛んである。10年後は量子コンピュータについて議論しているだろう。

テクノロジーと産業は常に進歩し、変化し続ける。だからこそ、デジタル化には終わりがない。前に進み続け、変化は絶え間なく続く。変化は日々加速しており、その変化についていくことが課題だ。したがって、産業構造を再構築しデジタルに移行させるデジタル変革に乗り出すとき、そのプロセスに終わりはないのである。

終わることがなく、常に変化が求められるデジタル変革の途中にいるのであれば、なぜもっと早くからこのような考え方を取り入れてこなかったのだろうか。なぜ、銀行の基幹システムは容易に動かせないかたちで銀行の中心に据えられてしまったのだろうか。古いシステムは壊すことができずに存在し続け、変わることができていない。古いシステムは継ぎ接ぎだらけとなり、ついには弱点となってしまった。終わりのないデジタル化を推進し続ける必要があるのに、どうして容易に変化させられないシステムをつくってしまったのだろうか。

銀行はまだ対面サービスを提供する必要がある

デジタル化が進むにつれて店舗のような現物資産をどうするかという問題が出てきた。店舗の役割は、ほぼすべての銀行において、最も大きく議論を呼ぶ問題の1つだ。これは、デジタル化した銀行のビジネスモデルにおける現物資産の役割は何かという本質的な課題だ。デジタル・バンキングに向けてデジタル変革に取り組むなかでの本当の問題は、「デジタル化された組織で事業を再出発できるとしたら、建物と人間はどんな役割を果たすのか」ということだ。

残念なことに、ほとんどの銀行ではすでに建物と人間が機能しているため、この問題提起はそれほど簡単ではなく、また、われわれが店舗の役割や、将来的に店舗がなくなる可能性について絶えず議論している理由でもある。では将来の見通しはどのようなものだろうか。店舗にはまだ役割が残るものの、これまでとは異なるだろう。従来の店舗は取引の場としての役割を果たしていた。預金の預入れ、引出し、決済、小切手の現金化などである。これらの役割はなくなっていくだろうが、店舗には4つの役割が残る。

第一に、店舗には地域、特に地域のビジネスコミュニティをサポートする役割がある。私たちは忘れがちだが、ビジネスには消費者とは異なるニーズがあり、多くの場合、対面で人に会う必要がある。

第二に、お金はフェイスブックのアップデートとは異なる。つまり、楽しく過ごした時間に関する投稿が消えてしまうことと、１万ドルの預金が消えることは同じではない。私がよくいうのは、朝起きて自分の銀行のアプリを開いて予想していたとおりの残高を確認できれば、あなたはうれしいと感じるだろう。しかし、あなたの予想よりも１万ドル残高が少なかったらどう感じるだろうか。何もせず、諦めるだろうか。もちろんそんなことはない。おそらく銀行に電話する、もしくはいちばん近くの支店へ向かうだろう。なぜなら、お金は私たちの生活を決定づける非常に重要な要素であり、生活のほかの要素よりもはるかに感情的になる要素だからだ。

第三に、多くの人は最初の仕事や最初の自動車、最初の家を得ることがどんなものなのか忘れてしまう。これらは若者の人生における大きな転換点であり、それらすべてがアプリを通して取り扱われるようになるという想像には、少し違和感を覚える。よい例として、ドイツ銀行は資産家の顧客のために、素晴らしい支店をベルリンに開いた。カフェや買い物エリアに加えて、「ｉＰｏｄルーム」と「セネター・ルーム（上院議員のための部屋）」という愛称で呼ばれる、２つの部屋を設計した。ｉＰｏｄルームは若い顧客のためにつくられており、すべて白いプラスチックでおしゃれに設計されている。セネター・ルームは富裕層顧客向けのもので、オーク材と赤い革を用いて図書館のようなつくりになっている。しかし、この支店が開店したとき、若い顧客がみな、セネター・ルームでの面会を希望し、年配の顧客がｉＰｏｄルームで話したいといったことにスタッフは驚いた。よく考えてみると、年配の人は若さとおしゃれに憧れ、若い人はお金の問題は真剣で重要な話題と感じているので厳粛な場所で話すことを希望していたのだ。

最後に、3点目をふまえると、お金は重要で深刻な事柄として多くの人々の生活の中心に置かれているものであり、人間との接点を必要としている。もちろん、スカイプ通話によって人間との接点をつくることは可能で、今後実際にそうなると考えられるが、ほかの人間との物理的な接点を、私たちの生活に不可欠なサービスから切り離してしまうのは馬鹿げている。

全体的にみれば、店舗が必要ないと考える人がいる理由は理解できるものの、それでも私やほとんどの銀行がいうように、店舗が必要なのは明らかだ。取引や相談という従来の役割はたしかにいまだに重要ではあるものの、そうではなく顧客との信頼を構築するための中心的な役割のために店舗は必要なのだ。イタリアのスタートアップのデジタル・バンクであるチェバンカに勤めていた、ロベルト・フェラーリ氏はこのことをうまく表現している。ミラノにある彼の店舗を訪れたとき、店舗が存在する理由を彼に尋ねてみた。彼は3つの理由をあげた。最初の2つは顧客サービスと信頼構築のためだったが、最も重要な理由として彼はマーケティングをあげた。彼の銀行の支店網はマーケティングのためのものであり、物理的な店舗が存在していると、存在しなかったときと比べて2・5倍の預り資産を得られるようになったという。言い換えれば、店舗のある銀行は店舗のない銀行と比較して、人々の信頼とお金を集めることができる可能性がはるかに高まるのだ。

１８４０年以降、英国で初めての新規リテール銀行となったメトロ銀行でも同様のことがいえる。ほかにも多くのチャレンジャーバンクが後に続いたが、メトロ銀行は店舗をもつ数少ないチャレンジャーバンクの1つである。２０１０年にロンドンのホルボーンに最初の店舗を構えて創業し、いまでは約70の支店を英国全土に展開している。利益面でも、２０１８～２０１９年に口座数は23%増加しており、２０１７年の１１０万から１８０万に顧客の総口座数を増加させた。たしかに、これは支店戦略、あるいは店舗戦略によるものだ。

店舗の重要性を示すもう1つの例として、グーグルの創業者であるラリー・ペイジとセルゲイ・ブリンがあげられる。彼らが１９９０年代に会社を立ち上げたとき、主要な投資家と会議をした。打合せはかなりうまくいき、10万ドルの小切手を持ち帰ることができた。会議を後にして、彼らが最初に見つけた銀行はウェルズ・ファーゴの支店で、彼らはそこですぐに小切手を預けた。これが、ウェルズ・ファーゴがいまでもグーグルを裏で支える銀行である理由だ。近年小切手を使うことなどないものの、店舗を構える十分な理由である。

今後も存続する店舗と消えていく店舗

いくつかの店舗を持ち続ける十分な理由はあるかもしれないが、多くの店舗は消えることになるだろう。物理的な支店を維持するには高いコストがかかるのだ。そのため、ほとんどの先進国では、支店網を最大で80%縮小している。伝統的な銀行店舗５つのうち、４つはもはや不要になるかもしれないが、これについては議論の余地がある。たとえば、ロイズ銀行グループは２０１８年の第１四半期に記録的な利益をあげたが、支店の閉鎖を継続することも発表した。これに対し中小企業連盟（ＦＳＢ）会長のマイクチェリー氏は次のように述べている。

「街が銀行の支店を失うと、弱い立場にある消費者や、街中の商店やスモール企業の収益に打撃を与えることになります。支店網を拡大しているチャレンジャーバンクもよい業績をあげており、これが商業的にも有効なアプローチであることはわかっています。もしスモール企業が預金できず、現金を簡単に入出金ができなくなれば、自社内に保管しなければならず、窃盗の標的となってしまいます。同様に、多くのスモール企業の経営者は、長年にわたって支店のスタッフと関係性を構築しています。これは、アプリで代替できるものではありません」（注2）

銀行業は感情に動かされやすい心理的な一面をもつ。物理的な店舗へのアクセスがあると人々は安心と快適さを感じるが、実際どこまで価値があるのであろうか。銀行が計数に追われている時、コストのかかることに資金を出す余裕があるだろうか。ほとんどの銀行にそのような余裕はない。実際、英国の支店網は２００７年と比較して半減している。

欧州銀行連盟によると、２００９年には欧州全域で約24万の銀行支店が存在したが、現在は18万３０００となり、この10年間で20％以上減少した（注3）。

米国はこの課題に遅れて取り組むこととなったが、欧州と同様に支店を削減し、２００９年と比較すると5%減少し、現在では8万店舗を下回っている（注4）。この支店網の縮小の影響は無視できない。2014年の調査によると、支店が閉鎖されると、周辺地域の中小企業への新規融資は13%減少すると推定されている（注5）。低所得地域では、そのような貸付契約は40%近く減少した。これがまさに問題であり、支店を閉鎖することで周辺地域は経済的に砂漠化してしまうのである。

ほかに手立てがないわけではないが、金融危機が起こって以来、多くの欧米の銀行は、顧客サービスを物理的な手段からデジタルに移行することで、コストを減らすことに注力してきた。これは多くの銀行のデジタル戦略における主要な施策であり、顧客サービスを店舗での有人サービスからセルフサービスへと切り替えようとする。顧客重視というより、コスト削減に

貸し手	2007年の支店数	2019年1月の支店数	変化率
協同組合銀行	355	68	–81%
HSBC	1,501	626	–58%
クライズデール・ヨークシャー銀行	330	159	–52%
サンタンデール銀行	1,286	614	–52%
ロイヤル・バンク・オブ・スコットランド（ナットウエストを含む）	2,278	797	–65%
ロイズ銀行グループ（ハリファックス、HBOS、BOS）	3,042	1,700	–44%
バークレイズ	1,810	1,054	–42%
全英住宅金融組合	681	676	–1%
合計	11,283	5,694	–50%

図5.7　英国内の支店減少
出所：　ガーディアン紙

焦点を当てたものであるが、本来はそうではないはずだ。顧客を質で劣る支店サービスから、優れたデジタルサービスの体験へと切り替える戦略であるべきだが、それはまた別の話である。

最終的には、私たちの社会は店舗数が少ない未来へと歩みを進めていくだろう。しかし、店舗が完全になくなることはない。人間は人間との接点を必要としており、人間関係とお金という生活の最も深く感情に触れる領域においては、これから先も変わらないだろう。だからこそバンク・オブ・アメリカのように新たに店舗を構える銀行が存在するのだ。バンク・オブ・アメリカの消費者向け金融および中小企業向け事業部門のトップである、ディーン・アタナシア氏は、同行が既存の支店網の10％以上に当たる５００支店を新設するにあたり、「銀行のためではなく、顧客のために」と述べている（注6）。新しい店舗では、住宅ローン、退職金、貯蓄、中小企業向け融資などの商品について、顧客がスタッフと話し合える打合せ場所をできるだけ多く設置している。送金や預入れ、引出しはほとんど取り扱わない。しかし、発言の最後に「アプリはいまや、１２００もの店舗からの預金を処理している」と述べていたが、モバイルアプリが１２００の支店を代替できたということは、何かしらの無駄があったということだ。

未来の店舗は、相談する場所ではない

バンク・オブ・アメリカや、支店網を拡大するほかの銀行が示すように、店舗は顧客維持に対して大

きな役割を担っている。これは将来も続くだろうが、サービスセンターや相談の場所としてではない。支店は銀行のブランドを守るためのマーケティング投資としての役割が大きい。なぜなら、お金とは感情的なものであり、理性的なものではないからだ。物理的な店舗をまったくもたない第三者の信頼のもとに、大切なものを保管してもらうことは、多くの人にとって受け入れがたいことである。

マッキンゼーの調査によると、店舗はスマート化する必要があり、ほとんどの顧客は依然として店舗内でのサービスを希望していることが明らかになった（注7）。マッキンゼーのレポートの終盤では、店舗がテクノロジーを利用してスマートになればなるほど、コストが低下し、収益が増加することが図示されている。

これは、テクノロジーに関するそのほかの議論も包含する重要なポイントだ。あらゆることが自動化され、ソフトウェアが世界を席巻するようになると、人間の活動がインテリジェンスで拡張されればされるほど、サービスが向上する。ロボットやアルゴリズムは、現物資産や人間を排除するのではなく、現実の関係によりいっそう説得力をもたせ、かつ高度にするのである。

10年前、私は未来の店舗のプロトタイプをみたことがある。そこでは、顔認証の活用によって、支店に入るとロボットが出迎えをしてくれる。ロボットは「こんにちは、クリスさん。今日は住宅ローンについて相談するために来店されたのですね。3号室へどうぞ」という。住宅ローンアドバイザーに会っても、私や私の金融履歴を尋ねることなく、書類の入力も必要なく、すでに完了している。さて、ここからが本題だ。銀行は、デジタル時代の店舗がどうあるべきかを考えることなく、デジタル時代に向け

顧客セグメント	各セグメントの特徴
スマホで完結させたい層	取引や相談、購買すべてをリモートで完結させることを好む
デジタル・バンキングに柔軟な層	ほぼすべての金融サービスについてデジタルチャネルを好むが、相談については対面での会話を望む
デジタルの利便性を気にする層	モバイルよりインターネットを好み、基本的な商品のみデジタル上で購入する。相談や複雑な商品の購入については対面での会話を望む
パーソナルな銀行取引を好む層	すべてのサービスについて支店やATMでの取引を望む。テクノロジーに疎い高齢者
安全を優先する層	金融システムや銀行を信頼していないために、すべてのサービスについて支店やATMでの取引を望む

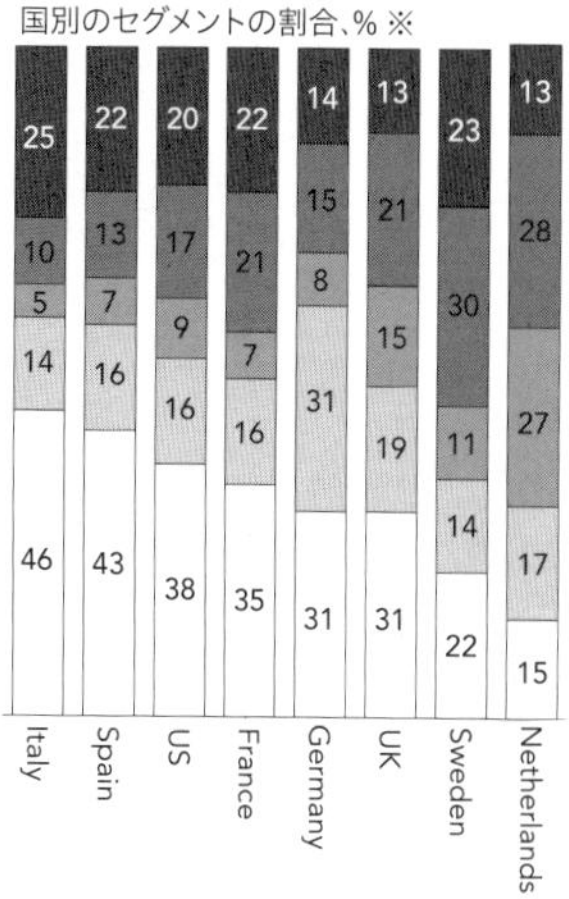

図5.8　デジタルチャネルは拡大しつつあるが、少なくとももいくつかの金融サービスについては店舗での対応を望む人の割合が高い

※端数処理が理由で合計しても100%にならないことに注意

出所：　マッキンゼー2016年 リテール・バンキングのマルチチャネルに関する調査
Finalta デジタル・マルチチャネル調査

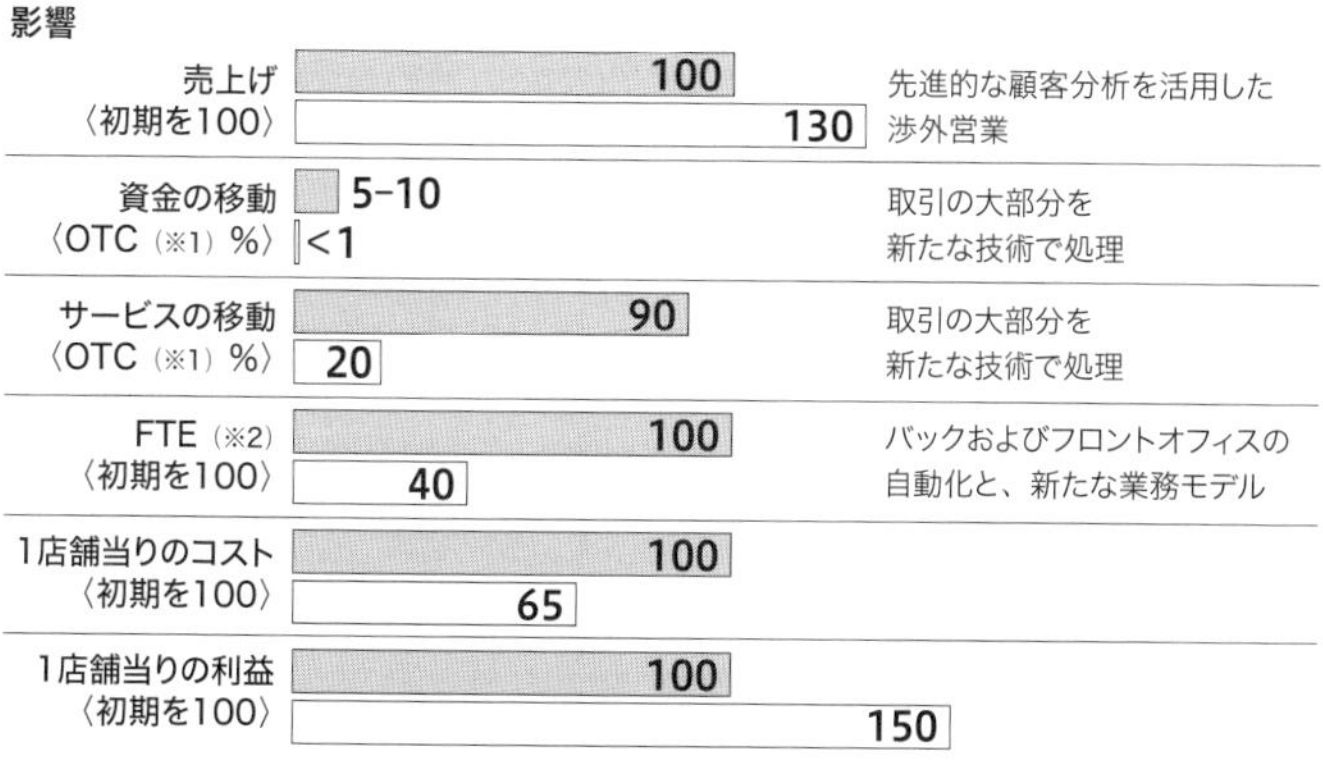

図5.9　スマート店舗が幅広い指標に与える影響

（※1）店頭取引。　（※2）フルタイム当量（フルタイム勤務の仕事に換算した業務量）。

て店舗をアップデートしている。店舗は模様替えされ、スタッフにはiPadが与えられるが、そもそも、どうして顧客は店舗にやってくるのだろうか。それは、ほとんどの銀行員が考えているような、サービスを受けるためでもアドバイスをもらうためでもない。顧客が店舗にやってくるのは理解や共感、価値を感じるためである。たしかに、顧客は住宅ローンを必要としているかもしれない。ほとんどの銀行員は、顧客はアドバイスを必要としており、それが店舗の役割になるだろうと主張するが、いまやオンラインで簡単に住宅ローンを見つけることができる。顧客が住宅ローンのために店舗に来た場合、彼らはアドバイスを求めているのではなく、理解を求めているのだ。住宅ローンは何年で組むものなのか、早期に住宅ローンを解約したくなったらどうするのか。引っ越したら住宅ローンを次の家にも適用できるのか、またその際の手数料は無料か、などだ。

　実際、ほとんどの顧客は、現在の銀行が提供していないアドバイスを銀行に求めている。私は、銀行で初めて住宅ローンを借りたときのことをよく覚えている。支店長が私を招き入れてくれて、会話にとても満足した。これでよいのだと安心し、書類にもサインした。支店長が、必要のない住宅ローン補償保険を買わせたこと、そして最初の5年以内にローンを返済すると、数千ポンドもの繰上償還費用がかかることには気づいていなかったが……。

　変わるべきは、銀行には利益になるが、顧客にとっては損失となることを隠そうとする文化である。もし銀行が支店に信頼できるアドバイザーを配置し、隠れた手数料で利益を稼ぐという発想から抜け出すことができれば、未来の支店がマーケティング投資として機能する可能性は十分にある。

銀行がアドバイスを提供しないのであれば、何を提供するのか

長年の間、銀行は取引からアドバイスを主軸としたビジネスへの転換について議論してきた。銀行がいうには、支店はアドバイスのためにある。支店は信頼のおけるアドバイザーとしての役割を果たし、顧客データの分析に基づくアドバイスに銀行の付加価値があるのだと考えてきた。しかし、アドバイスを貰うに足ると信頼されていなければ、このことは当てはまらない。銀行は顧客を犠牲にして売上げ、収益、利益を追求するため信用できない、ということを示す銀行スキャンダルが世の中にはあふれている。

問題は、リテール銀行がアドバイザーとして、人々のお金の安全な管理に重点を置いた地域のコミュニティサービスとしての存在から、ローンの利子で最大の収益を得られるように、人々を借金に追い込むことに重点を置いた企業に根本的に転換したことだ。これこそが、新たな競争とデジタル化の時代に銀行が立ち返ろうとしている問題だが、すでに手遅れなのだろうか。過去50年間、銀行は「私たちを信用しないでください。私たちはただのセールス・マシンです」といわんばかりにまったく反対のことをしてきたにもかかわらず、はたして本当に転換して「アドバイザーとしてわれわれを信頼してください」といえるのだろうか。

アドバイスを提供しないのであれば、銀行は何を価値として提供できるのか。何のために銀行は存在

するのか。アドバイスを提供しないのであれば、どうして支店が必要なのか。正直なところ、アドバイスを提供しないのであれば、銀行はかなり過剰な状態にある。アドバイザリー業務のない銀行は、単に価値を蓄積するための倉庫であり、取引のための機械だ。取引は最近ではだれでもできるようになり、価値の貯蔵も、チャレンジャーバンクからスタートアップや取引所まで、規制上認可されたサービスであれば、だれでも提供できる。

ここには、金融商品を売るためにセールスインセンティブや販売手数料、ボーナスを与えることはもはや実行できないと規制当局からいわれる以上の問題が存在する。実際、銀行は、悪習やリーダーシップの欠如、デジタル技術の変化、熾烈な競争、規制当局による変化への奨励などによって、その基盤が根本的に侵食されつつある。このような厳しい時代に、銀行であるならば、単なる進化的な変化ではなく、なぜ抜本的な変革が必要なのか、その理由をより根本的に示してほしい。

銀行もブランドに気をつかう必要がある

なぜほとんどの銀行ブランドは単なる銀行名のイニシャル表記なのか。もしかすると、ＪＰＭＣというほうがはるかに簡単なので、だれもジョン・ピアポント・モルガン・チェースと取引しているといいたがらないからかもしれない。ＨＳＢＣ、ＳＣＢ、ＯＣＢＣ、ＤＢＳ、ＩＣＩＣＩ、ＩＣＢＣ、ＡＮＺ、ＢＯＡ、ＢＢＶＡ、ＲＢＳ、ＢＮＰ、ＩＮＧ、ＴＳＢ、ＤＮＢ、ＡＩＢなどいくらでもあげることができる。実際、銀行業は社名のイニシャル表記を用いる企業がかなり多い、唯一の業界なのだ。

自動車業界では、社名のイニシャル表記がブランドになっているのはＢＭＷの1社しかない。テクノロジー業界では、ＩＢＭ、ＨＰ、ＳＡＰ。小売業では、ＣＶＳ、Ｈ＆Ｍ、ＩＫＥＡがあるが、銀行業界ではほぼすべての会社がイニシャル表記だ。そのおもな理由は、銀行業が、とてもビジネス志向な業界だからだ。商取引をするとき、会社名を数文字に短縮しても人々は気にしないが、小売業となると、アップル、ナイキ、サムスン、アマゾン、ディズニーといったクールな名前が必要になる。興味深いことに、チャレンジャーバンクの多くはイニシャル表記を使っていない。いくつかあげるだけでも、bunq、Che、モンゾ、ハロー、アトム、スターリング、スーン、タンデム、タイドなどである。

このように、スタートアップ企業は「巨大で顔のみえない銀行と、本当に取引したいのか」と常に疑問を投げかけるのだ。多くの伝統的な銀行はそうみえているからだ。スーツを着てネクタイを締め、厳格な規則とアトリウム式の巨大なレセプションがある回廊を、人々が闊歩する業界。大企業であるというイメージがすべてで、従業員に制服を与えてフロントデスクに座らせ、大企業組織として安定性をアピールする。それは必ずしも顧客が求めているものではない。むしろ、ミレニアル世代が銀行業務を退屈なものではなく楽しいものにしたいと考えているのは、金融業の文化が変わりつつあることを示している。これを達成するにはどうすればよいのだろうか。人気のウィル・アイ・アム（アトム銀行）やスヌープ・ドッグ（クラーナ）にコマーシャルに出てもらえばよいのか。

むずかしい判断だが、デジタル化を進めている銀行は、ブランディングにかなり力を入れている。たとえば、デジタル銀行の星として注目されるポーランドのエムバンク（ｍＢａｎｋ）とその変革の活動をみてみよう。新しい銀行を立ち上げたとき、同社は古い銀行を捨て去った。１９８０年代からあったＢＲＥ銀行から、エムバンクへと一夜にしてリブランディングを行った。一夜にして、すべての支店がリブランディングされ、銀行のマーケティング資料は、現物やデジタルに関係なく、すべてが刷新されたのだ。

リテール銀行にいわせると、こうしたブランド名の変更は重要ではないかもしれない。しかし、銀行をデジタル時代に向けて再出発させるときには、「ブランドが機能しているか」を自問する必要がある。人々は名前に何の意味もない会社に入りたいと思うだろうか。新しいデジタル銀行を機能させるために、会社のロゴや色使い、そして名前を再検討する必要はないだろうか。

銀行のブランドはデジタル世界で生き残れるか

モバイルの世界におけるブランド・ロイヤルティに関するもう1つの議論は、テクノロジーによってバンキングがどのように進化してきたかということだ。支店での取引から始まり、支店とコールセンター、支店とコールセンターとオンライン、そしていまでは、支店とコールセンターとオンライン、さらにモバイルとなっている。どのようにして一貫した顧客体験を提供するのだろうか。

支店、コールセンター、オンライン、モバイル、そしてデジタルをまとめてチャネルと総称する人もいるが、それは、銀行の旧態依然とした構造のうえにチャネルを追加するものだと考えていることになる。これらの構造をデジタル化するために再設計し、デジタルが中核となるべきだ。つまり、あらゆるデバイスからのアクセスとその方法と手段を実現する企業全体でのデジタルデータの構造だ。支店のカスタマーサポート担当者であっても、モバイルアプリを利用する顧客自身であっても、デジタルコアにアクセスする人は、一貫した体験を得られる。さらに重要なのは、ＩｏＴに移行するにつれて、顧客のすべてが、デジタルコアに一貫してアクセスできるようになることだ。この一貫したＯ２Ｏ（オンライン・トゥー・オフライン）体験が重要なポイントだ。

次に問題となるのは、アマゾンやアップルのようなほかのだれかにではなく、銀行に最初に来てもらうために、どのように顧客経験全体に関連性を築き上げるかだ。これは、銀行は単にデータを受渡しするだけのダムパイプ（単なる土管）であってはならず、顧客が価値の取引や保存、交換をしたいと思った時に、基礎となるデジタル構造とデータ分析をすべて提供するスマートパイプ（賢い配管）でなければならないということだ。ここで、ＰＳＤ２やオープンＡＰＩ、オープン・バンキングによってすべての取引にデータで付加価値を加えることで、大きな違いを生み出すこととなる。ＡＰＩを通じて、顧客のすべてのデジタル上の活動をより深く理解し、データを充実させることで、さらに関連性を高めることができ、銀行はダムデータをもつダムパイプから、データインテリジェンスをもつスマートパイプへと変わることができる。

これはよいことなのだが、データインテリジェンスとは実際のところ何を意味し、銀行はアマゾンやアリババのように顧客のデジタル上でのライフスタイルについて熟知できるのだろうか。もし銀行にできないのであれば、顧客体験全体での関連性を失ってしまう。結局のところ、価値の取引や保存、交換のプロセスにおいて銀行が必要とされないのであれば、どこで必要とされるのだろう。

重要なのは全体での関連性を築くこと、つまり銀行の将来的な4つの役割が重要である。未来の銀行は以下の役割を果たす。

- 記録保管所としてデータを蓄積して付加価値の高いサービスを提供すること
- そのために、ネットワーク上の信頼できるサードパーティーのアプリ、API、アナリティクスをキュレーションし、組み合わせることで銀行サービスの関連性を高めること
- 具体的には、銀行が生涯を通じた顧客体験における管理人の立場になること
- そして、ローンや貯蓄、保険などの金融商品のリアルタイム（年単位ではなく秒単位）の提供者になること

本書ではそれぞれの領域について触れてきたが、次のように要約できる。

データの蓄積と付加価値をつけるサービスは、価値のあるデータをいかに保護するかがすべてだ。仮に明日、フェイスブックが私のアカウントを削除したら、10年以上の思い出を失ってしまうだろう。しかし、私がフェイスブックにあげているほとんどの情報は、写真を除きそこまで重要なものではない。

私はそれらの写真をハードディスクにバックアップしているが、ハードディスクが壊れたらどうなるだろうか。グーグル上でバックアップをとっていても、グーグルが私の写真を紛失してしまった場合はどうだろうか。フェイスブックやグーグルなどに補償してもらえるだろうか。15年分のデジタル写真は、どれほどの価値があるだろうか。銀行はデジタル上の資産を安全に保護することができる。写真だけでなく、知的財産や契約書、媒体やアイデアなど、いかなるデジタル上の資産であっても。

アプリやＡＰＩ、アナリティクスのキュレーターとは、フィンテックのアンバンドリング（機能の再整理）のことである。ほとんどの顧客はわざわざ銀行を変える手間をかけたくなく、ましてや1つの領域に突出した何千ものフィンテック企業のリサーチをする時間はないので、驚くことではない。しかし、自分の銀行がある分野で突出している何千ものフィンテック企業の一部と提携・協働し、それらを素晴らしい顧客体験に統合できるのであれば、よいことだろう。具体的には、消費者はフィンテックのスタートアップの信頼性を適切に評価することはできないが、銀行にはそれができるし、やるべきである。

顧客の一生涯に寄り添ってアドバイスすることは、チャンスにあふれたこれからの世界である。金融取引の処理だけに集中するのではなく、全体像をみて、顧客の金融生活をサポートすることに注力するのだ。引っ越しや出産、離婚、失業など、だれにでも大きなライフイベントに対応するために関連する企業のマーケットプレイスと提携することによって、イベント全体を管理するのだ。単に住宅ローン契約するだけでなく、引っ越し業者や内装業者、庭師、デザイナー、保険なども仲介するのだ。顧客が職を失ったときには、単に退職金の小切手を処理するのではなく、カウンセラーや人材紹介会社、就職の機会、失業したときの支払保護の保険やキャリアプランなどを紹介しよう。

金融商品のリアルタイムの提供者は、将来のいつかではなく、いますぐにすべてを提供する。年単位の自動車保険、期間を区切った金融商品や融資、期日を設定した住宅ローンではなく、金融をリアルタイムのものに組み込むのだ。朝8時に50ドルのローンを組み、午後2時に0・05ドルの利子をつけて返済する。自動車保険も1年ごとでなく、利用するたびに保証される。年金も定期保険に基づく毎月の定額の支払でなく、拠出額が日々変化する。すべてのものが、リアルタイムでダイナミックプライシングされるようになり、期間で区切られた商品の概念はなくなるのだ。注力すべきは、銀行の伝統的な役割である、価値を安全に保管するという信頼を、デジタル時代の不安定な日々のために、新たな構造に組み込むことである。

ファスト・フォロワー戦略は失敗する

「これまで私たちは、バンキングを顧客担当者が主導する、人的接点が多いハイタッチなものだと考えていました。いまでは、どこのだれであっても関係なくアプローチできるのが銀行業であると考えるようになりました。低コストでより多くのさまざまな人に到達できる。ビッグテックは、目にみえる存在感をもたずとも、だれにでもデジタルで売ることができることを利用しています。顧客を離さない、高頻度かつ少額の取引によって規模を拡大していくため、顧客担当者による人的な接点は必要ないのです。標準化された製品も必要ありません。必要なのは個人別に最適化されカスタマイズされた製品です。データによってしか、こうした製品はつくれません。このような他業界から参入する企業はすべて、銀行が行っているデジタル化を完全に凌駕するような方法で設立されています。それを脅威としてとらえるのは、当然です」

ジーン・ウォング氏
DBS銀行、Sエコシステム部門ヘッド

長年の間、銀行はファスト・フォロワー戦略が正しいと信じてきた。つまり何かを売る際は最初に動くのではなく、状況が明らかになるまで待ち、そこから素早く動くのがよい。コピーすれば事足りていたのだ。かつては物事がうまくいくのをみてから適応し、変わればよかった。時間に余裕があったのだ。規制や資本上の制約があったため、新しい競争相手が影響を与えるには時間がかかり、影響があったとしても、競合がしていることをただ真似すればよかったのだ。この戦略はかつてうまくいっていたが、いまはもう通用しない。

今日では、規制や資本上の要件は緩和され、ほとんどだれでも銀行を立ち上げられるようになった。結果として、新たな競合は機敏で素早く、新たなシステムと最高の顧客志向を兼ね揃えているため、コピーするのははるかにむずかしい。古い構造や分断されたシステムをもち、古い考え方しかできなければ、フォロワーとして素早くコピーすることはできない。

モンゾ、スターリング、タンデムなどの英国のチャレンジャーバンクとの違いは、彼らが今日の世界で立ち上げられたということだ。彼らのコアシステムやデータは最大限に活用できるように設計されている。アルゴリズムを利用して積極的かつ個人ごとに最適化されたサービスを提供できるのだ。古きよき銀行は、コアシステムを取引の歴史的な記念写真になるように設計している。１９７０年代の支店の貸借を表すために設計されたものだ。結果として、銀行はデータによる個人最適化ができず、分析もできず、顧客の金融ライフスタイルについて何もわからないままなのだ。チャレンジャーバンクがライフスタイル・バンキングを志向する顧客を獲得する一方で、古い銀行は基本的な取引にしか使われなくなっている。

旧来の銀行は、積極的でパーソナライズされ、情報分析の機能を豊富に備えたデータ構造を、どのように構築するかを考える必要がある。支店業務のために設計された基幹システムで、それを実現できるはずはない。銀行システムは、１９７０年代のオフラインの世界にあわせて設計されており、このような時代遅れのバックオフィスの構造では、リアルタイム分析で新しい挑戦者に追いつくのは不可能だ。それどころか、追いかける速度は遅くなる。伝統的な銀行は、古いシステム構造を再構築して合理化し、さらにリフレッシュし一新したうえで、アプリやサービスにアナリティクスや個人に最適化された機能を追加しなければならない。この一連の作業はうまくいったとしても5年はかかるだろう。もはやファスト・フォロワーとはいえない。前時代のリーダーによる、前時代の考えに凝り固まった銀行なのだ。だからこそ、ファスト・フォロワー戦略は最終的に失敗するのであり、本当の意味でデータを利用しているビッグテックやフィンテック企業と競争することはできない。

将来的には、顧客に役立つマーケティングとサービス提供のためにデータを利活用できる企業によって、市場は支配されることになるだろう。顧客データが静的で断片的、サイロ化された構造になっている銀行は、そのような未来では戦っていけないのである。

コンプライアンスが銀行を滅ぼす

ある銀行員は私に、アマゾンやグーグル、アリババについて心配していない、と語った。レボリュートやモンゾのようなフィンテック・スタートアップ企業も気にしない。オープン・バンキングやソフトウェアも気にならない。機械学習やＡＩその他もろもろに至っては忘れてしまえといわんばかりのようすであった。彼が気にかけているのはコンプライアンスだけだった。規制上の意味でのコンプライアンスだけではなく、コンプライアンス全般のことをいっていた。

巨大な世界的銀行は1日当り185個の規制変更、つまり12分に1回の規制変更に追われており、典型的な銀行は、テクノロジー企業の5倍もの規制に対応しなければならない（注8）。規制対応は大きな間接費なのだ。いくつかの銀行によると、3人に1人は他の作業者のチェックに追われているので、もし銀行がコンプライアンス対応を自動化できれば、大きな変化を生み出せるのではないか。もし銀行がAIを使って規制の要件を管理できれば、大きな違いになるのではないか。もし銀行が人間によるチェックを廃止してすべてソフトウェアに任せるようになれば、大きく物事は変わらないだろうか。

「そうだと思います」彼は私にいった。「でももう遅いんです」

「もう遅いとは？」私は返事をした。「どういう意味ですか。遅いなんてことはないでしょう」

「いえ、もう手遅れです」彼はいった。「コンプライアンス対応を自動化するソフトウェアを開発する頃には、もう銀行はつぶれていますよ」

たしかに、対応しなければいけない規制は大量にある。残念ながら、欧米では、規制当局に許されないものはやらないという考え方もある。チャレンジャーバンクはそうではない。やってみてから許しを請うのである。伝統的な企業は、まず最初に許可を得てからでないと、何も試さない習性がある。

だからこそ、ほとんどの伝統的な銀行が、すべての規制を取り入れ、完全に実施しようとするのだ。

そして、結果的に多くの銀行が、数千語に及ぶ規制文書を理解し、それを実行するために何千人もの人を雇うことになるのだ。その結果、大量の人が規制の実施に取り組み、別の多くの人たちがその確認を行い、そしてさらに多くの別の人たちが、規制の解釈に従って実施されているかチェックすることになる。

それが、銀行では3人に1人がコンプライアンス関連の仕事に取り組んでいる理由であり、何回にもわたって多くの人が確認のための確認作業に追われるという余分な労働が発生しているのだ。コンプライアンスは銀行を滅ぼすことはないかもしれないが、頭痛の種であることは間違いない。

救いの手はあるのか

このような議論の末に、デジタル化が進んでいない（もしくは進めたくない）銀行にとって、救世主になるかもしれないものが1つある。規制当局だ。

銀行は経済と商業の中心に位置し、政府は金融の健全性と富、確実性を担保するために銀行と協働している。この協力関係が崩れれば、危機が起こる。政府は現在、インターネットの時代に、国境に関係なく広がるネットワークをどのように規制するかに苦慮している。インターネットはグローバルで、どこかの国を本拠地としているわけではない。そのため規制するのは困難で、日に日にむずかしくなっている。

では、だれがインターネットを統治しているのか。インターネット自身だろうか。いや、インターネットを統治しているのは、政府だ。何か問題が起こったときには、それを整理し解決するための監督官庁が必要になる。インターネットが私たちにもたらすあらゆる力に対して、すべてを監督する権威がいまだに必要なのはこのためだ。私たちにとって、これからも政府や裁判所、ルールや体制といったものは必要になるだろう。しかし、今日のすべてがつながった社会において、インターネットには国境という概念が存在しない。国や政府、体制といった概念も存在しない。インターネットは国境のないグローバルなネットワークなのだ。

　このことは、未来についての議論で常にあげられる問題だ。国境のない世界をどのように規制するのか。取引相手が法律をもたない場合、法とは何なのか。ビットコインについての10年にわたる議論の結果、私は、法律が勝利し政府が支配するだろうと考える。プラットフォームの所有者が支配すると信じないとすれば、であるが。しかしいまのところ、ジェフ・ベゾスやマーク・ザッカーバーグ、ポニー・マー、ジャック・マーが世界を支配しているようすはない。

> 「マネジメント。この言葉は一般企業のための言葉である。アリババでは、パートナーとして私たちに命運がかかっている多くの会社を管理しなければならない。したがって、経済をまとめる、といった意味で、この言葉を使っている」

ビッグテックの巨人たちは新たな世界の統治者となるのか、それとも世界の政府がネットワークを管理するのだろうか。

ジャック・マー氏
アリババの共同創設者で元会長

要　点

デジタル変革を進める銀行は、それが価値あるものであることを実証しているが、まだ目にみえて成果が出ているわけではない。なぜなら、彼らが着手したデジタル変革の旅はまだ終わっていないからだ。そのうえ、金融機関の投資家は、フィンテック・スタートアップやテクノロジー・ユニコーンとは違った見方で金融機関を評価している。銀行は、株式や投資に対する実際の収益に基づいて評価されるのであり、新たなマーケット構築や創造といった期待値に基づいては評価されない。したがって、ＢＢＶＡやＤＢＳのような私が研究した銀行は、デジタル変革が短期的に成功するとの判断はなされておらず、競合他社と似たような評価を受けている（競合他社との比較の結果については付録を参照）。長期的には、銀行は変わらなければ滅ぶしかないとだれもがいうように、状況は変わっていくだろう。短期的にみれば、まだ変革する時間はある。

注

01 DBS銀行は2018年に再度同じ賞を受賞し、2019年にはユーロマネー誌からThe World's Best Bankに選ばれた。

02 ジェイムズ・シラーズ「ロイズ銀行、利益の急増を受けて支店閉鎖を再考する」スカイ・ニュース、2018年4月25日、https://news.sky.com/story/lloyds-faces-call-to-rethink-branch-closuresas-profits-surge-11345789

03 「EU全域で続く銀行の支店や従業員数の縮小」Finextra、2018年9月11日、https://www.finextra.com/newsarticle/32636/bank-branches-and-staffnumbers-continue-to-shrink-across-the-eu

04 「2000～2017年の米国における、連邦預金保険公社（FDIC）に加盟する被保険商業銀行の支店数」スタティスタ、https://www.statista.com/statistics/193041/number-of-fdic-insured-us-commercialbank-branches/

05 「米国の銀行の支店閉鎖」エコノミスト、2017年7月27日、https://www.economist.com/finance-and-economics/2017/07/27/the-closing-of-american-bank-branches

06 ローラ・J・ケラー「バンク・オブ・アメリカ 米国で500支店を開設」ブルームバーグ、2018年2月26日、https://www.bloomberg.com/news/articles/2018-02-26/bank-of-america-to-open-500-u-sbranches-push-into-ohio-retail

07 クラウス・ダレルプ、シェイナル・ジャヤンティラル、ゲオルギー・コノフ、ハンス・マルティン・ストックマイヤー、アコス・ルグラディ「デジタル時代の銀行の支店」マッキンゼー、2018年7月、https://www.mckinsey.com/industries/financial-services/our-insights/a-bank-branch-for-the-digital-age

08 クリス・スキナー「銀行の規制は12分ごとに変わる」ファイナンサー（ブログ）、2017年1月30日、https://thefinanser.com/2017/01/bank-regulations-change-every-12-minutes.html/

DOING DIGITAL

結論

本書をまとめるにあたって、デジタル変革における勝利の方程式を特定するのはむずかしい。結局のところ、銀行ごとに違いがあるのだ。私が詳細にインタビューをした5つの銀行や、世界中で話をした多くの銀行の経験には共通点がある。しかし、銀の弾丸や、魔法のキノコ、妖精の粉のように、これさえあれば変革がうまくいく、というような特効薬は存在しない。ただ、以下のテーマを十分理解する必要がある。取締役会からの委任、変わらないことに対する危機感の醸成、説得力のあるビジョン、コミットされたリーダーシップ、中間管理職の巻込み、システムや体制の変革などだ。

同様に、体制や業務に数十億ドルを投資し、何百万もの顧客を抱え、何世紀にもわたって築かれてきた銀行を変えるのは、とてつもなく大変な作業であることは明らかだ。それは、リーダーシップと取締役会の委任から始まり、文化の変革、組織の変革、そしてテクノロジーの変革を経て行われる。

私の調査やヒアリングから明らかなのは、これらの変化を実現するためには、４つの明確な段階があるということだ。

- 何を実行するか
- どのように実行するか
- 実行する
- 改善する

本書の大部分をかけて取り上げてきたリーダーたちからの教訓は、どれか1つの段階に区分されるものではなく、４つの段階すべてにまたがるものだ。最も重要な教訓は、以下のものである。

- 取締役会からの委任：ＣＥＯと会長がデジタル変革に最優先で取り組むことに対して確実な支持を得ること
- リーダーシップのコミットメント：銀行がデジタル変革を行う場合、経営層は全組織を通じて変革を主導しなければならず、下の管理層に変革を委ねてはいけない
- 価値を重視する：明確な原則をもち、結果に重点を置くこと
- 顧客を重視する：デジタル銀行は顧客本位の原則をもつ
- 戦略的に計画する：銀行のコア・コンピタンスと、変革のための戦略を練り上げる
- コミュニケーション：差し迫った危機として変革の緊急性を伝え、人々に進むべき方向に関する説得力のあるビジョンを示し、確実にする
- 人を変える：学び直しと、再訓練
- アジャイルに適した組織づくり：組織をフラット化し、迅速で決定力のあるリアルタイムコミュニケーションを構築する
- テクノロジーはビジネスである：デジタル銀行はＩＴを分離した機能としてとらえず、ビジネスとテクノロジーは完全に統合され、区分されない
- ビッグテックのように振る舞う：テクノロジーの巨人たちから学び、彼らの行動を見習う
- モニタリングする：バランスト・スコアカードを使ってリアルタイムに測定し、組織を動かす
- 差別化要因としてのデータ：データはあらゆるデジタル企業の成功と失敗をもたらす空気のよう

な存在

- ユーザー体験が鍵を握る：デザインは内部化され、社内のあらゆる議論の一部となる
- デジタルコアの構築：クラウドを基盤として、企業全体を対象とする
- オープンであること：銀行はもはや単独では機能せず、プラットフォーム上の他社のサービスを必要とする
- 提携は簡単ではない：銀行はテクノロジーの提携に対応するためにまったく新しいスキルセットを必要とする
- 共創する：パートナーと、そして顧客と共創する
- 痛みを伴う：変化を好む人などいない。彼らを助けねばならない
- 変化だけが唯一不変

正直にいうと、本書を書き始めた時、変革を起こす方法のＡＢＣのように順序立てたガイドとして、得られた教訓をあげたいと考えていた。しかし、詳細に銀行にインタビューを行ってはじめて、これに倣えばよいという決まった手順は存在しないことに気づいた。銀行はそれぞれ違うのだ。リーダーたちから学べるのは、彼らが実際に役に立つと感じたものだけであり、それがここに列挙されている。

そうはいっても、デジタル変革について銀行と議論した際に、これらのすべてに共通する5つの一般的な手順が明らかになった。その手順は以下のとおりである。

教訓その1：基本を整理する

まず初めに、身の回りの整理整頓をすることだ。業務を標準化し、プロセスを最適化し、基本的なことをすませて変革に向けて少しずつ前進するのだ。1日目から、マラソンを走ることはできない。始めるには、まずは初めの一歩を踏み出し、そこから1キロメートル、2キロメートルと走る距離を伸ばし、最終的に42・195キロメートルに到達するのだ。初日にゴールを目指してはいけない。

教訓その2：真珠は高価である

「豚に真珠」という諺をよく使う。老朽化したバックエンドのシステムに、見栄えのよいフロントエンドのアプリを追加しても決してうまくいかず、往々にしてコストのかかる失敗になる。大きな問題に取り組まず、簡単にできることをやるだけだと、始めた時よりも状況は悪化してしまうかもしれない。

教訓その3：異なるスキルをもつ人は、異なる問題を解決する

デジタル化には組織の多様性が必要だ。同じような人が集まっても、1つのものの見方しかできないため、変革のニーズに適切に対応することはできない。1つの視点だけでなく、さまざまな角度から物事をみられる人材が必要だ。

教訓その4：人材に投資する

銀行が犯してしまう最大の間違いは、仕事がなくなったからといって社員を解雇することだ。彼らには新しい仕事を与え、スキルアップと、学び直しをさせよう。時に、銀行の経営陣は人員を削減することがよいことだと考えている。しかし、その人員は何か別のことに長けている可能性があり、すでにスキルをもっている古株の社員を再教育するのに比べて、会社に馴染む社員を見つけて採用するほうが、はるかに時間がかかる。

教訓その5：顧客から目を離さない

自分はデジタル化をうまく進めていると信じているかもしれないが、顧客がいちばんよくわかっている。デジタル化はすべて顧客のためにあるのだから、そのことを最優先に考える必要がある。組織内のすべての従業員が、顧客からのフィードバックを受けられることを確実にしよう。ユーザーやユーザー体験から直接のフィードバックを受けられることほど、ドキドキ、ハラハラするものはない。

本書を楽しんで読んでいただき、かつお役に立てたのであれば幸いだ。今後、これらの教訓と学びについて、みなさんと深く議論できることを楽しみにしている。あなたの変革プログラムがうまくいくことを祈っている。もし、助けが必要であれば、その時は遠慮なくご連絡いただきたい。

「変革を起こすなら、生き残れるかもしれない。変革しなければ、未来はないかもしれない」

ミン・フア氏

招商銀行、戦略担当ヘッド

付録 ：

今回選んだ5つの銀行

本書の初めで言及したように、私はデジタル変革をうまく遂行していると思う銀行のリストを書き出した。みなさんが知っているような大手の銀行だ。そこから、銀行との出会いや銀行のデジタル関連の取組み記事、そしてデジタル・バンキングの取組みでの各種アワードなどを考慮してリストを絞り込んだ。このリストはそこまで長いものではない。

リストに載せる企業を選んだ基準の1つは銀行の規模が相応のものであり、地域的にも世界的にもシェアが大きい、あるいは中国や米国のように規模の大きな市場の銀行とすることだった。執筆の際、世界で最も規模の大きい銀行はＪＰモルガン・チェースであり、その市場規模は２０１８年1月12日時点で３９００億ドルであった。招商銀行は第10位（１２３０億ドル）、ＩＮＧ銀行は第25位（７９０億ドル）、ＢＢＶＡは第36位（６１０億ドル）、ＤＢＳ銀行は第44位（５５０億ドル）である。つまり、世界に3万以上ある金融機関のなかで、かなり大きな銀行を選んだことになる（注1）。

同様に、リストをつくる際に考慮したほかの要素もある。ＢＢＶＡは長年にわたりフランシスコ・ゴンザレスという、元ＣＥＯ兼会長でデジタル変革を推進する人物が先導していた。ゴンザレス氏はプログラマーとしてキャリアをスタートさせているため、デジタル化の意味を理解している人物である。ＢＢＶＡは、早い段階でビッグテックの巨人たちの脅威を語り、フィンテック・スタートアップ企業への投資・買収を実施し、そして銀行内業務のクラウド移管を成し遂げた。ＢＢＶＡはデジタル変革を理解しているのである。

招商銀行は中国でも大手のリテール銀行であるが、１９８０年代後半に創業したばかりだ。国営銀行と比較するとマーケットに参入して日が浅いが、テクノロジーに注力して大手銀行へと急成長を遂げた。インターネット時代の銀行として創業し、デジタル・バンクを目指し、いまやフィンテック銀行へと変貌を遂げた。彼らのビジネス手法は、テクノロジーを利用して顧客との対話に注力することである。デジタルな顧客サービスに対して多くのアワードが授与されるのも当然だ。

ＤＢＳ銀行は最良のデジタル銀行として世界中に知られている。シンガポールでこの銀行を利用している人は特に、このことについて皮肉をいう人がいる。ＤＢＳが最良のデジタル銀行といわれるのは、マーケティング戦略がうまいからだというのだ。実際には、私がＤＢＳ銀行を選んだのは報道からではなく、彼らが口先だけでなく実際に行動していることを知り、驚き、納得したからである。私がＤＢＳ銀行で話を聞いた人数はほかの銀行と比べても多いのだが、全員例外なく、カスタマージャーニー、アジャイル、ＤＮＡに埋め込まれたデジタル化などについて語ってくれた。これは素晴らしいことであり、ＤＢＳ銀行について皮肉をいっていた人も考えを改めたいと思うだろう。

ＩＮＧ銀行をデジタル化させたのはＩＮＧ Ｄｉｒｅｃｔであった。オランダの大手リテール銀行から、世界的に有名なブランドへと変貌を遂げたのは、ＩＮＧ Ｄｉｒｅｃｔ創業当初からのデジタルを駆使したスタートアップ業務を通じて、学んだ教訓を銀行や組織全体にフィードバックし、10年以上にわたってテクノロジーを活用したイノベーションに取り組んできたからである。

最後に、ＪＰモルガン・チェースは定期的にデジタル領域での成果と投資を発表している。発表内容はブロックチェーンから仮想通貨、ＡＩ、クラウドまで多岐にわたる。全従業員の5分の1は技術者であり、ジェイミー・ダイモン氏が株主向けニュースレターで２０１５年に、シリコンバレーが銀行の領域に進出してきていると述べて以来、彼らは一貫してデジタル世界に適応できるよう銀行を変革してきた。

結論として、これら5つの銀行はデジタル化をうまく進めているといえる。一方で、私は彼らのデジタル化への努力を贔屓目でみているわけではないし保証しているわけではなく、本当の意味でのデジタル化を進めている唯一ないし最良の銀行だともいっていない。私がいいたいのは、5つの銀行はデジタル変革を真剣に受け止めており、デジタル化を推進するために投資し過酷な道を歩んでいるということである。議論をするだけでなく行動に移し変革を実現している経営陣がいるのだ。こういった理由で、学びを得られるリーダーたちなのである。

本書のこの最終章において、２０１３～２０１８年の銀行の年次レポートからわかる事実や数値、その他の背景知識について記しておく。レポートの記述や解説が真のデジタル化についてのよいまとめになっている。また、何十億とデジタル化に投資をしていても、デジタル化が容易い変革ではないことを示すよい例示になるはずだ。

チャート

次表は、２０１３～２０１８年の選定した5行と競合行の業績を示している。この時期、彼らはデジタル変革の真っただ中であった。興味深いことに、どの指標でみても5行は競合行と比べて際立ってよいわけではなく、デジタル変革が株価にほとんど影響していないことを示唆している。伝統的な財務指標を使用する限り妥当であろう。しかし、本書やこれらの銀行が論じるように、どのように低コストで広範囲にわたって、顧客とサービスのデジタルな関係性を深めているかといった、従来の指標にはない基準に目を向ける必要があるのかもしれない。

JPモルガン・チェース				
	自己資本利益率（ROE）	従業員数	費用収益比率（CIR）	株価（配当後）
2013	9.00%	251,000	72.37%	44.85
2014	10.00%	241,000	64.42%	51.66
2015	11.00%	234,000	63.09%	58.21
2016	10.00%	243,000	58.69%	61.60
2017	10.00%	252,000	59.10%	88.51
2018	13.00%	256,000	58.14%	108.79
	普通株主資本 利益率		費用：非利息経費合計 収益：総収入合計	

「株価」 出所：https://www.macrotrends.net/stocks/charts/JPM/jpmorgan-chase/stock-price-history

ウェルズ・ファーゴ				
	自己資本利益率（ROE）	従業員数	費用収益比率（CIR）	株価（配当後）
2013	13.87%	264,900	55.46%	34.10
2014	13.41%	264,500	55.49%	43.92
2015	12.60%	264,700	55.51%	49.06
2016	11.49%	269,100	55.62%	45.17
2017	11.35%	262,700	59.84%	52.26
2018	11.53%	258,700	55.54%	53.98
	普通株主資本等利益率 (期首株主資本と 期末株主資本の平均)		費用：非利息経費 収益：非金利収入＋ 金利収入	

「株価」 出所：https://www.macrotrends.net/stocks/charts/WFC/wells-fargo/stock-price-history

バンク・オブ・アメリカ				
	自己資本利益率（ROE）	従業員数	費用収益比率（CIR）	株価（配当後）
2013	4.62%	242,000	77.83%	12.54
2014	2.01%	224,000	88.08%	15.29
2015	6.28%	213,000	69.45%	15.68
2016	6.69%	208,000	65.81%	14.80
2017	6.72%	209,000	62.67%	24.06
2018	11.04%	204,000	58.50%	29.37
	普通株主資本等利益率 (期首株主資本と 期末株主資本の平均)		費用：非利息経費 収益：非金利収入＋ 金利収入	

「株価」 出所：https://www.macrotrends.net/stocks/charts/BAC/bank-of-america/stock-price-history

シティバンク				
	自己資本利益率（ROE）	従業員数	費用収益比率（CIR）	株価（配当後）
2013	7.00%	251,000	63.09%	45.59
2014	3.40%	241,000	71.29%	47.46
2015	8.10%	231,000	57.12%	50.46
2016	6.60%	219,000	59.27%	44.19
2017	-3.90%	209,000	57.72%	63.38
2018	9.40%	204,000	57.43%	68.17
	普通株主資本等利益率 (期首株主資本と 期末株主資本の平均)		費用：非利息経費 収益：非金利収入＋ 金利収入	

「株価」 出所：https://www.macrotrends.net/stocks/charts/C/citigroup/stock-price-history

BBVA				
	自己資本利益率（ROE）	従業員数	費用収益比率（CIR）	株価（配当後）
2013	N/A	109,305	52.30%	8.95
2014	N/A	108,770	51.30%	7.85
2015	N/A	137,968	52.00%	6.74
2016	7.30%	134,792	51.90%	6.41
2017	7.40%	131,856	49.50%	7.11
2018	11.50%	125,567	49.30%	4.64

BNPパリバ				
	自己資本利益率（ROE）	従業員数	費用収益比率（CIR）	株価（配当後）
2013	6.10%	184,545	67.60%	47.20
2014	7.70%	187,903	67.70%	52.72
2015	8.30%	189,077	68.10%	54.11
2016	9.30%	192,419	67.70%	51.08
2017	8.90%	196,128	64.60%	63.38
2018	8.20%	202,624	65.40%	59.56

バークレイズ				
	自己資本利益率（ROE）	従業員数	費用収益比率（CIR）	株価（配当後）
2013	9.00%	139,600	71.00%	3.04
2014	10.30%	132,300	70.00%	2.31
2015	11.40%	129,400	84.00%	2.53
2016	12.40%	119,300	76.00%	1.66
2017	13.30%	79,900	73.00%	2.30
2018	N/A	83,500	N/A	2.11

ING銀行				
	自己資本利益率（ROE）	従業員数	費用収益比率（CIR）	株価（配当後）
2013	9.00%	64,373	56.60%	8.24
2014	9.90%	55,945	57.90%	10.60
2015	10.80%	52,720	55.30%	13.62
2016	11.60%	51,943	54.20%	10.43
2017	13.30%	51,504	55.50%	13.81
2018	11.50%	52,233	54.80%	13.65

招商銀行				
	自己資本利益率（ROE）	従業員数	費用収益比率（CIR）	株価（配当後）
2013	22.22%	68,078	34.23%	16.52
2014	19.28%	75,109	30.42%	19.46
2015	17.09%	76,192	27.55%	18.30
2016	16.27%	70,461	27.60%	18.00
2017	16.54%	72,530	30.21%	30.55
2018	16.57%	74,590	35.05%	29.15
	平均自己資本利益率（ROAE）	※派遣社員を含む従業員		※香港ドル

DBS				
	自己資本利益率（ROE）	従業員数	費用収益比率（CIR）	株価（配当後）
2013	10.4%	N/A	44.00%	16.19
2014	10.9%	21,000	45.00%	17.62
2015	11.2%	22,000	45.00%	19.14
2016	10.1%	22,000	43.00%	15.44
2017	9.7%	24,000	43.00%	20.80
2018	12.1%	26,000	44.00%	26.36

UOB				
	自己資本利益率（ROE）	従業員数	費用収益比率（CIR）	株価（配当後）
2013	12.30%	N/A	43.10%	20.51
2014	12.30%	N/A	40.60%	22.27
2015	11.00%	24,092	43.00%	21.85
2016	10.20%	24,781	44.00%	18.61
2017	10.20%	25,137	43.70%	23.24
2018	11.30%	26,153	43.90%	26.19

OCBC				
	自己資本利益率（ROE）	従業員数	費用収益比率（CIR）	株価（配当後）
2013	11.60%	25,000	42.00%	10.00
2014	13.20%	29,000	39.10%	9.60
2015	12.30%	29,000	42.00%	9.85
2016	10.00%	29,792	44.60%	8.60
2017	11.00%	N/A	42.40%	10.68
2018	11.50%	29,706	43.45%	12.05
				※シンガポールドル

ＢＢＶＡ

「顧客がいつどこにいても、アドバイスを提供し、望むサービスを提供する術を知る。これが差別化の鍵である」

フランシスコ・ゴンザレス氏
ＢＢＶＡ、ＣＥＯ（１９９９年）

フランシスコ・ゴンザレス氏は１９９９年にＢＢＶＡのＣＥＯに就任した。当時、デジタル社会における通信速度は56Ｋｂｐｓ（キロビット／秒）だったが、現在、家庭での接続速度は30万Ｋｂｐｓにも及ぶ。ｉＰｈｏｎｅ（世界初のスマートフォンとされ、コミュニケーション方法に革命をもたらしたデバイスである）が世に出る8年前であった。インターネットの民主化も単なるビジョンにすぎず、世界銀行によると世界の家庭でインターネットが使えたのはたった４・６％であった。

当時のテクノロジーの状況に関するこれらの統計をふまえると、スペインのビルバオで行われた１９９９年ＢＢＶＡ年次総会でのゴンザレス氏のスピーチが先見的であったのは間違いない。

私たちは大きな、非常に大きな変化の渦中にいる。技術革新が分野ごとに異なるペースで進むことは間違いない。しかし、この変革によって金融セクターが最も大きく影響を受けるのと同時に、前もって計画を立て時宜を得た決断をすれば、最も利益を得るセクターでもある。

これが金融ビジネスの本質なのだ。金融ビジネスは、膨大な数の取引に基づいており、その取引は、何百万もの顧客の富に関する複雑で膨大なデータから構成されている。境界線があいまいになり、障壁が消えつつあるこの変化する世界では、膨大な顧客数や品質や信頼への評価を活用して商品やサービスの範囲を拡大することが可能である。

顧客がいつどこにいても、アドバイスを提供し、望むサービスを提供する術を知る。これが差別化の鍵である。

このような複雑な変革のプロセスを管理し、劇的に変化する世界で適切な戦略を定義し実行することは、もちろん簡単なことではない。

テクノロジーを大規模に取り入れ、利用することはだれにでもできる。しかし、適切なタイミングで計画を立て、前へ進み、準備する適切な戦略を定義し実行できるのは、このような変化を理解している

> 人を有する銀行だけであり、そうした銀行が成功を収め、21世紀の業界をリードすることになるだろう。
>
> そして、達成する最善の策は、この変化の先頭に立つことである。変化を自ら率いることであり、変化の最前線に立って、サポートし、理解することである。これはＢＢＶＡの決意でもある。伝統的な銀行とスタートアップ企業の両方に対して競争力のあるポジションに居続けなければならない。
>
> 強く伝えたいのは、私たちＢＢＶＡはこの変革を率先していくということである。先ほどいったように、私たちは優位な立場から開始できるため、この変革をリードすることが可能なのである。どのように努力するべきかはわかっており、プロジェクト自体は明確に定義されている。現在と未来、物理的ネットワークとバーチャルネットワーク、そしてテクノロジーと人をどのように結びつけるかを知ることが必要であり、ＢＢＶＡの成功の鍵を握っているのはいまもこれからも私たちなのである。

ゴンザレス氏のビジョンは経営経済学の学位をもった銀行員としてのものではなく、ＩＢＭ１４０１のプログラマーとしてのビジョンでもある。１９６４年に、ＢＢＶＡの将来の会長になる若きゴンザレス氏は情報技術のキャリアを歩み始めた。「この仕事を始めて明らかになったことがある。テクノロジーにワクワクするのはテクノロジー自体の魅力だけでなく、社会的・経済的なレベルで生活を一変さ

図7.1　BBVA のカルロス・トレス・ビーラ会長へのリモートインタビューのようす

せる大きな可能性を秘めているからなのである」と彼は述べている。パンチカードの作表機がコンピュータに取って代わられることに気づいた時に彼の思うバンキングが具体化し始めたのである。テクノロジーに対する彼の情熱は、ＢＢＶＡのビジョンの鍵の１つとなるものだった。

スピーチから20年後のいまでも、彼のビジョンはカルロス・トレス・ビーラ氏率いる新しい経営チームに生き続けている。

ＢＢＶＡの努力の成果は興味深いものだが、想定しているような収益を銀行にもたらしているわけではない。しかし、将来のために正しいことをしているのだと私は考えている。

以降のページは、ＢＢＶＡの年次報告書（２０１３～２０１８年）からデジタル変革に関する記述を抜粋したものである。

２０１３年

２０１３年、当社は変革をさらに進めた（注記：ＢＢＶＡは、銀行のほとんどがデジタル化の意味を知らなかった２０１３年にデジタル変革について議論している）。ＢＢＶＡは戦略の３本柱である「原則」「人」「イノベーション」、また成長の余地と慎重な管理に留意して多様なビジネスモデルをもとに、自己改革を進めている。アナログな銀行から21世紀のデジタルナレッジサービス企業へと変貌しつつあるのだ。

今日の時点で、新規参入者はたしかにより柔軟で効率的だ。しかし、銀行は大きなアドバンテージをもっている。顧客の取引情報が膨大に蓄積されていることである。大きな課題は、この情報を有用な知識に変換し、顧客が求めるものを提供することだ。デジタル顧客は、さまざまなモバイルデバイスを活用しリアルタイムで操作したいと考えており、またさまざまなチャネルを介して新しいコンテンツや商品へストレスなくアクセスしたいと考えている。そのためには、ビッグ／スマートデータ・テクノロジーと大規模な処理能力が必要になる。

このような要求に応えるためには、銀行は、ＢＢＶＡですでに構築したもののような、今日の新しいパラダイムのもとで構築され発展した新しいプラットフォームを設計する必要がある。２０１３年には、これらのプラットフォームによって、ＢＢＶＡ ＷａｌｌｅｔやＷｉｚｚｏといった新しいデジタル製品の発売、および現在パイロット段階にあり２０１４年の発売を予定する新しい製品の開発が可能になった。

２０１４年

ＢＢＶＡにとって本年は、生産的な年となった。好業績を達成し、グループの成長性を高める重要な決定を行い、世界一の銀行となるためのデジタル変革戦略に大きな進捗を生んだ。

８年前に始めた新しく非常に革新的な、世界クラスの技術プラットフォームの初期構築段階を完了し、私たちは現在新たなステージで奮闘している。新たなデジタルでのビジネスを探す一方で、新たな流通モデル、プロセス、商品、そして新たな組織を構築している。このプロセスを加速するため、２０１４年には、世界中のＢＢＶＡグループ会社から３０００人以上の人員を結集してデジタル・バンキング・エリアをつくり、最先端のデジタル企業から人材を招聘している。

２０１４年は、事業の内部転換だけでなく、時には投資家として、時にはオーナーとして、デジタルビジネスの発展と進化を間近でみてきた。

このバランスよく分散されたモデルは、コアマーケット（スペイン、メキシコ、南米、米国のサンベルト地域、トルコ）での顧客数の多さとシェアの大きさを背景としたフランチャイズに支えられている。また3つのグローバル・フランチャイズである、デジタル・バンキングとコーポレート&インベストメント・バンキング（ＣＩＢ）（卸売業）、そしてコンシューマー・ファイナンス、資産運用、保険でグローバルな活動をしている事業部門であるライン・オブ・ビジネス（ＬｏＢｓ）を基盤としている。

顧客からの変革と顧客のための変革

ＢＢＶＡは、推進の鍵であるテクノロジーとイノベーションに基づいて、何年もかけてビジネスモデルのデジタル変革に取り組んでいる。目的は顧客に最良の顧客体験を提供することで、生産性や効率、収益性、そしてグループ株主に対する価値創造を向上させることにある。

マーケットもすでに近年の変革の成果を認識している。英国のユーロマネー誌は、ＢＢＶＡの21世紀の金融業界をリードするためのデジタルプロジェクトを、昨年の世界における金融機関による最良の変革として、２０１４年度のグローバルユーロマネー優秀賞を授与した。金融業界の新たな課題に対処するための抜本的かつ戦略的見直しによって、ＢＢＶＡはビジネスを変革し成果をあげたと審査員は述べている。ＢＢＶＡは、変革プロセスに取り組む際に５つ基本的なポイントがあると考えている。

（中略）

ＢＢＶＡはプロセスを変革し、新たな顧客のニーズにより敏感に反応して、商品を適応させている。当社は、数多くのデジタル商品・サービスを開始しており、当グループのデジタル戦略に沿った新たな商品の開発にも取り組んでいる。

以下はなかでも特筆すべき取組みの一部である。

ＢＢＶＡ Ｗａｌｌｅｔは２０１３年に開始されたアプリで、２０１４年にアップデートをいくつか行った。今年の中頃、ＢＢＶＡはＶｉｓａのクラウドベースの仕様を使った近距離無線通信（ＮＦＣ）

決済ソリューションの商用サービス開始を発表した。この新しいシステムでは、ＢＢＶＡの顧客はＡｎｄｒｏｉｄ ＮＦＣを搭載した端末を使って、アップデートされたＢＢＶＡ Ｗａｌｌｅｔアプリをダウンロードして買い物ができるようになった。

２０１４年末時点のデータによると、ＢＢＶＡ Ｗａｌｌｅｔは現在スペインで最も利用され人気のあるモバイル・バンキング決済アプリで、ダウンロード数は40万超である。

この成功を背景に、すでにメキシコでもサービスを開始しており、２０１５年には米国での発売を予定している。このアプリはContactless & Mobile Awards ２０１４を受賞し、非接触技術の市場への活用という観点において欧州で最も重要なイノベーションであることが認められた。授賞にあたっては「モバイル決済を広範なマーケットに導入しようとしている」点が重要視された。

新たなデジタルビジネスの開発強化

また、金融業界の変革の最先端に立ち、デジタル世界の変化をリアルタイムに把握するため、外部パートナーとの協業の推進を目指している。

・まず、ＢＢＶＡ Ｖｅｎｔｕｒｅｓを通じて、ＢＢＶＡはイノベーションと金融サービスの分野の破壊的スタートアップに投資している。２０１４年に、ＢＢＶＡはタウリア、ドキュサイン、パーソナルキャピタルへの投資を発表し、そして２０１５年１月には仮想通貨ビットコイン取引を実行するためのリーダー的プラットフォームとなっているコインベースへの投資を発表した。

・第二に、グループのデジタル変革戦略を強化可能な、学ぶべき点のあるデジタル企業を買収することである。ビッグデータとクラウド・コンピューティングサービスを専門とするスペインのスタートアップ企業マディーバ・ソルシオネスの買収は、前述のシンプルの買収とあわせて、ＢＢＶＡが目指している事業の一例といえる。

２０１５年

ＢＢＶＡは数年前から、金融サービスを人々の現実生活に適応させることが変革につながることを理解していた。今日の消費者は便利さを高く評価している。つまり、顧客のニーズに応じて、対面、リモート（電話・メール）、またはデジタルチャネルを通じて、十分な情報を得て提案を受けたうえで適切な判断を下せることを評価しているのである。このことは、ＢＢＶＡがここ数年行ってきたイノベーションとテクノロジーへの大規模な投資（２０１１年以来、年間平均約８億ユーロ）によって実証されている。

デジタル顧客基盤の拡大

ＢＢＶＡでは、デジタルチャネルを通じて取引する顧客数が依然増加傾向にある。２０１５年12月31日現在、当社グループは１４８０万人のデジタル顧客を有しており、これは顧客の33％に当たり、前年比19％増加していることになる。そのうちの８５０万人はモバイル・バンキング利用者（前年比45％増）だ。ＢＢＶＡアプリのダウンロード数は４２０万を超え、カード管理アプリのＢＢＶＡ Ｗａｌｌｅｔのダウンロード数は２３０万にものぼる。ＢＢＶＡ Ｃｏｎｔｉｇｏはカスタマイズされたリモートアカウント管理サービスで、スペイン国内に60万人以上の顧客を有している。つまり、デジタル変革によって開発された機能によって、金融取引はスムーズかつシンプルになり、従来の銀行の概念を変えた。

店舗の変革

ＢＢＶＡの支店網は、ＢＢＶＡの成長と変革において主導的な役割を果たしてきた。リモート・デジタルサービスと対面サービスの組合せで３６０度あらゆるチャネルニーズをカバーし、顧客のプロファイルに適応することを目指している。２０１５年11月からスペインのＢＢＶＡ Ｃｏｎｔｉｇｏでは、マネージャーを支店網のチームに統合している。また、店舗は顧客の問合せ対応をサポートしており、顧客は取引をしやすくなるツールの使い方を学べる。

メキシコでは、バンコマータワーの完成により、２０１５年に１４００店舗に達した店舗改修プロジェクトが実現した。総合的なビジネスモデルの変革によって、顧客満足度の向上を目的とした技術革新が進んでいる。

今日、モバイル・バンキングとインターネットは、柔軟性と利便性により、ＢＢＶＡの顧客が最も評価しているチャネルとなった。しかし、顧客はセルフサービスと対面チャネルのどちらかを選ばなければいけないわけではなく、その時のニーズに応じて対面と遠隔またはデジタル・バンキング・サービスを選ぶことができる。デジタル変革による新しいサービスモデルでは、取引数で測定した支店内の活動量が減少し続けている。

エンジニアリング

ＢＢＶＡは、テクノロジーによるオペレーション管理をしているだけでなく、世界規模で顧客ソリューションのためのソフトウェアやプロセスを開発している。デジタル変革に焦点を当て、２０１５年には以下の行動方針を中心に活動を行った。

・当社グループの技術アーキテクチャの標準化、そしてクラウド・コンピューティング（ネットワーク（通常はインターネット）を介したコンピューティング・サービスの提供を可能にする手法）の利用促進。
・新技術を取り入れた開発機能の変革。
・顧客体験・効率、オペレーション管理の向上に向けたプロセスの最適化。

・オペレーション管理、情報セキュリティを含むセキュリティの統合的管理。
・ガランティ銀行との統合促進と顧客満足度の向上。

２０１６年

２０１６年、ＢＢＶＡグループは、グループ理念と６つの戦略的優先領域に基づいて、変革を大きく進めた。当行の新戦略は、デジタル化と顧客体験、組織構造の簡素化に重きを置くことで強化された。そして２０１７年の当行の新しいキャッチフレーズである「機会創造」が設定された。デジタル化は、さまざまなかたちで顧客の新たな需要を取り込むことができるため、金融業界に影響を与えている。

第一に、モバイル機器が導入され、流通モデルに変化をもたらした。社会全体は、場所に関係なく常につながっており、そのなかでモバイル機器が主要な連絡手段となったのだ。世界のモバイル・バンキング利用者数は飛躍的に増加しており、モバイル機器を介した顧客との取引はますます増加している。さらに、新たな技術発展（ビッグデータ、人工知能、ブロックチェーン、クラウド、データ処理、生体認証など）により、顧客体験が大きく向上している。

これらの技術により、チャネルやベンダーを横断して単純な取引やお金の動きを使って、データやアルゴリズム（リスク・プロファイル、習慣と選好、金融ニーズ、将来予測など）を自動的に分析することができる。同様に、利用できる最良のソリューションに対して、最も有利な条件で簡単にアクセスできる。技術革新によって処理の自動化と規模拡大のしやすさがもたらされ、コストが削減できる。新しいテクノロジーは金融サービスの民主化を促進しており、全世界の人々は、これまで富裕層しか利用できなかった、より高度で洗練されたサービスにアクセスできるようになるだろう。この文脈でいえば、同意をもとに顧客の関連情報にアクセスすることは、自動応答と個別最適化された提案をするには非常に有益で、そのためには、顧客の信頼を得ることが不可欠だ。

さらに、新たな専門分野をもつプレーヤーが金融業界に参入し、バリューチェーンの一部（決済、融資、資産運用、保険等）においてうまく取り組んでいる。彼らの破壊的な提案は、おもに顧客体験の向上と特定商品への特化に基づいている。フィンテック企業や大手デジタル企業（グーグル、アマゾンなど）が例であり、こうした企業は新たな環境下で銀行と競争している。

結論として、伝統的な銀行は、顧客体験とそのデジタル化への開発により重点を置き、競争力を高め、付加価値のあるソリューションを提供することによって対応すべきなのである。

２０１７年、ＢＢＶＡグループは、グループ理念と６つの戦略的優先領域に基づいて、変革プロセスを大きく前進させた。「機会創造」という新しいキャッチフレーズのもと、デジタル化と顧客体験に重点を置いた戦略を強化している。また「機会創造」は組織全体の行動の舵取りをするために設定された価値観でもある。以前にも言及した金融業界の新たな環境に適応し、リーダーシップを維持するために必要な変革プロセスである。

このような状況のなかで、ＢＢＶＡを取り巻く事業環境の変化は加速している。顧客の変化するニーズに対応した新たな商品やサービスが新たな技術の飛躍的発展によってもたらされており、また同時にさまざまなセクターや企業で大きな変化が起こりつつある。結果としてセクター間の壁がなくなりつつあるのだ。

2018年

当社のビジネスは大きく、しかも急速に変化している。これらの変化は、デジタル化の進展をみれば明らかである。2年前にはわずか16%であったデジタルチャネル経由の売上数が、２０１８年には41%に増加した。金額ベースでみると、2年前に12%であったデジタルでの販売は32%を占める。このような大きな事業転換は、当グループ全体としてのみみることのできる傾向ではなく、当社が進出している国に共通でみられる傾向を反映している。デジタルチャネルを利用している顧客はより頻繁に当社と取引をしており、ＢＢＶＡへの満足度とロイヤルティが高いのだ。２０１８年には、デジタルチャネルを使う顧客割合が50％を超え、顧客数２７００万人に達するという大きな転換点を迎えた。ＢＢＶＡのモバイル顧客数は29％増加し、２３００万人（全顧客の43％）に達した。２０１９年の目標は、50％以上の顧客にスマートフォンで取引をしてもらうことである。

デジタル上での取引は経済全体の成長を上回っており、技術（インターネット、モバイルデバイス、ソーシャルネットワーク、クラウドなど）の飛躍的成長とともに社会は変化している。結果、デジタル化が世界中の金融サービスに革命をもたらしている。消費者はデジタル技術を利用して購買パターンを変えており、その結果、いつどこにいても金融商品やサービスにアクセスできるようになっている。情報の利用が進んだことによって、より多くの顧客がニーズに対する迅速かつわかりやすい対応を期待するようになりつつある。デジタル化は、金融業界がこうした新しい顧客の要求に応えることを可能にするものだ。

テクノロジーによって、顧客の真のニーズに焦点をあわせるための付加価値の再定義が可能になる。顧客が金融機関と取引する際にモバイル機器の利用が好まれ、時に取引する唯一の手段となったことによって、金融に関する意思決定が行われる方法や顧客との関係性が大きく変わった。セキュリティを損なうことなく技術リソースを最大限に活用しながら、シンプルで一貫性のあるユーザーフレンドリーな体験を顧客に提供することが重要なのである。

人工知能（ＡＩ）とビッグデータは、現在金融業界の変革を推進している2つの技術である。さまざまな企業がこうした技術を利用するようになり、よりアクセスしやすくより迅速な新しいサービスと、内部プロセスの変革につながっている。ＡＩは特に、個人別にカスタマイズした製品やレコメンデーションを顧客に提供し、意思決定をより高度化する。これらの技術は、従来の企業だけでなくフィンテック企業も利用することができるのだ。

データはデジタル経済の基礎であり、金融機関は、テクノロジーやイノベーションがもたらす機会を最大限に活用し、顧客行動やニーズ、今後の見通しを分析して、個人最適化された付加価値のあるサービスを提供し、顧客の意思決定をサポートしなければならない。ビッグデータをもとにしたアルゴリズムの開発は、これまで富裕層セグメントしか利用できなかった商品へのアクセスや、個人のファイナンスでの新しいアドバイザリーツールの開発につながる可能性がある。

金融業界のデジタル変革は、ブロックチェーンやクラウド、データ活用、および新しいビジネスモデル（プラットフォーム）といった新しい技術の利用によって、内部プロセスの自動化を通して効率性を高めている。アライアンスや投資を利用してデジタルエコシステムへ参画することで、デジタル世界で生まれつつある機会を知り、活用することができる。金融サービス市場もまた、バリューチェーン（支払・融資等）の一部や特定セグメントに対する金融サービスを提供している企業の参入によって進化している。これらの企業はデジタルネイティブであり、またデータ利用が進んでおり、顧客によいサービスを提供している。そして時には銀行セクターよりも規制が緩いこともある。

図7.2　中国・深圳の招商銀行で経営陣と一緒に

招商銀行

招商銀行を選んだ理由は、私が一緒に仕事をしているアジアン・バンカー誌などの出版物から、アジア最高のデジタル銀行として常に表彰されているからだ。そこでの調査によると、インターネット戦略とモバイルファースト戦略で、多くのライバルを大きく引き離している。特に、招商銀行は１９８０年代にテクノロジー主導の銀行として始まり、中国で最初にインターネット・バンキングを提供した銀行の１つである。今日では自分たちのことを「フィンテック銀行」と称している。

背景をより詳しく知るため、年次報告書から重要な箇所を抜粋する。

２０１３年

本報告書の期間では、Ｍ＋デビットカード、ウィーチャット・バンキング向けプラットフォーム、モバイルウォレット、報酬支払のための包括的なサービスソリューションなどの革新的な製品やサービスを発表した。

デジタルチャネルの革新と改善を重視し、物理チャネルを効果的に補完するように、オンライン・バンキングやダイレクト・バンキングの機能改革を継続的に行い、モバイルファイナンスサービスの開発も積極的に進めた。

中国におけるモバイルファイナンスのポータルサイトの先駆けとして、「モバイル・バンキングのワンストップオープンプラットフォーム」というコンセプトを提唱した。その結果、モバイル・バンキングとｉＰａｄバンキングのユーザーによるダウンロード数は業界トップとなった。２０１３年３月にはウィーチャット顧客向けにクレジットカード利用者サービスを開始したほか、２０１３年７月には業界初となる「ウィーチャット・オンライン・バンキング」サービスを開始し、業界トップの顧客体験を確保した。

業界4位ながら「顧客中心」主義を徹底し、顧客のネット・バンキング体験の向上を重視し、オンライン・バンキングやモバイル・バンキングなどの商品を充実させ、顧客のオンライン・バンキング体験を向上させた。

当行のモバイルユーザー向けのアプリは、モバイルインターネット時代の顧客ニーズを効果的に満たし、顧客勧誘のチャネル拡大と効率化をもたらす、国内クレジットカード業界初のアプリケーションである。顧客基盤の最適化を図り、継続して、優良顧客の勧誘に尽力していく。

当行は、オンライン・バンキング、モバイル・バンキング、ダイレクト・バンキングなどの、社会から認知度が高く、店舗の負担を効果的に軽減するデジタル・バンキング・チャネルの開発と改善に注力している。

当行のオンライン・バンキング事業は２０１３年においても急成長を続けた。ユーザー数は劇的に増え、オンライン・バンキングの利用頻度も増加した。

個人向けのオンライン・バンキング事業では、２０１３年12月31日現在、プロフェッショナル版のアクティブユーザー数が１５８２万８７００人に達し、個人のオンライン・バンキングへの切替率が89・36％となった。

個人向けのオンライン・バンキングの累計取引件数は９億４７７４万２３００件（前年比28・75％増）となり、累計取扱高は19兆５４００億４４００万人民元（前年比28・59％増）となった。

特に、オンライン決済の累計取引件数は６億９４６５万４３００件（前年比26・32％増）となり、オンライン・バンキングでの累計取扱高は４１２４億２１００万人民元（前年比90・33％増）となった。

当行の個人向けのモバイル・バンキング・サービスは、２０１３年も引き続き急速な成長を遂げ、アジアン・バンカー誌よりBest Mobile Banking Product in Chinaを受賞した。同業他社に先駆け、まったく新しいモバイル・バンキング製品である「ウィーチャット・バンキング」を導入し、インターネット・バンキング・サービスの利便性を高めることによって、多くの顧客に利用してもらえる、ますます人気の高いアプリにすることができた。多層的かつ多様な顧客にインテリジェントなサービスを提供する手段を確立し、顧客にモバイル・バンキング・サービスの便利な利用方法を提供するとともに、ウィーチャット・バンキングの革新と急速な発展を促進した。

２０１３年12月には、ｉＰｈｏｎｅやＡｎｄｒｏｉｄスマートフォン、ｉＰａｄ向けのモバイル・バンキング・アプリの発表に続けて、Ｗｉｎｄｏｗｓ８向けバンキング・サービスを発表し、顧客から高い評価を得た。

２０１３年12月31日の時点で、モバイル・バンキング・アプリの総ダウンロード数は２２００万件を超えた。モバイル・バンキング利用者のログイン数は2億６５５１万９８００回（前年比２１６・16％増）に達し、活発なアクティブユーザーの影響で、モバイル・バンキングのユーザー数、取引数、決済処理数は劇的に増加している。モバイル・バンキングの契約件数は１５６９万３００件（前年比62・34％増）となり、アクティブユーザー数は５４４万１００人に達した。

モバイル決済では、累計取引件数は2億８００万件（前年比２５９・89％増）、累計取扱高は５９０億７８００万人民元（前年比４４３・10％増）となった。モバイル決済以外では、累計取引件数は５１３５万６０００件（前年比２９４・97％増）、累計取扱高は1兆７７４億３４００万人民元（前年比１６５・42％増）となった。

２０１４年

環境の変化に対応し、市場競争では顧客からの評価を勝ち取り、技術革新の時代に人々の生活を牽引し、継続的な発展により従業員に評価され、投資家や監督当局からは健全な経営を認められるよう、より強く成長し、中国一の商業銀行を目指して、継続的な変革に取り組んでいく。

２０１５年は「顧客中心」のサービスを追求し「状況に応じた変化」「あなたのために、あなたのそばに」という経営理念のもと、成熟化するモバイルインターネット技術を中心とする最先端のインターネット技術を駆使することによって、顧客体験をよりよいものにし、投資家や社会にとって大きな価値を創造することを目指す。

情報通信、インターネット・アプリケーション、その他の最先端技術は必然的に、銀行がプラットフォーム構築、データ活用、流動性オペレーションを通じてより質の高いサービスを提供することを促すだろう。

２０１５年

本報告書の期間では、クレジットカード事業は、掌上生活アプリのバージョン５・０の展開やユーザー志向のプラットフォームシステムの先駆けになるなど、モバイルインターネット変革を継続して推進し、決済ツールから２０００万人超の会員を擁するオープンプラットフォームへの移行を実現した。年間を通じて、次のことを行った。

- おもに、「ウィーチャット・ウェイボー顧客サービス」向けプラットフォームで構成されるサービスチャネルを最適化することで、「インターネット＋」を基盤とした統合マルチチャネルサービスを実現し、顧客体験を向上させ、サービスの価値を高めた。

- 「オンラインアプリ＋オフライン検証」プロジェクトを立ち上げ、個人向けシステムを横断したクロスセルを強化した。
- 掌上生活アプリが、Best Mobile Banking Technology Achievement Award と Most Innovative Mobile Internet Financial Products を受賞した。
- モバイルインターネットベースのサービスであるハースストーン、夢幻西遊、陌陌（Momo）との共同ブランドのクレジットカード、ハイエンド顧客向けの「鑽石信用卡（Diamond Credit Card）」、海外での利用ニーズがある顧客向けの「萬事達全幣卡（All-Currencies MasterCard）」などを展開し、商品の革新を通じて付加価値を高めることで、多層的で多次元的に展開するクレジットカード商品システムを構築し続けた。

２０１５年は「あなたのために、あなたのそばに」という顧客中心のサービスコンセプトを堅持し、モバイルインターネットの概念を活用し業界横断の多様な連携にも注力して、インターネットファイナンスの展開と革新を精力的に推進するとともに、決済、コンシューマー・ファイナンス、モバイル・バンキング、ダイレクト・バンキング、信用照合サービス等の新たなビジネスモデルを積極的に研究開発した。

顧客体験の向上を図るため、インターネット、モバイル端末、シナリオの視点に立ったイノベーションを推進し、「ビジュアルカウンター」や「顔認証による現金引出し」などの新機能を導入して、より便利で効率的なサービスを提供した。

当行のオープンモバイルファイナンスプラットフォームは、非常に多くのユーザーにサービスを提供しており、モバイル・バンキング・アプリと掌上生活アプリの両方が次世代バージョンに更新され、小企業E家（Small Business E Home）サービスの登録会員数と取引量は急増し続けている。

モバイルを基盤とする個人向け事業の展開に向け、手軽な操作を可能とするプラットフォームを確立し、ネットバンクチャネルへの切替率を効果的に高めた。当期末時点では、個人向けのネットバンクチャネル全体でのカウンターの切替率は97・32％（前年比1・94％増）となった。店舗における非現金取引の処理の代替として、ビジュアルカウンターが大きな役割を果たし、非現金取引の切替率は20・48％に達した。

2016年

インフラ構築の価値を高く評価し、モバイル技術、クラウド・コンピューティング、ビッグデータ、人工知能などの分野においてインフラに継続的に投資し、新技術の最新動向や革新的な応用を取り入れていく。

　リテール事業への資源投資を拡大し、店舗と人員の合理的な配置を維持しつつ、直線的な成長パターンの限界を克服し、商業銀行の個人向け事業の新たなビジネスモデルを迅速に創出するため、金融技術の探求と普及に積極的に取り組んでいく。

　当行の多くの革新的な製品およびサービスは、中国の消費者により広く認識されている。多機能デビットカードの「一卡通（All-in-one Card）」、総合インターネット・バンキング・サービス・プラットフォームである「一网通（All-in-one Net）」、クレジットカード、「金葵花理財（Sunflower Wealth Management）」サービス、プライベート・バンキング・サービス、モバイル・バンキング・アプリ、掌上生活アプリ、グローバル資金管理、手形ビジネス、オフショア金融、その他のトランザクション・バンキング・サービス、資産管理、資産代理人、投資銀行およびその他のサービスなどがある。

「モバイルアプリ開発優先」戦略を重視し、モバイル・バンキング・アプリのバージョン5・0をリリースし、W+プラットフォームとスマートマーケティングシステムと個人向け推薦システムをモバイル向けに統合し、摩羯智投（Machine Gene Investment）を開始した。モバイルアプリに焦点を当てて、支店における「O2O」のサービスプロセスの基本設計を行った。当期末時点では、法人向けインターネット・バンキングの顧客数は、前年同期比で32・75%増加した。

個人向け金融事業に関しては、「モバイルアプリ開発優先」戦略を堅持しつつ、顧客サービスのインターフェースをモバイルに移行し、モバイルベースの商品とビジネスモデルの革新を進めた。「モバイル・バンキング・アプリ5・0」と「摩羯智投」のリリースに伴い、当社の掌上生活アプリは継続的に改善された。生体認証技術の活用によって、より快適で親しみやすいカスタマーインタラクションを実現し、一人ひとりにあったインテリジェントな顧客サービスを提供することを目指している。

「掌上生活アプリ」の登録ユーザー数が３１４９万人を超え、１年間のアクティブユーザー数は３０２１万人であった。

モバイルインターネット技術を活用した顧客サービスモデルの革新に、継続して取り組んだ。モバイル小切手サービスでは、当行のインターネット・バンキング・プラットフォームを基盤として、法人業務における適用シナリオを拡張し、モバイル決済を通じた支払と決済のための新しいビジネス・エコシステムを構築している。このビジネスは２０１６年に急速に発展し、有効取引数は５８８万件となり、累計取扱高は３０６２億人民元を超えた。

２０１６年には、モバイルインターネットプラットフォームをさらに統合し、ＰＡＤをベースとした個人向けローンのためのプラットフォームを整えることで、営業マネージャーの効率化と顧客体験の向上を図り、個人向けローン事業を急成長させた。

個人向けモバイル・バンキング事業は２０１６年も急成長を続けており、モバイル・バンキングのアプリには21億８５００万件のログインがあり、アクティブユーザーは増え、当行の顧客にとって最も活発なデジタルチャネルとなった。２０１６年12月31日現在、同アプリの総ダウンロード数は９６６３万３４００件に達し、ダウンロードした顧客数は４１５１万９２００人に達し、このうち２５７７万９２００人は１年以内に利用があった。

モバイル・バンキングの取引件数とモバイル決済の取扱高が急増した。２０１６年のモバイル・バンキングの累計取引件数は45億６９００万件（前年比80・95％増）となり、累計取扱高は14兆１７００億人民元（前年比54・02％増）となった。内訳は次のとおりである。モバイル決済では、累計取引件数は38億３４００万件（前年比92・66％増）となり、累計取扱高は２兆７００億人民元（前年比72・50％増）となった。モバイル決済以外の取引では、累計取引件数は７億３５００万件（前年比37・38％増）となり、累計取扱高は12兆１０００億人民元（前年比51・25％増）となった。

本報告書の期間では、モバイルインターネットを積極的に推し進めた。具体的には、モバイルを基盤とした個人向け事業を展開するため、操作性の高いプラットフォームを設計し、精力的に開発を進めた。インテリジェント化、統合サービス、金融のためのリアルタイム相互接続などを主要なコンセプトとした、招商銀行アプリのバージョン５・０を発表した。４大チャネル（マイページ・参考・資産管理・ホームページ）のバージョンアップとともに、摩羯智投、収支記録、収益報告、生体認証の４つの新機能を追加し、１２１の主要項目の最適化を完了した。これらによって、金融を賢く管理する新しい時代をスタートさせた。また、さまざまなシーンで手軽に操作できるインテリジェントサービスモデルを向上させ、ウィーチャット・バンキングを最適化かつ高度化した。利用者数は、現在１１２１万６６００人に達している。

個人向けオンライン・バンキング事業では、２０１６年12月31日現在、プロフェッショナル版のアクティブユーザー数が１９７１万４００人に達した。２０１６年の個人向けオンライン金融の累計取引数は15億４１００万件（前年比33・77％増）となり、累計取扱高は31兆１４００億人民元（前年比２・０％増）となった。

製品の研究開発については、深圳と杭州にソフトウェア開発センターをもち、おもに自己開発を行っている。モバイル・バンキング・アプリのバージョン５・０の立上げを含む４０００件以上のプロジェクトを完遂し、生体認証技術とビッグデータ技術を活用して、自然なインタラクションとお客様へのインテリジェントなサービスの提供を実現した。投資に関するロボアドバイザー「摩羯智投」を開始し、その技術は業界トップの水準となっている。クレジットカード事業ではＡｐｐｌｅ Ｐａｙなどの商品を導入したほか、ＮＦＣモバイル決済の展開を開始した。

2017年

５Ｇ技術の商業利用の機会をとらえ、産業チェーンに組み込むことによってインターネット・サプライチェーンの金融サービスを開発していく。招商銀行のサービスは、顧客がどこにいても利用可能になるだろう。

顧客のニーズに焦点を絞り、テクノロジーとビジネスを密接に統合することで、テクノロジーの機敏性を利用してビジネスの機敏性を向上させ、最良の顧客体験を実現した。

結局のところ技術は単なる道具と手段にすぎず、顧客こそがすべての経営哲学の原点であることがわかっている。かつては競合他社と争ったが、これから先は顧客に追いつく必要がある。そのため、新時代における戦略では「最良の顧客体験を提供する銀行を構築すること」を目標に掲げ、顧客体験を基軸とし、顧客体験の向上をすべての活動の基本としていく。

「顧客体験の向上」をテーマに、２０１８年以降の金融技術の変革に全力で取り組んでいく。

２０１８年は、顧客体験の向上に注力し、２大アプリである招商銀行アプリと掌上生活アプリの月間アクティブユーザー数の規模を活用することで、障害を取り除くとともに金融技術の革新・運用に力を注ぎ、事業と技術による「二重の機敏さ」を目指す。

「千鷹展翼（Qian Ying Zhan Yi）」は、革新的な技術系の新興中小企業にサービスを提供する当行の戦略ブランドである。厳選した顧客リストをもとに、対象顧客の開拓に努めた。「千鷹展翼」に基づく顧客基盤の拡大や、「高新貸（Gao Xin Dai）」などの技術系企業向け金融商品の開発に引き続き注力した。

２０１７年12月、業界初のブロックチェーン技術に基づく銀行間決済プラットフォームを活用することにより、世界初のブロックチェーンベースの銀行間での人民元決済取引に成功した。

法人向けオンライン・バンキングでは、オープンでインテリジェントなインターネットサービスと、オムニチャネルおよびシナリオベースの支払および決済に関する製品を作成するために、フィンテック分野の新技術を余すことなく活用し、第10世代のプラットフォームであるU-Ｂａｎｋ Ｘを発表した。また、ブロックチェーンの技術を率先して応用し、グローバルキャッシュマネジメントを再構築するとともに、企業がビッグデータを活用してインターネット上に産業向けのエコシステムを構築するのを革新的に支援し、スマートなロボットである「小U（Little U）」、モバイル決済、フォワードモバイルチェックなど、さまざまな特徴的な製品やサービスを発表した。

法人向けモバイル・バンキング・アプリは、２０１７年12月31日時点で、利用者数が40万１６００社（前年比73・85％増）に達した。年間アクティブユーザー数は22万４６００社であり、累計取引件数は１７８９万５０００件（前年比２０４・17％増）、累計取扱高は１兆５１１９億６８００万人民元（前年比２４３・53％増）となった。

２０１７年は複雑で不安定な状況と絶え間なく立ちはだかる市場環境のなかで、「使い勝手のよい銀行になる」と「長所を伸ばして深化する」という開発戦略を堅持し、事業と顧客の原点に立ち返り、フィンテックへの投資を拡大し、モバイル技術、ビッグデータ、人工知能などのインフラ分野の開発を続けた。

「モバイル優先」戦略を実行し、個人向けアプリのアクティブユーザー数が月間４５００万人以上を記録した。個人向けサービスにおいて、銀行カードからモバイルアプリへの切り替えを積極的に推進した。モバイルアプリには「店舗＋アプリ＋シナリオ」という新しいビジネス形態を取り入れ、オンラインとオフラインを統合する顧客管理メカニズムを確立した。前線でのカスタマイズされたサービスの提供から、舞台裏での自動化されインテリジェントな操作手順の実装まで、招商銀行アプリは個人向けサービスにおける顧客体験をさらに強化した。掌上生活アプリは「コンシューマー・ファイナンスサービスのトップアプリ」を目指し、モバイルでのコンシューマー・ファイナンス商品の革新を推進し、データトラフィックの運用能力と付加価値の向上を図った。顧客のモバイルアプリの利用を促進し、データトラフィックを増加させることで、2つの主要アプリのアクティブユーザー数は月間４５０９万人に達した。カード保有者の40・35％はすでにモバイル・バンキングに切り替えており、取引の81％はモバイルプラットフォーム上で行われている。

アクティブとパッシブの両方のマーケティングに対応するインテリジェンス指向のマーケティングツールを構築し、モバイルユーザーと顧客担当に対してリアルタイムで推薦内容を知らせる。当行のモバイルアプリには97個の推薦タグが存在し、1日に平均すると、1億３０００万人に対して７１３２個のカスタマイズされた商品ポートフォリオと推薦内容を提示している。

フィンテックにおける優れたサービスとイノベーションが評価され、クレジットカード事業はアジアン・バンカー誌による技術革新の賞であるBest Experience of Mobile Social Mediaや、中国ブランドの格付およびブランド・アドバイザリー機関であるChnbrandによるBrand in China Brand Index-Credit Card Categoryなどの賞を受賞した。

モバイルにおけるフィンテックの革新に焦点を当てることで、「最高のコンシューマー・ファイナンスアプリの構築」を中心的な目標として、掌上生活アプリの運用能力を最大限に高めた。

「C＋現金決済ソリューション」ブランドの確立に向けた継続的な取組みにより、26万１１００口座が新規開設され、「公司一卡通（All-in-one Cards for Company）」の新規カード発行枚数が81万８００枚であった。モバイル小切手による年間取扱高は1兆５００億人民元にのぼった。基本的なキャッシュマネジメント事業は順調に成長した。

招商銀行アプリ

個人向けモバイル・バンキング事業は、２０１７年においても急成長し、より多くのアクティブユーザーを獲得した。モバイル・バンキング・アプリへのログイン数は32億２８００万件に達し、当行で最も活発なデジタルチャネルとなった。２０１７年12月31日時点で、招商銀行アプリの総ユーザー数は５５７９万３４００人となり、年間アクティブユーザー数は４０５７万１４００人、月間アクティブユーザー数は2618万6700人、ユーザー1人当りの月間平均ログイン数は12・77回であり、招商銀行アプリとユーザーとの間にはより密接な関係性が築かれている。一方、招商銀行アプリの取引量は急増しており、2017年の累計取引件数は10億3200万件（前年比40・41％増）、累計取扱高は17兆8700億元（前年比で47・69％増）となった。このなかで、322万7700人の富裕層顧客による累計取引件数は2645万7600件（前年比132・32％増）となり、ウェルスマネジメント取引全体の61・70％を占めている。ウェルスマネジメントの売上高は4兆4300億人民元（前年比90・13％増）であり、ウェルスマネジメントによる全売上高の43・17％を占めている。当行はモバイル化において大きな前進を遂げ、招商銀行アプリはリテール事業の重要な存在となった。

モバイルサービスの開発を優先し、招商銀行アプリを基盤としたモバイル金融サービスプラットフォームの構築と改善を継続的に行った。インテリジェントなウェルスマネジメントを大きく前進させるため、招商銀行アプリのバージョン6・0をリリースし、ウェルスマネジメントのチャネルとスマートサービスを包含した専門的な顧客向けの商品である「闪电贷（Flash Loan）」と「财富体检（Wealth Check-up）」を提供した。顧客一人ひとりを金融において賢くアシストする仕組みを構築することで、スマートサービス、接続性、相互作用の面での新たな突破口となり、より制度化されたリテール業務体制においてコア・コンピタンスを強化している。

2017年には掌上生活アプリのバージョン6・0のリリースに成功した。インテリジェントな推薦エンジンである「e智貸（e-Zhi Dai）」といったフィンテック・ソリューションを組み合わせ、モバイルでのコンシューマー・ファイナンス商品の革新を加速させることにより、インターネット上で展開されるすべてのローン商品を利用して、あらゆるシナリオとライフサイクル全体にわたって消費バリューチェーンにおける需要を満たした。また、包括的でインテリジェントなコンシューマー・ファイナンス商品を実現するためにトラフィックフローとバリューアウトプットを強化した。掌上生活アプリでは、フィンテックを効果的に利用し、新しい金融サービス、支払の簡易さ、効果的なリスク管理、サービスのガイドラインを促進するようなクレジットカードユーザーの操作体系を開発し、ユーザー操作を大幅に改善した。当期の終わりには、掌上生活アプリのプラットフォームのユーザー数は４７４３万７９００人に達した。アクティブユーザー数は、年間では４５０１万５０００人、月間では２７３２万５７００人となった。

モバイルとデータの優先順位を上げ、「店舗＋アプリ＋シナリオ」モデルへの統合とライフサイクル内のコンテンツ充実のために、招商銀行アプリのバージョン６・０をリリースした。マーケティング志向の変革はビジュアルカウンターにより実現された。企業向けには、U-Ｂａｎｋ Ｘをアップグレードし、オープンでインテリジェントなインターネット・バンキング・サービスを提供した。

２０１８年

当行は経験と技術を融合し、デジタルで革新的なリーディングバンクと優れたウェルスマネジメントバンクを構築し、インターネット時代のリテール・バンキング・サービスの新たなモデルの形成に邁進していく。

２０１８年、デジタル銀行の変革は、商品からシステムへ、そしてビジネスから組織文化へと、ゆっくりとではあるが着実に、まるで進歩するかのように前進している。当行は「モバイル優先」の戦略を堅持し、プラットフォームの強化、デジタルの運用、デジタルサービスの提供の能力を大幅に向上させた。行内でのシナリオ設定と外部への展開を加速させ、エコ・カスタマーサービス体制の構築を進めた。技術の俊敏性を生かしてビジネスの俊敏性を高めることを目論み、技術インフラへの投資を拡大した。

顧客体験に焦点を当て、フィンテックを活用することで、銀行の経営管理全般を見直し、デジタル変革を本格的に開始する。

２０１９年も引き続き、月間アクティブユーザー数（ＭＡＵ）を変わらぬ指標として「モバイル優先」の開発戦略を実行する。低コストで大勢の顧客を獲得できる能力とデジタルな運用能力を築くことに注力し、顧客と技術の潜在的価値を最大限に引き出し、将来に向けた新たな成長エンジンを創出していく。

金融分野における技術起点の急速な発展に適応するため、個人向け金融ビジネスを伝統的で快適な領域から脱却できるよう率先して取り組み、リテールファイナンス3・0時代へ正式に移行した。これにより、事業組織のデジタル変革を通じて、サービスエコシステムの進化を受け入れるようにした。２０１８年は、「モバイル優先」戦略と「ＭＡＵを変わらぬ指標とする」指針のもと、デジタル・プラットフォームの機能を強化することで個人向け金融を強化した。プラットフォームシステム、商品システム、サービスシステムを「全顧客、全商品、全チャネル」において最適化し、既存のセグメント別顧客管理に基づき、顧客を分類する業務をさらに改善することで、リテール分野の顧客基盤を継続的に強化した。ウェルスマネジメント、プライベート・バンキング、クレジットカード、リテールローン、コンシューマー・ファイナンス、インターネット・バンキングなど、中核となるリテール事業における組織的な競争優位性を維持しつつ、「アプリ時代」に向けて精力的に活動してきた。

デジタル・プラットフォームの構築が徐々に深化した。2つの主要なアプリは、顧客にとって運用のための主要なプラットフォームになった。オンライン経由で獲得した顧客の割合は、デビットカード利用者では17・89%、クレジットカード利用者では61・21%を占めた。

オンライン手形割引ビジネスの顧客数は９１１０人に達し、そのうちの88・44％が中小企業であり、デジタル化された包括的な金融サービスの能力は引き続き向上した。

最良の顧客体験を提供する銀行に向けて、当行は着実に成長してきた。２つの主要な個人向けアプリは、顧客体験を定量的にモニタリングして、厳密なフィードバックを行える仕組みを確立した。ホールセール部門には、顧客体験を専門とするチームと法人向けのフィンテック体験を担当するセンターを設立した。新しいデジタル体験を顧客に提供するため、新たなかたちでの３・０時代の店舗を開設した。

リテール分野のデジタル化に向けた変革を目標に据え、最良の顧客体験を提供する銀行を目指す。個人向け事業では、低コストで多数の顧客を獲得することとデジタル化された業務能力を開発することの２つの大きな課題を解決するべく、引き続き月間アクティブユーザー数（ＭＡＵ）を中心に進めていく。運用能力の強化に注力し、事業運営と顧客獲得の好循環の形成を推進する。

リテール分野のデジタル変革をさらに推進し、重点分野に注力し、シナリオを強化することで、ＭＡＵの急成長を促し、顧客獲得能力を強化するとともに、個人向けの非金利収益事業の成長に向けた地盤固めを行う。

顧客志向のビジョンをもち、掌上生活アプリをプラットフォームとして、テクノロジーを推進力に、モバイルサービスの品質向上に引き続き注力する。クレジットカード業界の変革をリードするため、高頻度な日常的な消費シナリオに焦点をあわせ、質の高い生活の創出に努める。当期末には、掌上生活アプリの累計ユーザー数は７００２万７３００人となり、そのうちクレジットカード非利用者の割合は24・38%であった。

当期末時点で、第三者のクレジットカードチャネル（主に、ウィーチャット、アリペイのサービス窓口、ＱＱの公式アカウント）を通じて累計1億２２００万人のファンを獲得した。

スマートサービス事業ポートフォリオを継続的に開発した。ＡＩ技術を活用したスマートサービスの高度化を推進し、新たなインタラクティブフォームとＡＩコアを導入した。サービス・トラフィック志向の意思決定エンジンを立ち上げ、インテリジェントロボットとサービス専門家の間の双方向連携を効率化した。最先端の声紋認識システム、音声ビッグデータ分析プラットフォーム、インテリジェントサービスを提供するロボット、およびスマートスピーカーサービス受付を適用することにより、従来のチャネルやサードパーティーのサービスチャネルから新しいサービスチャネルに至るまで、革新的に全サービスに対応する。アプリサービスにおける経済圏の形成を加速し、統合されたオンラインサービス体験を改善していく。

ＤＢＳ銀行

ＤＢＳ銀行は、デジタル銀行としてイノベーションに対する賞を定期的に受賞し、私の注意を引いた。店舗設備をもたないデジタルファーストな銀行のデジバンク（ｄｉｇｉｂａｎｋ）をインドネシアに設立する場に同席したが、経営層のデジタル・バンキングに対するコミットメントと理解に感銘を受けた。しかし、アジアの同僚たちからは、この銀行はいまでも非常に伝統的であり、真のデジタル化には至っていないとの批判をよく耳にする。このことを否定する定量的な根拠（マーケットシェアとブランドがこの10年間で劇的に上昇している）やこの銀行がさまざまな指標において成功を収めているという事実がなければ、私はその言葉を鵜呑みにしただろう。

いずれにせよ、ＪＰモルガン・チェースの投資アナリストたちがＤＢＳ銀行を世界的なデジタル銀行のリーダーに選んだとすれば、その背後に何かがあるに違いない。

「２０１８年のStockpicker's Guideでは、ほとんどの地方銀行は銀行業界に待ち受けている大規模な破壊に対する準備ができていない、という見解を示した。これまではメガバンクに対抗する地方銀行に焦点を当ててきたが、現在では対象範囲を広げ、米国外の銀行に目を向けている。

投資家のなかには、米国のいくつかのメガバンクが膨大な技術投資をしているのをみて、これらの銀行が時代の先を行っていることに安心感を抱いている人もいるかもしれない。しかし、実際には、銀行業界の破壊は世界を舞台にして起きており、海外のメガバンクが大きな脅威となっていることがわかっている。米国の銀行の大半は30年以上前の旧式の基幹システムを保有し、テクノロジーに関しては「ファスト・フォロワー戦略」、あるいはもっと悪い場合には「成行きを見守る」という考え方だ。これでは、米国の銀行の多くが今後十年間も重要な存在であり続ける見込みは、ほとんどないだろう。本報告書では、米国の銀行が世界情勢でどのような位置づけなのかを深く考察し、リテール部門と商業部門で最も破壊的な銀行向けの技術を特定するとともに、時代の先を行っている銀行を擁する国を特定する。結論として、シンガポールにあるＤＢＳ銀行が導き出される。彼らは、世界的なデジタルのリーダーであり、われわれは地方銀行のためのロードマップを提供する存在だと信じている。（中略）米国以外の、あらゆる銀行向けの技術のリーダーたちをみても、本当に目を引くのは、シンガポール最大手のＤＢＳ銀行である。ＤＢＳ銀行が２００９年にデジタル変革に着手して以来、アジアにおけるデジタル化の原動力になっただけではなく、間違いなく世界有数のデジタル銀行の1つへと変貌を遂げた。（中略）われわれの結論としては、多くの地方銀行が技術の変化から取り残される危険にさらされている理由は、メガ銀行並みのコストをかけることができないという事実とは関係なく、それを推進するのではなく、むしろ破壊からの脅威に対応するという哲学に関係しているということだ」

ＪＰモルガン・チェースのエクイティ・リサーチ・ペーパー

「U.S. Mid-and Small-Cap Banks Worldwide Technology Report」から引用（２０１８年12月）

背景をより詳しく知るため、年次報告書から重要な箇所を抜粋する。

2013年

テクノロジーは、当行の銀行業務に対する考え方を変えた。顧客とのやりとりが物理的な店舗からオンラインやモバイルの世界へと移行するため、銀行は顧客を維持するための新しい方法を開発する必要がある。顧客維持とは、商品やサービスだけでなく、関係性や洞察にまで及ぶ。

顧客との良好な関係性を維持するためには、分析技法とビッグデータの活用が鍵となる。当行は顧客満足度を向上させるため、コールセンターに音声分析を取り入れてきた。従来は単に出力するだけのチャネルであったＡＴＭのような顧客との接点も、現在では顧客の情報を集める場となり、顧客のことや彼らのニーズを把握するためのリアルタイム情報を収集している。当行は、ＩＢＭのワトソンで大量のデータを分析することにより、顧客に関する質の高い洞察を導き出し、富裕層向けの顧客担当を支援している。

新しい技術が人々の銀行の使い方に革命をもたらしたことを認識し、銀行業務の新しいあり方を革新し続けた。この分野で多くの進展があった。シンガポールでは、ＤＢＳホーム・コネクトをリリースした。これは、必要な基本情報を24時間３６５日いつでもモバイル機器から入手できるようにすることで、住宅購入をより簡単にするアプリである。法人向けバンキング分野では、他社に先駆けて、企業向けにインターネット上で完全に自動で口座開設を行うサービスを開始した。２０１４年には、ＩＢＭと協業して、ワトソンのコグニティブ・コンピューティングのイノベーションを展開し、次世代の顧客体験を提供する。また、シンガポール科学技術研究庁（A*STAR）とともに、顧客の利益のために新技術を研究する共同研究所を設置している。

銀行改革の最前線に立とうとする当行の努力が認められた。２０１３年、当行のモバイル・バンキング・アプリ戦略は、スイスの調査会社My Private Bankingによって世界第1位に選ばれた。ザ・バンカー誌からMost Innovative Transaction Bank in Asia-Pacific、バンキング&ペイメント・アジア誌からTrailblazer of the Year in Asia-Pacificを受賞した。イノベーション分野での競争力を強化することを目的として、デジタル技術を有効活用するために、今後3年間で2億シンガポールドルを投資する計画を発表した。これにより、大規模なリテール・バンキング市場に進出すること、銀行業務をより適切に顧客の生活のなかに組み込むことが可能になる。この変革を先導するために、新たなデジタル・バンキングの組織が設立された。

顧客体験と顧客到達率を継続的に改善する取組みの一環として、オンラインインフラを強化した。当行の本格的なオンライン財務プラットフォームであるディールオンライン（Deal Online）では、自動でプライシングした結果をストリーミング配信したり、スポット為替、スワップ、フォワードおよびノンデリバラブル・フォワードの契約を自動で行ったりできる。このプラットフォームは、企業や金融機関の顧客に対して、セキュリティを担保したうえで、幅広い金融活動やサービスを柔軟に行えるようにする。シンガポールでは、２０００社の中小企業が登録している。

法人の顧客は、高度にカスタマイズ可能なダッシュボードを使用することで、問合せ、外国為替の予約、預金および取引の管理を行ったり、すべての金融活動について、電子メールおよびＳＭＳでリアルタイムの情報を受け取り、最新情報を常に取得したりできる。このプラットフォームを利用すると、法人の顧客は送金や貿易金融の目的で外貨を利用することも可能である。また、ディールオンラインは、香港にいる個人の顧客に対して、24時間利用可能な為替計算エンジンを提供している。

2014年

ＤＢＳ銀行は、銀行業の未来をかたちづくりたいという意欲をもち、イノベーションに関するむずかしい課題を追求してきた。顧客の行動の変化、スマートデバイスやソーシャルメディアの利用の増加、ノンバンク企業の支払分野への進出によって、銀行業務のやり方が急速に変化していることを認識している。２０１４年には、デジタル技術をより有効に活用するために、３年間で２億シンガポールドルを投資する計画を発表した。これは、戦略的に技術開発に投資してきた10億シンガポールドルに続くものである。

最先端の取組みの1つとして、ＩＢＭと提携し、世界で初めて人工知能を使用して、状況を読み取りカスタマイズされた資産運用に関するアドバイスを富裕層向けに提供している。これは現在、２０１５年のリリースに向けて銀行で試験的に導入されている。また、シンガポール科学技術研究庁との提携により、顧客の生活を簡便にする新技術の研究も順調に進んでいる。

２０１４年５月には、ＤＢＳペイラー！をリリースした。このアプリを使えば、受取人の携帯電話番号がわかりさえすれば、携帯電話を数回タップするだけで、その人に送金することができる。サービス開始以来、現在20万人以上のユーザーが登録しており、毎月６万件以上の支払処理を行っている。

中小企業の顧客がビジネス用の口座を開設しやすくするために、当行ではいままでにない、オンラインでの口座開設を可能とするサービスを開始した。これによって、顧客がＤＢＳ銀行の利用を開始するのに必要な時間が大幅に短縮された。また今年は、スタートアップ企業や中小企業向けに、業界の専門家や投資家、起業家仲間との相談や連絡が可能なプラットフォームといった、貴重なリソースを提供する「ＤＢＳビジネスクラス」というアプリも公開した。当行のモバイル・バンキング・アプリ戦略は、スイスの調査会社 My Private Banking によって2年連続で世界第1位に選ばれた。

テクノロジーを利用した顧客体験の向上

インターネット・バンキングとモバイル・バンキング・プラットフォームの利用者数は、それぞれ２７０万人と１００万人を超え、毎月平均２４００万件のインターネット取引と１１００万件のモバイル取引が行われている。当行のデジタルチャネルは、取引、契約、商品やサービスを購入する際に好んで使われるようになってきており、特に、顧客に対して最も適切なタイミングで最も適した提案ができるような分析技法の利用を進めている。

シンガポールでは、ＳＭＳを利用した銀行サービスを開始し、インターネットに接続していなくても、残高照会やクレジットカードの請求の支払などの銀行取引が可能になった。これによって、顧客がＡＴＭでほかの取引を行うのに使える時間が、毎月1万５０００時間も増加した。

さらに、２０１４年第４四半期には中国、台湾、インドでモバイル・バンキングを展開し、すでに多くの顧客が登録して利用している。中国では、国外の銀行としては初めて、ユニット型投資信託のオンライン取引サービスを開始し、申込み、償還、切り替え、取引を行うことができるようになっている。

また、海外送金サービスを拡充し、当日送金を低コストで提供している。これまでは、インドとインドネシアで利用可能であったが、現在では加えて香港とフィリピンでも利用できる。利便性が向上し、手数料が魅力的であるため、送金件数は前年比で倍増した。

シンガポールと台湾では、顧客担当向けに「顧客の財務プロファイル」などを提供する専用アプリを搭載したタブレットを支給した。これによりモビリティが向上し、顧客の選択した場所でサービスを提供できるようになっただけでなく、顧客との会話の質と顧客体験全体が大幅に改善した。

香港では「モバイルローンセンター」のタブレット版をリリースし、顧客がモバイルやタブレットを介して、インターネット上でローンの申込みを柔軟に行えるようにした。このサービスが評価され、２０１４年のIDC Financial Insights Innovation AwardにおいてAsia's Best Mobile Bankingを受賞した。

2015年

モバイル、ソーシャル技術、ビッグデータといった、新しいデジタル技術は、今日の銀行が利用できる強力なツールだ。当行はそれらの技術そのものに夢中になることなく、どうしたら顧客に楽しい銀行体験を提供できるかを重視している。これを実現するために、顧客の立場に立ち、顧客が必要としているものに焦点を当て、本当に「顧客が行うべきこと」がわかっているかを確実にする。カスタマージャーニーを最初から最後までみて、最適なソリューションをつくりだすために、人間中心の設計を用いる。当行は、カスタマージャーニーに自らを組み込み、かつ、デジタルなかたちを受け入れることが、銀行業務をますますシンプルかつシームレスにする効果的な方法だと信じている。

現在、個人と富裕層と法人の顧客は、モバイル端末を通じて、いつでもどこでも口座を開設できる。入力フォームを簡素化し、顧客にかわって入力項目を事前に埋め、銀行の利用をほぼ瞬時に開始できるようにプロセス全体を自動化するなど、顧客の導入プロセスをシンプルで直感的なものにするためにデジタル技術を活用している。

この戦略は成果を出しつつあり、中小企業やクレジットカードや無担保貸付では、デジタルな方法でますます多くの新規顧客を獲得している。顧客との関係性に重きが置かれるビジネスである、プライベート・バンキングでさえ、デジタルな選択肢は歓迎されている。2015年には、富裕層の新規顧客の16％がデジタルな方法で口座を開設した。シンガポールの中小企業の顧客の51％が、インターネット上の口座開設サービスを利用した。インターネットでの口座開設にかかる時間は大幅に短縮され、業界平均で1～2時間かかるところが15分で完了するようになった。

当行は、日々の銀行業務を簡便にする機能に投資している。人手を介さずに電子的に行い、即時に顧客を満足させられるように、業務の見直しを進めている。これは同時に当行のコストを下げる結果にもつながる。顧客が日常的に銀行で行うことを合理化していくには継続的な取組みが必要だが、取組みの一部ではすでに効果が出始めている。たとえば、ＤＢＳレミットを利用すると、顧客は外出中でも海外に即座に資金を送ることが可能である。このサービスは人気を得ており、現在では送金の90％以上がデジタルに行われている。「ＤＢＳペイラー！」の利用者は、携帯電話上で数回クリックするだけで、簡単に友人や商店への支払ができる。当行のデジタルサービスを利用すると、顧客はクレジットカードや無担保ローンをすぐに承認されることも可能である。また、中小企業のオーナーは、サイン不要で最大11種類のローン商品を申し込むことができる。アプリを使えば、申し込んだローンの進捗状況を即座に知ることができる。

当行は、銀行業務を顧客の日常にシームレスに統合し、よりシンプルにすることで、顧客が関心のある人や物事にもっと時間を使えるようにすることを目指している。当行アプリのＤＢＳホーム・コネクトでは、住宅探しの過程において顧客との関係を維持し、最終取引価格、賃貸、周辺施設などの情報を携帯電話で知らせる。アプリにはローン計算ツールが含まれており、顧客が必要な資金を把握するのに役に立つ。また、アプリを通して、当行のローン担当者と連絡をとることができる。シンガポールの中小企業は、ＤＢＳビジネスクラスアプリを通じてインターネット上のビジネスコミュニティにアクセスできる。このアプリは、利用者を1万５０００人のメンバーや聡明なアジアの企業家たちと結びつける。また、技術系のスタートアップ企業と引き合わせ、生産性を向上させるための新技術の採用を促進する。当行は現在、国境を越えたつながりを促進し、大規模なバーチャルイベントをサポートするために、アプリを地域によって分けている。

デジタルへの適応が加速するなか、当行は世界最高クラスのデジタル機能を顧客に提供するための努力を惜しまない。当行は、デジタルに提供するサービスの幅を広げるだけではなく、プラットフォーム利用時の総合的な顧客体験を向上するためにも、追加の予算を投入した。たとえば、当行は、この地域で初めて、デザインと顧客体験の機能を社内に構築した銀行の1つであり、これらの機能をデジタルなサービスを提供するうえで欠かせない要素として取り入れている。

オンライン・バンキングおよびモバイル・バンキングの顧客は、引き続き大幅に増加している。シンガポールでは、オンライン・バンキングの顧客基盤が最も大きく、２５０万人を超えるｉＢａｎｋｉｎｇ

ユーザーと１２５万人のｍＢａｎｋｉｎｇユーザーを抱えている。シンガポールでは、当行のモバイル活動が引き続き業界をリードしており、40万人以上の日々のログインの60%以上をモバイルが占め、金融取引の70%近くは地域をまたいでデジタルチャネルを介して行われた。新規顧客向けのデジタル口座開設を開始した。この画期的な取組みにより、初めて銀行を利用する顧客が、支店を訪れることなく、都合のよい時に口座を開設できるようになる。デジタルに顧客を獲得する取組みを加速させたのである。シンガポールでは、クレジットカードの顧客の38%近くがデジタルな方法で入会しており、これは前年の27%から増加している。また、シンガポールや香港の顧客に、より使いやすい取引環境を提供するために、株式取引機能を刷新した。

2016年

２００９年以降、ＤＢＳ銀行は戦略に対して十分な成果をあげ、トップラインとボトムラインの両方を倍増させた。資産運用およびトランザクション・バンキングにおいて地域を牽引すること、シンガポール国外で成長することなど、当行の地域的な優先事項の多くはこれからも重要であり、大きな可能性を有している。同時に、当行のデジタルな課題への取組みは進展をみせている。次の成長ステージでのビジョンは「銀行を楽しくする」ことである。当行は2万２０００人のスタートアップ企業のように行動し、デジタル時代において、銀行サービスを簡単に、早く、状況に応じて提供できるよう、迅速に

銀行業務を再考する世界最高のデジタル銀行

DBS銀行が世界で最も優れたデジタル銀行である理由は何か。

それは銀行業務を再考することから始まっている。

シンガポールで人気のモバイルウォレットから、インド初のペーパーレス、支店なし、サイン不要のモバイル専用銀行まで。

中小企業向けの第一級のソーシャルネットワークを抱え、アジア中でハッカソンを行い、DBS銀行でフィンテックのインターンシップを行っている。

これらは、当行が世界最高のデジタル銀行として認められた理由の一部にすぎない。

当行のデジタル変革は、銀行のあらゆるところに浸透している。銀行を楽しくするために、イノベーションに息を吹き込みたいという強い思いに突き動かされているのだ。

図7.3　ＤＢＳ銀行が世界で最も優れたデジタル・バンクである理由は？

対応し、革新することを目指している。

　真にデジタルになるためには、銀行の完全な変革が必要となる。これは、フロントエンドであるデジタル・アプリや、モバイル・バンキングやインターネット・バンキングといった顧客インターフェースだけに限らない。負荷の高い仕事のほとんどはバックエンドで行われており、当行はここ数年の間、技術的なインフラの再構築に取り組んできた。今日では、サービスとＡＰＩで共通のプラットフォームを有しているため、優れたテクノロジーを統合し、フロントエンドへの迅速な移行が可能である。今後は、常に実験を行い、自動的に拡張し、新しい機能を迅速に市場に投入できることで知られるグローバルなテクノロジー企業の手法を採用していく。彼らと同じように、マイクロサービスとクラウド技術の採用を進めている。

当行は自分たちをデジタル化するために時間と資源を投入してきたが、多くの分野で目にみえる成果が得られている。

- より多くの顧客に到達し、獲得を増やした。２０１６年には、富裕層の顧客の25％とシンガポールの中小企業の顧客の60％以上がデジタルチャネルを通じて獲得された。インドでは、当行が個人向け金融の分野への参入を図る画期的な提案として、同国初のモバイル専用銀行であるデジバンクを立ち上げた。この銀行はわずか10カ月で84万人以上の顧客を獲得した。
- 銀行の効率性を改善した。デジタル化による生産性の向上もあり、コスト・インカム・レシオ（収入に対する経費の比率）が前期比で2ポイント改善し43％となった。特に、手作業の工程が少なくなったことで、銀行は同程度のリソースでより多くの業務量を行えるようになった。たとえば、インドのデジバンクは、立上げに必要なリソースが従来の銀行の5分の1であった。
- 分析の力を活用した。当行は、さまざまな目的のために分析を行ってきた。たとえば、顧客への状況に応じた提案やアドバイスの提供、ＡＴＭのダウンタイムの削減、不正取引を予測と防止、従業員の減少などである。当行のデジタル変革は、アジアのみならず世界的に外部から評価を獲得している。ユーロマネー誌のWorld's Best Digital Bankに選ばれ、Efma Accenture Innovation Awardsではデジタル配信において世界最高の評価を受けた。

デジタル化と戦略的なコスト管理によって生産性が向上し、コスト・インカム・レシオは45％から

43%に改善した。より低い単価でのデジタルな顧客獲得が大幅に増加した。また、従来のチャネルと比べてサービス提供にかかるコストを抑えたデジタルチャネルにおいて、より多くの取引と契約が行われるように推進した。また、ミドル・バックオフィス業務の増加に伴い、手作業や事務処理の削減と省力化を図るなど、業務の自動化を進めた。これによって、より少ないリソースでより多くのビジネスを回せるようになり、ボトムラインが改善され、営業レバレッジが向上した。

2017年

真にデジタルになるためには、銀行のフロントエンドからバックエンドまで完全に変革する必要がある。成功するためには、人とスキルのそれぞれに投資をし、バックエンドの技術インフラをクラウドネイティブに再構築して、リリース時間を短縮するシステムと手順を整備しなければならない。

デジタル化は、本年の顧客フランチャイズの成長のおもな要因となった。デジタル化が業績を向上させる主な理由は2つある。第一に、顧客を登録してサービスを提供するためのコストが削減される。デジタル・プラットフォームで行われた取引の限界費用は、顧客担当や営業担当を必要とする従来の方法よりも大幅に低くなる。第二に、デジタル・プラットフォームが提供する利便性、使いやすさ、取引の即時性は、顧客との良好な関係性を維持することにつながる。その結果、デジタルな顧客はデジタルではない顧客の何倍もの取引を行うことになり、顧客の財布を当行のあらゆる商品が占める割合は高まる。また、顧客との関係性がより良好な状態で維持できているほど、時間が経つにつれて、デジタル顧客による収入の伸びは速くなっていく。

デジタル化の影響が最も顕著なシンガポールと香港における消費者向けと中小企業向けの事業では、２０１７年にはデジタル顧客は全体の42％であったが、これらの顧客は総収入の63％、引当金繰入前利益の72％をもたらした。デジタルでつながっている顧客の自己資本利益率（ＲＯＥ）は27％であり、従来の顧客よりも9ポイント高い結果となった。

当行は、デジタル化によって生み出される金銭的な価値を測定する方法を開発した唯一の銀行であると信じている。１つの測定値のみを管理すればよいため、顧客のデジタル行動を促す効果的なビジネスプランを策定することができた。その目的は、顧客がインターネット上で簡単に登録して取引できるようにすることである。デジタルな顧客の割合は、２０１５年から9％上昇し、現在では42％となっており、グループのコスト・インカム・レシオの改善に貢献している。

銀行がデジタル化への取組みの進捗状況を示そうとするとき、経営指標を誇示しがちである。しかし、デジタル化の収益への影響は不明確だ。当行は、デジタル化による財務的影響を測定する方法論を開発した最初の銀行であると考えている。この方法論を3年間にわたって検証してきており、今後も毎年更新していく予定だ。

収益測定は、デジタル化の影響が最も明確に現れているシンガポールと香港の消費者および中小企業を対象にしている。これらの事業は現在、グループ全体の44％を占めており、5年後には50％に増える可能性がある。

これらのビジネスの顧客は、当行との取引の方法に基づいて、デジタルと従来型の2つのセグメントに分類される。デジタル顧客とは、デジタルチャネルを使用して商品を購入したか、金融取引の半分以上、または、非金融取引の半分以上を12カ月間にわたってデジタルチャネルで行うことで顧客セグメントが格上げされた顧客のことである。それを継続しない顧客は、従来型のセグメントに戻る。

デジタル顧客は、2017年には全体の42％を占めていたが、総収入の63％、引当金繰入前利益の72％を生み出した。2015年以降、デジタルな顧客からの収入は年平均成長率（CAGR）27％で増加しているが、従来型の顧客では4％で減少している。2017年のデジタル顧客の自己資本利益率（ROE）は27％で、従来型の顧客よりも9％高かった。

デジタル化の財務指標が優れている理由は2つある。第一に、デジタルチャネルが使われるたびに、顧客を獲得しサービスを提供するコストは低くなる。顧客がますますデジタルな行動をとるようになれば、顧客をサポートするために支店のような物理的なインフラに依存しなくてすむようになる。これにより、長期的に企業のコストを最適化できる。これらのすべては、顧客から得られる収入のより多くが、直接利益に貢献することを意味する。

第二に、デジタルな消費者と中小企業の顧客は、1人当りの収入が従来型で同種の顧客の2倍である。これは、デジタル化によって顧客とより良好な関係を維持でき、顧客の財布における当行サービスのシェアを高めるからだ。顧客とのより深い関係は、複数の商品にまたがる広範囲なものであり、何年にもわたって続く。

また、従来の顧客がデジタルな行動を採用すると、彼らはより積極的になり、当行とより多くの取引をするようになることもわかってきた。これによって、デジタル化が顧客との結びつきを向上させることを裏付ける証拠を得た。

2018年

真にデジタルになるためには、銀行のフロントエンドからバックエンドまで完全に変革して、より機敏で迅速な市場投入を可能とする必要がある。成功するためには、バックエンドの技術インフラをクラウドネイティブに再構築し、エコシステムにおける協業を通じてスケーラビリティを実現し、ビジネスとテクノロジーの連携を改善し、データを最大限に活用しなければならない。これは順調に進んでいる。２０１７年にはオープン・システムの66％がクラウドに対応していたが、２０１８年末には80％を超えた。クラウドネイティブなアプリは、約2倍に増加して60個以上になっている。自動化が進んだことによって、市場における新しいアプリケーションのリリース頻度は10倍近くに増え、大規模なテクノロジー企業とほぼ同じように、継続的な学習、テストの繰り返しが可能になった。

２０１７年には、世界最大の銀行向けＡＰＩプラットフォームを立ち上げた。年間を通じて、このプラットフォームを強化し、いまでは３５０個以上のＡＰＩをもち、サードパーティーのブランドが当行の技術を統合して銀行業務をよりシンプルにすることを可能にした。これにより、エコシステム計画を加速させることができた。デジタルが普及すると、テクノロジーはビジネスとなり、ビジネスはテクノロジーとなる。このことを認識したうえで、当行はもはや、技術を支援機能としてとらえてはいない。ビジネスチームと技術チームが33個のプラットフォームにおいて共同で推進し、共通の目標と重要な評価指標を達成するために協力し合うように組織編成を変えた。データに関しては、卓越した分析センターを設立し、1万人以上の従業員をデータ駆動型のカリキュラムで訓練し、責任をもってデータを利用する枠組みをつくりあげた。

当行は、デジタル・バンキングについて明確に発言する力を示しており、あらゆるビジネスラインとすべての年齢階層に浸透する起業家精神と技術主導の文化を長らく定着させてきた。

当行は過去3年間で二度もWorld's Best Digital Bankに選ばれたので、ある程度は正しく進められたと思ってよいだろう。おそらく当行の最も重要な業績は、デジタル変革には技術と一緒に文化を変えるために、ハードウェアとハートウェアの両方が必要であることを認識したことだ。

当行の技術の旅は２００９年に始まり、強靭化と標準化を生み出す技術への投資を増やした。ネットワークをアップグレードし運用待機型の、アクティブ／アクティブなシステム構成に移行し、ほとんどの国と商品で共通のアプリケーションスタックを導入した。２０１４年には、ハードウェアとソフトウェアの両方がクラウドに対応できるようにシステムを再構築し、次の大きな飛躍に備えることができた。5年が経ち、まだ完成には程遠いものの、当行は非常に大きな進歩を遂げたと感じている。

シンガポールと香港では、個人向けおよび中小企業向け事業のデジタル化が進み、２０１５年以降にはコスト・インカム・レシオが徐々に改善し、その成果が本格的に見え始めた。デジタル顧客は、２０１５年には全体の33％であったのが、２０１８年には48％に増加した。デジタル顧客のコスト・インカム・レシオが、従来型の顧客の54％に比べて34％と大幅に低くなっているため、デジタル顧客の割合が増加することにより、純資金利鞘による変化を除くと、これらの事業のコスト・インカム・レシオは年間1ポイントずつ低下している。これらの事業がグループのほぼ半分を占めているため、デジタル化によってグループ全体のコスト・インカム・レシオは年間０・５ポイントずつ低下していることになる。

当行がデジタル化にこだわり続けているのは、銀行を目にみえないものにして、顧客がより多くの人生を、もっと手間をかけずに楽しむことができるようにしたいという思いがあるからである。顧客のニーズをシームレスに満たすために、複数のエコシステムパートナーシップを構築した。この目的のため、ゴジェック、カルーセル、システィック、ビッグバスケットなどの業界大手企業と戦略的に提携している。

シンガポールでは、自動車、不動産、電力小売業者のリストを掲載したマーケットプレイスをウェブサイト上に開設。また、ＤＢＳライフスタイルアプリ内にインスタ・リワード（Ｉｎｓｔａ Ｒｅｗａｒｄｓ）機能を導入し、顧客が商品購入の際にＤＢＳリワードポイントを利用できるようにした。「ＤＢＳペイラー！」は、依然としてシンガポールを代表するモバイルウォレットで、アカウント数は１００万を超えており、ゴールデンヴィレッジ、チャブ保険、チャウプなどのパートナーをプラットフォームに統合している。シンガポールで初めて、複数通貨によるシームレスなオンライン決済を可能にした。インターネット上で資産運用を行える機能を導入し、ファンドの購入と償還や、顧客のリスク特性に応じたファンドやユニット信託とのマッチングが可能となった。47カ国で即日送金サービスを提供するＤＢＳレミットは、シンガポールで堅調な成長を記録し、香港でもサービスを開始した。

東南アジア初の銀行主導の個人向けチャットボットであるＦｏｏｄｓｔｅｒとともにチャット・バンキングに進出した。スタートアップ企業のＥｖｅｒｙ Ｂｏｔｔｙと提携してリリースしたＦｏｏｄｓｔｅｒでは、顧客はフェイスブック・メッセンジャーとＤＢＳ銀行の決済チャネルを通じて、シームレスに食事の注文と支払ができる。香港では、カードのオンボーディングに関する革新的なカスタマージャーニーを開始した。顧客は、携帯電話を使って数分でクレジットカードを承認され利用を始めることができ、同時に、当行のクレジットカードのコンパニオンアプリであるＤＢＳオムニにアクセスできる。台湾では、「ＤＢＳカードプラス」アプリをリリースし、20万人以上のユーザーを獲得した。デジタルなオンボーディング機能を強化し、インターネット上で数分のうちにクレジットカードを申込みするための口座を開設できるようにした。

ＩＮＧ

私はＩＮＧを長年よく知っており、特に２００８年にＩＮＧ Ｄｉｒｅｃｔの米国支社元ＣＥＯ・会長であったアルカディ・クールマン氏のコメントには注目した。彼は次のように述べている。

「私たちは銀行員を採用していません。彼らは銀行員ＤＮＡをもっており、レガシーを抱え込んでいるので適合しないのです。かわりにダンサーやミュージシャンやアーティストを雇っています。このような人々は素晴らしく異なった体験をもたらしてくれます」（注２）

ＩＮＧ銀行は違う。ほかの銀行とのおもな違いは、ＩＮＧ銀行がデジタル優先で店舗をもたずに銀行業務を行うことをベースに、グローバルに成功するビジネ

図7.4　INGのロゴやエンブレム、マスコットに象徴として使われるライオンと一緒に

スモデルを発展させたことだ。このモデルは、店舗と行員に頼っていては、国内の銀行業務能力を海外で生かすことは決してできないという信念に基づいたものである。そして、この信念は２００８年の国際金融危機以降、海外での銀行ブランドの拡大と、国内での変革における鍵となってきた。経営陣は銀行の再編と再建を行い、何千人もの従業員を解雇し、デジタル化と顧客優先を重視した。その戦略はうまくいっているようだ。

さらに詳しい背景を知るために、年次報告書からいくつか重要なポイントをあげておく。

2013年

情報技術（ＩＴ）は、銀行業界と保険業界における顧客とのかかわり方を大きく変えてきた。特に銀行業務において、モバイルとダイレクトチャネル全般は、流通において大きな影響をもつ。技術の革新的な活用は、優れた顧客体験を創出するうえでますます重要になってきており、ＩＮＧが事業を行ううえでますます重要な役割を果たすようになっていくだろう。革新的な技術に継続的に投資し、優れたＩＴスキルを開発し、すべての業務において顧客の関心を最優先することにより、ＩＮＧは金融サービスのリーディングカンパニーとしての地位を確立することを目指している。

銀行分野では、ＩＮＧは「ＩＴの力を活用し、６つの戦略的な柱を通じて、顧客に価値を提供する」という新たなＩＴ戦略を発表した。この戦略は機敏性、効率性、共同性によって、信頼、安全、顧客中心のような顧客ニーズを満たすことを目的としている。この新しい戦略は、技術と革新がＩＮＧの将来において重要な役割を果たすというＩＮＧ銀行のビジョンに沿ったものだ。

ＩＮＧは、さまざまな国やビジネスユニットにまたがるアプリケーションの複製やソリューションの再利用能力をさらに強化することを目指している。この例としては、国境を越えて知識、応用、専門性を共有することで開発されたレスポンシブデザインウェブサイト（どのデバイスで顧客がアクセスしても、サイトのコンテンツがスクリーンサイズに完全にあう）の作成があげられる。

ＩＮＧの目的は変化する顧客のニーズに迅速かつ効率的に対応することであるため、ＩＴ部門は引き続き、組織全体の基本原則として、アジャイルな作業方法の浸透に取り組み続けている。また、ＩＴ部門はＩＴプロセスの自動化を可能な限りさらに進めていく予定である。その結果、商品やサービスがより迅速かつ低コストで市場に投入できるはずである。

2014年

ここ数年、リテール・バンキング部門は、従来の金融モデルをデジタル化しようと取り組んできた。

顧客はますます自律的になってきている。デジタル優先での提供により、透明性の高い商品、公正な価格設定、優れたプロセスを低コストで実現できるようになった。

商品の革新と流通チャネル、特にデジタルチャネルにより、ＩＮＧでの銀行取引がより容易に、より利用しやすくなっている。顧客に簡単でわかりやすい商品やツール、アドバイスを提供することで、顧客は金融に関する意思決定をより適切に行えるようになる。

個人、中小企業、中堅企業といった顧客は私たちのリテール事業の中心だ。顧客は家を購入するとき、退職後のために貯蓄するとき、子どもの教育のために貯蓄するときなど、生涯を通じて金融に関する意思決定をより適切に行うために、簡単で透明性の高い商品、ツール、アドバイスを求めている。当社は、モバイル、インターネット、コールセンター、対面での提供を革新的に行っている。

ハイライト：当社の事業変革プログラムは、クライアントサービス、標準化された商品およびチャネルの調和を実現し、モバイルおよびオンライン機能を改善して、顧客体験を大幅に向上させることを目的としている。

２０１５年

２０１５年、銀行業界に影響を及ぼす破壊的変革のペースがさらに加速した。容易にアクセス可能なデジタルサービスを基盤とした新しいビジネスモデルは、銀行の収益源を脅かしている。彼らは、価格優位性ではなく、優れた顧客体験の提供に焦点を当てており、銀行が成功するためにはこの点に重点的に取り組む必要がある。

消費者のニーズは多様化しているため、急速にデジタルサービスに目を向けている。デジタルリーダー企業での顧客体験をもとに、彼らの期待値は形成されている。ＩＮＧの場合、リテール顧客の90%近くが現在、取引にデジタルチャネルを利用しており、70%弱はデジタルチャネルのみを利用している。そのため、たとえばデジタルでの新規顧客獲得や一気通貫のモバイル販売プロセスなど、デジタル上の接点を明確かつ容易にすることがますます重要になっている。

外部環境におけるあらゆるこれらの進展によって、デジタルリーダーシップに基づいて差別化された顧客体験を創造する私たちの戦略が、正しい軌道に乗っていることを確認できたともいえる。

２０１５年には、「一歩先を行く」戦略に基づき、顧客の生活を豊かにし、差別化された顧客体験を提供できるようにした。これには、顧客が健全な金融に関する意思決定を行えるよう支援するため、簡単で24時間３６５日のアクセス、簡単な商品やサービス、ツールに基づいた、デジタル上の顧客体験におけるリーダーであることも含まれる。

また、革新的な決済サービスを導入し、デジタルチャネルに新機能を導入することで顧客体験を差別化した。そうすることで、私たちはより深い関係を構築でき、そのことは顧客やニーズをよりよく理解し、それぞれにあわせたサービスを提供できるようにする。

運用費用は64億３０００万ユーロであり、２０１４年の64億５６００万ユーロと比較してやや減少した。うち３億４９００万ユーロは、おもにオランダにおける銀行サービスのさらなるデジタル化に関連した余剰従業員に対する引当金であった。

2016年

ほとんどの市場で、ＩＮＧは決済や貯蓄、投資、有担保ローン、無担保ローンをカバーするリテール向けフルバンキング・サービスを提供している。ＩＮＧはデジタル優先アプローチを追求し、必要に応じたオムニチャネルでの顧客対応とサービス提供可能性もふまえてアドバイスを行う。

リテール・バンキングでは、明確かつ簡単で、いつでもどこでも顧客体験ができるデジタル優先アプローチを引き続き推進した。メイン取引先数の増加による増収についても進展があった。

「いつでもどこでも利用可能」な、「明確かつ簡単」なサービスを提供し、顧客に「よりよいサービスを提供」することを私たちは約束する。顧客が適切な金融の意思決定を下すことをサポートするためにアクセスの簡易化、製品やサービスの簡素化、ツールの提供を推進し、デジタル上での顧客体験におけるリーダーを目指す。

テクノロジーによって、金融サービス市場への参入障壁が下がった結果として、伝統的な銀行が十分なサービスを提供できていない分野をターゲットにした新規参入者が続出している。さらに、新しい規制によって欧州の決済市場がノンバンクに開放され、ユーザーが1つのアプリでソーシャルメディア、オンライン購入、サービス、決済のすべてにアクセスできるようになるデジタルエコシステムが発展しつつある。これらの発展に遅れをとらずデジタル・バンキングでのリーダーの地位を維持するためには、オンライン上でのデジタル体験において、ほかのリーダー企業に劣らない顧客体験、つまり瞬時に個人最適化された摩擦のない顧客体験を提供する必要がある。

私たちはまた、サードパーティーから提供されるソリューションを顧客のために導入することを考えている。そして、オンラインのとき顧客に気づいてもらえるように、当社のデジタルエコシステムを適切なサードパーティーのデジタルエコシステムに結びつけることも考えている。

２０１６年、当社は、多様な銀行業務の仕組みを1つに統合させる意向を発表した。すべての顧客の金融ニーズに対応し、新しい適切なオファーによって顧客体験を向上させるための統合デジタル・プラットフォームを立ち上げるためである。そのような変革によって、私たちの事業の将来の土台は頑健なものになるはずである。

２０１６年10月3日のＩＮＧインベスター・デイに発表されたように、統合デジタル・バンキング・プラットフォームは開発の途上であり、7億８７００万ユーロはそのデジタル変革プログラムに関連している。

２０１７年

デジタル化によって、人々がサービス提供者とやりとりする方法も、顧客としての期待もますます大きく変化している。

顧客の期待は、アマゾン、アップル、フェイスブック、グーグルのようなデジタル・プラットフォームによって提供される、個人最適化された、即時的、適切かつシームレスな体験によって形成されている。これらのリーダー企業が提供するプラットフォームによって、お互いがつながり、ビジネス同士もつながっており、人々はより多くの時間をそのプラットフォーム上で過ごしている。

当社は、関連するサードパーティー製品の提供を含め、あらゆる顧客の金融ニーズに応える、信頼できるオープンなプラットフォームを目指している。ほかのデジタルエコシステムに統合できるので、顧客やほかのユーザーがオンラインでの金融アドバイスやサービスを必要としている場合に、彼らがどこにいても対応できるプラットフォームである。

2018年

素晴らしいデジタル体験をもたらすモバイル最優先のデジタル時代。商品は差別化できず、コモディティ化されていく。人々は、消費者であろうとビジネスの専門家であろうと、さまざまなニーズを満たしてくれる好みのデジタル・プラットフォーム上で過ごす時間がますます増えていく。未来の銀行は、これらのプラットフォーム上に存在するか、あるいは自身がプラットフォームになるかである。後者として成功するためには、顧客への価値提供に支えられた強固なブランドが必要だ。

このようなプラットフォーム化を追求するために、私たちはＩＮＧを変革している。目標は、統一されたボーダーレスな顧客体験が提供可能な、容易に拡張可能な国際的なプラットフォームを創造し、それによって低コストで迅速に成長できるようにすることだ。オープン・バンキングや関連したサードパーティーのサービスを提供する準備をし、ほかのデジタル・プラットフォームとの接続を可能にし、データインサイトを顧客の利益に還元する高度な分析機能を備えるべきである。

顧客の期待を変化させるデジタルの破壊的変革が進んでいるため、他社から抜きんでる新たな方法を探している。２０１８年を振り返ると、モバイルとデジタルアクセスを含む多くの分野で革新的なソリューションを提供してきた。これにより、金融サービスをいつでもどこでも簡単に、迅速に利用可能として顧客の生活を豊かにし続けてきた。

いまや顧客との接点の97％がデジタルとなり、モバイル機器経由の割合が増加している。顧客の選択したチャネルを通じて統一、かつ差別化された顧客体験を可能にするために、デジタルアドバイザーや予測ツールといった革新的な取組みを強化し続けた。私たちは、さまざまなリテール市場における強みを融合させ、デジタル・バンキングのプラットフォームを共有化していく。だからこそ、私たちは顧客と関係性をもつ新しい方法を探さなければならない。オープン・バンキングは、この点でよい機会である。他社との提携や独自のデジタル・プラットフォームの開発により、銀行取引を超えた新たな補完的サービスを顧客に提供することができ、ＩＮＧの新たな収益源を創出する。

重要なマイルストーンは、顧客のために世界に展開できるデジタル・プラットフォームの創造や、さらなる商品・サービスのデジタル化に向けた施策である。私たちは、急速に成長している電子取引業界で事業顧客へのサービスを拡大するために、決済サービスプロバイダＰａｙｖｉｓｉｏｎの株式の過半数を取得した。また、当社は保険会社のＡＸＡと提携して、「生活」「モビリティ」「ウェルネス」分野のサービスを提供するＩＮＧモバイル・バンキング・アプリを介してアクセス可能な、多くの市場のリテール顧客向けのデジタル保険プラットフォームを構築した。

ＪＰモルガン・チェース

ＪＰモルガン・チェースに私が注目したのは、かつて２００４年にジェイミー・ダイモン氏がＣＥＯを務めるバンク・ワンと合併した時だった。ダイモン氏は合併後グループのＣＥＯに就任し、最初に行った決断はＩＢＭとの大規模なアウトソーシング契約の破棄であった。この決断の理由は何だったのであろうか。ＪＰモルガン・チェースの元ＣＩＯであるオースティン・アダムス氏がジェイミー・ダイモン氏のかわりに答えてくれた。「テクノロジー・インフラを自らで管理することが、当社および株主の長期的な成長と成功に最適であると考えています」（注３）。それ以来、ダイモン氏は一貫して技術が競争における差別化要因であると述べ続け、２０１０年代のデジタル変革の主要な推進者となった。

図7.5　ニューヨークのJPモルガン・チェースにて

２０１４年のＪＰモルガン・チェースのインベスター・デイにおいて、ダイモン氏は「私がシリコンバレーに行くと（中略）みながわれわれのランチをねらっています。だれもが挑戦しにくることになるでしょう」（注4）と述べた。

そして、ダイモン氏は２０１５年の株主向けの年次ニュースレターで、銀行業界がシリコンバレーと正面から競争することになるだろうと明記している。そのニュースレターで、彼は「多くの人材と資金をもった何百ものスタートアップが従来の銀行にかわるさまざまなビジネスに取り組んでいます」とし、「よくあげられる領域は貸出業務でしょう。ビッグデータを利用して与信業務を強化することで、個人や中小企業に迅速かつ効果的に貸し出すことができるようになる、と彼らは思っています」と述べた。そして、「銀行であれば数週間かかるかもしれないローンをスタートアップは数分で組むことができるといった、顧客の悩みの種を減らすことに長けています」という理由で、懸念を示している（注5）。

それ以来、ＪＰモルガン・チェースはシリコンバレーの貸金企業から多くの開発者を引き入れ、イノベーションに数十億ドルを投資してきた。

２０１８年にテクノロジーに充てられた予算は１１０億ドルにものぼり、そのうちの約3分の1がイノベーションと新規事業に充てられた（注6）。その結果、ＪＰモルガン・チェースがどのようにＡＩを用いて時間とコストを削減しているか、どのように内部の手形交換と決済のための自行のデジタル通貨に投資してきたか、どのようにブロックチェーン技術を使った高速の国際間処理を実現してきたか、どのようにクラウドを適用し、アジャイルサービスに移行してきたか、等々さまざまなニュースを毎日見聞きするようになった。だからこそ、ＪＰモルガン・チェースが取り組んでいることを無視することはできず、本書で触れないわけにはいかなかった。

さらに詳しい背景を知るために、年次報告書からいくつかの重要な記述をあげておく。

2013年

ゴードン・スミス氏　コンシューマー&コミュニティ・バンキングCEO

「テクノロジーは金融ビジネスを急速に変化させており、消費者のデジタルおよびモバイルチャネルの利用率には目を見張るばかりです。わずか3年ほどで、セルフサービス・チャネルによる顧客預金は38％から53％に上昇しました。アクティブなモバイル顧客数は2010年から3倍以上に増えています」

マット・ゼムス氏　最高執行責任者（COO）

「テクノロジーは、当社のあらゆる点において不可欠なものであり、顧客に対する価値提供の中核となっています。過去5年間、当社は世界レベルの技術力をつけるために年間収益の8～9％を投資してきました。これは会社としての最も大きな投資の1つです。テクノロジーは、われわれのビジネスの成長を可能にし、世界中でのオペレーションをサポートし、強力な管理機能と規制対応を可能にし、生産性と効率性を向上させてくれますが、最も重要なことは、顧客資産の安全を守ってくれるのです」

「われわれはサイバーセキュリティへの投資をほぼ倍増し、監視技術や保全技術を展開してきました。そして、顧客や社員を守ることに重点を置き、サイバーセキュリティの専門家の採用を拡大してきました」

「２０１４年に向けて、テクノロジーへの信頼は拡大し続けるでしょう。ＩＴは、新しい世界規模の金融アーキテクチャに適応し、規制に対応するための中核となるはずです」

２０１４年

ＪＰモルガン・チェースは6年連続で、年間収益の8～9％をグローバルな技術力とデジタル・イノベーションに投資している。

ゴードン・スミス氏　コンシューマー＆コミュニティ・バンキングＣＥＯ

「デジタルは金融業界を変えつつあり、当社のデジタルサービスの顧客利用率も大幅に増加しています。Ｃｈａｓｅ ｍｏｂｉｌｅのアクティブユーザー数は２０１１年の８２０万人から２０１４年には１９１０万人に増加しました。２０１４年には、平均して1日当り約1万８０００人の新規モバイルユーザーを獲得しました。簡単にいえば、当社はデジタルに精通した顧客に選ばれる銀行になりたいと考えています。デジタル化は、素晴らしい顧客体験の実現のコアとなるでしょう。私たちは日常的な預金からクレジットカードの申込み、ポイント還元、住宅ローンの申込管理まで、すべてのサービスをデジタル化しています。以下にデジタルサービスがわずか1年で急速に成長したことを示すいくつかの指標を紹介します。

・モバイルアプリユーザー1900万人（20%増）
・Mobile Quick Deposit^{SM} 取引件数4500万件（25%増）
・Mobile Chase QuickPay^{SM} 取引件数3000万件（80%増）
・Mobile Bill Pay 取引件数6000万件（30%増）
・Chase ATM 経由の預金2億件（10%増）」

マット・ゼムス氏　最高執行責任者（COO）

「2015年も引き続き、店舗の自動化・効率化、電子取引プラットフォームの拡充、資産管理アドバイザープラットフォームの立上げ、新たな商業用不動産ローン組成システムの導入などを推進していきます」

２０１５年

ゴードン・スミス氏　コンシューマー&コミュニティ・バンキングＣＥＯ

「デジタルは私たちが提供する顧客体験のコアとなっています。デジタル志向の顧客は、Ｃｈａｓｅに満足されており、長いお付き合いになることがわかっています。２０１２年以降、これまで店舗で行われていた約1億件の取引が、より高速で簡単なデジタルチャネルに移行しており、２０１５年に開設された３７０万件の新規当座預金のうち、ほぼ60%がミレニアル世代のものですが、Ｃｈａｓｅを選択いただいているのはデジタル能力を理由とされることが多いのです。

ミレニアル世代がデジタル世代であることは明らかですが、調査によると、全消費者の約60%がメインバンクの変更に際してモバイル・バンキングを重要な、またはきわめて重要な要素として評価しています。実際、コンシューマー・バンキングの新規顧客のうち、６カ月後にモバイル・バンキングを積極的に利用しているのは65%で、２０１４年の53%から増加しているのです」

マット・ゼムス氏　最高執行責任者（ＣＯＯ）

「われわれは90億ドルを超える額をテクノロジーに費やしています。重要なのは、そのうち30%が将来のための新規投資に充てられていることです。現在、プログラマーやアナリスト、システムエンジニア、アプリケーションデザイナーなど、４万人以上の技術者が働いています。さらに、31のデータセンターや、世界中の６万７０００台の物理サーバ、２万７９２０のデータベース、すべてのクライアントがスムーズに使うことのできるグローバルネットワークなどのリソースを稼働しています」

「成長しているグループの1つにはデジタルグループがあり、製品やプラットフォームのデザインとイノベーションに関する４００人の専門家を有しています。さらに、デジタルテクノロジー組織は、フレームワーク、開発、アーキテクチャなどのデジタルソリューションを提供する１２００人の技術者を有しています」

「われわれは、顧客ビジネスすべてにわたって差別化されたデジタル体験を提供することに重点を置いています。たとえば、私たちはモバイルアプリのアカウントのプレビューとチェック表示に新しい機能を追加し、より簡単なナビゲーションとよりパーソナライズされたサービスを提供できるようchase.comを再設計しました。いつでも、スマートフォンやパソコン、ほかのデバイスで当社とやりとりすることが容易になるのです。われわれは２３００万人ものＣｈａｓｅ Ｍｏｂｉｌｅのアクティブユーザーを有しており、前年比20%増でした」

「フィンテックの登場によって、金融機関がより迅速に行動しなければならなくなることには疑いの余地がありません。そして銀行、規制当局、政府の政策はそれに歩調をあわせる必要があります。サービスはより早く展開され、より多くのサービスがモバイルデバイス上で実行されるようになるでしょう。フィンテックは、顧客によりシンプルで安価なサービスを提供することに長けており、従来よりも低所得の人々が米国内外の銀行システムに参加してくるようになるはずです」

「テクノロジーは当社の生命線であり、顧客・クライアントが価値を認め信頼を置く安全な商品、プラットフォーム、サービスの提供を可能にしています。当社では約4000万のデジタル顧客を有し、年間1兆ドルの商取引を処理しており、毎日5兆ドルの支払を処理し、1兆5000億ドルの証券を取引して決済しています。テクノロジーは、すべての事業において将来の成長を推進するために不可欠なコア・コンピタンスであり、重要な差別化要因であると考えています」

2016年

ジェイミー・ダイモン氏　会長兼CEO

「私たちが企業として成功している理由の1つは、テクノロジーへの投資を継続しているからです。このことが変わることは決してありません。2016年には、全社規模で95億ドル以上の技術投資を行いましたが、そのうち約30億ドルが新たな取組みに充てられています。このうち、約6億ドルを先端的なフィンテック・ソリューションに充てており、そのなかには、デジタルサービスやモバイルサービスの構築と改善、フィンテック企業との提携などが含まれます。私たちがテクノロジー（デジタル、ビッグデータ、機械学習）に多大な投資をする理由は非常に単純です。より優れた、より速い、そして場合によってはより安価な商品・サービスによって顧客の利便性を高め、ミスを減らし、会社をより効率的にすることです」

ゴードン・スミス氏　コンシューマー&コミュニティ・バンキングＣＥＯ

「チェースは金融業界のデジタル領域を先導していると自信をもっていえます。私たちは、モバイル・バンキング・アプリで1位、ＡＴＭネットワークでも1位、米国で最も多く利用されているバンキングポータルでも1位ですが、これは非常に重要です。なぜなら、徐々にデジタルが、チェースを選ぶ理由の1つとなっているからです。顧客にとって、銀行は時々利用する場所から、私たちと毎日デジタルでつながるものになっています。現在、２６００万人以上の顧客が当社のモバイルアプリを利用しています。デジタルは顧客のロイヤルティを大きく向上させるものでもあります。当行のデジタルチャネルを利用している世帯は、利用していない世帯に比べて、クレジットやデビットでの支出が90%以上多いのです。デジタルでつながる顧客は、満足度が高く、離脱率が低く、支出が多く、取引コストが低いのです。デジタル化とテクノロジーの高度化は最優先課題ですが、一方で、金融業界の最新テクノロジーにも注目しています。なぜなら、多くの新興フィンテック企業は顧客体験をストレスのないものにする方法を実用化しつつあるからです。私たちの会ったフィンテック企業はＣｈａｓｅブランドを非常に尊敬しており、当社の規模とサービス提供範囲をうらやましがっています。そのソリューションで顧客体験をすぐに向上できるのなら、私たちは彼らと提携します」

２０１７年

ジェイミー・ダイモン氏　会長兼ＣＥＯ

「当社はデータサイエンティストや、科学、テクノロジー、エンジニアリング、数学の修士号や博士号をもつ数千人の社員を有しています。５万人近くがテクノロジーに携わっており、うち３万１０００人以上が開発とエンジニアリングに、２５００人以上がデジタルテクノロジーに従事しています。これらの有能な社員は、会社全体の変革を推進していると考えてほしいのです」

「人工知能、ビッグデータ、機械学習によって、私たちは会社全体のリスクと不正を減らし、サービスを向上し、与信業務を改善し、マーケティングを拡張することができます。しかし、これはほんの始まりにすぎません」

「当社の共有テクノロジー・インフラストラクチャ（ネットワーク、データセンター、パブリック／プライベート・クラウド）により、コストが削減され、効率性が向上し、すべてのビジネスの生産性が向上します。さらに、独自のソフトウェアをもっている企業が希望すれば、このインフラのうえで簡単に統合して、当社の商品やサービスへアクセスが可能になるのです。それを実現するために、共通のＪＰモルガン・チェース ＡＰＩ（アプリケーション・プログラミング・インターフェース）ストアを提供し、顧客が簡単で安全な決済ができるソフトウェアを追加できることを目指しています。個人顧客と大企業の両方を対象として、顧客獲得からアイデアの創造まで、あらゆるものをデジタル化しています」

ゴードン・スミス氏　コンシューマー&コミュニティ・バンキングCEO

「当社のアクティブなデジタル顧客は４７００万人に増加し、そのうちの３０００万人がモバイル上でアクティブであり、金融業界では最大です」

ダグラス・ペント氏　コマーシャル・バンキングCEO

「２０１７年、当部門はコンシューマー&コミュニティ・バンキング部門と協働し、中小企業のニーズにあわせてカスタマイズされた新たなデジタル・プラットフォームＣｈａｓｅ Ｃｏｎｎｅｃｔを立ち上げました。このプラットフォームは、口座情報、買掛金、売掛金を統合し、シンプルで便利な顧客体験を提供できます。Ｃｈａｓｅ Ｃｏｎｎｅｃｔを使用すると、クライアントはすべてのアカウントを一括管理でき、請求書の支払を整理することができ、支払履歴を表示し、１つの場所から迅速かつ容易に取引を承認し、カスタマイズされた口座に関する通知を受け取ることができます。顧客最適な統合デジタル機能を提供することに重点を置いており、この堅牢なプラットフォームの機能強化に引き続き投資していくつもりです」

２０１８年

ジェイミー・ダイモン氏　会長兼ＣＥＯ

「私たちにもできたはずだったのに実際にはできなかったことをＳｑｕａｒｅやＰａｙＰａｌのような企業がやり遂げたということを認めなければなりません。彼らは顧客の課題をよく観察して、処理を素直に改善し、データと分析の結果を商品に反映させ、迅速に行動したのです。最近、私たちは人工知能（ＡＩ）やフィンテックでどんなことが成し遂げられているのかを探るため、中国に当社の経営陣から１名を派遣しました。中国が成し遂げた発展には驚かされると同時に少し心配にならざるをえません。ただその結果、当社の経営陣は迅速に行動しなければならないとの思いをよりいっそう強くしました。いまの業績がどうであれ、その栄光にすがっているわけにはいかないのです」

「当社はクラウドの導入が少し遅く、それは私の責任でもあります。当初私は、クラウドが単なるアウトソーシングを意味しているにすぎないと考えていました。私は自社のデータセンター、ネットワーク、アプリケーションをだれよりも効率的に運用できると確信していました。いまでもある程度当てはまっている部分もあります。しかし、クラウドは想像よりはるかに広範に拡張可能なものとなり、いまやわれわれは全速力で改革を進めています。いくつか例をあげてみましょう。

・　クラウドを使えば、私たちは当社の能力をはるかに超えた計算性能を、即座かつ弾力的に拡張することができます。このことは、人工知能に関する取組みを拡大する際に特に重要になるでしょう。

- クラウドプラットフォームはアジャイルで柔軟であり、当社自身のものよりもデータセットへのアクセス、高度な分析、機械学習機能を提供してくれます。開発者の効率を何倍にも高めることができるのです。新たなコードを書いて追加するのではなく、すでにあるプログラムに「ドラッグ&ドロップ」で新たな要素を追加できます。たとえば、データベースや機械学習をアプリケーションに追加する作業は、ほとんど瞬時に行うことができるようになります。また、テスト・コードや計算能力の確保といったようなタスクは自動化されます。
- このようなサービスを利用することで、新しい機能を顧客に提供するスピードが加速すると同時に、ストレスのないソフトウェア開発が可能になり、当社エンジニアがプロトタイプの作成を高速でできるようになり、より早く改善サイクルを回すことができるようになります」

「重要なのは、クラウドが成熟し、セキュリティ、監査手続、アクセスシステム、サイバーセキュリティ、ビジネスの耐障害性など非常に厳しい大企業からの高い要求に応えられるようになったということです。当社はほとんどのアプリケーションを迅速に「リファクタリング」して、クラウド・コンピューティングを最大限に活用できるようにする予定です。そうなると、アプリケーションの実行を外部クラウドと内部クラウドのどちらでするかを選択できるようになります（外部クラウドのスケーラブルで効率的なプラットフォームのメリットの多くを内部クラウドも持ち合わせています）」

「最後の、しかし重要な問題は、アジャイルなプラットフォームとクラウド機能によって、素早く物事を行えるだけでなく、組織化の方法も変えられるようになるということです。５～20人の小さなチームをつくって、数カ月ではなく数日で新しい商品やサービスを再設計し、つくりかえ、展開することができます」

「人工知能と機械学習の力は本物です。これらの技術はすでに、リスク低減、不正検知、顧客サービスのアップグレード、与信業務、企業全体のマーケティングの改善に役立っています。しかし、これは始まりにすぎません。経営陣がＡＩと機械学習の能力を理解するようになり、これらのツールは、私たちが行う事実上ほぼすべての作業に迅速に展開されます。また、マイノリティが住宅ローンをさらに利用できるようにするといった望ましい結果を出すことも、人工知能を利用して達成できます。いくつかの例をあげておきます。

・法人投資銀行部門では、ＤｅｅｐＸは機械学習を活用して、１日に１３００銘柄の取引を世界で実行するための株式アルゴリズムをサポートしています。この数はＤｅｅｐＸが新たな国に展開するごとに増加しています。

・社内のヘルプデスク、エラーの追跡、よくある問合せなどのタスクを処理するために、社内全体にバーチャルアシスタント（人工知能ロボット）を展開していく予定です。

- 消費者マーケティング部門では、たとえば、顧客の貯蓄能力や投資能力、旅行に関する趣向、もしくは顧客の好きなブランドの割引が可能かなどに基づいて、顧客をより深く知り、より適切なかたちで提案できるようになっています。
- テクノロジーソリューションによって、与信業務を改善することができます。住宅ローンや自動車ローンの審査業務が短縮され、顧客に数回のクリックでローンを契約してもらってから、住宅や車といった買い物を始めてもらうことも可能です。
- 消費者業務部門では、ＡＴＭの現金管理にＡＩと機械学習技術を使用して、ＡＴＭ内の現金の最適化、現金補充のコスト削減、およびＡＴＭメンテナンスのスケジュール設定を行っています。
- そして、まだ初期段階ですが、機械学習による不正検知アプリケーション適用によって、年間約１億５０００万ドルの利益と計り知れない効率性をもたらすと期待できます。たとえば、機械学習によって、ミリ秒単位で取引判断が自動化され、詐欺被害が大幅に減少するので、販売時点での安全性を優先させながら、よりよい顧客体験を提供するのに役立つのです。現在では、１００万人の優良顧客（詐欺の可能性があるとして断られたであろう顧客）を追加で承認するとともに、約１００万人の不正（承認されたであろう顧客）を断ることができるようになりました。機械学習では、署名、受取人名、小切手の特徴をリアルタイムで分析することで、小切手詐欺被害を削減できます。

・　今後ＡＩは、マネーロンダリング防止法／銀行秘密保護法その他の複雑なコンプライアンス要件の手順や手続を劇的に改善するでしょう」

「ＡＩによって特定のタイプの仕事がなくなっていくなかで、従業員の再訓練と再配置を試みる予定です。ＡＩによって失われる可能性が最も高いのはどの仕事かを判断するために、私たちはすべての仕事を吟味しており、社員の再訓練や社内および必要に応じて社外への配置について事前に計画を立てています。クラウドの事実上無限の計算能力、ほぼすべてのものに適用されるＡＩ、膨大なデータセットを使用して、アプリケーションを迅速に変更できる機能を組み合わせると非常に大きな変化を生むと思われますが、まだ私たちは、会社と顧客のために、取組みを始めたばかりなのです」

「新しい顧客のための口座開設体験はシンプルになりつつあります。3～5分あれば顧客は新たな預金口座をデジタル上で開設することができるようになり、２０１８年2月のサービス開始以来、約１５０万件の新規口座を獲得しました。店舗内でもこの機能を拡充しています。また、住宅ローン申込入力を新たにデジタル化して、既存顧客に対して事前に申込書を埋めてくれるＣｈａｓｅ Ｍｙ Ｈｏｍｅを発表しました。紙ベースの処理よりも20％早く、3週間以内に住宅ローンの契約を終えられます。当社はこのサービス改善に自信をもっており、返金保証対応を発表しています」

ゴードン・スミス氏　コンシューマー&コミュニティ・バンキングCEO

「私たちは常に顧客体験の向上に努めています。チェースの顧客になっていただくために、当社のあらゆる商品を迅速で容易に提供できるようにしてきました。その顧客体験は徐々にデジタル、オンライン、モバイルに移行しています。2018年には100万人以上の顧客が、決済や貯蓄用の口座をデジタル上で開設しました。既存顧客の口座の追加開設は3分以内で完了します。私たちはこれらの時間をさらに短縮しようと考えています」

注

01 数字はRelbanksの2018年世界の大銀行リストから取得。https://www.relbanks.com/worlds-top-banks/market-cap

02 クリス・スキナー「ING Direct：目的を持った反乱軍」Finanser、2008年11月21日、https://thefinanser.com/2008/11/ing-direct-rebe.html/

03 ドーン・カワモト「JPモルガン・チェース、IBMとの外注契約をキャンセル」CNET、2004年9月15日、https://www.cnet.com/news/jpmorgan-chase-cancels-ibm-outsourcing-contract/

04 マーク・デルカンブル「JPモルガンがシリコンバレーの人材に手を伸ばしている」Quartz、2014年5月8日、https://qz.com/207163/jpmorgan-is-poaching-talent-from-silicon-valley/

05 セス・フィーガーマン「米国最大の銀行のCEOはシリコンバレーとビットコインが金融を乗っ取るのではないかと懸念している」Mashable、2015年4月10日、https://mashable.com/2015/04/10/jp-morganceo-letter/

06 JPモルガン・チェースプレスリリース「110億ドルのテクノロジー投資が銀行業を根本から変える」https://www.jpmorganchase.com/corporate/news/stories/tech-investmentcould-disrupt-banking.htm

Chris Skinner

クリス・スキナー

クリス・スキナーは、自身のブログ「theFinanser.com」や、ベストセラー書籍「Digital Bank」、「Digital Human」を通じて、金融市場やフィンテックに関して論評を行うコメンテーターである。Financial Services Club および Nordic Finance Innovate を主宰し、11：FS の非常勤取締役を務めているほか、ビーハイブ、ムーヴン、メニガなど複数企業の顧問委員会にも名を連ねている。近年では、ウォール・ストリート・ジャーナルやトムソン・ロイターから、金融テクノロジー業界において最も影響力のある人物の1人に選出されている。国連、ホワイトハウス、世界銀行、世界経済フォーラムのアドバイザーを務め、TEDx のスピーカーとしても活躍している。

河内　善弘　株式会社三菱総合研究所 金融DX本部 本部長 主席研究員

京都大学経済学部卒。日本長期信用銀行、P&Gを経て2001年より現職。AI、ビッグデータ解析やクラウド技術を用いた、金融機関のデジタル変革に関するコンサルティングに従事。全体監修および「銀行がデジタル変革を迫られる理由」の翻訳を担当。

市川　智　株式会社三菱総合研究所 金融DX本部 主席研究員

東京大学工学部卒。チェース・マンハッタン銀行（現JPモルガン・チェース）、AT&Tベル研究所、IBMビジネスコンサルティングサービスを経て2009年より現職。金融機関の信用リスク管理、デジタル与信、デジタルマーケティングに従事。「銀行がデジタル変革を迫られる理由」の翻訳を担当。

力丸　聖史　株式会社三菱総合研究所 金融DX本部 研究員

慶應義塾大学大学院理工学研究科修士課程修了。2012年、三菱総合研究所入社。金融機関の市場リスク管理、信用リスク管理、AIを活用したマーケティングに従事。「変革を計画する」「DBS銀行 ピユシュ・グプタCEOへのインタビュー」および付録の翻訳を担当。

訳者略歴

中野　啓太　株式会社三菱総合研究所 金融DX本部 研究員

東京大学大学院教育学研究科修士課程修了。2015年、三菱総合研究所入社。金融機関におけるマーケティング業務支援、顧客満足度調査、AIを活用した業務プロセス高度化支援に従事。「リーダーたちの教訓」および付録の翻訳を担当。

稲葉　翔一　株式会社三菱総合研究所 金融DX本部 研究員

慶應義塾大学大学院理工学研究科修士課程修了。2017年、三菱総合研究所入社。金融機関におけるAIを活用したマーケティング高度化、与信プロセス改革、信用リスク管理プロジェクト等に従事。「リーダーたちの教訓」の翻訳を担当。

山本　新　株式会社三菱総合研究所 金融DX本部 研究員

東京大学経済学部経済学科卒。2019年、三菱総合研究所入社。金融機関におけるマーケティング高度化、信用リスク管理プロジェクト等に従事。「デジタルトランスフォーメーションの真価とは」「結論」および付録の翻訳を担当。

DOING DIGITAL
――伝統的銀行のリーダーから学ぶ組織変革

2020年10月 8 日　第 1 刷発行

著　者　クリス・スキナー
訳　者　三菱総合研究所
発行者　加　藤　一　浩

〒160-8520　東京都新宿区南元町19
発　行　所　一般社団法人 金融財政事情研究会
企画・制作・販売　株式会社 き ん ざ い
出 版 部　TEL 03(3355)2251　FAX 03(3357)7416
販売受付　TEL 03(3358)2891　FAX 03(3358)0037
URL https://www.kinzai.jp/

DTP・校正：株式会社友人社／印刷：株式会社日本制作センター

ISBN978-4-322-13548-0